BUD SPENCER: IN ACHTZIG JAHREN UM DIE WELT

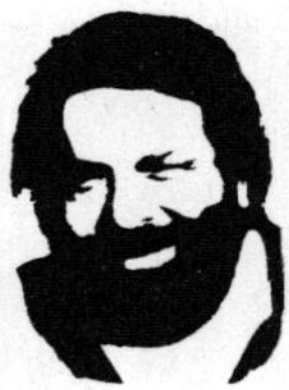

2

BUD SPENCER

IN ACHTZIG JAHREN UM DIE WELT

DER ZWEITE TEIL MEINER AUTOBIOGRAFIE

MIT LORENZO DE LUCA

Aus dem Italienischen übersetzt
von Marion Oechsler

SCHWARZKOPF & SCHWARZKOPF

INHALT

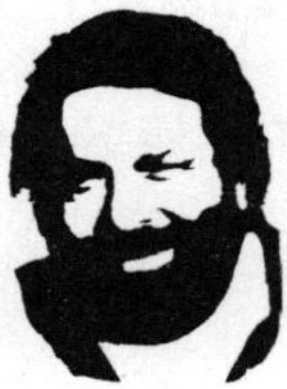

Lasst mich vorbei – ich bin auf der Durchreise! Ich durchquere mein langes, erfülltes und mit einer großen Portion Glück beschenktes Leben.

Ereignisse, Erinnerungen und Personen erscheinen vor meinem inneren Auge wie die Szenen eines Films, in dem ich mich nicht als Protagonist wiedererkenne und an dem ich schon nicht mehr teilhabe – denn ich stehe bereits mit einem Bein in einer Zukunft, die verspricht, das größte Abenteuer von allen zu werden.

Bud Spencer

»Das Alter ist, als ob man mit dem Flugzeug
in einen Sturm gerät. Einmal an Bord,
kann man nichts mehr daran ändern.«

GOLDA MEIR

PROLOG

Schön, euch wiederzusehen! Als wir uns das letzte Mal begegnet sind, hatte ich gerade meinen 81. Frühling erlebt, inzwischen sind es 82: nicht wenige, wenn man nach der durchschnittlichen Lebenserwartung eines Menschen geht. Aber wenn man bedenkt, wie lange das Leben auf diesem kleinen blauen Planeten namens Erde schon existiert, schrumpft die Anzahl meiner Lebensjahre auf weniger als null zusammen.

Ich sage das, um zu verdeutlichen, wie relativ das Leben des Einzelnen ist, und um den vielen Jahren, die ich auf dem Buckel habe, das Gewicht zu nehmen.

Und wie ich euch das letzte Mal schon erzählt habe, wohnt in meinem über 80-jährigen Körper ein Geist, der sich benimmt wie der eines 28-Jährigen. Man kann sich vorstellen, was es für einen Schlamassel gibt, wenn Ersterer es sich in den Kopf setzt, noch immer das zu tun, was Letzterer ihm befiehlt.

Im Übrigen sagte auch schon Seneca: »Jede Lust spart sich ihre höchste Wonne bis zum Ende auf. Und so ist das Alter dann am angenehmsten, wenn es schon zur Neige geht, aber noch nicht jäh abstürzt.«

Klar, wenn das Schicksal oder die Götter des Olymps beschließen sollten, mich zu verabschieden, werde ich sie natürlich ignorieren. Aber ehrlich gesagt, mache ich mir darum gar keine Sorgen. Es gibt andere Sachen, um die ich mich kümmern muss.

Auf die Gefahr hin, dass ich mich wie ein Hochstapler anhöre, füge ich hinzu, dass mich der Tod an sich nicht schreckt – weder jetzt noch in jenen Situationen in der Vergangenheit, in denen er meinen Weg gekreuzt hat. Und wie ihr beim Lesen feststellen werdet, waren es nicht gerade wenige.

Zum Glück bringt jeder Morgen wieder neue Überraschungen, und die größte war der Erfolg meines ersten Buches, das letztes Jahr erschien! Ich hätte niemals erwartet, dass diese Sammlung persönlicher Erinnerungen so große Begeisterung auslösen würde. Mein langjähriger Kollege Lorenzo De Luca und ich hatten uns daher auch nichts weiter dabei gedacht, als wir beim Aufschreiben meiner Lebensgeschichte eine Menge lustige Anekdoten und einige halbwegs ernsthafte Gedanken wegließen.

Wir wussten, und das ist keine falsche Bescheidenheit, dass wir auf einen harten Kern von Bud-Fans zählen konnten, die gern alles lesen wollten, was ich zu erzählen hatte. Aber wirklich niemand hatte damit gerechnet, dass das Buch *so viele* Leser finden würde – und dass sie derart interessiert daran waren, noch mehr über mich zu erfahren. Doch dann trafen nach der Veröffentlichung plötzlich haufenweise Briefe bei mir ein: Die einen wollten mehr über meine Erlebnisse am Set wissen, andere baten um mehr Details über die Familie Bud Spencer, wieder andere hatten noch nicht genug von meinen Reisen. Da dachte ich mir: Warum auch nicht? Im letzten Buch haben wir uns auf den ersten Teil meines Lebens konzentriert, bevor ich auf die Leinwand kam, und alles andere nur angeschnitten, was es an meiner wunderlichen Existenz zu erwähnen gab. In diesem Buch werden wir nun genauer über meine Erlebnisse berichten.

Ein Buch zu schreiben ist so ähnlich, wie einen Film zu produzieren, nur mit umgekehrtem Zeit- und Kostenaufwand: Es ist zwar kostengünstiger, ein Buch zu schreiben, als einen Film auf die Leinwand zu bringen, aber dafür dauert der Prozess der Entstehung beim Buch meist viel länger. Ein Film ist vor allem für Schauspieler schon nach ein paar Wochen oder Monaten, in denen man konzentriert arbeitet, abgedreht, während Autoren für das Verfassen eines Buches Jahre brauchen können.

In meinem Fall könnte man großzügig behaupten, dass es achtzig Jahre gedauert hat – weil ich eben ein bisschen mehr zu erzählen habe. Ich wünsche mir, dass ihr euch mit diesem »autobiografischen Zweiteiler« ein dreidimensionales Bild (da 3-D zur Zeit voll im Trend ist!) von Bud Spencer machen könnt, einem Bud, der nicht nur Schlägereien und Fressgelage im Kopf hat.

Und nicht zuletzt schreibe ich dieses Buch auch, weil sich die Jungen nie vorstellen können, dass die Alten auch mal jung waren. Meine Enkel müssen manchmal lachen, wenn sie Aufnahmen von mir als Schwimmer sehen, auf denen ich noch ein junger Kerl bin: Sie glauben vermutlich, dass ich schon so groß, dick und bärtig auf die Welt gekommen bin, und denken gar nicht daran, dass wir Alten schon einiges geleistet haben (darunter tatsächlich die eine oder andere sinnvolle Sache). Unsere Erfahrungen bilden so etwas wie einen großen Tank, in dem unsere – nun ja, »Weisheit« wäre zu viel gesagt (in meinem Fall lässt sie noch auf sich warten) – Gedanken und Erinnerungen aufbewahrt werden, selbst wenn sie nur dazu da sind, um für Gelächter zu sorgen. Der Tank bekommt noch mal eine besondere Bedeutung, wenn man bedenkt, dass meine Generation in zwei verschiedenen Welten gelebt hat: in jener nach dem Krieg, in der es absolut nichts gab, und in der anderen heute, in der es alles im Überfluss gibt und man sich mit nur wenigen Mausklicken unendlich viele Informationen besorgen kann.

Für viele von euch sind das olle Kamellen, denn ihr wurdet in ein ultratechnologisches Zeitalter mit Handys oder zumindest Farbfernsehern hineingeboren. Für mich hingegen ist es schon eine große Errungenschaft, dass ich den DVD-Player zum Laufen bringen kann, ohne ihm einen Fausthieb verpassen zu müssen. Und wenn ich mir die Zeit nehme, über diesen Sprung, diesen rasanten Fortschritt nachzudenken, bin ich nach wie vor überwältigt. Wenn ich früher etwas über die Vergangenheit wissen wollte, konnte ich nur den Erzählungen meiner Großmutter lauschen oder ein Geschichtsbuch aufschlagen – nicht dass ich Lust dazu gehabt hätte.

Ich habe miterlebt, wie das Radio entwickelt und das Fernsehen geboren wurde, wie sich das Faxgerät, der Computer und das Internet durchsetzten. Ich habe zuerst über Spazierfahrten im Automobil gestaunt und später über Raumsonden, die den Planeten Mars erforschen. Es gibt viele Menschen, die bereits gelebt haben, als der Mond noch ein unerreichbarer Himmelskörper war, der sich vor allem dafür eignete, Dichter und Werwölfe zu inspirieren. Und heute, da die Aufnahme des Menschen »dort oben« Schnee von gestern (oder sogar ein umstrittenes Beweisstück) ist, sind wir immer noch da. Doch unsere Legion von Zeitzeugen schrumpft mit jedem Jahr, dem unerbittlichen Gesetz der Natur folgend, weshalb ihr Jungen die Aufgabe habt, zu bleiben und zuzuhören, solange wir Alten noch am Leben sind.

Schon Platon hat sich darüber beklagt, dass die Jungen ihre Eltern und Lehrer nicht respektierten, dem möchte ich nur hinzufügen, dass der Respekt vor dem Alter natürlich nicht automatisch kommt, sondern dass man ihn sich verdienen muss.

Der Großteil der Omas und Opas – die Kategorie, zu der ich mich selbst zähle – hat noch sehr viel zu erzählen. Versteht diese »Bud Spencer Story – Die Fortsetzung« daher als ein Märchen, das euch ein leicht verrückter, aber gutmütiger Opa erzählt. Wer weiß, vielleicht liegt eine der Ursachen für die harte Krise, die die Gesellschaft gegenwärtig durchmacht, auch darin, dass wir denjenigen, die eine Geschichte erzählen wollen, nicht zuhören.

Daher bitte ich euch, einem Menschen Gehör zu schenken, der nur auf der Durchreise ist und dessen Existenz sich nicht aus Jahren, sondern aus Erfahrungen zusammensetzt. Ein Erlebnis von nur einer Minute Dauer kann einen Menschen für immer zeichnen, an anderen wiederum rauschen die Ereignisse Tag für Tag unbemerkt vorbei, wie Wasser einen Fluss hinunterfließt. Aus unerfindlichen Gründen gibt es Menschen, die in ein und demselben Moment geboren werden und sterben, und andere, deren Leben sich unerhört lange hinzieht.

Ich kann euch nur raten: Schaltet ab und zu den Computer aus und setzt euch mit euren Großeltern zusammen, wenn ihr noch welche habt, oder mit anderen, die viel älter sind als ihr. Ruft sie wenigstens einmal an und plaudert ein bisschen mit ihnen – ihr werdet überrascht sein, wie sehr ihre ewig zurückliegende Jugend eurer eigenen doch ähnelt.

Ich hatte in meinem langen Leben sehr viel Glück und habe die eine oder andere interessante Geschichte zu erzählen. Aber es wäre ein Fehler, wenn ihr dieses Buch nur deshalb lesen würdet, weil es von einer »berühmten Persönlichkeit« geschrieben wurde: Wer berühmt ist, hat das Glück, ein Publikum zu haben, aber mein größtes Glück wäre es, wenn ihr, nachdem ihr die letzte Seite dieses Buches gelesen habt, Lust bekommt, denjenigen zuzuhören, die euch viel näher sind als ich – und vielleicht nur eine Umarmung entfernt. Euer Opa mag vielleicht keine Vergangenheit als Schwimmer oder Schauspieler haben, kann aber deswegen trotzdem etwas Sensationelles erlebt haben – oder das Sensationelle an ihm besteht einfach nur darin, dass er ein besonderer Mensch ist, dem man gerne zuhört.

Und wenn ihr den Alten schon zugehört habt, dann tut es noch einmal und danach noch einmal.

Ein alter Mann ist ein Buch, das ohne Tinte geschrieben wurde. Zwei Ohren genügen zum »Lesen« dieses Buches – aber auch ein Gespür für Übertreibungen kann nicht schaden, denn so könnt ihr den alten Mann mit eurem Gelächter jederzeit von seinem hohen Ross herunterholen, wenn ihr merkt, dass er euch faustdicke Lügen auftischt.

Das ist ein bisschen wie mit dem alten Mechaniker, der in *Zwei wie Pech und Schwefel* mit mir zusammenarbeitet, erinnert ihr euch? In einer Szene behauptet er, früher einmal Chef einer Gangsterbande gewesen zu sein. Doch meine Skepsis holt ihn langsam auf den Boden der Tatsachen zurück und schließlich gesteht er mir, dass er nur der Koch der Bande war. Aber er ist ein guter Kerl, und es hat sich gelohnt, ihm zuzuhören.

Sollte euer alter Freund euch sein wahres Märchen aufrichtig vortragen, dann sind eure Aufmerksamkeit und Fragen an ihn das beste Benzin für seinen Motor, der sich Seele nennt. Aber verlangt von ihm nicht, ebenso wenig wie von mir, dass er jede Frage beantwortet: Es ist in Ordnung, nicht alle Geheimnisse zu lüften, so wie es in Ordnung ist, Fehler zu machen, weil sie nützlich und manchmal sogar schön sind: Seht euch nur mal den schiefen Turm von Pisa an!

Gute Reise!

Bud Spencer

1. KAPITEL

EIN MITTDSCHUNGEL-NACHTSTRAUM

Brief des Emigranten Carlo Pedersoli an seine Verlobte Maria Amato

»Träume sind Illustrationen aus dem Buch,
das deine Seele über dich schreibt.«

ALAN DREW

Caracas, den 23. August 1959

Liebe Maria,

Wie geht es Dir? Wie geht es Deiner Familie, Dr. Peppino und seiner Gattin und Deinen Schwestern? Ich hoffe, gut.

Ich kann mir vorstellen, dass Du ziemlich überrascht bist, meinen Brief zu bekommen, zumal ich kaum Zeit habe, mich hinzusetzen und Briefe zu schreiben. Um ehrlich zu sein, bin ich selbst überrascht; Du weißt ja, wie mein Leben hier in Venezuela ist. Normalerweise bekomme ich Briefe von Dir, weil Du mehr Zeit und vor allem mehr Geduld hast, während ich einfach nicht zum Schreiben tauge. (»Gebt dem Jungen was zu tun, damit er nicht denken muss«, hat meine Mutter immer gesagt.)

Doch letzte Nacht hatte ich einen so seltsamen Traum, dass ich ihn unbedingt mit jemandem teilen möchte; und wer, außer dieser unglaublich schönen, süßen Brünetten, die ich während meines letzten Aufenthalts in Rom kennengelernt habe, hätte die Gabe, mir zuzuhören? (Auch wenn in einem Monat, wenn der Brief bei Dir eintrifft, schon alles längst Vergangenheit sein wird.)

Tagsüber habe ich, wie immer, für die Firma geackert, in dieser erbarmungslosen Hitze und umgeben von Stechmücken und Revolutionen, die fast jeden Tag hier wüten und einen Höllenlärm veranstalten. (Letztere machen es einem unmöglich, nachts auch nur das kleinste bisschen Schlaf zu finden. Wenn man die Kakofonie von Schüssen hört, könnte man meinen, der Lärm käme vom Feuerwerk des neapolitanischen Piedigrotta-Festes, aber in Wirklichkeit sind es Bomben und Schüsse!)

Nach der Arbeit habe ich zusammen mit meinen Kollegen zu Abend gegessen. Es gab Spaghetti, Steaks, Fisch, Salat, Obst … und ich muss zugeben, ich habe dreieinhalb Fischkuchen verschlungen. Es ist ja auch kein Wunder, schließlich schwitzt man hier tagsüber wie ein Esel im türkischen Bad. Wahrscheinlich lag es an der großen Menge Fischkuchen in meinem Magen, dass ich nicht sonderlich gut schlafen konnte, und wahrscheinlich rührt daher auch dieser seltsame Traum, der mich veranlasst, Dir zu schreiben. In diesem Traum war ich in Rom, er spielte vor einigen Jahren, zu der Zeit, als ich noch professioneller Schwimmer war und, allen Regeln der Selbstdisziplin zum Trotz, große Erfolge einheimste. (Wusstest Du, dass ich damals mit brennender Zigarette im Schwimmbad aufgetaucht bin?)

Aus welchem Grund auch immer habe ich mich spät abends ins Hallenbad begeben, in dem abgesehen von Carlo Pedersoli und seiner Prahlerei niemand war. Doch dann hörte ich plötzlich Schritte und sah eine Art bärtigen Schrank auf mich zukommen: groß, breit und dick. Er war schon recht alt, hinkte ein wenig und half sich mit einem Spazierstock.

Als er näherkam, bemerkte ich, dass er mir in gewisser Weise ähnelte – wobei ich, wie Du ja weißt, weder einen Bart trage, noch einen Bauch habe und, da Mutter Natur mich mit diesem athletischen Körper ausgestattet hat, auch nie haben werde. Stell Dir vor, ich würde irgendwann so aussehen wie dieser Riesenaffe!

Und doch war er mir ähnlich: Er hatte fast keine Augen, die gleiche laute Stimme, nur viel tiefer, und diesen neapolitanischen Akzent. Nachdem er sich neben mich gesetzt hatte, musterte er mich gründlich von Kopf bis Fuß, was bei meiner Statur kein Leichtes ist, doch der Mann schien nicht zu Scherzen aufgelegt zu sein.

Um es kurz zu machen: Der Alte behauptete steif und fest, er wäre … ich!

Du weißt ja, wie das mit Träumen und Albträumen ist: Jemand sagte einmal, sie wären die Exkremente des Bewusstseins, aber von diesen intellektuellen Gedanken habe ich nie etwas verstanden (in meinem Fall war es einfach der Fisch, der mir auf den Magen schlug). Der Alte sagte, er heiße Bud Spencer und sei ich in etwa sechzig Jahren. Er erklärte mir, er sei gekommen, weil ich ihn angerufen und mich mit ihm verabredet hätte. (Eine Verabredung, mit der er, wie er sagte, schon gerechnet habe, da dieser Tag, der 31. Oktober 2009, sein achtzigster Geburtstag sei … 2009! Weißt du, was das bedeutet? Ich kann mir das nicht einmal vorstellen, wahrscheinlich werden wir da schon in fliegenden Untertassen umherschweben.) Ich habe ihn erzählen lassen und das Spiel mitgespielt, um zu sehen, worauf er hinauswollte – mit dem Ergebnis, dass er mir mein ganzes zukünftiges Leben runtergeleiert hat. Ich weiß nun, was für ein Dasein mich (seiner Meinung nach) erwartet.

Ein mehr als lebhaftes Dasein: So wie er es sieht, folgen nach meiner Schwimmkarriere und Südamerika zunächst harte Zeiten – als wäre es jetzt das reine Vergnügen! – und dann kommt ganz plötzlich ein Riesenerfolg beim Film … als Schauspieler!

Ich und Schauspieler! Das passt überhaupt nicht zusammen. Ich habe ihn gefragt: »Bist du dir sicher, dass du richtig gesehen hast?« Denn Du stimmst mir doch sicher zu, Maria, dass dein Vater Peppino, der Filmproduzent, der Erste wäre, der unterschreiben würde, dass aus mir kein Schauspieler wird. Und ich wäre der Zweite.

Aber dieses sprechende Nilpferd beharrte darauf, dass ich (und jetzt halt dich fest, damit du nicht vom Stuhl fällst) mit *Westernfilmen* berühmt werden würde! Alles in Ordnung? Bist Du vom Stuhl gefallen?

Ich weiß, es klingt lächerlich; wer weiß, was in diesem Fischkuchen drin war, vielleicht war er auch verdorben: *Italiener, die Westernfilme machen?* Kannst Du Dir etwas Absurderes vorstellen?

Trotz allem war diese Vorhersage noch die am wenigsten sonderbare, denn kurz darauf offenbarte mir der Alte, dass Du und ich drei Kinder zusammen haben würden, einen Jungen und zwei Mädchen, und später mehrere Enkel. In ein paar Jahren würde ich der berühmteste italienische Schauspieler *der Welt* sein (lauf schnell zu Deinem Vater und sag ihm Bescheid, dass er mich sofort unter Vertrag nehmen muss, damit ich Südamerika hinter mir lassen und in Italien ein Star werden kann).

Der Alte hat außerdem gesagt, dass nicht alles eitel Sonnenschein sein wird (was dir längst klar ist!), weil ich als Unternehmer nichts tauge, aber nicht aufhören kann, einen Haufen verrückter Ideen in die Tat umzusetzen. Ich werde außerdem Pilot sein, kleine Privatflugzeuge haben und vor dem Abflug zu Dir sagen: »Warte nicht mit dem Essen auf mich!«, und dann direkt von Italien nach Amerika fliegen, während Du am Fenster stehst und winkst.

Es ist schon schlimm genug, dass ich einen Autoführerschein habe und mit dem Wagen hier regelmäßig auf Kosten der Firma Rallyes fahre. Und ich soll ein Flugzeug steuern?

Als ich aufwachte, hatte ich Bauchschmerzen, teils von den Fischkuchen und teils von den Lachanfällen, die mich mit der Erinnerung an diesen unsinnigen Traum überkamen. Aber ich glaube, das Beste kommt heute Nacht erst noch. Denn beim Abschied geschah etwas Seltsames: Mein Traum endete damit, dass mich der Dickhäuter herausforderte, mit ihm um die Wette zu schwimmen. Es war ein sehr langer und detaillierter Traum, und wenn Du willst, erzähle ich Dir ausführlicher davon, wenn ich wieder nach Rom komme. Jedenfalls bin auch ich ins Wasser gesprungen und habe ihn besiegt; doch als ich mich, am Beckenrand angekommen, nach ihm umdrehte, war er verschwunden! Ich hörte nur noch das Echo seines triumphierenden Schnaubens in der großen, leeren Halle.

An der Stelle, an der er gesessen hatte, lag ein vollgekritzelter Zettel – die Handschrift hätte einen ägyptischen Kalligrafen das Fürchten gelehrt, doch die Nachricht hat meine Neugier geweckt. Es sieht ganz so aus, als würde dieser Bud heute Nacht zurückkehren, um mir den Rest der Geschichte zu erzählen. Vielleicht arbeite ich zu viel, vielleicht hat auch die Sonne mein Gehirn weichgekocht. Ich fühle mich wie dieser Typ, der an einer gespaltenen Persönlichkeit leidet, Dr. Jekyll & Mr. Hyde.

Das Buch habe ich nie gelesen, aber ich erinnere mich an den Film mit Spencer Tracy, meinem Lieblingsschauspieler … übrigens ist er auch der Lieblingsschauspieler von diesem Fettwanst (er meinte sogar, Spencer Tracy hätte ihn zu seinem Künstler-Nachnamen inspiriert). Gleich nach dem Aufwachen, solange die Erinnerung noch klar und deutlich war, habe ich mir notiert, was auf dem Zettel stand. Seit dem Versprechen des Alten, mir meine Geschichte weiterzuerzählen, kann ich es kaum erwarten, mich wieder schlafen zu legen. Du hältst mich für einen Esel? Weißt Du, das Leben hier ist, wie es ist, ein ganz einfaches Leben ohne Zerstreuung; da freut man sich eben nach einem langen Arbeitstag darauf, sich ins Bett fallen zu lassen und wenigstens im Traum ein bisschen Spaß zu haben. Und jetzt zu der Nachricht auf dem Zettel. Sie lautete:

»Du hast noch viel zu lernen, Freundchen, aber ich komme noch einmal wieder, weil ich manches vergessen habe zu erzählen und manches, das ich schon erzählt habe, zu kurz gekommen ist. Es wird eine Reise werden, ich nenne sie: ›In achtzig Jahren um die Welt‹. Und wenn ich Phileas Fogg bin, bist Du mein Passepartout! Ich mache mir keine Illusionen darüber, dass ich Dir mit meinen Ohrfeigen jemals dieses dämliche Grinsen austreiben kann, aber lass Dir eines gesagt sein: Du kannst so stark sein, wie du willst, aber früher oder später wirst Du auf jemanden treffen, der stärker ist als Du … und in Deinem Fall bin ich das!«

Bud Spencer

2. KAPITEL

MEINE DAMEN UND HERREN, ES GEHT LOS!

»Camerado, ich reiche dir meine Hand!
Ich reiche dir meine Liebe, kostbarer als Geld,
Ich reiche dir mich selber, noch vor Predigt oder Gesetz;
Willst du dich mir reichen? Willst du mit mir wandern?
Sollen wir zusammenbleiben, solange wir leben?«

WALT WHITMAN

EIN ITALIENER AUF REISEN

Na gut: Mr. Phileas Fogg hat nur achtzig Tage gebraucht, um einmal um die Welt zu reisen, aber er hatte auch eine Menge Geld zur Verfügung und vor allem Unterstützung durch die kreative Feder Jules Vernes. Denn hier führte der Schriftsteller seinen Protagonisten und fand Lösungen und Auswege für ihn. Vernes Roman *In 80 Tagen um die Welt*, der 1873 erstmals erschien, kündigte das Zeitalter der Moderne an.

Ich habe ein paar Jahrzehnte länger für diese Reise gebraucht, die ich übrigens nicht nur einmal gemacht habe, aber dafür habe ich sie größtenteils alleine bewältigt, werdet also nicht sarkastisch, liebe Freunde. Außerdem war das einzige Motiv Foggs für die Reise eine Wette mit seinen Freunden aus dem Zirkel, allesamt reiche gelangweilte Männer auf der Suche nach einem Kick, es ging ihnen keineswegs um die Sicherung ihrer Existenz. Wie ihr bereits wisst, sah sich meine Familie nach dem Zweiten Weltkrieg gezwungen, unsere Heimat zu verlassen.

Ich wurde im Jahr 1929 geboren und nachdem unser Familienunternehmen während der Bombardierung des Hafens von Neapel zerstört worden war, wanderte ich 1947 mit meinen Eltern und meiner Schwester nach Südamerika aus. Ich war erst 17, ein Alter, in dem man noch sehr stark von Erfahrungen und Begegnungen mit verschiedenen Kulturen geformt und geprägt wird.

Erst als Erwachsener konnte ich die Orte, die ich bereist habe – ob aus beruflichen Gründen oder aufs Geratewohl – aufmerksam und neugierig erkunden. Und es ehrt mich, dass ich als reisender Italiener nie mit den wenig ehrenwerten Klischees in Verbindung gebracht werde, die man unserer Nation im Ausland manchmal entgegenbringt. Gott – und Mama und Papa – sei Dank, wurde ich in einem Land geboren, das trotz all seiner Mängel demokratisch regiert wird und Teil der freien Welt ist; das außerdem vor Tausenden von Jahren die Wiege der antiken Kultur und der

Wegweiser in die Zivilisation war. Darauf ist Bud stolz. Und Carlo auch.

Aber der Stolz ist unbedeutend, wenn er nicht von einer Kenntnis der Welt begleitet wird, die Reichtum bedeutet.

Ich will nicht den alten Weisen spielen, das kann ich mir nicht erlauben, aber ich habe fast jeden Ort auf dieser Welt besucht, zuerst als Schwimmer, dann als Emigrant und schließlich als Schauspieler, und ich bin dankbar, dass ich diese Chance hatte. Auf der anderen Seite bin ich so dermaßen viel gereist, dass ich mich nie von dem Gefühl, eine Art Sonderling zu sein – ein *marziano* (Marsmensch) –, lösen konnte. Ist das seltsam?

Kann sein.

H. G. Wells, ein großartiger Science-Fiction-Autor und der erste, der sich mit dem Thema Zeitreise auseinandersetzte (*Die Zeitmaschine*, 1895), hat uns gelehrt, die Welt stets mit den Augen eines Menschen und nicht aus der Perspektive einer Maschine zu betrachten, die nichts weiter ist als ein Instrument. Sein Zeitreisender landet in der Zukunft, nur um festzustellen, dass diese schlimmer ist als seine Gegenwart: eine ziemlich offensichtliche Metapher für die gescheiterte Utopie einer perfekten Welt, die es nicht gibt und nicht geben kann.

Ich für meinen bescheidenen Teil habe relativ spät erkannt – aber besser spät als nie –, dass im Grunde wir die Zeitmaschine sind: du und ich, jedes Wesen, das hier sein Leben von seinem Anfang bis zu seinem Ende lebt. Doch in der letzten Phase des Lebens, die wiederum der Beginn einer neuen Reise ist, erkennst du, dass es nur eine winzig kleine Portion Raum und Zeit war, die du mit anderen geteilt hast.

Manche lieben die Abreise, andere die Ankunft. Ich liebe das, was dazwischen liegt: die Reise an sich.

Den Sinn meiner Reise habe ich bis heute nicht erfasst, aber vielleicht gelingt es mir, etwas Neues daraus zu ziehen, wenn ich gemeinsam mit euch die Etappen, die wir letztes Mal nur vom

Heißluftballon aus gesehen haben, von Nahem und ganz genau betrachte.

HERR BUD

Von all den Ländern, die ich bereist habe, ist kaum eines mit Deutschland vergleichbar, und das sage ich jetzt nicht, weil sie dort drüben … einen Tunnel nach mir benennen wollten. Aber eins nach dem anderen – bevor ich diese Geschichte weiter ausführe, müsst ihr euch noch ein paar Seiten gedulden.

In gewisser Hinsicht kenne ich Deutschland besser als Italien, weil ich dort, auch im Rahmen meiner sportlichen Karriere, mehr Orte zu sehen bekommen habe als in meinem Heimatland. Dabei durfte ich feststellen, dass die Deutschen eine überraschende Ähnlichkeit mit den Italienern haben: Auch sie sind Genießer – obwohl das Klischee vom kühlen, pedantischen, durch und durch organisierten Teutonen etwas anderes behauptet.

Eine meiner wichtigsten Etappen war Leipzig, eine Stadt, deren Namen ich häufig gehört habe, ohne zu wissen, was er bedeutet. »Leipzig« heißt so viel wie »Ort, an dem Linden wachsen«. Bis zu meinem ersten Besuch hatte ich keine Ahnung, was für eine wichtige Rolle die Stadt bei der deutschen Wiedervereinigung gespielt hat; in Leipzig gingen 300.000 Menschen auf die Straße, um friedlich für den Mauerfall zu demonstrieren. Wie bereits bekannt ist, war ich zu der Zeit, als die Mauer noch stand, als Sportler in Berlin. Diesen Besuch ordne ich jener Art von Erfahrung zu, an die man sich nicht gerne erinnert, die aber als Wasserscheide zwischen dem, was einmal war, und dem, was ist, unheimlich kostbar ist.

Als ich lange nach der Glanzzeit meiner sportlichen Karriere wiederkam, war die Mauer schon seit zwei oder drei Jahren gefallen. Die Menschen waren zwar kaum an ihre neu gewonnene Freiheit gewöhnt, aber regelrecht verzaubert von der Tatsache, dass

Bud Spencer sie besuchte. Es war überwältigend: Ihre hemmungslose, unschuldige Begeisterung nahm solche Ausmaße an, dass sie mir bei den stürmischen Umarmungen die Jacke vom Leib rissen, und ich in dem Trubel sogar meine Frau Maria verlor. Ich wäre sicherlich hingefallen, wenn meine Fans mich nicht von allen Seiten daran gehindert hätten, indem sie mich fast zerdrückten – ich bekam kaum noch Luft. Bodyguards hatte ich nie, denn ich hatte auch nie das Gefühl, so wichtig zu sein, dass ich welche brauchte. (Und außerdem – meint ihr nicht auch, dass es ein Ding der Unmöglichkeit ist, einen zu finden, der mich bei meiner Statur wirkungsvoll abschirmen könnte?)

Die Deutschen wussten nicht nur alles, was es aus offizieller Quelle über mich zu wissen gab, sie kannten sogar alle meine Stuntmen mit Vor- und Nachnamen. Noch heute ist der Großteil der Briefe, die ich aus Deutschland bekomme, in Sachen Kenntnisreichtum überragend – auch im Vergleich zu denen, die mir meine italienischen Fans schreiben.

*

Wenn ich das Wort »Deutschland« höre, kommt mir als Erstes das Oktoberfest in den Sinn, eine Hymne an die Lebensfreude und die schönen Dinge des Lebens.

Dort gefiel es mir so gut, dass ich gleich drei Mal hingegangen bin. Ich hatte ja keine Ahnung, dass die Deutschen so … neapolitanisch sein konnten! Das muss ich ein wenig erklären: In die Tradition des Oktoberfestes hat mich Horst Wendlandt eingeführt, ein großer deutscher Produzent, mit dem Terence Hill und ich sehr gut zusammengearbeitet haben. Bei diesem Besuch habe ich mich auch von ihm dazu überreden lassen, die Oktoberfestband zu dirigieren, aber natürlich nur zum Spaß.

Ich hatte ein ganz gewöhnliches, eher ruhiges Fest erwartet, da ich dem Klischee vom beherrschten und korrekten Deutschen

Glauben schenkte. Doch stattdessen war die Stimmung vergnügt und ausgelassen, die Gäste gaben sich ihrem »heiteren Rausch« hin. Ich fühlte mich augenblicklich in der Zeit und zu den neapolitanischen Festen zurückversetzt. Es schien mir, als wäre das Oktoberfest für die Deutschen so etwas wie eine kollektive Katharsis, die sie den harten und nüchternen Alltag für eine Weile vergessen ließ. Es floss zwar jede Menge Bier, doch es gab keine Exzesse, wie es manchmal bei solchen Festen der Fall ist. Die Veranstaltung war mir so vertraut wie die großen Volksfeste in Neapel, auch wenn die Sprache, in der kommuniziert und gesungen wurde, eine andere war. Das Sprichwort »Die Welt ist ein Dorf« traf hier absolut zu.

In den Neunzigerjahren kehrte ich noch einmal zurück und traf auch einige deutsche Politiker. Sie dankten mir für meine Filme, in denen sie gute Vorbilder für die Jugend sahen, weil wir darin die Schwachen beschützen und für Gerechtigkeit kämpfen. Das, was sie in Bud Spencer gesehen haben, hat mir gut gefallen: nicht einen Star, den man auf ein Podest stellt und verehrt, sondern einen Freund. Genau so wollte ich immer gesehen werden.

Der Südwesten Deutschlands ist zauberhaft. Ich erinnere mich an ein kleines Ereignis in Stuttgart, aus dem unerwartet eine Sensation wurde: Ich war zu Besuch bei Mercedes Benz, dem Unternehmen, für das ich früher einmal gearbeitet hatte und mit dem mich eine lange Geschichte verbindet. Ich kaufe seit Jahren Autos von Mercedes, 52 habe ich mittlerweile gefahren – die Motoren dieser Autos sind einfach ausgezeichnet. Jedenfalls traf ich in Stuttgart den Vorstandsvorsitzenden von Mercedes Benz und er schenkte mir … seinen Spitzer! Von dieser Begegnung und dem Geschenk war am nächsten Tag in allen Zeitungen die Rede. Ich halte es auch heute noch in Ehren und bewahre es zusammen mit meinen anderen Andenken in einem Schrein in meinem Büro auf.

Frankfurt war die erste deutsche Stadt, die ich gesehen habe, und ist bis heute die, die ich am häufigsten besucht habe. Ich muss zugeben, dass ich damals keine Ahnung von der Geschichte der

Stadt hatte und dass sie ehemals eine römische Siedlung war. Ebenso wenig wusste ich, dass sie erstmals während der Herrschaft Karls des Großen schriftlich genannt worden war.

Ich war umgeben von Geschichte, ohne es zu merken, doch man nimmt so vieles nicht wahr, wenn man nicht selbst daran teilgenommen hat. Wenn ich an meine Frankfurt-Reisen denke, erinnere ich mich an eine Situation, die mich in Verlegenheit brachte und mir wieder einmal meine unverbesserliche Naivität vor Augen führte. Wir verließen Frankfurt mit dem Zug, um eine andere Stadt in Hessen zu besuchen, und bei unserer Ankunft spielte am Bahnsteig eine Kapelle. (Ich kann nicht genau sagen, um welche Art von Musik es sich handelte, aber es war ganz bestimmt keine Landeshymne oder so.)

»Was ist hier los?«, fragte ich meinen Begleiter. »War etwa der Bürgermeister an Bord, und keiner hat mir Bescheid gesagt? Jetzt wird er mich für einen Typen ohne Manieren halten, weil ich ihn nicht gegrüßt habe.«

»Sie spielen nicht für den Bürgermeister, sondern für dich«, antwortete mein Begleiter.

Ich schämte mich, denn ich konnte mir beim besten Willen nicht vorstellen, womit ich solch eine Ehre verdient hatte. Ich zögerte einen Moment, bevor ich ausstieg, weil mir die Situation vor den anderen Fahrgästen peinlich war – was würden sie denken? Wahrscheinlich dachten sie, es sei eine berühmte deutsche Persönlichkeit an Bord; sie würden mit Sicherheit keinen Schauspieler erwarten (und schon gar keinen italienischen). Schließlich stieg ich aus, lächelte und bedankte mich, der Kapelle gab ich ein Zeichen, die Musik zu unterbrechen. Es kann gut sein, dass die Musiker bemerkt haben, wie ich hinter meinem Bart rot anlief. In Italien war mir so etwas noch nicht passiert, im Gegenteil: Anstatt für mich zu spielen, fordern sie mich eigentlich immer auf, selbst zu singen. Einmal stimmten sie die berühmte Chor-Melodie aus *Zwei wie Pech und Schwefel* an.

Seit ich diese Gesten der Liebe und Zuneigung erleben durfte, bin ich überzeugt, dass die Deutschen den Italienern im Grunde sehr ähnlich sind. Das gilt auch in gesellschaftlicher Hinsicht: In beiden Ländern nehmen sich die Bewohner im Norden und im Süden gern gegenseitig auf die Schippe. In Italien werden die Süditaliener gerne als »terroni«, die Norditaliener als »polentoni« beschimpft. Diese Feindschaft hat aber auch ein komisches Element, wenn man bedenkt, dass die Bewohner Norditaliens zu einem großen Teil Zugewanderte aus dem Süden sind. Es ist also wie beim Caffèllatte: Man kann unmöglich eine klare Grenze zwischen ihnen ziehen. Deutschland unterscheidet sich von Italien allerdings dadurch, dass dort Gewissenhaftigkeit, Disziplin und Gemeinschaftssinn in Nord und Süd gleichermaßen ausgeprägt sind. Arbeit und Disziplin bilden in Deutschland in gewisser Weise eine Lebensphilosophie.

Es sind nicht zuletzt die philosophischen Gedanken, die mich an Deutschland reizen. Wer mich schon im ersten Buch ein wenig kennengelernt hat, weiß, dass mir die existenzialistische Denkweise fern ist, ich mich aber doch gerne mit Philosophen beschäftige – einer von ihnen ist der deutsche Philosoph Martin Heidegger. Mich fasziniert vor allem Heideggers Ontologie, die Frage nach dem Sinn von Sein.

Es mag widersprüchlich erscheinen, dass ein Mensch wie ich, der sein Leben schon immer ohne Plan und Kalkül gelebt und sich mit der Begeisterung eines Kindes von einem Projekt ins nächste gestürzt hat, über Philosophie spricht: Aber als ich 1975 erfuhr, dass ich einen Tumor hatte, den ich zum Glück besiegen konnte, habe ich begonnen, über dieses kleine und gleichzeitig enorme Sein, das der Mensch ist, nachzudenken. Wenn wir mit dem Tod, der Endlichkeit unserer Existenz, konfrontiert werden, beginnen wir alle, uns Fragen zu stellen – selbst diejenigen, die wie ich die Dinge einfach so nehmen, wie sie kommen.

Es wäre gelogen zu behaupten, dass mir das Warten auf die Ergebnisse meiner Therapie gegen den Tumor schlaflose Nächte bereitet hätte, das habe ich bereits im ersten Buch angedeutet. Mein angeborener Fatalismus, meine »Scheiß drauf!«-Haltung waren einfach stärker. Aber in dem Moment, in dem ich darüber zu reflektieren begann, wer ich war und wer ich hätte sein können – auch wenn ich das niemandem, am wenigsten mir selbst, eingestehen wollte –, wuchs mein Interesse an der Philosophie. Meine Arbeitsroutine ließ mir meist nicht viel Zeit dafür, aber in stillen Augenblicken – und vor allem heute – beschäftigt sich auch Bud mit Gedanken, die über den Speiseplan fürs Abendessen hinausgehen.

*

Als ich die deutsche Mentalität noch nicht kannte, habe ich mich oft gefragt, woran es liegt, dass mein Charakter in diesem Land so beliebt ist, wahrscheinlich mehr noch als in Italien. Ich denke, meine Filme sind für die Deutschen, gerade weil sie so diszipliniert und präzise arbeiten, eine Art Katharsis, ein befreiender Kontrapunkt.

In gewisser Weise ist es mir gelungen, kulturelle und ethnische Barrieren zu überwinden, wie alle Filmstars, die mehr mit Mimik als mit Worten arbeiten und bei denen es stärker auf die Gestik und die Emotionen ankommt. Denn diese Sprache ist allen Menschen auf der Welt gemein. Dazu passt auch, dass ich im Ausland nicht immer als Italiener wahrgenommen wurde. (Und wie schon gesagt, wurde selbst in Italien jahrelang die Tatsache ignoriert, dass Terence Hill und ich Italiener sind.)

Bud ist in seinen Filmen kinderlieb, er verteidigt die Schwachen, geht respektvoll mit Frauen und alten Menschen um; er zieht die Natur der stickigen Stadt vor, begreift nicht alles auf Anhieb und wenn jemand übertreibt, verpasst er ihm einen Faustschlag, aber ohne ihn umzubringen. Und vor allem: ohne ihn zu hassen (er verabscheut ihn höchstens ein wenig). Im Großen und Ganzen ist der

Zuschauer so wie ich, oder möchte jedenfalls so sein – nur dass er diejenigen, die ihn im Alltag, auf der Straße oder im Büro drangsalieren, nicht mit der Faust außer Gefecht setzen kann.

Kurz, wir haben alle gemeinsame Werte, die unabhängig von den einzelnen Kulturen gelten und die man eigentlich gar nicht ablehnen kann. Wo diese Werte fehlen, fehlt auch die Substanz für das Zusammenleben.

Sowohl in meinen Solofilmen als auch in den Filmen mit Terence werden diese Werte vermittelt, aber weniger gewollt als vielmehr spontan, ohne rhetorische Mittel, aber mit einem Vergnügen, das man sonst nur von Kindern kennt (ein Phänomen, das die Kritiker zu Zeiten unserer ersten großen Filmerfolge als »den Infantilismus des Moralkinos« bezeichneten – in meinen Ohren ein riesiges Kompliment).

Das Publikum konnte sich mit uns identifizieren, weil wir uns im Grunde alle danach sehnen, wieder Kinder zu sein. Doch wann und wie das gesamte deutsche Publikum Bud Spencer entdeckt und – zu meiner großen Freude – beschlossen hat, ihn zu lieben, kann ich nicht sagen. Ein Ereignis, das mich zu Tränen rührte, war der Fall der Mauer in der Nacht vom 9. auf den 10. November 1989. Ich saß mit meiner Frau zu Hause auf dem Sofa, überwältigt und sprachlos verfolgten wir das Geschehen im Fernsehen. Dieser Monolith, diese unverrückbare, unüberwindbare Grenze zwischen Ost- und Westdeutschland fiel in nur einer Nacht. Für mich geschah es wie aus heiterem Himmel, denn über das politische Geschehen in Europa war ich nicht immer auf dem Laufenden.

Ich hielt Marias Hand ganz fest und fragte mich, ob wir nicht vielleicht gerade einen Science-Fiction-Film zu sehen bekamen. Die Szenen, die sich auf dem Bildschirm abspielten, schienen mir einfach zu schön, um wahr zu sein. Die Menschen schlugen mit Werkzeugen auf die Mauer ein und kletterten darauf herum, was noch kurze Zeit vorher völlig undenkbar gewesen war. Die Menschen waren in einem Freiheitsrausch, an dem die ganze Welt teilhatte. Natürlich war klar, dass der Mauerfall in ökonomischer und politischer Hinsicht auch Herausforderungen mit sich bringen würde. Doch für den Augenblick war alles, was zählte, der Triumph über das DDR-Regime. Für uns war es jedenfalls ein Happy End, besser als jeder noch so glückliche Ausgang meiner Filme. Zugleich war es ein Neuanfang, der in erster Linie Wiedervereinigung, Versöhnung und Freiheit bedeutete. Ich musste vor allem an die Familien denken, die auseinandergerissen worden waren und sich nun endlich wieder in den Arm nehmen konnten.

Am nächsten Tag ging ich schnurstracks zum Kiosk und kaufte ein Dutzend verschiedener Tageszeitungen, um mich zu vergewissern, dass es wirklich wahr war! Bildern kann ich einfach nicht so recht trauen, ich musste es schwarz auf weiß lesen.

*

Doch zurück zu meinen Deutschland-Besuchen. Ich erinnere mich noch, wie ich einmal am Münchener Flughafen, ich weiß nicht zum wievielten Male, in den Genuss einer außergewöhnlichen Demonstration von Zuneigung kam und erneut rot anlief.

Ich saß in meinem kleinen Privatflugzeug und außer mir warteten noch weitere Flieger in der Schlange auf die Starterlaubnis, einer von Alitalia, zwei amerikanische und ein paar von Lufthansa. Alle anderen kamen von rechts, von der Bahn, die für Passagierflugzeuge reserviert war, ich kam von links, wo die Privatflugzeuge geparkt waren. Wir alle mussten uns auf die Startbahn begeben, um von dort, einer nach dem anderen, abzuheben. Doch mit einem Mal kam per Funk die krächzende Durchsage: »After Bud Spencer, Alitalia can go!«

Das hat mich ganz schön in Verlegenheit gebracht, und doch musste ich darüber lachen, dass das Flughafenpersonal in der Kommunikation mit den anderen Piloten meinen Künstlernamen nannte und nicht, wie eigentlich üblich, die Kennzeichnung des

Flugzeugs. Ich will mir gar nicht vorstellen, was sich die Piloten der anderen, internationalen Maschinen gedacht haben.

Aber die lustigste Episode zum Thema Verlegenheit kommt erst noch, und sie hat sich genau zu der Zeit ereignet, als ich diese Passagen schrieb, die ihr gerade lest. Ich konnte nicht glauben, was da geschah! Eines Abends, vor ein paar Monaten, schaltete ich zu Hause den Fernseher ein und beobachtete eine Art Aufruhr in Schwäbisch Gmünd, einem Ort in der Nähe von Stuttgart, an dem ich früher selbst einmal gewesen bin. »Ach du meine Güte«, dachte ich, »was ist dort nur passiert? Gab es einen Anschlag? Oder ist es eine Demonstration?« Doch dann entdeckte ich auf den Plakaten und T-Shirts der »Demonstranten« einen Namen und ein Gesicht, die mir sehr bekannt vorkamen – es ging um *mich*!

»Maria, komm schnell!«, rief ich meiner Frau zu. »Hat vielleicht jemand das Gerücht in die Welt gesetzt, dass ich gestorben wäre?« Es passiert nicht selten, dass Gerüchte über das Ableben dieses oder jenes Schauspielers auftauchen, nur um gleich darauf widerrufen zu werden. Eduardo De Filippo, Franco Nero und viele andere haben diese Erfahrung machen müssen.

Wäre ich tot, würde ich es also als Letzter erfahren.

Ich stellte den Fernseher lauter und erfuhr schließlich die Hintergründe des Sit-ins: In Schwäbisch Gmünd wurde ein Tunnel gebaut und als Vorschlag für die Benennung des Tunnels wurde unter anderen mein Name auf die Liste gesetzt!

Es handelte sich um eine spontane Gunstbezeigung, die im Internet entstanden ist, von der ich nichts wusste und die ich bis heute noch nicht ganz begreife: Ein Tunnel in Süddeutschland soll nach einem italienischen Schauspieler benannt werden? Das ist, als würde man eine chinesische Autobahn nach einem französischen Musiker benennen! Wenn ich versuche, mir diesen schmeichelhaften Akt der Liebe und Zuneigung zu erklären, geht es mir wie damals als Kind, wann immer ich mich angestrengt habe, meine grauen Zellen in Gang zu bringen: Ich fühle mich benommen.

In Italien gab es in Messina auf Sizilien eine Bar mit meinem Namen und in Neapel, habe ich gehört, wurde an meinem Geburtsort, in der Via Generale Orsini 40, ein Schild mit meinem Namen aufgestellt, aber ich weiß nicht, ob das wirklich stimmt. Außerdem soll in einem Schwimmbad in Salsomaggiore Terme geschrieben stehen, dass Carlo Pedersoli dort 1950 als Erster die 100 Meter unter einer Minute geschwommen ist.

Aber an einen »Bud-Spencer-Tunnel« hätte ich nicht im Traum gedacht.

Schwäbisch Gmünd ist eine Kleinstadt mit rund 60.000 Einwohnern, und die Einweihung des Tunnels ist momentan, während ich dieses Buch schreibe, für Dezember 2011 vorgesehen. Die Bürger waren eingeladen worden, bis zum 25. Juli ihre eigenen Namensvorschläge für den Tunnel einzureichen. Unter anderem wurde vorgeschlagen, den Tunnel nach Joachim Löw, dem Trainer der deutschen Fußballnationalmannschaft, zu benennen.

Im Oktober hat der Gemeinderat schließlich für den Namen »Gmünder Einhorntunnel« gestimmt, der offensichtlicher, passender und vielleicht auch vernünftiger ist, da das Einhorn das Wappen der Stadt Schwäbisch Gmünd ist. Aber ich bin den beiden jungen Menschen, die Bud Spencer als Erste ins Spiel und damit die ganze Angelegenheit ins Rollen gebracht haben, sehr dankbar.

Die einzige Vorgabe für die Namenswahl lautete, dass ein besonderer Zusammenhang zwischen der Stadt und dem öffentlichen Werk der Person, deren Namen der Tunnel tragen sollte, bestehen müsse. Der Chefredakteur der Lokalzeitung erklärte gegenüber dem *Spiegel*, dass der Name »Bud-Spencer-Tunnel« die Liste der Vorschläge über Tage angeführt habe. Auf Facebook setzte sich eine Gemeinde von 23.000 Fans aus ganz Deutschland dafür ein, dass der Tunnel meinen Namen trägt.

Die einzige schwache Verbindung zwischen mir und Schwäbisch Gmünd ist, wie auch die Tageszeitung *Schwäbische Post* berichtet, ein Schwimmwettkampf, an dem ich dort 1951 teilgenommen habe. Der Wettkampf fällt in jene Ära, in der ich einige Rekorde erzielte und zweimal an den Olympischen Spielen teilnahm. Aber wahrscheinlich hat meine lange zurückliegende Vergangenheit als Sportler in diesem Fall eher dazu gedient, den Namensvorschlag zu legitimieren, während die Begeisterung aber eigentlich dem Schauspieler Bud Spencer galt.

Ich habe damals, als ich unter eine Minute kam, im Länderkampf gegen die deutsche Mannschaft gewonnen, aber offensichtlich wurde mir das nicht übel genommen oder nachgetragen. Es war ein ziemlich harter Wettkampf, die Deutschen waren bestens vorbereitet (und im Unterschied zu uns fantastisch organisiert), aber ich hatte den nötigen Siegeswillen, wenn es mir auch an systematischem Training mangelte (ich habe nie zugunsten meiner sportlichen Leistung auf Zigaretten oder Sex verzichtet, noch nicht einmal am Vortag des Wettkampfes). Ich sage das nicht, um zu prahlen: Was ich gemacht habe, kann sich keiner erlauben, noch nicht einmal ein Weltmeister, der ich im Übrigen nie war – ich war Teil der Nationalmannschaft, die Weltmeister wurde. Wie sagt man so schön: »Den Mutigen hilft das Glück«.

All das, was ich gemacht und erreicht habe, trage ich mit mir herum, ohne jemals darüber nachzudenken oder mir etwas darauf einzubilden. Ich schaue immer nur nach vorn … und jetzt wäre ich in Deutschland auf Wunsch der Bevölkerung fast mit einem Tunnel bedacht worden: Je mehr ich darüber nachdenke, desto mehr bringt es mich durcheinander.

Ich weiß gar nicht, wie ich das erklären soll.

Es ist so, dass Bud durch die Beliebtheit meiner Filme weltweit berühmt geworden ist, und Carlo Pedersoli – sein Double – ist darüber noch immer zutiefst erstaunt und gerührt.

Die Wärme, die ich in Deutschland erfahren habe, ist einzigartig und schafft es wie nichts anderes, mich in den rauschhaften Zustand eines jungen Verliebten zu versetzen. Ich danke den 23.000 deutschen Freunden, die mir mit der bizarren Idee, mich als Kandidaten aufzustellen, ein riesiges Geschenk gemacht haben. Wenn einer von ihnen unter den Lesern dieses Buches ist, nun, dann soll er wissen, dass er mir einen Moment der Rührung geschenkt hat, der so wertvoll ist wie ein Oscar.

BUDAPEST (BUD-A-PEST)

Ungarn hat eine bedeutende Geschichte, und die ungarische Bevölkerung war schon immer stolz auf ihre ungarischen Wurzeln, durch die sie sich von vielen anderen Europäern, deren ursprüngliche Sprache das Indogermanische ist, unterscheiden. Auch auf ihre Leistungsstärke im Schwimmen waren sie schon immer stolz: Die Goldmedaille war für sie Tradition.

Bis zu dem Tag, an dem ein junger italienischer Schwimmer mit der Wasserball-Nationalmannschaft zu einem Turnier zwischen Italien und Ungarn nach Budapest kam. Es fand mitten im Januar im Freibad statt und die Zuschauer saßen dick eingepackt auf der Tribüne, um der Kälte zu trotzen. Das Stadion lag auf der Margareteninsel, einer Insel in der Donau.

Aus den unterirdischen Quellen sprudelte heißes Wasser, wir sprangen nur in Badehosen und Badekappe hinein und tauchten an der eiskalten Luft wieder auf, die nach der Wärme, in die wir eingetaucht waren, ein Schock war. Bei dem Spiel habe ich Ungarn mit einem Elfmeter in letzter Minute besiegt. Noch heute erinnern sich Schwimmfans in Ungarn an dieses Ereignis, aber ganz ohne Groll.

Meine ungarischen Gegner waren sehr fair; ganz anders die russischen Schwimmer, auf die ich 1953 traf, und die links und rechts Hiebe austeilten (das ging sogar so weit, dass sich das Wasser im Becken rot färbte). In Holland wurde mir mit einem Ellbogenstoß eine Rippe gebrochen und ich beendete den Wettkampf mit einer Injektion Novocain, es war ein sehr unfaires Spiel. Ich schickte meinerseits einen Verteidiger, der seine Position ein bisschen zu ernst genommen und es mit regelwidrigen Stößen übertrieben hatte, geradewegs ins Krankenhaus, denn auch meine Toleranz hatte ihre Grenzen.

Von Budapest selbst habe ich wenig gesehen, aber ich weiß, dass sich die Metropole eigentlich aus zwei Städten zusammensetzt, Bud(a) und Pest, die durch die Donau getrennt sind (ähnlich wie der Tiber Rom teilt, das deswegen aber nicht aus den beiden Teilen Ro und Ma besteht). Ich war für den Wettkampf angereist, und daher blieb nicht viel Zeit für touristische Unternehmungen, allerdings erinnere ich mich noch, dass ich dort Gulasch gegessen habe, das köstliche ungarische Nationalgericht. Auch an die türkischen Bäder erinnere ich mich – das einzige Überbleibsel von der türkischen Fremdherrschaft, das die Ungarn zu schätzen wussten.

Budapest war und ist die schönste Stadt an der Donau, sie ist imposant, dicht besiedelt und hat bedeutende Museen. Aber man darf nicht vergessen, dass Europa in den Fünfzigerjahren noch in Ost und West unterteilt und der Osten kommunistisch regiert war. Fremden wie uns wurde nur ein sehr begrenzter Einblick gewährt, und das auch nur unter den strengen Blicken der örtlichen Behörden.

*

Wie ihr bereits wisst, war ich drei Jahre lang italienischer Meister im Brustschwimmen über 100 Meter, allerdings war ich damals minderjährig und ging noch zur Schule, ich war 17 Jahre alt.

Nachdem ich aus Brasilien zurückgekehrt war, brach ich trotz meiner dreijährigen Auszeit den Rekord im Freistil über 100 Meter, die ich in weniger als einer Minute zurücklegte. Mit diesem Erfolg verärgerte ich verständlicherweise viele erfahrene Meister, sie fühlten sich hereingelegt.

Ich weiß nicht, wie viele Schwimmbäder es in Ungarn gab, aber in Italien konnte man sie an einer Hand abzählen, daher fanden die Schwimm- und Wasserballturniere häufig im Meer statt. Umso mehr versetzte mich das Freibad in Budapest in Staunen, und ich musste unwillkürlich an einen Vorfall in Italien denken, wo alles immer ein bisschen improvisiert war und selbst die Zuschauertribünen nur behelfsmäßig errichtet wurden, so gut es eben ging.

Ihr glaubt mir nicht? Dann hört euch diese Geschichte an:

Einer meiner Wettkämpfe wurde im Meer vor Salerno abgehalten, als Zuschauertribüne war über dem Stückchen Meer, in dem wir schwimmen sollten, eine Holzkonstruktion auf den Felsen errichtet worden. Wenn ich während des Wettkampfs zwischen zwei Armzügen einatmete, sah ich das offene Meer vor mir. Von dem, was hinter mir auf den Klippen geschah, bekam ich nichts mit. Als ich am Ende meiner Strecke angelangte und wendete, um zurückzuschwimmen, bemerkte ich, dass die Tribüne verschwunden war – sie war eingestürzt!

Wir unterbrachen den Wettkampf auf der Stelle, um den Verletzten zu Hilfe zu eilen. Zum Glück waren nur wenige leicht verletzt worden, da sich das Gerüst ganz langsam geneigt und gegen die Klippen gelehnt hatte. Dadurch wurde die Tribüne gestützt und eine Katastrophe verhindert. Es war eine der klassischen Situationen, in denen es sich als äußerst nützlich erweist, groß und breit zu sein: Zurück an Land, konnte ich zwei Zuschauer auf einmal herausziehen; für den Transport habe ich mir je einen unter jeden Arm geklemmt. Am Ende taten mir die Arme weh, was auch kein Wunder war, denn ich hatte mit dieser Technik etwa zehn Leute befreit.

Die Letzte war ein ziemlich hübsches Mädchen und ich hatte den Eindruck, dass sie sich in meinen Armen ziemlich wohl fühlte; denn auch nachdem ich sie in Sicherheit gebracht hatte, wollte sie ihre Hände nicht von meinem Hals lösen. Als wir auf ihren relativ schmächtigen Freund trafen, der bereits auf sie wartete und mich mit einem unsicheren Blick ansah, tat sie plötzlich geziert, allerdings war sie eine miserable Schauspielerin.

»Sehen Sie, es ist alles bestens, Ihnen ist nichts passiert!«, sagte ich zu ihr, doch sie ließ mich noch immer nicht los. Als ich den leicht eifersüchtigen Blick ihres Freundes bemerkte, legte ich sie ihm schwungvoll in die Arme. Und er kippte mit seiner Freundin auf den Armen um.

Nach solchen Episoden waren Reisen in Länder wie Ungarn, wo richtige, stabile Gerüste aufgestellt und die Veranstaltungen gut organisiert wurden, für mich und mein Team, als würden wir den Garten Eden betreten.

Hätte sich ein Unfall wie der in Salerno im Budapest der Fünfzigerjahre ereignet, hätte uns das Militär sofort ins Hotel eskortiert und uns versichert, dass nichts passiert sei. Als wir einmal zur Zeit des Kalten Krieges zu einem Wettkampf nach Russland reisten, war das Einzige, was wir zu sehen bekamen, die Strecke vom Hotel zum Schwimmbad und zurück, und manchmal noch nicht einmal das, weil die Fenster im Bus winzig und häufig verschlossen waren.

SEÑOR BUD

Über meine Zeit in Südamerika habe ich im ersten Buch bereits ausführlich geschrieben, aber da es der erste fremde Ort war, den ich als junger Mensch gesehen habe und an dem ich gut drei Jahre verbracht habe (meine Rückkehr dorthin für Dreharbeiten nicht mitgerechnet), komme ich auch an dieser Stelle nicht umhin, diese Station kurz zu erwähnen. Ich hätte sonst das Gefühl, dass mir etwas fehlt.

Abgesehen vom Klang und der Folklore ihrer Musik, die in mir als gebürtigem Neapolitaner wohlbekannte Saiten erklingen ließ, waren dort unten »die Pole umgekehrt«: Während der Süden eines Landes im Allgemeinen rückständiger und ruhiger ist als der Norden, war der Süden Brasiliens eher vergleichbar mit dem Leben in Mailand – hektisch und voller Industrie. Im Norden dagegen gingen die Leute sogar barfuß auf die Straße, weil es so unglaublich heiß war. Und das Schönste – hungers zu sterben war so gut wie unmöglich. Man musste nur die Hand ausstrecken und sich die Früchte von den vielen verschiedenen, überall herumstehenden Bäumen pflücken. Ich habe Brasilien geliebt und liebe es noch immer.

Wenn Flaubert recht hat mit seinem Satz: »Die Zukunft beunruhigt uns, die Vergangenheit hält uns fest, deshalb entgeht uns die Gegenwart«, ziehe ich es vor, mich von der Vergangenheit festhalten zu lassen und an jenes ursprüngliche Leben zurückzudenken, das wir Schritt für Schritt an die Industrialisierung und den technischen Fortschritt verloren haben, die wiederum die Welt in ein »globales Dorf« verwandeln.

Es ist dieses Ursprüngliche, das ich von Brasilien (vor allem dem Norden), aber auch von jenem anderen wunderbaren Land Südamerikas, Kolumbien, vermisse. Als ich Kolumbien gesehen habe, wurde es noch nicht mit Drogen und Dealern in Verbindung gebracht. Es gab dort koloniale Reste, Klubs und Hotels für Touristen, aber noch keine Filmindustrie. Zu jener Zeit begann Kolumbien gerade, sich fremden Einflüssen zu öffnen, und wurde dabei auch als exotische Kulisse für Filmdrehs entdeckt. Nicht nur viele Bud-Spencer-Produktionen wurden hier aufgenommen, sondern zum Beispiel auch Gillo Pontecorvos Historienfilm *Queimada – Insel des Schreckens* aus dem Jahr 1969 mit Marlon Brando in der Hauptrolle.

Die einzige Droge war damals noch Marihuana, das einfach so auf der Straße verkauft wurde. Es erinnerte ein wenig an das Cartagena in den Büchern von Gabriel García Márquez, dem Autor von *Hundert Jahre Einsamkeit*, dem Meisterwerk des sogenannten Magischen Realismus.

Einmal beschlossen wir, die Weihnachtsfeiertage in Kolumbien zu verbringen, um ein paar alte Freunde wiederzusehen. Wenig später sollten in Cartagena die Dreharbeiten zu *Zwei Missionare* beginnen.

Beim Abflug in Italien betraten wir das Flugzeug beladen mit Geschenken für unsere Freunde – darunter auch ein gigantisches, fünf Kilo schweres Panettone (italienischer Hefekuchen, der traditionell zur Weihnachtszeit gegessen wird), das damals fernab der Heimat nicht zu bekommen war.

Wir hievten es mit aller Kraft und unter den belustigten Blicken und dem Schmunzeln der anderen Passagiere ins Gepäckfach. Sie mussten uns für typische italienische Auswanderer halten, die sich mit Lebensmitteln eindeckten, bevor sie ihr Land verließen. Doch dann erklärte uns die Flugbegleiterin während eines Zwischenstopps in Madrid, dass aufgrund eines Personalstreiks die Lebensmittelvorräte nicht aufgefüllt werden konnten. Meine Familie und ich haben die Nachricht nicht besonders schwer genommen, da wir überzeugt waren, dass wir den Flug auch so überstehen würden. Nachdem einige Stunden verstrichen waren, meldete sich allerdings der Hunger in Form von herzzerreißenden Klagen meiner Kinder und Besorgnis erregenden, peinlichen Geräuschen aus meiner Magengegend – ich war nicht gerade ein Meister darin, Diät zu halten.

Ich wechselte einen Blick mit meiner Frau: »Wir haben doch unser Panettone an Bord!«, erinnerte sie mich mit leuchtenden Augen und einem plötzlich wiedergefundenen Lächeln.

»Auf keinen Fall! Das Panettone wird nicht angerührt! Man kann kein Weihnachten ohne Panettone feiern, außerdem ist es für unsere Freunde. Stell dir nur ihre langen Gesichter vor, wenn wir …«, ich unterbrach mich, da mir plötzlich bewusst wurde, dass ich mit mir selber redete: Maria stand bereits vor dem Fach mit dem Panettone, während die Passagiere, die ihr am nächsten saßen, sie mit segnenden Blicken bedachten – auch sie waren hungrig geworden. Kaum war die Schachtel geöffnet, erfüllte ein unwiderstehlicher, köstlicher Duft das Flugzeug, der in unsere Nasen und die der anderen Passagiere und Flugbegleiter wehte und selbst die Schlafenden weckte. Dieser Duft war wie die Ankündigung der »süßen Weihnacht«. Die ersten Stücke bekamen natürlich unsere Kinder, dann waren wir dran, anschließend unsere Nachbarn vor und hinter uns … dann die Kinder der Passagiere, die weiter vorn saßen, danach noch einige andere … um es kurz zu machen, wenig später kamen auch die Flugbegleiter in den Genuss des italienischen Panettone.

Die letzten Stücke wurden den Piloten gebracht, die sich über Lautsprecher bei uns bedankten!

Mein Versuch, in der Karibik ein traditionelles italienisches Weihnachtsfest zu feiern, war zu winzigen süßen Krümeln zerfallen, die die Kinder an Bord lachend vom Boden der Schachtel pickten. Und als wir in Bogotà landeten, wurde ich mit einem Applaus begrüßt, der ganz sicher nicht Bud Spencer, sondern dem Spender des köstlichen und lebensrettenden Panettone galt.

*

Ich erinnere mich noch gut daran, dass ich einmal von Bogotà nach Ibagué, einem wunderschönen Ort in der kolumbianischen Provinz Tolima, geflogen bin. Als ich nach einem abenteuerlichen Flug – die Tür der Maschine wurde mit Eisendraht zugehalten – landete, fand ich eine wilde, vulkanisch geprägte Landschaft vor; heute frage ich mich, wie viel von dieser Wildnis wohl überlebt hat. Die Natur dort ist so überwältigend und Respekt einflößend, dass der Mensch sich ganz klein fühlt – und begreift, dass er nichts als ein zeitweiliger Gast auf diesem Planeten ist.

Und manchmal ist der Mensch nichts weiter als sein Gewicht – besonders wenn es sich bei diesem Menschen um mich handelt.

Das durfte ich feststellen, als ich einmal mit dem Flugzeug nach Pasto fliegen wollte. Wir waren im Begriff zu starten, die Maschine rollte und rollte, konnte sich aber nicht dazu entschließen, abzuheben. Es war, als würde irgendetwas sie hindern.

Auf dieser Reise war ich allein unterwegs, ohne meine Familie, aber anscheinend war ich allein schon mehr als genug.

Als das Flugzeug schließlich zum Stehen kam, betrat der Kapitän sichtlich verlegen die Kabine: Das Problem, das uns vom Starten abhielt, war ich.

Er bat mich auszusteigen, da mein Gewicht für dieses kleine Flugzeug zu groß sei. Offenbar war ich mit Abstand der schwerste Fluggast.

»Da kann man wohl nichts machen«, antwortete ich, stieg aus und wartete auf ein Flugzeug mit weniger Passagieren, denn ich war so groß und schwer wie zwei oder drei Personen zusammen. Aber kleine Vorfälle wie dieser wurden durch die Wärme und besondere Mentalität, die einen in den südamerikanischen Städten empfing, wettgemacht. Man fühlte sich, als wäre man in die Seiten eines dreidimensionalen Märchenbuches eingetaucht!

Und so ging es einem an jedem Ort, den man besuchte. Schon vom Flughafen aus konnte man die Musik hören, die das Leben dieser Menschen, die sonst so wenig hatten, bestimmte. Denn von dem wenigen, das nichts kostete, von Musik und Tanz, war reichlich vorhanden. Die südamerikanischen Tänzer und Tänzerinnen waren phänomenal, selbst die Dreijährigen unter ihnen.

Das größte Ereignis ist natürlich der weltberühmte Karneval in Rio de Janeiro, bei dem sich die Leute Tag und Nacht mit Farben und Musik betäuben.

Bei meinen ersten Besuchen in Brasilien galt São Paulo als eine arbeitsame Stadt, eine Art brasilianisches Turin, während Rio de Janeiro für seine Lebensfreude bekannt war, so wie meine Heimatstadt Neapel. In Recife, der Stadt, die heute noch als »das Venedig Brasiliens« bekannt ist, habe ich zwei Jahre lang gelebt und gearbeitet. Ich erinnere mich noch, als ich eines Nachts auf einen Mann traf, der seine Hand gegen seine Eingeweide presste: Er war von einem Messerstich schlimm verletzt worden und kurze Zeit später verstarb er.

Das war die Umgebung, in die ich dort hineingeraten war und die ich trotz allem unbeschadet überstanden habe – auch was gefährliche Tiere inklusive Stiere angeht. Ja, ihr habt richtig gelesen: Stiere – gefährlicher als im Stierkampf! In der Zeit, als ich im venezolanischen Dschungel Straßen baute, sind mir wirklich einmal zwei in die Quere gekommen, ihre Köpfe waren gesenkt und die spitzen Hörner auf mich gerichtet. Ich zögerte nicht lange. Mit einem Sprung, der Tarzan vor Neid hätte erblassen lassen, rettete ich mich auf einen Baum – die Angst hatte mir Flügel verliehen.

Diese Erfahrung genügte jedoch leider nicht, um zu verhindern, dass ich mich weiterhin in Situationen begab, um die jeder halbwegs vernünftige Mensch einen großen Bogen gemacht hätte.

Zwischen 1956 und 1959, zum Beispiel, wurden mehrere Autorennen über 2000 Kilometer veranstaltet, an denen alle großen Automarken mit Sitz in Südamerika teilnahmen. Denkt ihr, Carlo Pedersoli hätte sich mit seiner Arbeit als Kfz-Händler zufrieden gegeben? Aber nein. Wenn es darum ging, mein Leben zu verkomplizieren, war ich unschlagbar.

Und so bin ich bei dreien mitgefahren.

Bei dem ersten Rennen begleitete mich mein Freund Paolo Marinelli, mit dem ich in jenen Jahren alles teilte, als Co-Pilot. Wir beide arbeiteten für Alfa Romeo. Beim Rennen waren noch Volvo, Singer und weitere englische Autos am Start.

Auf der Strecke gab es alles Mögliche zu sehen – von Menschen, die dicht gedrängt am Rand und mitten auf der Straße standen, bis hin zu Viehherden – nur die eigentliche Fahrbahn nicht. Und als wir diesen bunten Zirkus mit 200 Stundenkilometern passierten, teilte er sich vor uns wie das Rote Meer. Unsere Nerven waren bis zum Äußersten gespannt, aus Angst, jemanden anzufahren. Aber zum Glück ist nichts passiert, obwohl überhaupt keine Sicherheitsvorkehrungen getroffen worden waren und wir lange Strecken über den Strand und auf holprigen Straßen fuhren. Ein Mal habe ich gewonnen; von den anderen beiden Rennen habe ich eines verloren, beim anderen ging mir der Sprit aus und ich bin liegen geblieben. Was um alles in der Welt treibt einen angestellten Kfz-Händler auch dazu, Rennfahrer zu spielen? Die pure Leidenschaft fürs Abenteuer und die Lust auf Neues, vermute ich, gepaart mit der naiven Überzeugung, dass mir nichts Schlimmes zustoßen würde.

BWANA BUD

Wenn man von Südafrika spricht, kommt einem meist als Erstes die traurige und grausame Geschichte der Rassentrennung in den Sinn, obwohl dieses außergewöhnlich schöne Land voller Naturwunder eine »Wiege der Menschheit« ist, in dem das älteste Fossil eines unmittelbaren Vorfahren des Menschen gefunden wurde.

Ehrlich gesagt habe ich erst davon erfahren, als ich in Südafrika war, um *Plattfuß in Afrika* und *Plattfuß am Nil* zu drehen. In beiden Filmen hatte ich einen »Titanen« als Partner: Baldwyn Dakile, ein junges kleines Kerlchen von schwarzer Hautfarbe, das vor der Kamera ein natürliches Talent bewies. Für mich ist er ein Titan, weil er es als Erwachsener zu einem angesehenen Anwalt gebracht hat, wie ich viele Jahre später erfuhr, als er mich besuchte. Damals dachten wir gemeinsam an jenen Tag in Johannesburg zurück, an dem ich mit ihm in ein Restaurant für Weiße ging und damit, ohne es zu wollen, die örtliche Polizei in Rage versetzte und fast einen Bürgeraufruhr verursachte.

Bei diesem unvergesslichen Besuch erklärte Dakile mir, dass die Ideologie der Apartheid 1948 von den burischen Ministern entwickelt worden war. Ziel war es, die verschiedenen ethnischen Gruppen zu isolieren, damit jede ein eigenes gesellschaftliches Umfeld entwickelte (»Teile und herrsche«, sagte schon Machiavelli, ihr erinnert euch?), wobei die Weißen ihre vorherrschende Rolle mit historischen Gegebenheiten rechtfertigten. Wie es ausgegangen ist, wissen wir alle: Mandela hat es gelehrt!

Leider verdeckt die Geschichte der Apartheid allzu leicht große Errungenschaften des Landes. So war es ein südafrikanischer Arzt, der die Medizin im vergangenen Jahrhundert einen riesigen Schritt weitergebracht hat. Es ist eine alte Geschichte, an die ich aber immer wieder gerne erinnere: Sie beginnt am 2. Dezember 1967 mit einem Autounfall in Kapstadt, bei dem eine Frau, Myrtle Ann Darvall, ums Leben kommt und ihre Tochter Denise so schwer verletzt wird, dass sie nur noch wenige Stunden zu leben hat.

Ein schlimmer Vorfall, wie er sich leider häufig ereignet. Doch dieser Unfall unterschied sich von den anderen dadurch, dass er dazu bestimmt war, die Welt zu verändern.

Zur gleichen Zeit lag ein 54-jähriger Gemüsehändler mit einem irreparablen Herzfehler im örtlichen Krankenhaus, in dem ein junger, engagierter Arzt arbeitete: Christiaan Neethling Barnard.

Er sprach (im wahrsten Sinne des Wortes »mit dem Herzen in der Hand«) mit Denise' Vater und bekam sein Einverständnis für den revolutionären Eingriff: Am 3. Dezember 1967 führte Barnard die weltweit erste Herztransplantation am Menschen durch, assistiert wurde ihm von seinem Bruder und einem Team von dreißig Ärzten. Nach fünf Stunden im Operationssaal schlug das Herz der verstorbenen Denise Darvall im Körper von Louis Washkansky, dem Gemüsehändler. Die geglückte Operation war eine Sensation, die die ganze Welt bewegte.

Unglücklicherweise starb der Patient weniger als einen Monat später an den unvorhergesehenen Folgen des Eingriffs, doch der erste Schritt war getan. Barnard wird überall auf der Welt gefeiert und vielen ist dabei gar nicht bewusst, dass er aus einem afrikanischen Land kommt, weil sie ihn automatisch für einen Amerikaner halten!

Südafrika bestand für mich vor allem aus Savannen und Diamantengruben, doch zugleich war dieses wilde, wunderschöne, potenziell steinreiche und doch so sehr gepeinigte Land die Heimat des Mannes, der die Geschichte der Medizin für immer veränderte.

*

Aufgrund des internationalen Drucks fiel das Regime der Apartheid 1990 auseinander und Nelson Mandela, der zu einer Ikone der Bürgerrechtsbewegung geworden war, wurde endlich aus dem Gefängnis entlassen. 1994 wurde er zum Präsidenten Südafrikas gewählt. Ich wünschte, ich könnte behaupten, dass die Filme von Bud Spencer auch dazu beigetragen hätten, aber ich gebe mich mit der Genugtuung zufrieden, diesem widerlichen Polizeichef, der während der Dreharbeiten zu *Plattfuß in Afrika* ans Set kam und uns warnte, nie wieder einen Schwarzen in ein Restaurant für Weiße zu bringen, ordentlich Bauchschmerzen bereitet zu haben. Am liebsten hätte ich ihm direkt ins Gesicht geschlagen, in dieser Situation bedauerte ich sehr, nicht so eine schnelle Faust zu haben wie Plattfuß.

Der Rassismus ist eine dieser Dummheiten, die in den Köpfen der Idioten immer ein Zuhause finden, weil sie, da sie leer sind, viel Platz bieten.

Dazu fällt mir ein, dass in *Das Krokodil und sein Nilpferd*, den ich 1979 zusammen mit Terence gedreht habe, eine geradezu sinnbildliche Szene vorkam, in der ein reicher Weißer sich darüber beschwert, dass den »Negern« Eintritt ins Casino gewährt wird. Sein Gesprächspartner entgegnet ihm seelenruhig, dass es in der Welt nicht auf Farben ankommt, sondern darauf, wer hat und wer nicht. Eine Aussage, die sich auf einen Satz aus Miguel Cervantes' *Don Quixote* bezieht: »Es gibt nur zwei Familien auf der Welt, wie eine meiner Großmütter sagte, die Habenden und die Nichthabenden.«

Auch das ist kein sehr edles Motto, da es einen ökonomischen Rassismus impliziert, aber es ist eine wahrheitsgetreue Feststellung. Und sie gilt in allen Breitengraden.

Die Geschichte hat uns gelehrt, oder es zumindest versucht, dass kein Mensch aufgrund seiner Hautfarbe oder von Gottes Gnaden besser ist als ein anderer. Der große italienische Schriftsteller Ennio Flaiano, der sein Leben lang »fest mit den Füßen in den Wolken« stand, wie auf einem Schild an seinem römischen Haus geschrieben steht, und den ich die Ehre hatte, treffen zu dürfen, wiederholte häufig: »Die Mikrobe, die die andere Mikrobe auffrisst, denkt, sie würde das Atom beherrschen.«

Wann werden wir das endlich begreifen?

MISTER BUD

Theoretisch hätte ich erstmals für die Dreharbeiten zu meinem Debüt-Western *Gott vergibt ... Django nie!* (1967) einen Fuß in die USA setzen müssen, aber da das Budget dafür nicht ausreichte, wurden die amerikanischen Täler und Canyons durch italienische und spanische Landschaften ersetzt. Zum ersten Mal besuchte ich die USA 1977 gemeinsam mit Terence Hill für die Dreharbeiten zu *Zwei außer Rand und Band.*

Wir drehten in Miami, da die Kosten dort niedriger waren als in Kalifornien. Durch die Wolkenkratzer und die ganze amerikanische Kulisse hatte der Film etwas Internationales. Der Name der Stadt, so wurde mir gesagt, bedeute »großes Wasser« und stamme von den Seminolen, einem indianischen Volk, das ursprünglich dort gesiedelt hatte.

Ich war auf der Stelle fasziniert: Das Zusammentreffen der lateinamerikanischen Welt (da viele Südamerikaner dort arbeiteten) mit der US-amerikanischen ergab eine wunderbare Mischung. Die Stadt war ein Schmelztiegel verschiedener ethnischer Gruppen. Zu der Zeit war Miami noch keine große Filmstadt (die Fernsehserie *Miami Vice* (1984–1989) lag noch in ferner Zukunft). Doch es gab bereits eine Filmkommission vor Ort, die jede Menge Raum zu moderaten Preisen anbot, um die lokale Filmproduktion anzukurbeln: Coconut Grove, zum Beispiel, und weitere hervorragende Locations. In welche Richtung auch immer die Filmkamera schwenkte, alles war bereits Kino. Es ist kein Zufall, dass der Film *Zwei außer Rand und Band* – mit Ausnahme der letzten Prügelszene, die in einem Bowling-Saal in Rom aufgenommen wurde – komplett in Miami gedreht wurde.

Einige kleine Fauxpas haben wir uns dabei selbstverständlich auch geleistet, denn was wären wir sonst für Italiener?

Für eine bestimmte Szene haben Terence und ich uns die Uniformen und Einsatzwagen der örtlichen Polizei ausgeliehen. Das Funkgerät ließen wir eingeschaltet und plötzlich wurde eine dringende Warnung an alle Streifen durchgegeben. Sie lautete: »Im Bezirk Downtown wurden zwei falsche Polizisten gesichtet. Alle Streifen sofort nach Downtown! Es ist höchste Vorsicht geboten, die Männer sind bewaffnet!«

Sie konnten nur uns meinen (auch weil einer der beiden als »sehr groß« und sein Aussehen als »bedrohlich« beschrieben wurde). Wir stiegen, noch bevor die Streifenwagen anrückten, mit erhobenen Händen aus dem Wagen, aus Angst, sie könnten uns für so gefährlich halten, dass sie gleich auf uns schießen. Doch die Polizisten brauchten ewig und so boten wir allen Passanten ein unterhaltsames Spektakel: Zwei »Polizisten«, die mit erhobenen Händen mucksmäuschenstill mitten auf der Straße standen, ohne dass irgendjemand sie bedrohte.

Eine Szene, die perfekt in den Film gepasst hätte und die wir dann sechs Jahre später in unserem Film *Zwei bärenstarke Typen* leicht verändert wieder aufgriffen.

Die Polizei von Miami hatte der Produktionsleitung zwar die Dreherlaubnis erteilt, doch Letztere hatte weder erklärt, in welchen Straßen genau gedreht werden würde, noch worum es in dem Film im Einzelnen ging (und wie wir uns verkleiden würden). Die

Botschaft der Polizei lautete also in etwa: »Macht einfach, wie ihr denkt!«

Was wir dann natürlich getan haben, zum Beispiel, als eine hübsche Blondine vorbeikam. Sie musterte zuerst Terence und sagte: »Schade, dass die Bullen in Miami nicht alle so gut aussehen wie du!« Dann blickte sie mich an und fragte: »Müssen Polizisten denn nicht rasiert sein?«

»Genau das erkläre ich meinem Kollegen Tag für Tag, aber er ist Italiener – er begreift es einfach nicht«, gab Terence zurück und zwinkerte mir zu. Er nahm mich auf den Arm, genau wie im Film.

*

Nach und nach tauchte Miami immer häufiger in Filmen auf, sowohl in unseren eigenen (mit denen wir in gewissem Sinne Zoll auf diesen Ort erhoben haben) als auch in anderen. Und in der Folge stiegen die Kosten, wenn man in Downtown, auf der Strandpromenade oder an irgendeinem anderen prominenten Ort drehen wollte.

Als wir hingegen 1977 das erste Mal dorthin kamen, saßen noch überall Leute in ihren Schaukelstühlen oder lagen in ihren Hängematten. Wir tauften Miami »die Stadt der Alten«, und tatsächlich war sie ein beliebter Rückzugsort für Rentner aus ganz Amerika. Mit der Ankunft der sogenannten »Marielitos«, Flüchtlingen und Exilanten aus Kuba, stieg der lateinamerikanische Bevölkerungsanteil zu Beginn der Achtzierjahre auf einen Schlag immens an und die Straßenkriminalität nahm zu. Brian De Palmas Film *Scarface* aus dem Jahre 1983 hat diese Entwicklung sehr realistisch dargestellt. »Marielitos« bezieht sich auf die kubanische Hafenstadt Mariel, die für viele Ausgangspunkt ihrer Flucht war.

Auch die Verteilung der Bevölkerung verschob sich: Viele Alteingesessene verließen die Innenstadt und zogen nach Fort Lauderdale, um sich dort ihren »American way of life« zu bewahren.

Die Ausdehnung der Stadt Miami ist bemerkenswert: von Downtown, dem kommerziellen Zentrum mit sehr vielen Geschäften, bis hin zu den Sumpfgebieten und den großen Inseln.

Schon in den Zwanzigerjahren war Miami eine Filmstadt gewesen, eine Ära, die mit der Großen Depression 1929 zu Ende ging. Heute ist Florida nach Kalifornien die Nummer zwei in der amerikanischen Filmproduktion. Ich selbst habe seit zehn Jahren keinen Fuß mehr in die Stadt gesetzt, und ich wette, dass sich inzwischen vieles verändert hat – sowohl zum Guten als auch zum Schlechten. Wer weiß, wie South Miami Beach jetzt aussieht, seit unzählige dekadente Hotels und Ferienwohnungen dort errichtet wurden, in denen überwiegend alte Menschen ihre Urlaube verbringen.

Bei dieser Veränderung spielte auch ein Familienmitglied der Pedersolis eine kleine Rolle, und zwar meine Tochter Diamante. Sie ist Innenarchitektin und hat gemeinsam mit ihrer Partnerin Carmeline Santoro das Betsy Hotel restauriert (das nach der amerikanischen Heldin Betsy Ross benannt wurde, die die erste Stars-and-Stripes-Flagge nähte). Das Hotel ist eine Anlaufstelle für den internationalen Jetset.

Aber auch zu meiner Zeit mangelte es nicht an Hotels. Manche waren so groß, dass man sich in ihnen verlieren konnte, und genau das ist tatsächlich geschehen, als wir für den Dreh von *Zwei bärenstarke Typen* dort waren und im Fontainebleu wohnten.

Das ist das Hotel, in dem Terence und ich, als reiche Texaner verkleidet und mit einem Haufen Kram beladen, einchecken. Der Tag meiner Ankunft als Carlo Pedersoli dagegen war ein Albtraum! Ich hatte meine Familie dabei und da wir ein Apartment mit Küche bekamen, gingen wir gleich los, um fürs Abendessen einzukaufen.

Im Untergeschoss des Hotels gab es eine Menge Geschäfte, die zum »Shopping« verführten – ein Wort und eine Pein, die beide unsere amerikanischen Zeitgenossen erfunden haben. Wir betraten ein Geschäft, das wir so schnell nicht wieder verlassen sollten. Der Inhaber rief nämlich, nachdem er meine Tochter Diamante (damals sieben Jahre alt) bemerkt hatte, seine eigene Tochter, die im gleichen Alter war, damit sie sich anfreundeten, zusammen spielten und am Ende seine Kasse klingelte.

Sein Plan ging auf: Die Mädchen beschäftigten sich vergnügt miteinander, während meine Frau und ich Badesachen anprobierten und Strandtücher aussuchten – womit wir über eine Stunde verbrachten, vollkommen vereinnahmt von den vielen bunten Dingen, die uns umgaben. Als wir bezahlen wollten, bemerkten wir plötzlich, dass Diamante verschwunden war, und mit ihr die Tochter des Ladeninhabers.

Zu der Zeit war überall in den Nachrichten die Rede von Serienkillern, die Kinder entführt und getötet hatten. Miami selbst war Schauplatz solch dramatischer Fälle gewesen. Kleine Mädchen waren in Geschäften und Kaufhäusern plötzlich verschwunden und es hieß, dass in den USA gut 500 Serienkiller frei herumliefen. Unsere Beunruhigung schlug schnell in Angst um und mit jeder Minute, die verstrich und in der niemand unsere Tochter gesehen hatte, wurde unsere Angst panischer. Die Suche, der sich freiwillige Helfer anschlossen, dehnte sich auf die umliegenden Geschäfte aus.

Wir informierten den Sicherheitsdienst, der zwei große Männer losschickte, um bei der Suche zu helfen. Die beiden waren mit Pistolen ausgestattet und gingen sehr sachlich an die Sache heran; sie befragten uns nach den Einzelheiten des Verschwindens, ließen sich die Kinder beschreiben und machten sich sofort an die Arbeit. Doch nach einer Stunde kehrten auch sie mit leeren Händen zurück, nachdem sie das komplette Hotel durchsucht hatten. Nichts! Meine Frau brach zusammen und fing an zu weinen, während die Beamten unsere Personalien aufnahmen, um eine Anzeige bei der Polizei und dem FBI aufzugeben, die in solchen Fällen – da in Miami aufgrund der vorhergehenden Fälle von verschwundenen Kindern ein angespanntes Klima herrschte – sofort reagierten.

Ich erledigte die üblichen Formalitäten und tat mein Bestes, die Nerven zu bewahren und die vielen verschiedenen Schreckensbilder und Angstvorstellungen, die durch meinen Kopf jagten, auszublenden. Ich beruhigte mich mit der Hoffnung, dass Diamante »bloß« von jemandem entführt worden war, der mich wiedererkannt hatte und mir auf diese Weise Geld abknöpfen wollte. Maria bat mich, sie auf ihr Zimmer zu begleiten, weil das Hotel so groß war, dass sie die Orientierung verlor, und sie das Apartment in ihrer Verfassung auch nicht wiedergefunden hätte.

Als sie die Tür zum Zimmer öffnete, saßen vor ihr Diamante und das andere Kind, die beide in aller Seelenruhe mit ihren Puppen spielten!

Unsere Tochter war zurück ins Zimmer gegangen, weil sie ihrer neuen Freundin ihre Puppen hatte zeigen wollen, und erklärte mit der unschuldigsten Miene, die ich je auf einem Gesicht gesehen habe, dass sie überhaupt keine Probleme gehabt hätte, das Apartment zu finden. Und wie sie sagte, hätte sie auch problemlos wieder zum Geschäft zurückgefunden. Die beiden Mädchen konnten den Aufruhr beim besten Willen nicht verstehen. Sie waren einfach zur Rezeption gegangen, dort hatte Diamante dem Angestellten erklärt, dass sie aufs Zimmer wolle, woraufhin dieser sie zum Apartment geleitet hatte.

In dem Moment musste ich daran denken, dass mir das Schulgeld für die amerikanische Schule, die meine Tochter in Rom besuchte, immer übermäßig hoch erschienen war – mit einem Mal kam es mir lächerlich wenig vor.

Völlig außer Atem und aufgelöst tauchte Terence auf: Er hatte von Diamantes »Verschwinden« erfahren und sich selbst auf die Suche gemacht. Als er aber sah, dass alles ein gutes Ende genommen hatte, machte sich auf seinem Gesicht ein so strahlendes Lächeln breit, dass ich es nicht mehr über mich brachte, mit Diamante zu schimpfen. Das übernahm Maria, aber auch sie war so erleichtert, dass sie nicht wirklich schimpfen konnte. Es war diese Art von Zwischenfällen, die mich letztlich überzeugte, dass es im Allgemeinen besser war, ohne meine Familie zu verreisen: Für sie war es angenehm, zu Hause zu bleiben, und für mich verringerte sich dadurch das Risiko eines Herzinfarkts.

Natürlich ist Florida nicht der einzige Bundesstaat, den ich besucht habe, aber von meinen anderen Missgeschicken in Amerika erzähle ich später. Mit diesen Etappen meiner Reise »in achtzig Jahren um die Welt« hätte ich mir, im Gegensatz zu Verne, sicherlich keine Bewunderung, sondern sehr wahrscheinlich eher eine Zwangsjacke eingehandelt.

SIR BUD

Ihr müsst jetzt nicht gleich aufspringen und im Internet nachsehen – ich bin nicht zum Ritter geschlagen worden (auch wenn ich wirklich nicht begreifen kann, worauf die Queen noch wartet – ich spreche Englisch mit perfektem britischen Akzent und habe die feinsten Manieren), aber in England kamen mir alle vor wie »Sirs«, selbst die Fahrer. Ich verbrachte dort zwei Monate gemeinsam mit meiner Frau, wir wohnten in einem etwas schäbigen Viertel, dafür aber in einem sehr schönen Haus. Das war 1977: Der Film, den wir dort drehten, war *Charleston* von Marcello Fondato.

Der Engländer war, jedenfalls zu der Zeit, die Förmlichkeit in Person. Man ging zum Zeitungskiosk, und der Verkäufer musterte einen mit hochgezogener Augenbraue – wie der berühmte Lord Brummel höchstpersönlich. Man ging ins Bekleidungsgeschäft und der Verkäufer sah aus wie Oscar Wilde. Man ging in ein Lebensmittelgeschäft und wurde von einem höflichen Mann im Cut (festlicher englischer Herrenanzug) empfangen und gefragt, was man wünsche.

»Una mozzarella!«, sagte meine Frau Maria halb belustigt, halb verunsichert. Dann flüsterte sie mir, in Anspielung auf den eifrig bemühten Angestellten auf Italienisch ins Ohr: »Ich wusste gar nicht, dass Laurence Olivier auch hier arbeitet!«

Der Maître führte uns zu einem Tresen, an dem uns ein ebenfalls höflicher Verkäufer im Dinner-Jacket bediente. Er ging mit diesem kleinen Mozzarella so behutsam um, als handle es sich um eine wertvolle Antiquität. Schließlich begleitete uns eine dritte Person zum Ausgang, hielt uns die Tür auf und verabschiedete uns mit der Warmherzigkeit eines Eisbergs.

Im Tabakladen – ich hatte beschlossen, Pfeifentabak auszuprobieren – war es das gleiche Spiel. Das Geschäft glich einem Ministerium! Einer machte uns die Tür auf, ein anderer fragte mich nach meinen Wünschen und wieder ein anderer bediente mich: Er führte mir diverse Sorten Tabak vor, ließ sie mich probieren und tat dabei so, als handle es sich um kostbaren Wein; anschließend musste ich in einen Spucknapf spucken. Ausgehend von der Analyse meines Speichels durch einen Chemiker bestimmten sie daraufhin, welche Sorte am besten zu mir passte.

Und schließlich gab es noch jeweils drei unterschiedliche Sorten Tabak für morgens, nachmittags und abends. Natürlich musste man auch für jede der drei eine spezielle Pfeife vorweisen oder aber sich dort eine aussuchen.

Doch in Sachen Fahrer übertrafen sich die Engländer selbst: Reginald, den mir die Produktionsfirma stellte, damit er mich morgens zum Set und abends nach Hause fuhr, bat darum, erst einmal mit uns zusammen Tee zu trinken. Er wollte wissen, mit wem er es zu tun hatte, und hätte kein Problem damit gehabt, den Job abzulehnen, falls er mit seinem Kunden nicht einverstanden gewesen wäre.

Mit Tee um fünf wusste ich beim besten Willen nichts anzufangen. Das Einzige, was ich mir um diese Uhrzeit vorstellen konnte, waren drei Scheiben Brot mit Schinken – ein Imbiss, der bestens geeignet ist, das Loch im Magen zu stopfen. Daher fiel es mir auch nicht gerade leicht, unserem Gast, der an einem halben Keks herumknabberte, freundlich zu begegnen. (Diese Szene wurde später in einem meiner Filme aufgegriffen, und zwar in der deutsch-italienischen Western-Produktion *Die Troublemaker*, die ich 1994 mit Terence Hill drehte.)

Ich tunkte fünf Kekse auf einmal in meinen Tee und hielt mich damit noch nach allen Regeln der Höflichkeit zurück! Hätte ich nur einen Keks genommen, wäre er mir zwischen den Fingern zerbröselt, so winzig klein waren sie. Reginald jedoch reagierte nicht auf meine Verlegenheit: Er verhielt sich so fein und unbeirrt, als stammte er aus der britischen Oberschicht.

*

Ich erinnere mich noch an einen Museumsbesuch, bei dem wir uns das Bett von Anne Boleyn, der zweiten Ehefrau Heinrich des Achten, angeschaut haben: vier Bretter morsches Holz, mit Eisen zusammengeschraubt. Und um das zu sehen, hatten wir ganze 15 Pfund bezahlt, was beim Kurs zu der Zeit ein Vermögen war! Ich regte mich auf Italienisch bei Maria darüber auf. Die anwesenden Engländer konnten meine Schimpftiraden zum Glück nicht verstehen.

Unser Besuch fiel in eine Periode, in der die Ölkrise, infolge stattlicher Preiserhöhungen, mit denen die Scheichs den kostbaren Rohstoff belegten, europaweit eine Politik des drastischen Sparens anstieß. Daher konnte man in London günstig Häuser kaufen, die heute ein Vermögen wert sind. Natürlich habe ich das nicht gemacht: Ich wollte mir ja nicht die vielen Chancen verderben, mein Geld mit Fehlinvestitionen so richtig zu verpulvern – aber davon werde ich euch in Kürze mehr erzählen. Ansonsten bestand London für mich aus Big Ben, dem Buckingham Palace und vielen anderen Sehenswürdigkeiten, die ihr zweifellos besser kennt als ich.

Ich möchte lieber über etwas anderes reden, das mich beschäftigte. Mit London assoziierte ich damals vor allem Sherlock Holmes und die *Dracula*-Filme, in denen ein Paar mitspielte, das ebenso langlebig war wie Terence und ich, aber in der Konstellation grundverschieden: Peter Cushing und Christopher Lee. (Letzterer ist übrigens von adliger Herkunft, seine Mutter war die Contessa Estelle Marie Carandini di Sarzano, wusstet ihr das?)

Von 1957 bis in die Siebzigerjahre hinein – in der Zeit also, in der der berühmte Vampir Dracula und sein Widersacher Van Helsing oder auch Frankenstein und seine Kreatur in zahlreichen Filmen verkörpert wurden – gaben diese beiden Horror-Darsteller dem britischen Kino den gleichen Impuls, den die Spaghettiwestern dem italienischen Kino gaben: Unter denselben eingeschränkten Bedingungen der Krise brachten auch sie das britische Kino auf die Leinwände der ganzen Welt.

Kennengelernt habe ich sie beide, Lee wie auch Cushing, allerdings nicht bei derselben Gelegenheit.

Während meines Aufenthalts in London im Jahr 1977 lernte ich nur Peter Cushing kennen, und zwar über einen Freund von ihm, den großartigen Herbert Lom (bekannt als Inspektor Dreyfus aus der Filmreihe *Der rosarote Panther*), der auch in *Charleston* einen Inspektor spielt. Lom, der ursprünglich aus Tschechien kam und in England eingebürgert wurde, spielte in einigen Horrorfilmen der legendären britischen Firma Hammer Films mit und stand mehrfach gemeinsam mit Cushing und Lee vor der Kamera. Er war ein origineller Typ, der über alles und jeden Witze machte, nur über Cushing seltsamerweise nicht – er nannte ihn einen Heiligen: Er erklärte mir, dass ihn in der britischen Filmszene alle so nannten, weil er so ein herzensguter Mensch war.

Ich staunte nicht schlecht, als ich Cushing sah: Er wirkte viel größer als auf der Leinwand. Ich hatte einen kleinen dünnen Mann erwartet, aber er war alles andere als klein. Die Täuschung kam daher, dass Christopher Lee fast zwei Meter groß ist.

Lom erklärte mir, dass Cushing sich nach dem Verlust seiner geliebten Frau fast vollständig vom Kino zurückgezogen hatte. Das bisschen, das er gespielt hatte, genügte, um gut zu leben. Er war ein Gentleman mit unglaublich sanften blauen Augen, die im Kontrast zu den kaltblütigen Charakteren standen, die er häufig im Horrorfilm verkörperte. Er war ein unglaublich begnadeter Schauspieler.

Christopher Lee hingegen habe ich in Italien kennengelernt, er war schon damals weltberühmt und ist es auch heute noch. Die jungen Leute kennen ihn vor allem durch seine Rollen in der neuen *Star Wars*-Trilogie sowie in *Der Herr der Ringe*. Christopher Lee ist offensichtlich nicht ausschließlich im Horror-Metier geblieben, seine Karriere umfasst alle Genres, darunter allerdings leider nur sehr wenige Western – was wirklich eine Schande ist, wo er doch so ein hervorragender Reiter ist. Lees Filmografie (circa 280 Filme) ist ebenso imposant wie seine Erscheinung, er ist sogar als Schauspieler mit den meisten Leinwandauftritten ins *Guiness-Buch der Rekorde* gekommen. Auch seine hervorragende Tenor-Stimme soll hier nicht unerwähnt bleiben.

*

Diese Periode in England, während der wir *Charleston* drehten, war eine mehr als gute Zeit. Ich spielte in dem Film zusammen mit dem amerikanischen Schauspieler James Coco, einem großartigen, witzigen Charakterdarsteller, der außerdem ganz versessen war auf gute Küche. Sein Vater war ein italienischer Emigrant, der in New York als Schuster arbeitete. Als Kind hatte Coco den Passanten die Schuhe geputzt – eine Tätigkeit, die uns heute kaum mehr bekannt ist. (Erinnert ihr euch noch an Vittorio De Sicas Meisterwerk *Die Schuhputzer* aus dem Jahre 1946?)

James Coco war durch seine Rollen in Erfolgskomödien ins Rampenlicht gelangt und landete später in Amerika sogar einen Bestseller mit seinem Kochbuch. Ich bin jemand, der immer gern gekocht hat, aber ich war nie ein richtiger Koch. Er hingegen dachte sich am laufenden Band Rezepte aus und bereitete mit großer Leidenschaft die köstlichsten Gerichte zu. Manchmal lud er uns zu sich zum Essen in sein Zimmer ein. Er war hellauf begeistert, endlich jemanden getroffen zu haben, der genauso viel essen konnte wie er (und noch mehr!) und außerdem Italiener war.

Coco hatte schon von klein auf Probleme mit seinem Gewicht gehabt und auf lange Sicht schadete die Fettsucht seinem Herzen: Er starb im frühen Alter von 56 Jahren an einem Herzinfarkt. Ich weiß noch gut, wie er mir wiederholt erklärte: »Weißt du, Bud, ich komme aus einer traditionellen italienischen Familie vom alten Schlag. Sonntags haben wir uns um zwei Uhr zum Mittagessen hingesetzt und sind nicht vor sieben vom Tisch aufgestanden.«

BUD SPENCEL

Als ich 1975 dort war, gehörte der Stadtstaat Hongkong noch zum britischen Protektorat – ein Überbleibsel der Kolonialisierung Chinas im 19. Jahrhundert. Erst 1997 wurde die britische Kronkolonie wieder an China angegliedert; seitdem ist Hongkong offiziell Sonderverwaltungszone Chinas.

1901 führte der blutige »Aufstand der Boxer« in Peking zu 55 grausamen Tagen in der Fremdenlegion. Die Kung-Fu-Meister, die die Gefahr der westlichen Kugeln unterschätzten und sich für unverwundbar hielten, fielen in einem grausamen Massaker. Seit diesem Tag wird der Weiße mit den Begriffen »Kwai-lo« oder »Gweilò« in Verbindung gebracht: »Fremde Teufel«.

So haben sie uns genannt, und wir hatten es damals nicht anders verdient.

All das erfuhr ich von der chinesischen Schauspielerin Nancy Sit, die in dem Film *Plattfuß räumt auf* eine Nebenrolle spielte.

Wie für viele aus dem Westen sahen Asiaten für mich alle gleich aus, sie dagegen hatte überhaupt keine Schwierigkeiten, einen Weißen vom anderen zu unterscheiden: Das lag, wie ich vermutete, auch daran, dass sie sich ein bisschen in mich, nun ja … verliebt hatte! Was lacht ihr? Okay, ich hatte nicht gerade die Augen eines

Paul Newman oder die Ausstrahlung eines Al Pacino, aber kleiner als ich waren sie alle beide!

Nancy sprach kaum Englisch, die Amtssprache in Hongkong war Kantonesisch; Al Lettieri, mein Partner im Film, sprach sowohl Englisch als auch Italienisch fließend, aber mit Nancy verständigten wir uns am besten über Blicke und zärtliche Gesten. Und wenn ich ihr gefiel, dann gefiel sie ihm.

Unsere Beziehung zu Nancy ging jedenfalls nicht nur über die Arbeit, sondern auch über bloße Sympathie hinaus, auch wenn ich rückblickend nicht ausschließen möchte, dass ich derjenige war, der gewisse Blicke missverstanden hat. Doch es ist tatsächlich wahr, dass Asiatinnen westliche Männer sexy finden – wer weiß warum.

In meinem Fall lässt es sich vielleicht damit begründen, dass ich mit meinem Bauch und nach einer Bart- und Kopfrasur so aussehen würde wie Buddha, der Erleuchtete. Vielleicht hat Nancy mich deshalb so angelächelt: Sie versuchte herauszufinden, an wen ich sie erinnerte, aber dieser Bart verwirrte sie.

Die schöne Asiatin war unsere Fremdenführerin, die uns während der Drehpausen allerlei Sehenswürdigkeiten zeigte.

Einmal brachte sie uns zum Tempel der Göttin des Himmels und der Erde und Beschützerin der Fischer, Tin Hau (Hongkong bestand ehemals vor allem aus Fischerdörfern). Im Tempel zündeten die Gläubigen Kerzen an, beteten und opferten einer Tigerfigur symbolisch rohe Fleischstückchen, um sich die Gunst der guten Geister zu sichern – für Ende des 20. Jahrhunderts ein beeindruckendes Schauspiel. Ich als guter Esser kam nicht umhin, mir vorzustellen, zu wie vielen Steaks sich das geopferte Fleisch hätte verarbeiten lassen – zum Glück konnte Nancy keine Gedanken lesen!

In Hongkong herrschte große Armut, die durch den Kontrast der Wolkenkratzer mit den Dschunken im Hafen, auf denen Tausende von Menschen lebten, noch hervorgehoben wurde. Die sogenannten »Boatpeople« waren Flüchtlinge aus Vietnam, der Krieg war erst seit ein paar Monaten vorbei. Sie waren gezwungen, ihr Dasein dort auf den Booten zu fristen, weil sie von der Regierung nicht offiziell als Flüchtlinge anerkannt wurden. Erst 1979 erhielten sie mit dem Beginn der Asylpolitik Flüchtlingsstatus.

Wer den Film kennt, weiß, dass wir auf ebendiesen Booten eine Verfolgungsszene gedreht haben, und ich erinnere mich noch gut an das fröhliche Lachen der Kinder aus den Flüchtlingsfamilien. Bevor wir die Szenen abdrehten, haben wir Geld gesammelt, um den Besitzern der Boote etwas dazuzugeben. Die Angestellte der Firma vor Ort war nicht damit einverstanden, dass wir ihnen zusätzlich Geld gaben; für sie war es ganz normal, die Boote zu benutzen, ohne den Besitzern etwas zu zahlen. Uns aber schien es nicht richtig, diese Menschen so auszubeuten.

Uns war klar, dass wir mit ein paar Dollar nicht ihr Leben verändern würden, aber andererseits hätte uns eine kleine Spende auch wahrlich nicht arm gemacht. Vielleicht wäre für eines der Kinder eine Packung Nudeln oder ein neuer Pullover herausgesprungen.

Schließlich willigte der Dolmetscher doch ein und bot an, den Bootsführern das Geld auszuhändigen, da er ja ihre Sprache sprach. Doch als gebürtiger Neapolitaner durchschaute Bud Spencer das Spiel natürlich sofort: Der Dolmetscher wollte für die Vermittlung ein Prozent selbst einstecken! Leider hatte ich keine Ahnung, wie man auf Chinesisch sagte: »Ich lass mir doch keinen Bären aufbinden!« Also habe ich so reagiert, wie Plattfuß es getan hätte: Höflich, aber bestimmt schob ich das Schlitzohr beiseite und ging gemeinsam mit Lettieri von Boot zu Boot und von Person zu Person, um ihnen das bisschen Geld zu geben. Wir wurden von allen mit einem dankbaren und glücklichen Lächeln beschenkt, das eine Million amerikanische Dollar wert war!

Das Schlitzohr bedachte uns mit zornigen Blicken (»schmutzige fremde Teufel!«, wird er sich gedacht haben), aber er war weise genug, nicht einzugreifen. Vielleicht ahnte er, dass ich ihn kurzerhand ins Meer geworfen hätte. Die Ganoven vor Ort konnten mir nichts anhaben, schließlich war ich der Star des Films, und dieses eine Mal habe ich das ganz und gar ausgenutzt.

*

Aber diese gute Tat rettete mich, als wir ein paar Tage später im Viertel Kowloon zu Abend aßen, nicht vor einer Blamage. Mit dabei war der kleine Daygolo, im Film der Junge, dem ich helfe. Seine Eltern hatten uns erlaubt, ihn mitzunehmen, weil sie wussten, dass Nancy sich am Set ganz mütterlich um ihn kümmerte. Die beiden verstanden sich hervorragend. Wir saßen also im Restaurant, Daygolo hatte sich sofort neben mich gesetzt und damit Al Lettieris Platz eingenommen, der damit wiederum sehr glücklich war, da er so in den Genuss kam, neben der wunderschönen Nancy zu sitzen. Nancy betrachtete den Jungen und mich mit einem sanften Blick, bevor sie halb im Scherz, halb im Ernst sagte: »Ihr seht aus wie Vater und Sohn! Ihr unterscheidet euch nur ein bisschen durch Bart und Größe.«

Als die Kellnerin kommt, bestelle ich sofort Wasser, der zuvor absolvierte Spaziergang und das tropische Klima in Hongkong haben mich durstig gemacht. Die Kellnerin, eine kleine und sehr hübsche Frau, im Stil von Suzie Wong, nimmt eine kerzengerade Haltung ein, blickt mich an und geht dazu über, die Essensbestellung aufzunehmen. Als sie wiederkommt, hat sie das Wasser nicht dabei, also bestelle ich es noch mal.

Daygolo bricht in Gelächter aus, Nancy schüttelt den Kopf. Was zum Teufel hatte ich nur angestellt? Ich vermute, dass es an meiner lächerlichen englischen Aussprache liegt. Das Essen ist vorzüglich, den Tee kann ich nicht trinken (er ist bitter), aber Reis- und Pflaumenwein fließen dafür umso besser, wodurch ich nur noch durstiger werde.

Ich bitte die Bedienung daher ein drittes Mal um Wasser, das ich auch ein drittes Mal nicht bekomme, Daygolo krümmt sich inzwischen vor Lachen auf seinem Stuhl. Nancy erklärt mir schließlich, dass es unhöflich sei, in chinesischen Restaurants Wasser zu bestellen. Dort lösche man seinen Durst mit Tee oder allerhöchstens mit Bier.

Die Kellnerin hatte meine Beharrlichkeit demnach wohl so ausgelegt, dass ich sie auf den Arm nehmen wolle, deswegen kriegte sich der kleine Day nicht mehr ein: Er lachte über mich ignoranten weißen Affen! Nancy machte sich einen Spaß daraus, mich den ganzen Abend damit aufzuziehen, und Al, dieser Verräter, unterstützte sie bereitwillig.

Immer wieder beugte er sich zu mir herüber und murmelte auf Amerikanisch mit seinem sizilianischen Akzent (den er übrigens auch in *Der Pate 2* zum Besten gegeben hat): »Du bist ein richtiger Gweilò, du kannst es einfach nicht verbergen!« Dann zwinkerte er mir zu und spielte damit auf die kleine, sehr hübsche Nancy an, die ihm offensichtlich gefiel. Sie wiederum sah mich an, als wäre ich ein hoffnungsloser Fall.

Natürlich war mir klar, dass beide nur scherzten, aber um Daygolo zum Lachen zu bringen, tat ich so, als würde ich mich aufregen, und griff zu bekannten Gesten aus dem Film – ich knurrte und fuhr mir mit der Hand übers Gesicht. Irgendwann musste der Junge so sehr über meine Fratzen lachen, dass er sich an einem Stück Ravioli mit Krebsfleischfüllung verschluckte. Er hustete immer stärker, Nancy eilte zu Hilfe und klopfte ihm mit der Hand auf den Rücken, aber Day hatte noch immer Schwierigkeiten, Luft zu bekommen.

Einen Moment lang herrschte Panik, aber zum Glück nur kurz: Ich stand auf, schnappte mir seine Beine, stellte ihn auf den Kopf und schüttelte ihn so lange, bis er den Killer-Bissen ausspuckte. Nach und nach kehrte die Farbe in Days Gesicht zurück und wenig später sagte er etwas auf Kantonesisch zu Nancy, was sie Al weitersagte. Dieser übersetzte schließlich auf Sizilianisch-Amerikanisch: »Der Kleine will noch mal!«

»Was noch mal?«, fragte ich verwirrt.

»Er will, dass du ihn noch mal an den Füßen festhältst und hin und her schüttelst: Das hat ihm richtig gut gefallen!«

*

Ich weiß nicht, inwiefern Hongkong sich verändert hat, nachdem es 1997 wieder ein Teil Chinas wurde, damals jedenfalls war es ein kulinarisches Paradies. Es gab einen Imbiss neben dem anderen und dort bekam man zu jeder Tages- und Nachtzeit etwas zu essen – Essen und Trinken sind nämlich eine Leidenschaft, die die Chinesen mit den Italienern teilen, genauso übrigens wie die Liebeslieder: Überall in den Restaurants und in den Straßen ertönte kantonesische Musik aus Transistorradios und Lautsprechern in den Läden. Wobei die Melodien stark an italienische und amerikanische Lieder erinnerten, manche Lieder waren schon fast Plagiate – was eigentlich nicht weiter erstaunt, wenn man an die in Hongkong produzierten Kung-Fu-Filme denkt, in denen trotz aller Copyright-Restriktionen häufig Musik aus Italowestern (von Morricone und Co.) verwendet wurde.

Auch Nancy Sit, meine bereits erwähnte Partnerin aus *Plattfuß räumt auf*, hatte in mehreren Filmen des Kampfsport-Genres mitgespielt, und eines Samstagnachmittags wollte sie mit uns zusammen einen Film anschauen, in dem sie eine kleine Rolle spielte. Sie war ganz aufgeregt. Ich war müde und wäre lieber im Hotel Peninsula, in dem wir Schauspieler untergebracht waren, auf meinem Zimmer geblieben, aber Al konnte es gar nicht erwarten: »Bist du verrückt, Bud? Du willst sie doch nicht vor den Kopf stoßen! Kannst du nicht ein einziges Mal verbergen, was für ein Gweilò du bist?«

Kurz und gut, wir haben uns in ein Taxi gesetzt und sind losgefahren, um Nancy zu treffen. Wir fanden sie in Begleitung eines jungen Asiaten mit Schnurrbart, den sie uns als Thompson Kao

Kang, einen Freund von ihr, vorstellte. Er war ziemlich klein, hatte ein heiteres Lächeln und erging sich vor uns in Verneigungen. Wir betraten den Kinosaal und setzten uns auf die vier Plätze, die Nancy für uns reserviert hatte. Der Film hieß *Stranger from Canton*. In Italien ist er unter dem Titel *La treccia che uccide* bekannt (Wie jedenfalls mein Co-Autor Lorenzo De Luca schwört, der auf dem Gebiet der Kung-Fu-Filme so etwas wie ein Guru ist. Er hat nicht nur verschiedene Bücher über das Thema geschrieben, sondern sogar Brandon Lee, Gordon Liu, Jackie Chan und viele andere Helden des Genres kennengelernt.).

Die Handlung? Ich weiß nur, dass immer nach zehn Minuten Kampf ein Satz fiel! Meine Filme waren im Vergleich dazu statisch. Aber das Gesicht des Bösen im Film kam mir bekannt vor: Vielleicht war er einer der Stuntmen, überlegte ich, die ich im Film hatte? Wer weiß! Nancy sagte irgendetwas zu Al, was er mir prompt übersetzte, wobei er auf die Leinwand zeigte: Der Böse war der Mann, der neben uns saß, Thompson. Jetzt wusste ich also, woher ich ihn kannte, er saß direkt neben mir! Ich nickte ihm zu und lächelte ihn voller Bewunderung an, was im Dunkeln ohnehin niemand sehen konnte (obwohl, bei den Chinesen weiß man nie). Die Mimik im Film war sehr theatralisch und dadurch, dass er ebenfalls auf symbolischer Sprache beruhte, ähnelte der Streifen fast ein wenig den Bud-Spencer-Filmen.

Auf zwei unbequemen Holzstühlen eingeklemmt, fühlte ich mich an die Kinosäle in Neapel erinnert. Al und ich waren von rund 200 Chinesen umgeben, die schrien, applaudierten, schimpften und manchmal sogar auf die Leinwand spuckten. Sie lebten den Film voller Hingabe, die Handlung war wie ein ganz reales Ereignis für sie. Auch das erinnerte mich an Neapel, an die berüchtigten Viertel, wo die Zuschauer nicht selten bewaffnet ins Kino gingen und sich so sehr von der Handlung einwickeln ließen, dass sie sogar auf die Leinwand schossen (überwiegend auf die Polizisten!).

Irgendwann während der zweiten Hälfte sagte ich zu Al: »Ich gehe auf die Toilette.«

Ich kehrte nicht mehr in den Saal zurück, auf diesem Stuhl ruinierte ich mir, dank meines Körperumfangs, den Rücken. Ich wartete draußen. Als Nancy und ihr Freund sich später zu mir gesellten, entschuldigte ich mich. Ich versuchte, ihnen begreiflich zu machen, dass ich auf diesem Stuhl ernsthaft litt. Als Wiedergutmachung schickte ich Nancy am darauffolgenden Montag einen Strauß Rosen ans Set, die sie gerne annahm. Danach kam Al zu mir und sagte: »Du bist wirklich ein Gweilò! Die Chinesen bevorzugen statt Rosen Chrysanthemen, für sie sind es keine Trauerblumen wie für uns. Das hat Nancy mir erzählt.«

Wieder einmal hatte ich nichts begriffen!

Leider hat diese Anekdote einen traurigen Nachtrag, denn 1980 wurde der junge Schauspieler, Thompson Kao Kang, den ich an jenem Nachmittag kennengelernt hatte, von einem Polizisten in Hongkong nach einem banalen Streit auf offener Straße erschossen. Vielleicht hatte der Polizist die Realität mit dem Kinofilm verwechselt, in dem er den Bösen spielte. Hongkong ist mir als eine Stadt in Erinnerung geblieben, in der alles passieren konnte, und manchmal passierte es tatsächlich.

*

An einem Abend in der letzten Woche des Drehs machten wir einen Ausflug zum Flohmarkt auf der Temple Street, der erst nachmittags aufmachte. Dort gab es alles, was das Herz begehrte: Kleider, CDs, Bücher, gefälschte Uhren, Spielsachen etc.

Die Dollarpreise in Hongkong waren im Allgemeinen ein Witz, aber man durfte sich nicht sofort darauf einlassen. Die Verkäufer liebten es zu handeln und wenn man sofort einwilligte, beraubte man sie ihres Vergnügens. Ich kaufte ein paar Spielsachen für Daygolo und einige Chinoi-Serien, die ich nach Italien mitnehmen wollte. Al plünderte einen Stand, der Imitationen bekannter Markenuhren anbot. Er war ganz der Amerikaner, wie man ihn sich vorstellt, er gab das Geld mit vollen Händen aus. Endlich war die Gelegenheit gekommen, mich an ihm zu rächen: »Weißt du denn nicht, dass du immer mit den Verkäufern handeln musst, sonst stößt du sie vor den Kopf! Du bist ein richtiger Gweilò! «

Und Lettieri war nicht weniger überrascht, als wir (wie ich bereits im letzten Buch erzählt habe) einen Vorgeschmack auf unsere Berühmtheit in Amerika bekamen: An Bord eines Flugzeugträgers der USA, der am Hafen flottgemacht wurde, um nach Vietnam und zurück zu fahren, wurde den Marines *Die rechte und die linke Hand des Teufels* vorgeführt. Als wir eine Szene am Hafen drehten, erkannten mich die Seemänner und grüßten mich enthusiastisch. Der Admiral lud mich sogar zum Abendessen aufs Schiff ein!

Nancy Sit ist in Hongkong ein großer Star geworden und noch heute aktiv, was mich nicht überrascht. Ich wusste schon damals, dass sie einiges auf dem Kasten hat.

Von Daygolo habe ich leider nichts mehr gehört. Ich weiß, dass er eigentlich kein Chinese, sondern Japaner war. Ich wünsche ihm von Herzen, dass er Karriere gemacht hat und erfolgreich ist, so wie sein afrikanischer Altersgenosse in *Plattfuß in Afrika*. Die Herstellung eines Films läuft nun mal so ab, dass man einige Wochen lang in einer riesigen Familie lebt, man isst zusammen, man arbeitet zusammen und dann, plötzlich, ist der Dreh vorbei und alle kehren in die Realität zurück. Aber ein bisschen von einem selbst bleibt bei den anderen und ein bisschen von den anderen trägt man von da an in sich selbst.

O' GUAGLIONE BUD – BUD, DER KLEINE JUNGE

»Guaglione« ist eine typisch neapolitanische Bezeichnung für einen Jungen, der sowohl in Bezug auf sein Alter als auch auf seine geistige Reife noch ziemlich grün ist. Ich bin längst kein kleiner Junge mehr, aber der Titel schien mir passend für dieses Kapitel über eines der unglaublichsten »Länder«, die ich je »besucht« habe: Neapel.

Neapel ist *meine* Stadt, in Wirklichkeit ist sie natürlich viel mehr als das: Neapel ist – ein bisschen wie Hongkong im Verhältnis zu China – ein eigener Planet innerhalb Italiens, der sich seine eigenen Sitten und Bräuche bewahrt hat (und zwar sowohl die guten als auch die weniger guten). Ich bin dort geboren, aufgewachsen und dorthin zum Arbeiten zurückgekehrt. Die sozialen und kulturellen Veränderungen sind so vielfältig, dass sie niemals aufhören werden, mich zu überraschen. Wann immer ich nach Neapel zurückkehrte, war es, als würde ich einen neuen Ort besuchen. Und aus diesem Grund spreche ich von Neapel als einem eigenständigen »Land«, das ich »besucht« habe.

Das heutige Neapel geht, so leid es mir tut, das sagen zu müssen, den Bach runter. Viele Neapolitaner sind einfach träge und bekommen es ohne einen gewissen Zwang von außen nicht hin, zivilisiert und demokratisch zu leben. Probleme wie die Müllberge, die sich in den Straßen häufen und auf der Welt ein wenig ehrenwertes Bild von der Stadt verbreiteten (das außerdem von der Zusammenarbeit der Politiker mit der Camorra geprägt ist), schaden dem anständigen Neapolitaner, der seinen Müll nicht aus dem Fenster wirft und dabei den Container verfehlt.

Viele Bürger haben leider eine Mentalität der Gleichgültigkeit entwickelt und erwarten, dass der Staat die Probleme für sie löst.

Ich will das jetzt nicht verallgemeinern, aber wenn ich die Stadt mit dem früheren Neapel, mit *meinem* Neapel, vergleiche, wird mir das Herz ganz schwer. Meine Heimat, den Ort, an dem ich aufgewachsen bin, habe ich versucht, in einem Gedicht einzufangen, das ich an dieser Stelle mit euch teilen möchte:

Wozu drüber reden?

In Neapel gab es ein Fenster, an welches das Meer anklopfte.
Es gab Festtage, an denen die Sonne sich an ihrer eigenen Geburt erfreute.
In der Luft lag der Duft der Rothaarigen, die Menschen sprachen mit dem Herzen. Heute reden sie nur noch über Geld.
Wozu drüber reden?
Nur die Jugend kann uns retten, nur sie kann eine Gesellschaft verändern.
Doch wir brauchen mehr als Worte, wir brauchen ein Wunder.
Wunder aber, das wissen wir genau, sind das Werk der Heiligen, und allen können auch sie es nicht recht machen!
Ich rieche den Duft der Rosen, kannst du dir einen kleinen Jungen vorstellen, der über Liebe redet?
Kannst du dir vorstellen, dass uns da oben tatsächlich jemand den Gefallen tut? Dann können wir jetzt reden!

*

Noch bis in die Zeit hinein, in der wir *Sie nannten ihn Plattfuß* drehten, das war 1973, konnte jenes alte Neapel überleben, und dazu gehörten auch die kleinen Rotzlöffel, die es immer darauf anlegten, einen reinzulegen. Dazu kann ich euch eine Anekdote mit ein paar »Guaglioni« (kleinen Jungen) erzählen: Während des Filmdrehs warteten sie stets in einer kleinen Gruppe darauf, dass ich meine Szene beendete. Sie beobachteten mich und tuschelten miteinander, bis eines Tages einer von ihnen, der älteste (neun Jahre), auf mich zukam und sagte: »Sag mal, Budde Spencér, wer hat dir denn so einen komischen Namen gegeben?«

Ich sah sie mir alle an und antwortete: »Den habe ich mir selbst ausgesucht, weil er mir gefällt.«

»Aha, also uns gefällt er nicht so richtig gut, wir haben nämlich beschlossen, dass du ab heute unser Vater bist!«

»Mit Vergnügen!«, entgegnete ich gerührt.

Wir liefen ein Stück zusammen und plauderten ein wenig. Nach kurzer Zeit meinte der Anführer, der seine Ungeduld nicht mehr verbergen konnte: »Sag mal, Papa, das Geld fürs Kino, das gibst du uns doch sicher, oder?«

Diese ganze Papa-Geschichte hatten sie sich nur ausgedacht, um mich um ein paar Lire zu erleichtern. Das Geld für die »Kinokarten« habe ich ihnen natürlich gegeben – und es war das erste Mal in meinem Leben, dass ich mich mit dem größten Vergnügen habe »berauben« lassen.

Meine Frau muss heute noch lachen, wenn sie sich an eine spätere Begebenheit am Hafen von Mergellina erinnert. Ein kleiner Junge ging auf sie zu und fragte sie, wie alt sie sei.

»Alt«, antwortete sie.

»Vierzig?«

»Älter.«

»Fünfzig?«

»Noch ein bisschen älter.«

»Fünfundfünfzig?«

»Ganz genau.«

Woraufhin der kleine Junge sie mit einem untröstlichen Blick ansah und ihr verblüfft antwortete: »Fünfundfünfzig? Oje, wie traurig, dass Sie sterben müssen!« Für ihn waren wir hundert Jahre alt.

Der Neapolitaner misst das Leben eben mit eigenem Maß und an erster Stelle stehen dabei seine persönlichen Bedürfnisse: Eines

Abends, zum Beispiel, fand ich eine der engen, steilen Gassen im Spanischen Viertel vollkommen von Autos verstopft vor.

Ich dachte sofort, es wäre ein Unfall passiert, doch das war ein Irrtum: Der ganze Stau war von einem einzigen Auto verursacht worden, das mitten auf der kleinen Straße angehalten hatte und damit ein ohrenbetäubendes Hupkonzert ins Leben gerufen hatte.

Irgendwann trat schließlich ein Mann aus der Bar, der sich als Besitzer des parkenden Wagens zu erkennen gab. Er betrachtete das Schauspiel eine Weile, bevor er es erstaunt mit den Worten kommentierte: »Ich habe mir doch nur eben einen Kaffee geholt, wozu der Aufstand?«

Das ist Neapel, wie es leibt und lebt – ein fremdes Land in Italien.

*

Und nun ist der Zeitpunkt gekommen, eine Etappe unserer Weltreise unter die Lupe zu nehmen, die von vielen von euch am sehnlichsten erwartet wurde. Jene, in der ein übergewichtiger Phileas Fogg über diese seltsame Zeit-und-Raum-Maschine stolpert, die sich Kino nennt.

In diesem Kapitel erfahrt ihr, wie es kam, dass ich als Hauptdarsteller in so vielen Filmen auftrat, ohne jemals ein richtiger Schauspieler zu sein.

3. KAPITEL

DER »GRÖSSTE« SCHAUSPIELER ITALIENS

»Die Schauspielerei ist etwas für Vagabunden,
damit aufzuhören ist ein Akt der Reife.«
MARLON BRANDO

BUD HAT CARLO GERETTET

Es ist wichtig, dass ihr dieses lange Kapitel gründlich lest, weil es euch helfen wird, die folgenden katastrophalen und wunderlichen Kapitel im Leben des Menschen, Unternehmers, Abenteurers, Erfinders (ja, auch das!) und Familienvaters Carlo Pedersoli besser zu begreifen: Wäre Bud Spencer nicht jedes Mal zur Stelle gewesen, um mich vor meinem Unglück zu bewahren, weiß ich nicht, was aus mir, dem *marziano*, geworden wäre. (Diese Bezeichnung haben sich meine Frau und meine Kinder für mich ausgedacht. Sie haben mich ein Leben lang so genannt und inzwischen haben auch schon meine Enkel damit angefangen.)

Ich sagte es bereits und wiederhole es noch einmal: Zum Film kam ich zufällig und aus der Not heraus.

Ein paar kurze Filmauftritte absolvierte ich schon in den Fünfzigerjahren, zum Beispiel in dem Kriegsfilm *Torpedomänner greifen an* (1954) oder in der Komödie *Ein Held unserer Tage* (1955), in denen der unvergessliche Alberto Sordi mitspielte. In dieser Zeit geschah es, dass ich einem jungen Mann am Set über den Weg lief, der sich Mario Girotti nannte und knapp zwanzig Jahre später als »Terence Hill« zu einem Teil meines Lebens werden sollte.

Beim Film wird, ganz wie bei den Göttern des Olymps bei Homer, nach Lust und Laune über die Schicksale der Menschen verfügt.

Bud wurde zusammen mit dem Italowestern geboren, aber es ist nicht so, dass es vorher in Europa keine Western gegeben hätte: In Deutschland, zum Beispiel, waren lange vor Sergio Leone spektakuläre »Kraut-Western« produziert worden, die auf den Wildwestromanen Karl Mays basierten und sehr erfolgreich waren.

1964 kam Sergio Leone mit *Für eine Handvoll Dollar*.

Der Rest ist Geschichte.

Meine Begeisterung für Filmschauspieler war lange Zeit in etwa so groß wie meine Leidenschaft für Diäten: null. Und mein Wissen, was das Medium Kino betraf, übertraf meine Kenntnisse auf dem Gebiet der Ägyptologie nur gering.

BUD MIT BART, BUD OHNE BART

Irgendwann einmal müsste jener lebenswichtigen, aber in der Geschichte des Kinos nie erwähnten Figur einmal ein Denkmal errichtet werden: dem Kinobetreiber.

Ohne die Geduld so manchen florentinischen Kinobesitzers wäre der Italowestern nie entstanden, von Bud Spencer würde folglich keine Menschenseele sprechen – ein Umstand, den die Filmbranche sicherlich überlebt hätte, wenn nicht sogar sehr gut. (Nur was mich betrifft, bin ich mir da nicht so sicher …)

Die Tatsache, dass der sogenannte Spaghetti-Western seine Geburtsstunde ausgerechnet in der Toskana erlebte, hat fast etwas Prophetisches. Denn sie gilt als die Heimat der »berittenen Hirten« – eines Volkes, das zu Pferd noch geschickter war als die Cowboys aus dem Wilden Westen. Dazu gibt es eine Geschichte: Im Jahr 1890 hatte Buffalo Bill mit seinem Zirkus dort eine Aufführung. Dazu hatte der Herzog von Sermoneta der Truppe seine wilden Pferde zur Verfügung gestellt, die den Kollegen aus dem Wilden Westen jedoch offensichtlich Schwierigkeiten bereiteten. Um das Schlimmste zu verhindern, sprangen die toskanischen Hirten ein und zähmten die Pferde. Dem Hirten Augusto Imperiali gelang es dabei als Einzigem, Buffalo Bills Pferd zu bändigen – eine Leistung, die später sogar auf der Titelseite der *New York Times* Erwähnung fand!

Auch die Tatsache, dass Florenz, die Heimatstadt der Renaissance in der Kunst und offizielle Hauptstadt Italiens von 1865 bis 1871, in den Sechzigerjahren zur Wiege der Renaissance des italienischen Kinos wurde, hat symbolischen Gehalt.

Für eine Handvoll Dollar, ein Film, der unter schwierigsten Bedingungen produziert worden war und als Stammvater des Italowestern gilt, begann seinen Aufstieg zum Erfolg in einem Kinosaal in der Nähe des Bahnhofs von Florenz. Hätte jener (meiner Meinung nach bisher zu wenig gewürdigte) Kinobetreiber diesen Film nach seinem enttäuschenden Debüt nicht trotzdem im Programm behalten, hätte dieser hoch infektiöse Überträger, die Mundpropaganda des Zuschauers, vielleicht nie seine Wirkung entfalten können. Dann wäre möglicherweise auch das Genre nicht geboren worden. Und Bud Spencer ebenso wenig. Den berühmten Film mit jenem Fremden im Poncho, der in seinem Leben mehr Menschen als Mücken getötet hat, habe ich mir natürlich nicht entgehen lassen. Ich selbst war zu jener Zeit allerdings damit beschäftigt, mein ganz eigenes Duell auszufechten: Carlo gegen die ewige Frage, wie es weitergehen sollte. Für die Schwimmkarriere war ich schon zu alt und meine Arbeit als Emigrant in Südamerika war abgeschlossen.

Schließlich kam das Jahr 1967 und mit ihm der Film *Gott vergibt … Django nie!* von Giuseppe Colizzi. Auch dieser Film war heimlich, still und leise in einem winzigen Kino in Bologna namens Colosseo angelaufen – dank der regionalen Verleihfirmen, die Filme auf den Markt brachten, von denen die großen Majors die Finger ließen. In Italien wurde er zum Kassenschlager des Jahres.

Die Katze, der Hund und der Fuchs (Il gatto, il cane e la volpe), wie der Arbeitstitel des Films lange Zeit lautete, war nacheinander von mehreren wechselnden Produzenten betreut worden, denen jedoch allen der Glaube an das Projekt fehlte. Anfangs hatte Fulvio Lucisano daran gearbeitet, danach sprang Colizzi kurzzeitig selbst als Produzent ein. Anschließend gesellte sich ein weiterer Produzent von Jolly Film dazu (die gleiche Produktionsfirma hinter *Für eine Handvoll Dollar*), doch auch er stieg wieder aus und letztendlich setzte Colizzi alles daran, den Film zu einem Abschluss zu bringen. Alle, die jemals mit dem Projekt in Berührung gekommen waren und sich wieder davon losgesagt hatten, sollten ihre Entscheidung Monate später bitterlich bereuen: Ende des Jahres hatte der Film zwei Milliarden Lire eingespielt und das war noch längst nicht alles.

Der Protagonist des Streifens war Terence Hill, der, seitdem die Produzenten ihn auf den Wildwesttypen festgelegt hatten, noch auf seinen Durchbruch wartete. Der Zufall wollte es, dass ich mit Terence in diesem Film, für den Colizzi mich angefragt hatte, zusammen spielte.

Ich habe im ersten Teil meiner Autobiografie bereits detailliert erzählt, wie ich zu der Rolle kam, aber für die neu »Zugestiegenen« fasse ich es kurz zusammen: Unter allen italienischen Schauspielern gab es nicht einen von meiner Statur, und was Colizzi suchte, war weniger ein Schauspieler als eine stattliche Präsenz. Er machte mir ein Angebot, das ich anfangs ausschlug, da das Geld nicht ausgereicht hätte, um meine Wechsel zu bezahlen. Also suchte er noch eine Weile weiter, doch letzten Endes kamen wir ins Geschäft. Auch Terence gelangte über Umwege zu der Rolle. Ursprünglich hätte nämlich der Bozener Schauspieler Peter Martell alias Pietro Martellanza sie spielen sollen. Dieser hatte zwar ein wunderbares Gesicht, aber leider auch ein unbeherrschtes Temperament. Nachdem er sich im Streit mit seiner Frau im Hotel den Fuß gebrochen hatte, fiel er aus. Und so reiste Colizzi nach Rom zurück, suchte Terence auf und konnte ihn für das Projekt gewinnen. Mit dabei war außerdem Remo Capitani, ein sehr sympathischer Stuntman und Schauspieler aus Rom, den das Publikum später in der Rolle des lustigen Mexikaners Mezcal in *Die rechte und die linke Hand des Teufels* wiedersehen sollte (es handelt sich um jenen bärtigen Schurken, dem ich eine Ohrfeige verpasse, als er anfängt, die Mormonen zu verprügeln).

Auch in diesem ersten Western hagelte es Ohrfeigen, hier erwischte ich Capitani aber wirklich mal. Allerdings hatte er es so gewollt: Er spielte den Wirt und bat mich, ihm eine richtige Ohrfeige zu verpassen, da wir in der Szene sehr nahe beieinander standen und sie unrealistisch gewirkt hätte, wenn wir sie nur nachgestellt hätten. Ich tat ihm den Gefallen, schlug aber natürlich nur sanft zu, doch mit genügend Schwung, um die Flaschen hinter dem Tresen, gegen die er fiel, zu zertrümmern; sie waren alle aus Glas, unechte hatte es keine mehr gegeben! Was soll ich sagen: Capitani war außerordentlich gut darin, Schläge abzufangen.

An dieser Stelle beende ich meine Anekdoten zu diesem Film. Ich möchte nur noch hinzufügen, dass ich eigentlich nie einen Bart trug, aber Colizzi hatte mich gedrängt, ihn mir wachsen zu lassen, damit ich wilder aussah. Und tatsächlich habe ich ihn mir sofort nach Ende der Dreharbeiten, aber noch vor Erscheinen des Films abrasiert. Kurz darauf fragte mich Giorgio Stegani für eine Rolle in *Die letzte Rechnung zahlst du selbst* (1968) an – der Film, in dem ich mich, wie ihr vielleicht wisst, mit Lee Van Cleef stritt, weil er ständig betrunken ans Set kam.

In dieser Rolle trug ich keinen Bart und war außerdem ordentlich gekämmt, mit dem Ergebnis, dass mein Gesicht auf der Leinwand riesig und leicht idiotisch aussah. Aber dennoch war es ein schöner Film.

*

Ich hatte gerade erst beim Film angefangen und war eigentlich schon wieder im Begriff, auszusteigen, da ich keine Ambitionen hatte, dort Karriere zu machen. Doch nach dem Riesenerfolg von *Gott vergibt … Django nie!* sollte ich für *Heute ich … morgen Du!* die Figur des bärtigen Riesen im Schafspelz spielen. Der Star war Brett Halsey, ein waschechter Amerikaner und richtiger Profi, der eine Ausbildung in Hollywood genossen hatte. Es gab nur ein Problem: Ich hatte keinen Bart mehr und es blieb auch nicht mehr genügend Zeit, mir einen wachsen zu lassen.

Doch genauso wenig hätte ich mir erlauben können, auf das Geld zu verzichten, das mir in dem Moment ganz gelegen kam.

Also willigte ich ein und ließ mir einen künstlichen Bart ankleben, mit dem ich zwar schön furchterregend aussah, der mir aber auch Juckreiz und Hautrötungen bescherte. Was nicht einmal die Mücken am Amazonas zustande gebracht hatten, war den italienischen Maskenbildnern nun gelungen.

Ich spielte O'Bannion, einen irischen Gauner, der aus Verzweiflung einen Auftrag von Bill Kiowa (Montgomery Ford, wie Brett Halsey damals mit Künstlernamen hieß) annimmt, der sich an dem Mörder seiner Frau rächen will – dem Banditen Elfego (gespielt von Tatsuya Nakadai, dem Samurai in den Filmen von Kurosawa). Mit von der Partie war außerdem der Glücksspieler Francis »Colt« Moran, der vom großartigen österreichischen Schauspieler William Berger dargestellt wurde.

Berger erlebte einige Jahre später ein furchtbares juristisches Drama: Nachdem er und seine Frau wegen des Besitzes von ein paar Gramm Rauschgift festgenommen worden waren, verstarb diese in einer dubiosen psychiatrischen Anstalt an einer Krankheit, die nicht behandelt worden war, und er selbst wurde vollkommen kraftlos aus dem Gefängnis entlassen. Ein beschämendes Kapitel in der Geschichte der italienischen Justiz, das in allen Zeitungen lebhaft diskutiert wurde.

Die italienischen Western wurden für gewöhnlich in der spanischen Wüste gedreht, doch unser spärliches Budget zwang den Regisseur Tonino Cervi (Sohn des großen Gino, der unter anderem in den Don-Camillo-Filmen die Rolle des Peppone spielte), in den Wäldern von Manziana unweit von Rom zu drehen. Aber eben diese Mittellosigkeit verlieh dem Film seinen dämmrigen, herbstlichen und angenehm schlichten Charakter.

In diesem ungewöhnlichen Setting kommt es, nachdem mehrfach auf mich geschossen und ich durch das Schwert des Samurai Nakadai verletzt wurde, schließlich zum Duell zwischen Bill Kiowa und Elfego; diese Szene wurde nicht mit Musik unterlegt, was ebenfalls gegen alle Regeln des Spaghetti-Western verstieß.

Nakadai war ein echtes Original. Wir hatten ihn bereits in Kurosawas Film *Yojimbo – Der Leibwächter* (1961) gesehen, der Leone als Anreiz für seinen ersten Western gedient hatte. Während unseres Duells verrutschte ständig mein Bart, sodass Nakadai vor Lachen nicht weiterspielen konnte, zumal er bedrohlich wirken sollte.

»Bud, hast du solche Angst vor mir, dass dein Bart die Flucht ergreift?«, fragte er mich auf Englisch. Ich hingegen schnaufte wie eine Lokomotive, weil mich der Juckreiz in den Wahnsinn trieb.

Interessanterweise hatte beim Drehbuch ein gewisser junger Mann namens Dario Argento seine Finger im Spiel, in dessen Film *Vier Fliegen auf grauem Samt* (1971) ich später unter dem bescheidenen Namen Gottfried, kurz Gott, einen Auftritt haben sollte.

Der Erfolg von *Heute ich ... morgen Du!* war eher mäßig, aber ich war heilfroh, diesen Bart loszuwerden.

Mir gefiel an diesem Film besonders die sympathische Schwerfälligkeit des Amerikaners Brett Halsey, der wie viele andere in Italien Erfolg hatte, ohne jemals ein Superstar zu werden. Als Krönung einer langen Karriere in Seifenopern und Fernsehserien zog er sich viele Jahre später nach Costa Rica zurück, wo ich ihn wiedertraf. Wir verbrachten einen schönen Abend zusammen und dachten an diese genial einfachen Western unserer Zeit zurück. Halsey war ein sympathischer Zeitgenosse – allemal sympathischer als Charles Bronson, den ich einmal zufällig in Spanien traf, als er gerade für Leones gigantischen Film *Spiel mir das Lied vom Tod* (1968) vor der Kamera stand, während ich dort zur gleichen Zeit meinen zweiten Film mit Terence drehte (*Vier für ein Ave Maria*).

Ich lernte Bronson in einem Laden in Aguadulce kennen. Woody Strode, der riesige schwarze Schauspieler aus den John-Wayne-Filmen, der mit den Spaghetti-Western gerade ein zweites Mal berühmt wurde und sowohl in Leones Film als auch in meinem mitspielte, stellte mich ihm vor. Ohne mich anzublicken oder sich zu erheben (was ich natürlich auch nicht verlangt hätte), reichte

Bronson mir die Hand, setzte dabei ein großmütiges Lächeln auf und zog weiter an seiner Pfeife.

Mir war durchaus bewusst, dass ich alles andere als ein bedeutender Schauspieler war, aber seine leicht überhebliche Art irritierte mich ein bisschen und so drückte ich so fest zu, dass ich ihm fast die Hand zerquetschte. Er blieb weiterhin sitzen und versuchte, als er den Druck spürte, seinen zu verstärken, auch er war ja nicht gerade schwach, doch weit kam er damit natürlich nicht.

*

Und in all der Zeit war ich noch immer mehr Carlo Pedersoli als Bud Spencer. Da ich nun am eigenen Leib zu spüren bekam, was es bedeutete, einen Film zu drehen (jedenfalls einen Film dieser Art), bekam ich Dinge zu sehen, die mich sprachlos machten. Ich wusste manchmal nicht, ob ich lachen oder weinen sollte!

*

In den Pausen nach dem Mittagessen pflegten wir nicht selten ein Mittagsschläfchen im Bus zu halten, der uns ans Set gebracht hatte und mit Matratzen ausgestattet war. Manchmal hatten wir zu wenige Matratzen, weil wir sie als Unterlage an die Stuntmen abtraten, wenn sie von Bäumen oder Felsen sprangen. Dann musste gelegentlich einer von uns sogenannten Hauptdarstellern auf der Straße schlafen! In Hollywood hätte ein solches Szenario jeden Schauspieler in die Flucht geschlagen, aber da wir ohnehin mittellose Italiener waren, lachten wir nur drüber. Und da ich felsenfest davon überzeugt war, dass ich mit der Schauspielerei eigentlich nichts am Hut hatte, rasierte ich mir weiterhin nach jedem Film den Bart ab. »Das wird ja nicht ewig so weitergehen. Es kann nicht ewig so weitergehen! Ich muss mir doch eine ernsthafte Arbeit suchen«, sagte ich mir jedes Mal von Neuem.

Für mich war jeder Film der letzte, und vielleicht war es gerade diese Einstellung – dass ich mir nichts auf meine Schauspielerei einbildete –, die mir Glück brachte.

Als es dem großartigen Chefkameramann Enzo Barboni gelang, ein paar Lire für die Produktion von *Die rechte und die linke Hand des Teufels* aufzutreiben – ein Drehbuch, das seit Jahren im Umlauf war, aber kein Produzent umsetzen wollte –, lag der ernste (oder besser: solide) Italowestern bereits in den letzten Zügen.

Doch ein Märchen möchte ich an dieser Stelle entzaubern: *Die rechte und die linke Hand des Teufels* war nicht Barbonis Debüt. Der enorme internationale Erfolg des Films hat nur seine vorherige Karriere überlagert, wie es in solchen Fällen oft geschieht. Sein Debüt als Regisseur hatte er einige Monate zuvor mit dem Streifen *Django – Die Nacht der langen Messer* (1970) gefeiert (in dem der bereits genannte Hitzkopf Peter Martell mitspielte). Insgesamt war der Film nicht überragend, er war nur einer von vielen schrecklichen Western, die sich inhaltlich und stilistisch ständig wiederholen und dadurch selbst parodieren.

Barboni hatte bereits bei *Django – Die Nacht der langen Messer* vorgehabt, die Story zum Komischen zu wenden. Das Drehbuch war nicht von ihm und ebenso wenig war er als Regisseur geplant gewesen. Da Barboni einfach grundsätzlich gerne lachte und diesen wunderbaren römischen Humor besaß, gab er sich schon bei dieser Gelegenheit größte Mühe, alles ein wenig aufzulockern; doch der Vertrieb wollte es ihm nicht erlauben. Dafür gewann der Film durch Barbonis hervorragende Aufnahmen einen »winterlichen Zauber«. Es kommt auch eine bestimmte Szene darin vor, die bereits einen wunderbaren Ausblick auf *Die rechte und die linke Hand des Teufels* gibt: ein großes Bohnen-Fressgelage.

Schließlich fand Barboni in Italo Zingarelli und Franco Palaggi zwei Produzenten, die seine ganz eigene Vorstellung vom Western tatsächlich umzusetzen bereit waren. Er brachte Terence und mich, dieses Mal als komisches Paar, wieder zusammen. Die Chemie stimmte, wie wir dank Colizzi bereits entdeckt hatten – und so wurde nun endgültig das Duo geboren, das heute die ganze Welt kennt: Weihnachten 1970 lief *Die rechte und die linke Hand des Teufels* an.

*

Auch wenn die Beliebtheit des Duos Hill/Spencer in den USA überwiegend der Verbreitung der Filme im Fernsehen sowie auf Videokassette zu verdanken ist, möchte ich an dieser Stelle hervorheben, dass *Die rechte und die linke Hand des Teufels* auch dort in den Kinos lief. Dafür hatte sich der Verleiher Joseph E. Levine eingesetzt, ein alter Fuchs, der Erfahrung darin hatte, nicht-amerikanische Filme auch in den USA auf den Markt zu bringen.

1958 hatte er mit dem Film *Die unglaublichen Abenteuer des Herkules* von Pietro Francisci ein wahres Wunder vollbracht. Es war ein klassischer Sandalenfilm (voller Darsteller in Tuniken und Sandalen) mit einem amerikanischen Muskelprotz als Protagonisten: dem ehemaligen Bodybuilder Steve Reeves. Lustigerweise hat er sein Double, Giovanni Cianfriglia, der später auch mein Stuntman war, fast alle seine Actionszenen machen lassen.

Levine kaufte die Rechte an *Herkules* für 120.000 Dollar ein, was viel mehr war, als der Film selbst gekostet hat, und überzeugte anschließend Warner Brothers davon, noch mehr Geld in eine gewaltige Werbekampagne zu investieren. Es gab riesige Plakate in den Straßen, Werbespots in Radio und Fernsehen und das Gesicht von Steve Reeves war auf den Titelblättern der Zeitungen abgedruckt.

Das Ergebnis: Das amerikanische Publikum glaubte, einen waschechten Hollywood-Monumentalfilm präsentiert zu bekommen.

Die Heldenmythologien waren für die Italiener, die mit gebrochenen Knochen aus dem Krieg, dessen Auswirkungen noch immer spürbar waren, zurückgekehrt waren, eine willkommene

Zerstreuung: Sie stürzten sich nur zu gerne in eine lange zurückliegende Vergangenheit voller Mythen und Fantasie. Das erklärt, weshalb aus Filmen wie *Herkules* in Italien solche Kassenschlager werden konnten; hinzu kommt, dass Rom 1960 der Austragungsort der Olympischen Spiele war und sich das verstärkte Interesse an durchtrainierten Helden auch auf neu erscheinende Filme auswirkte. Der Erfolg des Films im Ausland hat vielfältige andere Gründe, von denen manch einer aus heutiger Sicht lächerlich erscheinen mag. Doch der Trend zum Heldenmythos hatte in erster Linie gesellschaftliche Ursachen, auch im Hinblick darauf, dass in jenen Filmen über Herkules, Maciste, Goliath, Samson und so weiter erstmals nicht die Darstellung des weiblichen, sondern die des heldenhaft starken männlichen Körpers im Vordergrund stand.

In einem dieser Filme, nämlich *Die Rache des Herkules* (1960) von Vittorio Cottafavi, spielte übrigens auch mein Schwager Sandro Moretti, der Ehemann von Marias Schwester, mit. Er war damals ein Star in den Liebesfotoromanen, spielte aber auch in verschiedenen Filmen mit, unter anderem zusammen mit Alain Delon in *Oktober in Rimini* (1972) von dem verstorbenen Meister Valerio Zurlini.

Entschuldigt diesen Ausflug in das Reich der Sandalen; er sollte lediglich veranschaulichen, wie das System des Filmverleihs funktionierte, durch das Filme wie *Die rechte und die linke Hand des Teufels* zu Welterfolgen wurden. Ich habe keine Ahnung, mit welcher Strategie es Levine gelang, diesen ersten komischen italienischen Western in den USA zu vermarkten, doch am Ende spielte dieser Film, dessen Ausgaben weniger als 400 Millionen Lire betragen hatten, über acht Millionen Dollar ein. Wir verkauften den Zuschauern die abruzzischen Berge von Carsoli und Camerata Nuova als »Wilden Westen« und offenbar ließen sich selbst die nordamerikanischen Zuschauer gern davon täuschen.

Und zu diesem Zeitpunkt verlor mein Barbier einen seiner treusten Kunden, der auf Nimmerwiedersehen verschwand, denn von da an gab ich es auf, mir nach jedem Film den Bart schneiden zu lassen.

DIE STILLEN FREUNDE

Als Schauspieler, egal wie erfolgreich, lernt man Menschen kennen, die man sonst nie im Leben getroffen hätte. Und damit meine ich nicht Staatsmänner oder andere hohe Tiere, sondern … die Fahrer!

Als ich mir endlich einen leistete, was ich auch nur deshalb tat, weil mir meine Kurzsichtigkeit nach mehreren Stunden Autofahren Schwierigkeiten bereitete, geriet ich an Giorgio. Giorgio war Sizilianer und kam aus einem kleinen Dorf im Süden mit hohem Mafia-Anteil. Doch er war ein grundehrlicher Mensch, der den häufig wenig schmeichelhaften Sizilianer-Klischees ganz und gar nicht entsprach. Sizilien ist ein wunderbares und im Grunde sehr reiches Gebiet: 20 Prozent der Erdöl-Ressourcen in Italien kommen zum Beispiel von dort. Leider jedoch fällt Sizilien einem vertrackten politisch-mafiösen System zum Opfer.

Giorgio war wie ich ein Emigrant, nur dass er nicht nach Südamerika, sondern nach Rom ausgewandert ist. Dort in der Hauptstadt lernte ich ihn kennen und nahm ihn mit. Er war zu der Zeit Fahrschullehrer gewesen. Mein erster Fahrer!

Als ich einmal ins spanische Almería reisen musste, natürlich für einen Western, vereinbarten wir, uns dort unten zu treffen. Ich hatte geplant, zunächst nach Mailand zu fliegen und von dort dann den Zug nach Almería zu nehmen. Giorgio sollte mit dem Auto fahren, einem Fiat 2003, und den Wohnwagen mitbringen. Für ihn war diese Reise so aufregend wie ein Flug zum Mond! Er hatte Rom noch nie verlassen und so zeigte ich ihm die Strecke auf der Karte. Er musste ganz Italien durchqueren bis Ventimiglia, dann über Frankreich nach Spanien fahren, in Barcelona die Ausfahrt nehmen und von dort war es nicht mehr weit bis zum Drehort.

Giorgio sprach ausschließlich Sizilianisch, was es ihm nicht leichter machte, jemanden nach dem Weg zu fragen oder sich sonstige Informationen zu holen. Er fuhr drei Tage vor meiner Abreise los, um ausreichend Zeit zu haben. Nach seiner Ankunft sollte er mich anrufen und mir Bescheid sagen, in welchem Hotel er eingecheckt hatte.

Schließlich reiste auch ich ab und kam zur vereinbarten Zeit in dem Städtchen Almería an, wo bereits mein Auto mit dem Wohnwagen stand. Im Auto saß Giorgio, der es sich aus unerfindlichen Gründen nicht im Wohnwagen gemütlich gemacht hatte.

Er war bereits drei Tage zuvor angekommen. Da er die Sprache nicht beherrschte, hatte er es vorgezogen, im Auto zu schlafen, anstatt sich auf meine Kosten ein Hotelzimmer zu nehmen oder wenigstens im Wohnwagen zu schlafen. Das hätte ich jedoch absolut verstanden und auch gutgeheißen.

»Giorgio, wenn du schon nicht ins Hotel gehst, warum hast du dich nicht wenigstens in meinem Wohnwagen eingerichtet, sondern im Auto geschlafen?«, fragte ich ihn verwirrt. Es tat mir wirklich leid, dass er drei Nächte auf so unbequeme Art und Weise verbracht hatte.

»Ich danke Ihnen, Dottore«, entgegnete er, »aber das hätte ich mir niemals erlaubt.«

Darauf wusste ich nichts zu sagen. Sein Verhalten hatte nichts damit zu tun, dass er und ich aus unterschiedlichen sozialen Schichten kamen oder Ähnliches, vielmehr hatte er professionelle Gründe. Diese Professionalität hatte er mit den drei Fahrern, die nach ihm kommen sollten, gemeinsam. An dem Tag, an dem er mich verließ, erklärte er mir: »Ich bin nicht mehr in der Lage, Sie sicher von einem Ort zum anderen zu bringen. Daher bitte ich Sie, mich zu entschuldigen: Ich muss leider kündigen.«

Wir haben unsere Freundschaft zueinander dennoch aufrechterhalten und telefonieren noch heute, um uns zu Geburtstagen und anderen Festtagen zu gratulieren.

Apropos meine anderen Fahrer: Ihre Namen waren Benito, Adolfo und Stalin! Ohne Witz!

Stalin, der letzte in der Reihe meiner Fahrer, ist mein aktueller Helfer in allen Lebenslagen. Er kommt aus Ecuador und ist einer von fünf Brüdern, die sein Vater allesamt auf solch »bescheidene« Namen wie Washington-Vladimir, Franklyn-Edison, Neil-Stalin und Alex-Lenin getauft hat – adäquat nach den beiden Machtblöcken USA und Sowjetunion, in die auch die Welt damals aufgeteilt war. Doch schließlich hat der vorsorgliche Vater offenbar sein System der Namensgebung überdacht: Seinen letzten Sohn nannte er Juan-Carlos!

Stalin ist seit circa zehn Jahren bei uns und er ist nicht nur fleißig, effizient und freundlich, sondern kocht auch wie ein Gott … eine Fähigkeit, die für Bud noch wichtiger ist als die Verlässlichkeit eines exzellenten Fahrers.

*

Was meine Fahrer angeht, erwies sich Gino als einer der wertvollsten. Wer ist Gino? Sagen wir, er besaß die Gabe, zur richtigen Zeit am richtigen Ort zu sein – eine unersetzliche Qualität!

Vor vielen Jahren geschah etwas Unvorhergesehenes, wie es im Filmgeschäft nicht selten der Fall ist.

Ich hatte, so schnell es ging, das soeben gelandete Flugzeug verlassen. Wir waren mit Verspätung losgeflogen und ich musste mich beeilen, ans Set zu kommen, denn wir mussten eine Szene nachdrehen, die beim ersten Mal nicht gelungen war. Für diese Korrektur hatte ich das Set eines anderen Films, an dem ich eigentlich gerade arbeitete, verlassen; der Plan war, den Nachdreh möglichst schnell über die Bühne zu bringen und sofort im Anschluss wieder an das andere Set zurückzukehren. Der Zeitplan war sehr straff.

Am Flughafen konnte ich das Auto, das mich abholen und ans Set bringen sollte, nicht entdecken, also rief ich bei der Produktionsfirma an, doch da sah ich es kommen. Ich warf mich also schnell auf die Rückbank und konnte meinen Unmut über die Verspätung angesichts des Zeitdrucks nur schwer zurückhalten.

»Geben Sie Gas, wir sind schon spät dran«, drängte ich den Fahrer, der mit quietschenden Reifen startete, als wären wir mitten in einer Verfolgungsjagd. Er hatte ein seltsames Lächeln im Gesicht, wie es die Fahrer der Produktionsfirma normalerweise nie hatten, sie waren es ja gewohnt, Schauspieler und Regisseure von A nach B zu bringen. Dieser aber war auch noch völlig desorientiert. Vielleicht ist er Anfänger, dachte ich mir.

Ich blieb also aufmerksam und wies ihm den Weg, den ich offensichtlich besser kannte als er: »Hier müssen Sie abbiegen … jetzt müssen wir da lang … diese Strecke nehmen wir besser nicht, da kommt eine Ampel, an der man warten kann, bis man tot ist!«

Irgendwann blickte mich der Fahrer halb schüchtern, halb aufgeregt an und sagte: »Entschuldigen Sie, aber wo genau müssen Sie eigentlich hin? Es ist nämlich so, dass ich bald zur Arbeit muss …«

»Zur Arbeit?! Entschuldigen Sie mal, wie nennen Sie denn das, was Sie jetzt gerade tun?«, antwortete ich erbost.

»Nun ja, eigentlich arbeite ich in der Speditionsabteilung am Flughafen.«

»Sie meinen, das hier ist gar nicht das Auto, das mir die Produktionsfirma geschickt hat?«

»Ehrlich gesagt, nein. Das ist meins.«

»Und wieso haben Sie das nicht gleich gesagt?«

Jetzt war er wirklich verlegen: »Sehen Sie, ich bin ein großer Fan von Ihnen, ich habe nicht einen Ihrer Filme verpasst, und als ich Sie am Flughafen so in Eile sah, dachte ich, ich bringe Sie schnell zum Taxistand. Ich wollte Ihnen einen Gefallen tun, es ist mir eine so große Ehre, Bud Spencer an Bord zu haben … Ja, und als Sie dann anfingen, mir den Weg zu beschreiben, lag so viel Aufregung in der Luft, dass ich das Gefühl hatte, wir drehen einen Polizeifilm, so einen, wie du … oh, Entschuldigung, wie Sie machen! Stellen

Sie sich vor, was für Gesichter meine Frau und meine Freunde machen, wenn ich ihnen heute Abend erzähle, was mir passiert ist! Oder besser noch, haben Sie ein Foto, auf das Sie mir eine Widmung schreiben würden? Ich heiße Gino.«

Ein Foto hatte ich, den Stift besorgte er.

»Für Gino – warum hast du nicht früher was gesagt? Bud Spencer«, schrieb ich darauf, während er neben mir her Richtung Set lief. Als ich ankam, stieß die restliche Truppe einen Seufzer der Erleichterung aus: Das Auto, das mich eigentlich abholen sollte, hatte einen Unfall gehabt und sie konnten mich nicht erreichen, um mir Bescheid zu sagen; zu der Zeit gab es schließlich noch keine Handys. Nachdem ich diese Geschichte gehört hatte, fügte ich dem Foto eine zweite Widmung hinzu: »Für Gino – ein Glück, dass du nicht früher was gesagt hast. Bud Spencer.«

*

Besondere Erwähnung verdient meine persönliche Sekretärin Nelly, eine Frau mit außergewöhnlicher Lebenserfahrung, die seit vierzig Jahren mit mir zusammenarbeitet: Sie hat ein unglaubliches Erinnerungsvermögen, das in einer Zeit herangereift ist, als es noch keine Computer gab und sie sich auf die altbewährte Methode von Zettel und Stift verlassen musste. Sie hätte ruhig Carlo zu mir sagen können, doch sie nennt mich noch immer Dottore. Für sie dienen Respekt und Professionalität nicht nur der Kommunikation, sondern bilden gewissermaßen den Wesenszug eines Arbeiters, der seine eigene Identität und Würde besitzt. Gegenseitiger Respekt ist, unabhängig davon, wie gut man sich leiden kann, kein Rollenspiel, sondern ein Zeichen von Ernsthaftigkeit und Professionalität. Ich habe zum Beispiel meinen Kollegen und Angestellten immer geholfen, wenn Not am Mann war, ebenso, wie sie alles haben stehen und liegen lassen, um mir beizustehen, wenn unvorhergesehene Schwierigkeiten eintraten.

Solange ich ein Schauspieler mit relativ wenigen Engagements war, erschienen mir ein Fahrer oder eine Sekretärin als überflüssig, und ich musste über die erfolgreichen Schauspieler lachen, die sich Angestellte leisteten. Damals war mir noch nicht klar, wie vielen Verpflichtungen sie Tag für Tag nachkommen mussten.

Heute kann ich euch sagen, dass das chaotische Berufsleben des Schauspielers und Unternehmers Bud Spencer ohne Nelly in etwa so gut geglückt wäre wie Bambinos Versuch, einen ehrlichen Sheriff zu spielen. Das liegt nicht zuletzt in der Tatsache begründet, dass Frauen – sagen wir es frei heraus – den Männern in Sachen Organisation (zusätzlich zu den 99 Prozent aller anderen Lebensbereiche) weit überlegen sind.

BUD VOR TERENCE

Meine Liebe zu Enzo Barbonis Westernkomödie *Die rechte und die linke Hand des Teufels* sowie deren Fortsetzung *Vier Fäuste für ein Halleluja* aus dem Jahr 1971 ist ein offenes Geheimnis. In ihrer Entstehungszeit war die Arbeit beim Film für mich nur eine temporäre Sache.

Erst später habe ich den Wert von Filmen wie *Die fünf Gefürchteten* (Originaltitel: *Un esercito di cinque uomini*) zu schätzen gelernt, eine italienisch-amerikanische Co-Produktion von Italo Zingarelli aus dem Jahr 1969. Der Film wurde ein paar Jahre später in Italien unter dem Titel *Mesito*, so lautete der Name der von mir verkörperten Figur, neu herausgebracht. Denn das Filmgeschäft wollte von dem Erfolg, den Bud Spencer in der Zwischenzeit mit den Filmen von Regisseur E. B. Clucher (ab 1970 das Pseudonym von Enzo Barboni) erlangt hatte, profitieren. Auch in Deutschland kam der Film aus ähnlichen Gründen später noch mal mit neuen Titeln ins Kino: *Die fünf Gefürchteten und ein Halleluja* (1973), *Der Dampfhammer* (1976) und *Dicker, lass die Fetzen fliegen!* (1981).

Die fünf Gefürchteten war eine kuriose Mischung aus amerikanischem Actionfilm und italo-iberischem Spaghetti-Western unter der Regie des Ex-Schauspielers Don Taylor. Das Drehbuch hatte ein junger Mann geschrieben, dem ich schon einmal am Set von *Heute ich … morgen du!* begegnet war – Dario Argento.

Der Kameramann war der Römer Enzo Barboni, der wenig später als Regisseur Terences und mein Leben verändern sollte. Er hatte einen schelmischen und schlagfertigen Humor und bewunderte mich auf eine ganz besondere Art, denn er hatte sich immer gewünscht, so zu sein wie ich: groß und kräftig – jemand, der es nicht nötig hat, laut zu werden, weil seine physische Präsenz genügt, um Pedanten ihren Unsinn auszutreiben. Gewissermaßen erlöste ich die Dicken von ihrer Rolle, im Film die Leute zum Lachen zu bringen, während sie eigentlich Opfer waren. Ich hingegen wartete in meinen Rollen eine günstige Gelegenheit ab, um den Klugscheißern den Boden unter den Füßen wegzuziehen.

Peter Graves, der berühmte Grauhaarige aus der amerikanischen Fernsehserie *Mission Impossible*, war der Star des Films. Er trat mir halb befremdet, halb amüsiert gegenüber – er sah in mir eine Art italienischen Wallace Beery, der im amerikanischen Kino der Zwanziger- und Dreißigerjahre den Typus des grummeligen Kolosses verkörperte. In diesem Film spielte ich einen der fünf Gauner, die Graves dazu verführt, der mexikanischen Armee eine Ladung Gold zu stehlen. Einen anderen aus diesem wilden Haufen spielte Nino Castelnuovo, der mich schwer beeindruckte: Er hatte mit der Fernsehserie *Die Verlobten* (1967) von Sandro Bolchi in der Rolle des braven Renzo nationalen Ruhm erlangt (am Drehbuch hatte übrigens kein Geringerer als Riccardo Bacchelli, einer der größten italienischen Schriftsteller des 20. Jahrhunderts und Autor des Romans *Die Mühle am Po*, mitgewirkt). Da er aus dem Fernsehen als dieser zurückhaltende Typ bekannt war, hätte ich mir nie im Leben vorstellen können, dass er einen fiesen und gelenkigen Banditen so überzeugend auf die Leinwand bringen würde.

Zum zweiten Mal stand ich mit einem japanischen Kollegen vor der Kamera, dieses Mal mit Tetsuro Tamba, einem Samurai-Experten, der im Film nicht ein Wort von sich gibt – aus dem augenscheinlichen Grund, dass er kein Englisch spricht. Doch dafür sagt er alles mit seinen Blicken.

Leider kam ich nicht dazu, mich mit James Daly, einem Charakterdarsteller aus dem amerikanischen Kino und Fernsehen, anzufreunden, weil er ein recht verschlossener Typ war. Andererseits kann ich auch gut verstehen, dass er sich angesichts der Tatsache, dass er mit Italienern in Spanien einen Western drehte, vielleicht ein wenig verloren fühlte. Daly hatte in unserer Banditen-Truppe die Rolle des Sprengstoffexperten; mit von der Partie waren außerdem Claudio Gora als mexikanischer General und Giacomo Rossi Stuart (Vater des grandiosen Schauspielers Kim Rossi Stuart), bei dem ich nun ein bisschen verweilen möchte.

Da ich ein Neuling beim Film war, machte es für mich keinen Unterschied, ob ich neben Giacomo Rossi Stuart oder John Wayne vor der Kamera stand: Beigebracht hätten sie mir beide was – vorausgesetzt natürlich, ich hätte auch nur die geringste Lust gehabt, etwas zu lernen. Aber als ich Stuart sah, erinnerte ich mich an sein Gesicht aus *The Last Man on Earth – Die wahre Legende*, einem Horrofilm, der 1963 in Rom gedreht worden war und in dem er sich die Leinwand mit dem weltberühmten Star Vincent Price teilte.

»Jack Stuart« (so lautete sein Pseudonym als Western-Darsteller) hätte es eigentlich verdient, noch einmal neu entdeckt zu werden, denn durch die Tatsache, dass er ein so gut aussehender athletischer Mann war, rückte seine hervorragende schauspielerische Leistung oft in den Hintergrund. Gute wie böse Charaktere verkörperte er perfekt – in unserem Western war er ein mexikanischer Offizier, den Tamba mit dem Samurai-Schwert in Scheiben schneidet. Sein Sohn Kim Rossi Stuart hatte verdientermaßen – darin sind sich die Kritiken einig – großen Erfolg, mehr noch als sein Vater, und dabei wissen viele Zuschauer gar nicht, dass er aus einer Künstlerfamilie stammt und sein Vater in den Fünfzigerjahren sogar das berühmte »Actors Studio« besucht hatte. Und mehr noch: Während wir uns zwischen zwei Takes unterhielten, fand ich heraus, dass er einmal eine Meisterschaft im Pentathlon errungen hatte. Er kam vom Sport, genau wie ich!

*

Wie ich bereits erwähnte, war ich naiv, aber nicht blauäugig genug, um einen Anachronismus zu übersehen: In einer bestimmten Szene tauchte ein Maschinengewehr vom Typ MG-42 auf, das es zu der Zeit, in der die Handlung angesiedelt war, noch gar nicht gab. Es wurde erst 1942 von den Deutschen entwickelt. Nicht, dass ich ein Experte in Sachen Waffen gewesen wäre, aber ich hatte eine Schwäche für Motoren, Apparate, für alles, was mechanisch funktionierte. Als ich Peter Graves scherzhaft darauf hinwies, zwinkerte er mir zu und erwiderte: »Ach, wenn es weiter nichts ist! John Wayne benutzt immer eine Winchester, obwohl die zu der Zeit, in der seine Filme spielen, überhaupt noch nicht existierten!«

Graves (der Bruder von James Arness, einem Western-Darsteller, der durch die amerikanische Serie *Rauchende Colts* bekannt wurde) verstarb zu Hause an den Folgen eines Herzinfarkts, zu der Zeit, als gerade meine erste Autobiografie erschien. Seiner Popularität ist es zu verdanken, dass *Die fünf Gefürchteten* in den USA herauskam; einige Kritiker bezogen sich darauf und bezeichneten den Film als »*Mission Impossible* im Wilden Westen«.

Ich für meinen Teil wäre vollkommen glücklich gewesen, wenn es mit kleineren Rollen wie der des Mesito weitergegangen wäre, denn das hätte mir ein geregeltes, wenn auch bescheidenes Einkommen gesichert. Die Arbeit am Set versetzte mich nicht in helle Aufregung, das Scheinwerferlicht machte mir keine Angst, die Anwesenheit echter Schauspieler erzeugte in mir keine Befangenheit und sie hatten nicht das Gefühl, mit mir in Konkurrenz zu stehen. Mit einer Rolle wie Mesito konnte man Geld verdienen, ohne sich großartig aufreiben zu müssen: Sie schminken dich, suchen dir die entsprechende Kleidung raus, du musst dir ein paar Dialoge merken und wenn du dran bist, machst du einfach, was der Regisseur dir sagt, und das machst du so gut wie möglich.

Die Arbeit an einem Film ist vergleichbar mit einer Ehe: Wenn du einmal damit begonnen hast, musst du dafür sorgen, dass sie von Grund auf funktioniert – und manchmal musst du auch einfach durchhalten.

DER KOMIKER MIT DEM TÖDLICHEN BLICK!

»Bud, I'm a comic actor!« – »Bud, ich bin ein Komiker«, betonte Jack Palance immer wieder. Ja genau, *er* – der schwarzgekleidete Killer in *Mein großer Freund Shane* (1953), der mörderische Gladiator in *Barabbas* (1961), einer der berüchtigtsten Schurkendarsteller der Filmgeschichte – betrachtete sich selbst als einen Komiker. (Sein Gesicht war während des Zweiten Weltkriegs entstellt worden, als der Bomber, auf dem er sich befand, abstürzte.)

»Ein Komiker, mit dem Gesicht?«, gab ich damals ungläubig zurück, doch ich irrte mich gewaltig. Denn Jack Palance war ein Schauspieler, der alles konnte. Mit seiner Rolle in *Hollywood-Story*, einem Drama über die zerstörerische Macht Hollywoods, erntete Jack den Beifall der bedeutendsten Kritiker.

Ein Film für das Sonntagspublikum dagegen, nicht für die Kritik, war jener, bei dem wir uns kennenlernten: *Halleluja … Amigo* von 1972, der vierte und letzte Western des Regisseurs Maurizio Lucidi. Sagen wir so: Wenn ein Neapolitaner wie ich den Cowboy spielen kann, dann kann Jack Palance allemal den Komiker spielen.

Ich spielte Coburn, einen mürrischen Cowboy, der, wann immer eine Schlägerei anstand, erst einmal seine Brille aufsetzte, weil sie ihm das Denken erleichterte. Jack spielte einen Revolverhelden, der mir half, den kleinen Renato Cestiè zu verteidigen, ein Wunderkind des italienischen Kinos der Siebzigerjahre, blond und sehr begabt. Die Rolle des Bösen hatte Francisco Rabal, der 1961 für *Death of a Bandit* (*Morte di un bandito*) vor der Kamera gestanden hatte – einem Film, bei dem mein Schwiegervater Giuseppe Amato Regie führte. Der Film handelt vom Leben des legendären Banditen Salvatore Giuliano, der davon träumte, Sizilien an die USA anzugliedern.

Palance verstand sich mit allen am Set hervorragend. Er war zwar ein Hollywood-Schauspieler, gab sich aber kein bisschen egozentrisch oder hochnäsig. Er machte seine Arbeit und legte Wert darauf, dass auch wir uns Mühe gaben, egal, wie klein die Produktion war. Palance spielte auch in weiteren Western mit: In *Die gefürchteten Zwei* (1968) und *Zwei Compañeros* (1970), beide von Sergio Corbucci, sowie in dem »komischen Western« *Tedeum – Jeder Hieb ein Prankenschlag* (1972) von Enzo G. Castellari, um nur einige zu nennen. Sein Name wurde auf dem Hollywood Walk of Fame sowie in der Western Performers Hall of Fame im National Cowboy Museum in Oklahoma City verewigt.

Wir hatten auch im realen Leben eine kleine, aber feine Gemeinsamkeit: Er war, genau wie ich auch, vor seiner Karriere als Schauspieler Boxer gewesen.

Palance hing sehr an seiner Familie, und als einer seiner Söhne, Cody Palance, an einem Tumor starb, rief Jack das Cody Palance Memorial Golf Classic ins Leben, um Spenden für den Kampf gegen Krebs zu sammeln.

Er war ein sensibler, intellektueller Mensch, Maler und Schriftsteller, und er sammelte Gemälde – er nahm seine Investitionen in Kunstwerke mit einer Voraussicht und Weisheit vor, die mir fremd waren. »Nimm dir ein Beispiel an ihm«, sagte meine Frau zu mir, wenngleich sie wusste, dass es bei mir zum einen Ohr rein- und zum anderen wieder rausgehen würde. Als ich aus den Nachrichten erfuhr, dass Jack im Alter von 87 Jahren gestorben war, waren meine Frau und ich sehr traurig darüber. »Ein Komiker ist gestorben«, sagte ich. Er und Eli Wallach waren die amerikanischen Schauspieler, mit denen ich mich am besten verstanden habe. Palance war ein Gentleman mit dem Gesicht eines Serienkillers und das Einzige, was er umbrachte, war die Zeit zwischen zwei Takes, in der er mir Gedichte vortrug, die ich vorgab zu kennen, wie zum Beispiel *Der Rabe* von Edgar Allan Poe.

BUD SPENCER – DER ERSATZMANN FÜR ELI WALLACH!

Ja, genau so war es, aber ich konnte nichts dafür, ehrlich! Ich wäre lieber als Arbeiter nach Venezuela zurückgekehrt, als dass ich mir angemaßt hätte, einen der größten Schauspieler der Welt zu ersetzen – der außerdem, wie ihr bereits aus dem ersten Band meiner Autobiografie wisst, am Set von *Vier für ein Ave Maria* (1968) um fünf Uhr morgens an die Tür meines Wohnwagens geklopft hatte, um mir spezielle Tricks für meine Rolle mit auf den Weg zu geben.

Es geschah in *Sie verkaufen den Tod* (1972), einem meiner Filme, der von den Kritikern – zu Unrecht, wie ich finde – am heftigsten verrissen wurde. Und das, obwohl James Coburn die Hauptrolle spielte, Telly Savalas seinen Widersacher und wir auch sonst eine sehr lebhafte Gruppe von Charakterdarstellern am Set versammelt hatten. Ugo Fangareggi war der sympathischste Schauspieler der Truppe, leider wurde er meiner Meinung nach unterschätzt.

Wir drehten am gleichen Set wie Leone: Der Gutshof in Tabernas, auf dem wir im Stall den Leichnam eines Mannes finden, der von den scheinbar harmlosen Bewohnern ermordet und ausgeraubt worden war, ist derselbe, auf dem auch das Massaker an den McBains am Anfang von *Spiel mir das Lied vom Tod* gedreht wurde. Und die Geisterstadt, in der ich von den Nordstaatlern als Gauner festgenommen werde, ist dieselbe, die man am Anfang von *Zwei glorreiche Halunken* sieht.

Tonino Valerii, den Regisseur des Films, habe ich oft in Rom getroffen, wir haben nach wie vor ein sehr gutes Verhältnis. Auch ihm war die scharfe Kritik an einem Film, der so gut gemacht war wie *Sie verkaufen den Tod*, unerklärlich, und wenn man ihn ließe, würde er immer noch gute Western zustande bringen. Als ich ihn kennenlernte, hatte er bereits einige wunderbare Filme gedreht, wie zum Beispiel *Der Tod ritt dienstags* (1967) mit Lee van Cleef und Giuliano Gemma.

Für den Dreh ließen die Produzenten Sansone und Crochinski von der Produktionsfirma Sancrosiap in den spanischen Bergen eine Festung errichten; die letzte Szene, in der ich wie ein Verrückter über das Schlachtfeld renne, während es um mich herum Bomben und Schüsse hagelt, werde ich nie vergessen.

Wenn ihr bedenkt, dass ich damals bei fast zwei Metern Körpergröße rund 150 Kilo wog, müsst ihr zugeben, dass ich ganz schön schnell laufen – und ebenso gut fallen – konnte (dank meiner zwei Jahre als Rugbyspieler zu Schulzeiten).

Der Stoff war an *Das dreckige Dutzend* (1967), einen Kriegsfilm von Robert Aldrich, angelehnt, in dem auch Telly Savalas in der Rolle eines Sadisten mitspielte. Im Grunde ist es der Stoff ziemlich vieler Western, daher begreife ich nicht, warum ausgerechnet die Neubearbeitung durch Valerii als ein Fehltritt gewertet wurde. Im Übrigen haben auch die Amerikaner von unseren Western abgekupfert. Und schließlich zeugt es doch von gutem Geschmack, wenn man sich von großen Filmen inspirieren lässt, oder etwa nicht?

Ich spielte einen Pechvogel aus einer Gruppe zum Tode verurteilter Halunken, die von Colonel Pembroke (alias James Coburn) für eine selbstmörderische Mission rekrutiert werden: Sie sollen das in den Bergen gelegene Fort Holman zurückerobern, das auf dessen Verschulden hin in die Hände der Südstaatler gefallen war. Der Südstaatler Major Ward (alias Telly Savalas) hatte ihn zur Kapitulation gezwungen, indem er seinen Sohn als Geisel genommen hatte, den er anschließend allerdings dennoch erschoss. Um die Mitstreiter zu diesem wahnsinnigen Unternehmen zu verführen, stellt Pembroke ihnen nicht nur die Freiheit in Aussicht, sondern erzählt auch, dass in der Festung ein Sack voller Gold versteckt liege. Doch Eli Sampson, den ich spiele, begreift sofort, dass ein Mann sich im Allgemeinen für Geld nicht zu solchen Taten hinreißen lässt und es tiefer liegende Gründe dafür geben muss.

Aber jetzt kommen wir endlich zu meiner »Übeltat«.

Meines Wissens war es so: Der Film sollte ursprünglich eine Drei-Länder-Produktion mit italienischer, spanischer und amerikanischer Beteiligung werden, doch dann sprangen die USA und infolge dessen auch Eli Wallach ab, der ursprünglich für eine der drei Hauptrollen vorgesehen war. Und da ich durch den Erfolg von Enzo Barbonis Westernkomödien von mir reden gemacht hatte, wurde ich nun prompt als Ersatzmann für Wallach – der wenige Jahre zuvor durch seine Rolle als Tuco in *Zwei glorreiche Halunken* weltberühmt geworden war – gehandelt.

Ich bin mir nicht sicher, aber ich hatte das Gefühl, dass die Rolle im Drehbuch auf ihn zugeschnitten war, zumal die Figur Eli heißt und eine Menge komödiantischer Züge trägt – er tanzt, redet ununterbrochen, denkt sich eine List nach der anderen aus und schneidet Grimassen. Sie unterschied sich sehr von dem schläfrigen Koloss, den ich bisher immer gespielt hatte. In einer Szene falle ich auf dem Dorfplatz ein, wo die Südstaatler gerade dabei sind, Coburn abzuführen, und schreie herum, dass der Krieg vorbei sei. Dann trommle ich sämtliche Einwohner zusammen und gemeinsam feiern wir ein ausschweifendes Fest, bei dem sich alle, die Südstaatler inklusive, betrinken. Eine hemmungslose Szene, die sicherlich perfekt zu Wallach, dem Meistergauner, gepasst hätte.

Ich habe die Szene umgesetzt, wie ich es für richtig hielt, wobei ich die Anweisungen des Regisseurs gewissenhaft befolgt habe; das Ergebnis dürfen die Zuschauer selbst beurteilen.

In der finalen Schlacht am Fort Holman krepieren alle, nur Coburn und ich bleiben übrig, um uns meiner Meinung nach einen der schönsten Dialoge in der Geschichte des Western zu teilen:

»Heute habe ich zum ersten Mal getötet«, sage ich erschüttert.

»Und ich zum letzten Mal«, erwidert er bitter.

(In der deutschen Fassung gibt es diesen Dialog nicht.)

Jeder, der den Film gesehen hat, wird sich noch heute an die Szene erinnern können, in der Savalas stirbt, als Coburn ihm mit dem Schwert die Kehle durchbohrt: Er fasst sich mit den Händen an den Kopf und sinkt in Zeitlupe zusammen, fast in Gebetshaltung. Es wird keine Musik gespielt, er macht alles selbst mit seiner unglaublichen Mimik.

Die Herstellung des Films war nicht ganz einfach, was vor allem damit zusammenhing, dass das Verhältnis zwischen Coburn und dem Regisseur nicht gerade harmonisch war. Wirklich einfach war die Produktion eines Western nie, doch in unserem Fall wurde trotz der Einnahmen von zwei Milliarden Lire permanent auf jenen Fehlern herumgeritten, die in anderen Western aus dieser Epoche überhaupt nicht beachtet wurden.

Auch die Synchronisation war hervorragend: Coburn hatte die fantastische Stimme von Emilio Cigoli, dem festen Synchronsprecher von John Wayne. Meinen Part übernahm wieder der inzwischen verstorbene Glauco Onorato, ein exzellenter Theater-, Kino-, und Fernsehschauspieler, der mit seiner kräftigen Stimme sehr zur Sympathie meiner ersten Rollen beitrug; und Savalas wurde von einem anderen großartigen Charakterdarsteller gesprochen, dem lustigen Renzo Palmer.

Ich habe mir *Sie verkaufen den Tod* erneut angesehen, während ich dieses Buch schrieb, und ich halte ihn nach wie vor für einen ganz großen Film, ebenso wie ich Valerii, dem manch ein Kritiker vorwarf, Leone zu »imitieren«, noch genauso hoch achte. Ich wäre nie auf die Idee gekommen, über Regisseure, die mich für eine Rolle besetzt haben, zu urteilen; doch mit ihm habe ich mich außerordentlich gut verstanden. Er hatte seinen ganz eigenen Stil, für den er heute auch endlich die verdiente Anerkennung bekommt. Im Jahr 2007 wurde der Film übrigens im Rahmen einer Italowestern-Retrospektive sogar bei den Filmfestspielen von Venedig vorgeführt.

*

Bevor ich dieses Kapitel abschließe, möchte ich euch noch ein wenig über meine Erfahrungen in der Fernsehwerbung erzählen. Es ist ein Thema, über das »berühmte« Schauspieler oder Persönlichkeiten sich gern ausschweigen, doch ich kann nichts Peinliches daran finden, Werbung zu machen. Wenn ich von der Qualität eines Produktes überzeugt bin, habe ich auch kein Problem damit, dafür zu werben. Ich selbst habe mehrere Werbespots gedreht.

Heute, denke ich, ist die Welt der »Commercials«, wie die Werbung in den USA genannt wird, mindestens so gut, wenn nicht sogar besser organisiert als die der Filme. Es wird nicht an Ressourcen und Talenten gespart, und somit wird die Werbung für viele zu einer Art Schule, aus der Jahre später Regisseure und Schauspieler hervorgehen, die von sich reden machen.

Natürlich ist der Dreh eines Spots viel weniger zeitaufwendig als der eines Films. Die Werbung für jenes bekannte italienische Weihnachtsgebäck haben wir in nur einer Nacht abgedreht … im Freien und im Regen! Für den Spot war ich als Weihnachtsmann verkleidet und habe ein paar Halunken mit meinen klassischen Schlägen zur Strecke gebracht. Die Halunken spielten, bis auf einen, junge Stuntmen.

Das Engagement, das mir am meisten schmeichelte, war der Werbespot für eine spanische Bank: Die Tatsache, dass sie statt eines spanischen Schauspielers einen Italiener dafür auswählten, ehrte mich. Für mich war das Angebot ein Zeichen ihrer Liebe und Zuneigung für Bud Spencer, allerdings nicht als Italiener, sondern als

Charakterdarsteller. Die Werte in Bud Spencers Filmen gelten, wie ich bereits erklärt habe, über Ländergrenzen hinweg. Das geht so weit, dass ein Italiener mit amerikanischem Künstlernamen einen Spot für eine spanische Bank dreht. Und als einzigartiges Resultat dieser internationalen Konstellation bringt der Spot den Zuschauer zum Lachen, auch wenn er nur dreißig Sekunden dauert.

Heute werden häufig bekannte Hollywood-Stars für europäische Werbespots eingesetzt: von Robert De Niro über Julia Roberts, John Malkovich und Jeremy Irons bis George Clooney. Sie vermögen innerhalb von Sekunden die Aufmerksamkeit des Zuschauers zu fesseln und eine Werbebotschaft zu vermitteln.

Für mich ist Werbung ein Mittel der Kommunikation. Daher sehe ich kein Problem darin, Werbung zu machen. Wenn ein Produkt oder ein Spot nicht mit den Werten aus meinen Filmen vereinbar sind, würde ich mich allerdings nicht vor die Kamera stellen. Das ist keine Frage des Geldes oder der Qualität des Produktes. Es geht mir vielmehr um meine Zuschauer, denn ihre Liebe und Zuneigung sind nicht verhandelbar. Das ist Bud Spencers Leitspruch!

Dasselbe gilt für meine Auftritte in Talkshows. Deutschland ist nach Italien das Land, in dem ich am häufigsten im Fernsehen war, ob allein oder gemeinsam mit meinem »Bruder« und Freund, Terence Hill: Ich hatte, unter anderem, das Vergnügen mit bekannten deutschen Showmastern wie Rudi Carell, Ilja Richter, Frank Elstner und Thomas Gottschalk. Und nicht selten forderten sie mich in ihren Shows auf, meine berühmten Faustschläge und Ohrfeigen live zum Besten zu geben. Ich erinnere mich noch an eine besondere Begegnung, im Jahr 1995, wenn ich mich recht entsinne. Wir waren zur Erscheinung von *Die Troublemaker* nach Deutschland gereist und ich sollte bei einem gefakten Match zwischen Terence und Henry Maske, einem der berühmtesten deutschen Boxer, den Schiedsrichter spielen. Das Ganze war ein geplanter Gag: Während des Kampfes ging Terence öfter zu Boden als Maske, sodass dieser das Match auch gewann. Doch genau in dem Moment, als Maske zum Sieger ausgerufen wurde, streckte ich ihn mit einem unserer typischen frontalen Schläge nieder.

Ein anderes Mal traf ich auf einen jungen Österreicher, der vor mir an der Reihe gewesen war. Er hatte sich bis zum Gürtel ausgezogen und seinen gewaltigen Körper zur Schau gestellt. Seine Brust- und Bauchmuskeln waren so stark ausgeprägt, dass Herkules bei seinem Anblick vor Neid erblasst wäre!

Das Publikum kam aus dem Staunen nicht mehr heraus. Daraufhin kam ich hinzu und machte in einem plötzlichen Anflug von Kampfgeist Anstalten, mich meines Hemdes zu entledigen und es ihm gleichzutun.

Doch ich besann mich gerade noch eines Besseren: »Lieber nicht!«, sagte ich, während das Publikum vor Lachen tobte. Nicht, dass es an meinem Körperbau etwas auszusetzen gegeben hätte, meine Muskeln waren nur nicht ganz so deutlich zu erkennen wie die von jenem Kraftprotz: Kein Wunder! Der junge Mann hieß Arnold Schwarzenegger!

Zu der Zeit, Ende der Achtzigerjahre, war der Ex-Bodybuilding-Champion, der später Gouverneur von Kalifornien werden sollte, auf dem Höhepunkt seines Hollywood-Ruhms. Arnold, der gebürtig aus Graz kam und als Kind meine Filme gesehen hatte, versäumte es nicht, mir seine Bewunderung mitzuteilen. So wie ich ihm meine Bewunderung für ihn mitteilte.

Vor einigen Jahren ist meine Tochter Diamante, die in Los Angeles lebt, ihm zufällig in der Kirche begegnet, wo er sich als strenggläubiger Katholik sonntagmorgens einzufinden pflegte. Und obwohl er Gouverneur und noch dazu ein gefeierter Hollywood-Star war, wurde jeder, der ihn grüßen wollte, zu ihm durchgelassen. Seine Bodyguards verhielten sich sehr diskret und bauten keine Barriere zwischen ihm und den anderen auf. Diamante schob sich zu ihm vor, stellte sich als Bud Spencers Tochter vor und richtete ihm meine Grüße aus, worauf er antwortete: »Oh, der große Bud Spencer! Was ist aus ihm eigentlich geworden? Ich habe ihn schon eine ganze Weile nicht gesehen!« Er konnte sich noch ausgezeichnet an unsere erste Begegnung erinnern.

Du hast recht, Arnold, es ist schon eine ganze Weile her. Aber nach Hollywood, wo du ein Superstar bist, komme ich einfach nicht. Doch dort haben wir einen gemeinsamen, leider inzwischen verstorbenen Freund: Dino De Laurentiis, der dich in Hollywood eingeführt und mit der Rolle in *Flash Gordon* dasselbe mit mir vorgehabt hatte.

4. KAPITEL

UNTER AUFSICHT

»Vom Erhabenen zum Lächerlichen
ist es nur ein Schritt.«
NAPOLEON BONAPARTE

MEINE REGISSEURE

Die Überschrift dieses Kapitels, das ich meinen Regisseuren und Stuntmen widme, trifft in gewissem Sinne tatsächlich zu. Natürlich hat mich niemand meiner persönlichen, unveräußerlichen Rechte beraubt oder Ähnliches, und doch wurde ich streng beaufsichtigt; denn meine Figur gefiel dem Publikum so gut, dass die Regisseure stets darauf achteten, mich bloß nicht zu verändern oder mir im künstlerischen Sinne »Gewalt anzutun«. Sie waren alle darauf bedacht, mich genau so zu erhalten, wie ich war, und mich von äußeren Einflüssen abzuschirmen.

Daran schienen sich auch meine Stuntmen zu halten, die ja dank Bud Spencer ziemlich gut verdienten, was sie wiederum dazu veranlasste, eine undurchdringbare Schutzmauer um mich herum zu bilden.

Da das Publikum manchmal vergisst, dass ein großer Film auch das Verdienst eines großen Regisseurs ist, ist es für mich unverzichtbar, jene Namen zu nennen, die mir viel bedeuten, und über jene Titel zu sprechen, auf die sich meine Karriere stützt.

Der bedeutende amerikanische Regisseur Sidney Lumet, der kürzlich verstorben ist, erzählte vor gar nicht allzu langer Zeit, dass sich seit Jahren kein amerikanischer Regisseur mehr italienische Filme ansehe, weil kein Kino in den Staaten es sich leisten könne, sie auszustrahlen: Im Ausland interessieren sie niemanden mehr. Das italienische Kino hat, obwohl es zweifellos nach wie vor große Talente hervorbringt, seine Anziehungskraft auf den Rest der Welt verloren. Damit ging leider auch das Ende des vormals florierenden nationalen Genrekinos einher, mit dem viele meiner Regisseure – ob mit oder ohne Bud – in allen nur erdenklichen Ländern der Welt ein großes Publikum anzogen.

Die folgenden Anekdoten über meine Regisseure haben keine bestimmte chronologische Reihenfolge. Vielmehr schreibe ich sie so auf, wie sie kommen und gehen, wenn ich in meinem Gedächtnis nach ihren Gesichtern krame und auf die Menschen stoße, die meine Freunde wurden und so viel zu meinem Erfolg beigetragen haben. Viele von ihnen leben nicht mehr, haben aber Kinder, die ihr künstlerisches Erbe angetreten haben; andere wiederum sind noch da und mussten ebenso wie ich das Ende der Ära des international erfolgreichen italienischen Films miterleben.

SIE NANNTEN IHN »STENO«

Stefano Vanzina war einer der größten Regisseure, mit denen ich zusammengearbeitet habe. Er war ein Profi, ein Mann der Tat – jemand, der genau wusste, was er wollte. Als unsere Zusammenarbeit begann, gab es Bud Spencer schon seit einigen Jahren und Steno noch viel länger.

Er war der Sohn von Alberto Vanzina, der als Journalist für den *Corriere della Sera* arbeitete. In den Dreißigerjahren schrieb er sich am Centro Sperimentale di Cinematografia (»Experimentelles Zentrum für Kinematografie«) ein und begann, unter dem Pseudonym »Steno« – eine Hommage an den Schriftsteller Flavio Steno – Karikaturen zu zeichnen. Danach fing er bei der Satirezeitung *Marc'Aurelio* an, bei der es von berühmten Namen nur so wimmelte. Unter den Mitarbeitern war unter anderem Federico Fellini. Dort blieb Vanzina fünf Jahre lang und schrieb nebenbei Drehbücher für den Rundfunk. Damit ebnete er sich den Weg ins Kino, wo er als Gagschreiber und Regieassistent begann. 1952 brachte er mit *Toto in Color (Totò a colori)* den ersten italienischen Film in Farbe heraus.

In den folgenden dreißig Jahren arbeitete er als Regisseur mit unseren größten Schauspielern zusammen, darunter Totò, Alberto Sordi, Aldo Fabrizi, Ugo Tognazzi und vielen, vielen anderen. Steno galt als ein »ketzerischer« Regisseur: In den Siebzigerjahren brachte er einen unerwartet tragischen und düsteren Film heraus,

Das Syndikat, der das Nachfolge-Genre des Spaghetti-Western begründete: den spezifisch italienischen Polizeifilm, »Polizziotesco« genannt. Mit mir zusammen drehte er alle vier *Plattfuß*-Teile, den Film *Banana Joe* sowie die sechs spielfilmlangen Episoden der Fernsehserie *Big Man*.

Steno starb 1988. Seine beiden Söhne Enrico, Drehbuchautor, und Carlo, Regisseur und Produzent, sind seit vielen Jahren ein erfolgreiches Paar in der italienischen Filmbranche. In seinem filmischen Werk warf Steno zeitlebens immer wieder einen scharfen Blick auf das Geschehen in der italienischen Gesellschaft und erkannte, welche Rückschritte sie machte und in welche Richtung die Entwicklung ging.

Ich erinnere mich an ihn als einen wunderbar humorvollen Mann, doch einmal verging auch ihm das Lachen. Wir befanden uns in Südafrika, wo wir gerade *Plattfuß in Afrika* gedreht hatten, und waren im Begriff, nach Italien zurückzukehren. Die Frage, die im Raum stand, war nur: wie und wann?

1978 herrschte in Südafrika noch die Apartheid. Alle angrenzenden Länder führten Krieg gegeneinander; es war also damals um einiges heißer dort als heutzutage.

Die Fluggesellschaft South African Airways flog von Johannesburg nach Madrid, von dort gab es einen Anschlussflug nach Rom. Der Konkurrent Alitalia dagegen flog direkt von Johannesburg nach Rom. Doch ich beschloss, lieber mit South African zu fliegen, weil sie mir und meinen Stuntmen günstige Plätze in der ersten Klasse angeboten hatten. Den Grund für ihr großzügiges Angebot kannten wir allerdings nicht: Der Flug mit dieser Airline bedeutete ein sehr viel höheres Risiko, von den anderen Ländern, die Südafrika befeindeten, abgeschossen zu werden. Daher wollte niemand mit ihnen fliegen.

Steno warnte uns eindringlich: »Mit diesem Flugzeug werdet ihr einen ganzen Tag bis nach Madrid brauchen, weil ihr um die Lufträume der Krieg führenden Länder herumfliegen müsst. Und dann könnt ihr Weihnachten und Neujahr zwischen Flugzeugen und Flughäfen verbringen, während wir anderen ganz entspannt bei unseren Familien in Rom sitzen! Los, lasst uns mit Alitalia fliegen, dann müssen wir uns keine Sorgen machen, das ist schließlich eine neutrale Airline.«

Doch da ich nun mal ein *marziano* bin, ließ ich mich nicht davon abbringen, den südafrikanischen Flieger zu nehmen. Steno dagegen buchte den italienischen. Unser Flugzeug, ein kleiner Jumbojet, musste kurz nach Abflug auf einem anderen Flughafen zwischenlanden, dessen Startbahn stolze 15 Kilometer lang war. Der Grund: Das Flugzeug tankte so dermaßen viel Treibstoff, dass eine reguläre Bahn von drei Kilometern nicht ausgereicht hätte, um abzuheben. Nach unserem zweiten Start musste der Pilot einen Umweg fliegen, der uns drei Stunden kostete, nur um nicht in die kritischen Lufträume zu geraten. Wir nahmen eine Route über Namibia, die normalerweise eingeschlagen wurde, wenn man nach Brasilien fliegen wollte. Der Flug verlängerte sich noch einmal um einige Stunden.

Das Ende vom Lied aber war Folgendes: Steno musste aufgrund eines Schadens an der Alitalia-Maschine in Südafrika bleiben, während wir rechtzeitig zu Weihnachten zu Hause waren!

Entgegen allen Prognosen musste somit ausgerechnet Steno Heiligabend am südafrikanischen Flughafen verbringen, lautstark fluchend natürlich. Welch Ironie des Schicksals!

Diese Anekdote basiert natürlich auf furchtbaren Umständen: Für die betroffenen Länder in Afrika war es eine schreckliche Zeit. Solange Menschen hungern müssen und gezwungen sind, in Armut und ohne Ausbildung zu leben, wird es immer Krisenherde geben, überall auf der Welt. Und dabei fällt mir ein Dialog ein, den Steno Jahre später für meine Rolle in *Banana Joe* schrieb: »Fidelio, ein Mensch, der nicht lesen und schreiben kann, wird immer ein Niemand bleiben.«

(In der deutschen Fassung gibt es dieses Zitat nicht.)

TERENCE COLIZZI & BUD BARBONI!

Über Barboni und Colizzi habe ich bereits viel gesagt, aber eigentlich kann ich gar nicht genug über sie erzählen. Ihnen ist es schließlich zu verdanken, dass das Duo Terence/Bud geboren wurde, und lustigerweise ähnelte einer der beiden jeweils einem von uns.

Colizzi und Terence war gemeinsam, dass sie sehr genau arbeiteten. Sie verband eine Professionalität, die ich zu Beginn unserer Zusammenarbeit noch gar nicht haben konnte, die sich Terence dagegen im Laufe seiner Karriere bereits aufgebaut hatte: Wenn eine Szene wiederholt werden musste, stimmte ihn das noch fröhlicher als den Regisseur, weil er dann die Chance bekam, es noch besser zu machen. Ich dagegen gab mich schon mit dem ersten Versuch zufrieden.

Barboni passte eher zu mir, besonders was unsere Leidenschaft für gutes Essen und die Einstellung »leben und leben lassen« anging. Ich hatte den Eindruck, dass er sich besser mit der Bud-Spencer-Figur identifizieren konnte.

Unter meinen engagiertesten Fans entstand eine Debatte darüber, wer von den beiden Regisseuren uns wirklich entdeckt hat. Die eine Seite ergriff Partei für Giuseppe, die andere für Enzo, doch beide Fangemeinden irrten sich – und beide hatten recht: Sie waren zwei ganz unterschiedliche und gleichermaßen bedeutende Regisseure, wobei Colizzi als hoch gebildeter Intellektueller ein wenig im Vorteil war (er hat sogar Bücher für den renommierten Mondadori-Verlag geschrieben). Barboni hingegen war ein ausgezeichneter Kameramann und hatte langjährige Berufserfahrung, vor allem im Bereich preiswert produzierter Italowestern.

Die beiden hatten also zwei unterschiedliche Stile: Colizzis Ansatz war eher episch, der von Barboni eher lässig.

Hätte Colizzi uns nicht für seine Trilogie über Cat Stevens und Hutch Bessy verkuppelt, wäre Barboni nicht auf die Idee gekommen, uns als Trinity (im Original »Trinità« beziehungsweise »Trinity«; in der deutschen Fassung auch »der müde Joe«) und Bambino (im Original »Bambino« beziehungsweise »Bambi«; in der deutschen Fassung auch »der Kleine«), also die rechte und die linke Hand des Teufels, auszuwählen. Hätte Barboni andererseits nicht unser komisches Potenzial entdeckt, hätte Colizzi dieses sicher nicht so erfolgreich nutzen können, als er uns für *Zwei Himmelhunde auf dem Weg zur Hölle* vom Wilden Westen in den Dschungel verfrachtete. Dieser Film wurde zu unserem ersten Erfolg, der in der modernen Welt (der Siebzigerjahre!) spielte.

Insofern nützt es nichts, darüber zu streiten.

Terence und ich, die wir im realen Leben Freunde von Barboni und Colizzi waren, haben selbst überhaupt keinen Unterschied zwischen ihnen gemacht. Vielmehr haben wir uns immer als Söhne dieser beiden Filmväter gesehen und empfinden für sie in erster Linie eine große Dankbarkeit – und Bedauern über ihren Tod.

Ich habe nie den Wunsch gehegt, selbst Regisseur zu werden – für mich waren sowohl Giuseppe als auch Enzo Genies, denn ich hätte nie die Geduld und auch nicht das Talent gehabt, vom Anfang bis zum Ende, vom Drehbuch bis zum Abmischen bei diesen Filmen dabeizubleiben, von denen jeder Monate in Anspruch nahm. Angesichts des Stresses und der Anspannung ist es nicht verwunderlich, dass sich der ein oder andere Wutanfall während der Dreharbeiten nicht vermeiden ließ.

Ich denke zum Beispiel mit Vergnügen und voller Wärme an den Tag zurück, an dem mir Colizzi einmal den Marsch geblasen hat. Wir drehten gerade eine Szene für *Hügel der blutigen Stiefel*, in der ich auf einem Karren ins Dorf gefahren komme; an einer ganz bestimmten Stelle sollte ich anhalten.

Noch dazu sollte ich fröhlich wirken, ausgerechnet ich! Erstens hatte ich überhaupt keine Ahnung von Pferden und zweitens herrschte in Almería eine unerträgliche Hitze. Ich habe die Szene zweimal vermasselt, weil ich diese bestimmte Stelle einfach nicht finden konnte. »Ja, ist es denn möglich, dass du es nicht hinkriegst, an der richtigen Stelle anzuhalten?«, brüllte Giuseppe mich vor allen Leuten an.

Ich stieg vom Karren und wandte mich, ohne ein Wort zu sagen, zum Gehen, als ich ihn hinter mir wieder brüllen hörte: »Was ist denn jetzt los? Man wird ja wohl noch einen Freund kritisieren dürfen!«

Ich drehte mich um und wir fingen gleichzeitig an zu lachen.

Als Barboni mich für den Film *Auch die Engel essen Bohnen* engagieren wollte, in dem anstelle von Terence, der gerade in den USA mit den Dreharbeiten zur Sergio-Leone-Produktion *Mein Name ist Nobody* beschäftigt war, Giuliano Gemma mitspielen sollte, zögerte ich: Würde das Publikum ein anderes Duo akzeptieren? Doch meine Sorge war unbegründet: Da Giuliano auf seine eigene Art spielte und nicht versuchte, Terence zu imitieren – schließlich hatten auch beide ihre eigene Persönlichkeit als Künstler –, bekam der Zuschauer keine schlechte Hill/Spencer-Kopie serviert, sondern ein neues Duo in einem neuen Setting: Das amerikanische Gangstermilieu der Dreißigerjahre löste den Wilden Westen ab. Und der Film wurde ein großer Erfolg.

Während Terence gewöhnlich den Schönen und Schlauen spielte, war Gemma der Schöne und Möchtegern-Schlaue: Auch wenn wir natürlich wieder Gangster spielten, die den Schwachen halfen, geriet Gemmas Figur in diesem Fall durch seine naive Prahlerei in die Klemme.

Mit der Karriere Gemmas werden viele von euch vertraut sein, doch ich möchte an dieser Stelle anmerken, dass auch er ehemals Sportler gewesen ist. Vor seiner Filmkarriere boxte er und betätigte sich als Zirkusartist. Meines Erachtens ist er der Einzige in der italienischen Filmgeschichte, der den Sprung vom Stuntman zum Hauptdarsteller geschafft hat.

Er leistete gerade seinen Wehrdienst als Feuerwehrmann ab, als der Regisseur Duccio Tessari ihn für eine Rolle in *Kadmos, Tyrann von Theben* anfragte, eine Parodie auf den italienischen Sandalenfilm. (Mit seinem Film *Eine Pistole für Ringo* aus dem Jahr 1965 parodierte Tessari dann übrigens in ähnlicher Weise auch den Spaghetti-Western.) Als Gemma mit dem Western immer berühmter wurde, änderte er seinen Namen in Montgomery Wood, da es immer noch schwierig war, dem Publikum einen italienischen Cowboy nahezubringen; doch aufgrund seines immensen Erfolgs legte er den Namen gleich darauf auch wieder ab: Gemma hatte es tatsächlich fertig gebracht, als Hauptdarsteller in Western innerhalb eines Jahres (1965) ganze fünf Kassenschlager zu landen!

Später bekam Gemma Rollen in Autorenfilmen wie *Die Tatarenwüste* (1976) von dem verstorbenen Regisseur Valerio Zurlini oder *Der eiserne Präfekt* (1977) von Pasquale Squitieri; er baute seine schauspielerischen Fähigkeiten immer weiter aus, wofür er im Laufe seiner Karriere diverse Auszeichnungen erhielt. Doch all das lag noch in weiter Ferne, als er mit mir zusammen in diesem ersten und leider auch letzten gemeinsamen Film Schläge austeilte. Als *Auch die Engel essen Bohnen* 1973 herauskam, sprengte er die Kinokassen mit Einnahmen von über drei Milliarden Lire. Bis heute hat der Film rund 50 Millionen Euro eingespielt: eine enorme Summe!

Enzo Barboni machte als Regisseur insgesamt 13 Filme. Und alle haben einen ganz bestimmten, charakteristischen Schliff, der unter den Zuschauern als sein Markenzeichen gilt. Wenn die Filmindustrie mehr Regisseure wie Colizzi und Barboni unterstützen würde, hätten die italienischen Filme vielleicht wieder eine Chance auf dem internationalen Markt.

MARCELLO FONDATO

Von allen Regisseuren, mit denen Bud Spencer am Set stand, wurde über Fondato bisher am wenigsten gesagt.

Dabei haben wir mehr als nur einen Film zusammen gemacht: *Zwei wie Pech und Schwefel*, der 1974 über sechs Milliarden Lire (inzwischen sind es ganze 70 Millionen Euro!) einspielte und zu Recht als einer der Höhepunkte des Duos Hill/Spencer gilt, und *Charleston*, von dem ich euch schon im zweiten Kapitel erzählt habe.

Als Drehbuchautor schrieb er außerdem weitere Filme, in denen ich mitspielte, darunter *Der Große mit seinem außerirdischen Kleinen* (1979) sowie die Fortsetzung *Buddy haut den Lukas* (1980), die einige sehr rührende Momente zwischen meiner Figur und dem kleinen Außerirdischen (der wunderbare Cary Guffey aus Spielbergs *Unheimliche Begegnung der dritten Art*) enthält.

Vielleicht war Marcello mehr Drehbuchautor als Regisseur, in dem Sinn, dass er als Autor viel mehr in seinem Element war: Es ist kein Zufall, dass er eine Menge Drehbücher für teilweise richtig große Komiker wie Totò geschrieben hat. Er war ein Intellektueller und übernahm auch viele Jahre später die künstlerische Leitung eines Theaters. Am Set war er ein sehr gewissenhafter Regisseur.

Wir hatten kein besonders enges Verhältnis, da war nicht diese große Sympathie, die ich bei Barboni spürte. Doch Fondato hat in *Charleston* immerhin den Versuch unternommen, aus mir einen richtigen Schauspieler zu machen.

Und auch wenn der Film in puncto Einspielergebnis nicht an die anderen Bud-Spencer-Filme heranreichte (obwohl er sich doch sehr gut verkaufte), bin ich Marcello überaus dankbar dafür, dass er mich etwas Neues und ganz anderes hat ausprobieren lassen.

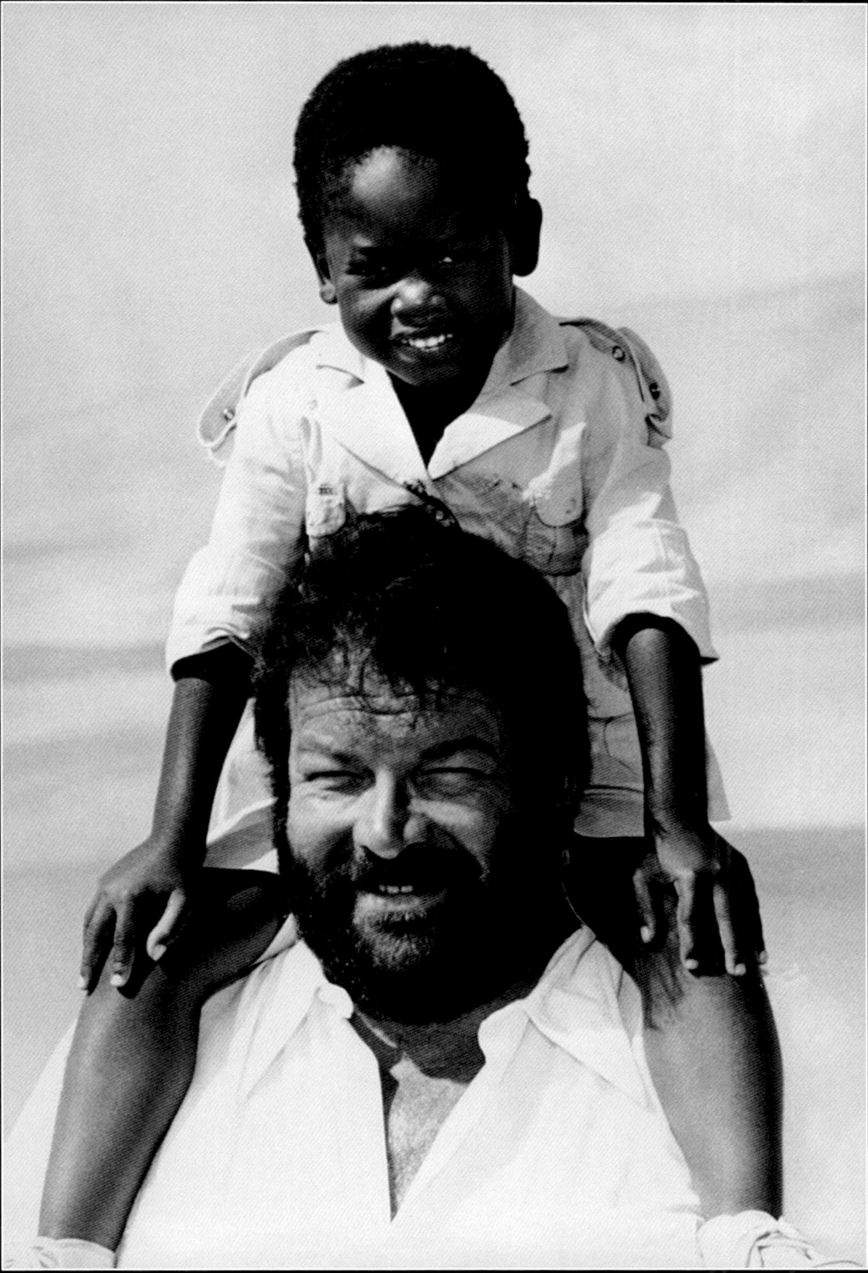

Bud Spencer mit Baldwyn Dakile am Set
von *Plattfuß in Afrika*, 1978.

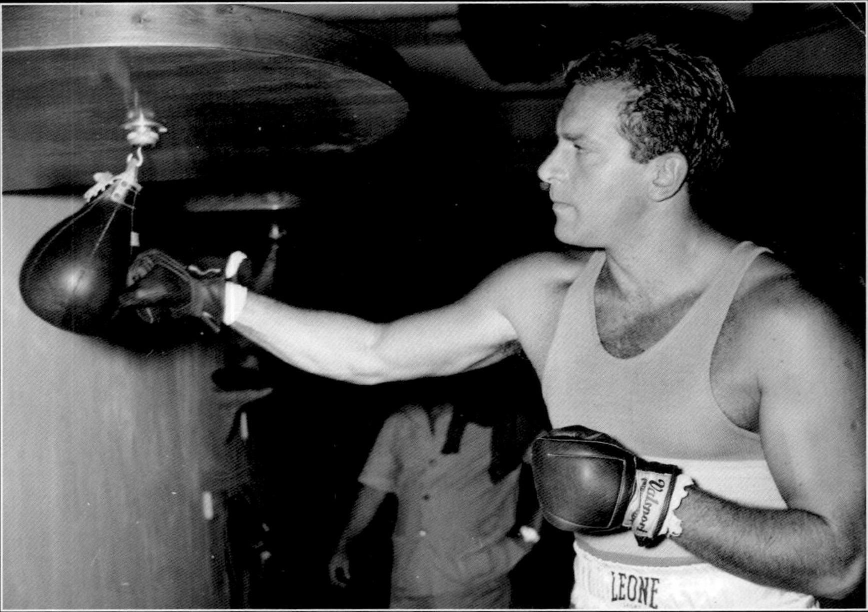

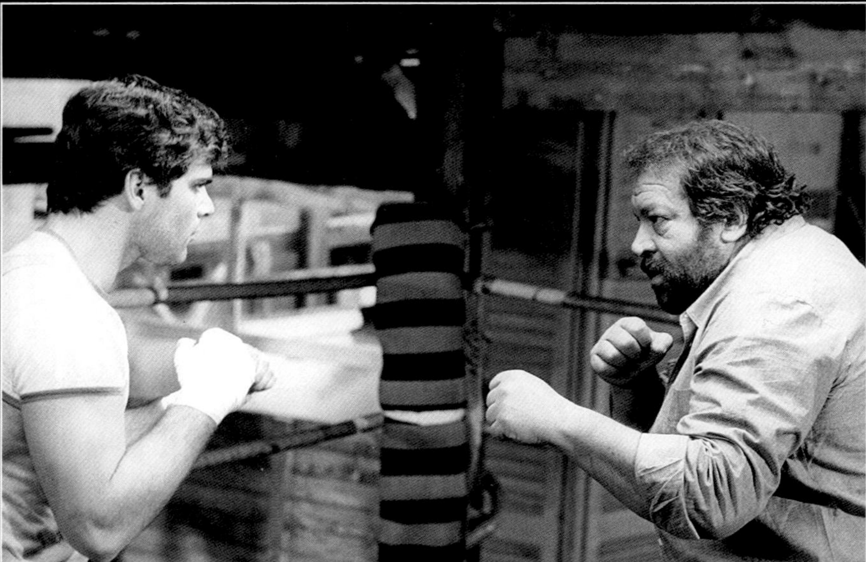

Oben: Carlo Pedersoli trainiert im Jahr 1954 für einen Boxkampf.
Unten: Jahrzehnte später – Bud Spencer beim Boxen.

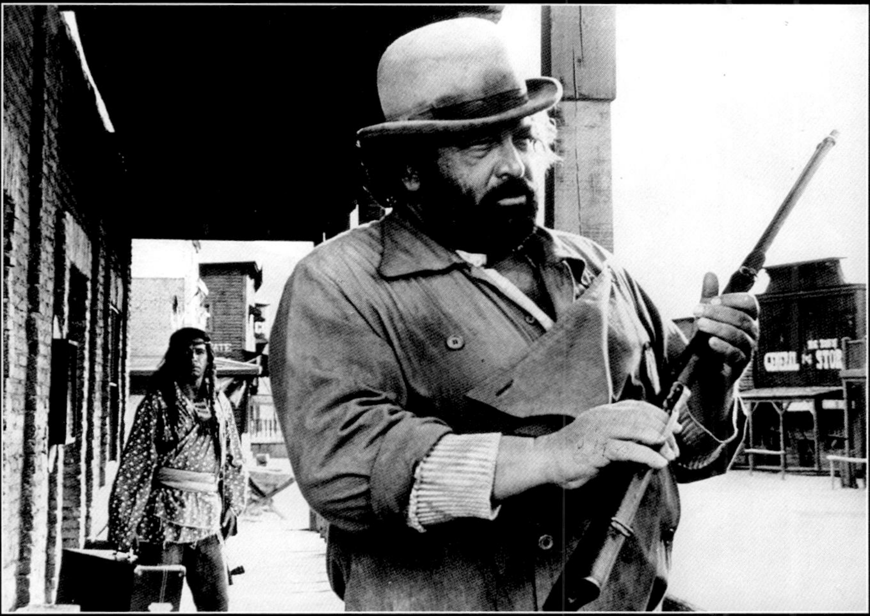

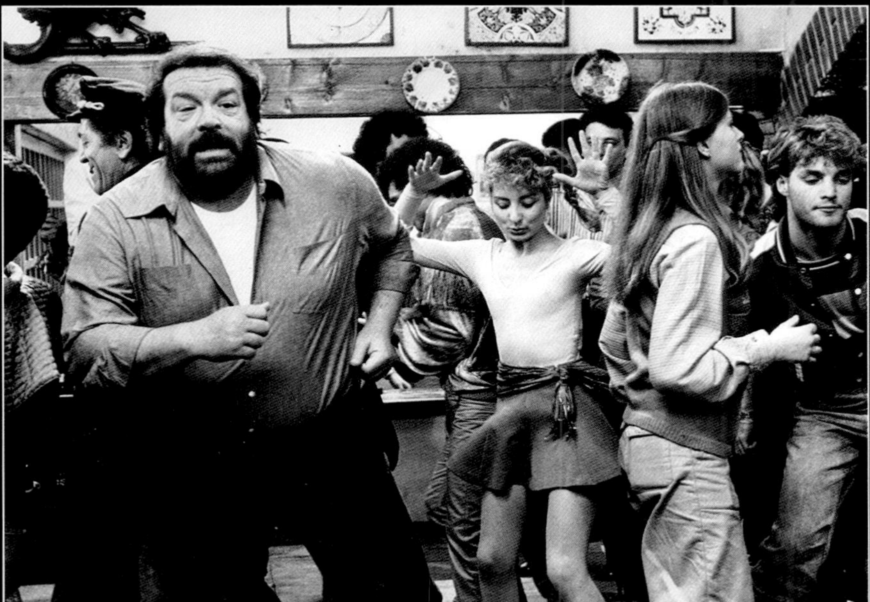

Oben: Bud Spencer in *Eine Faust geht nach Westen*, 1981.
Unten: Bud Spencer in *Der Bomber*, 1982.

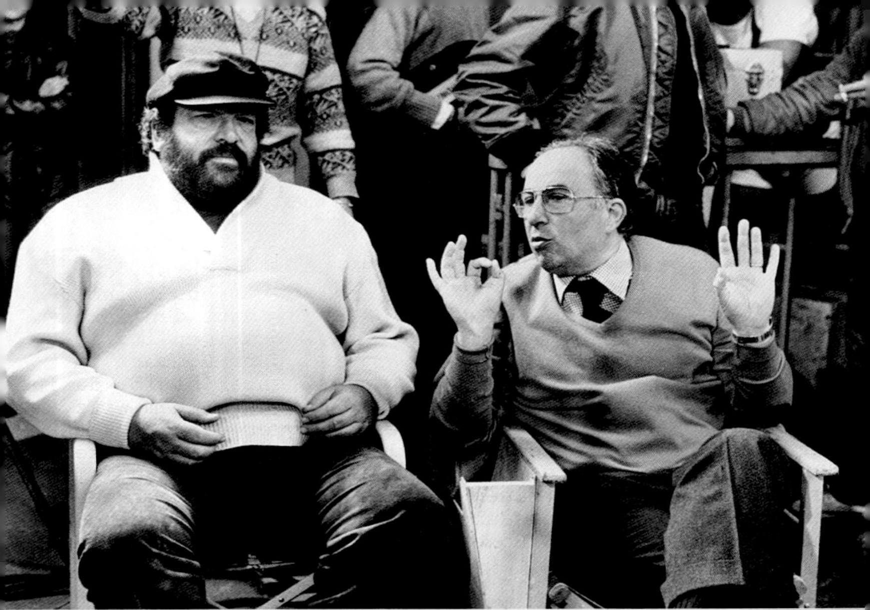

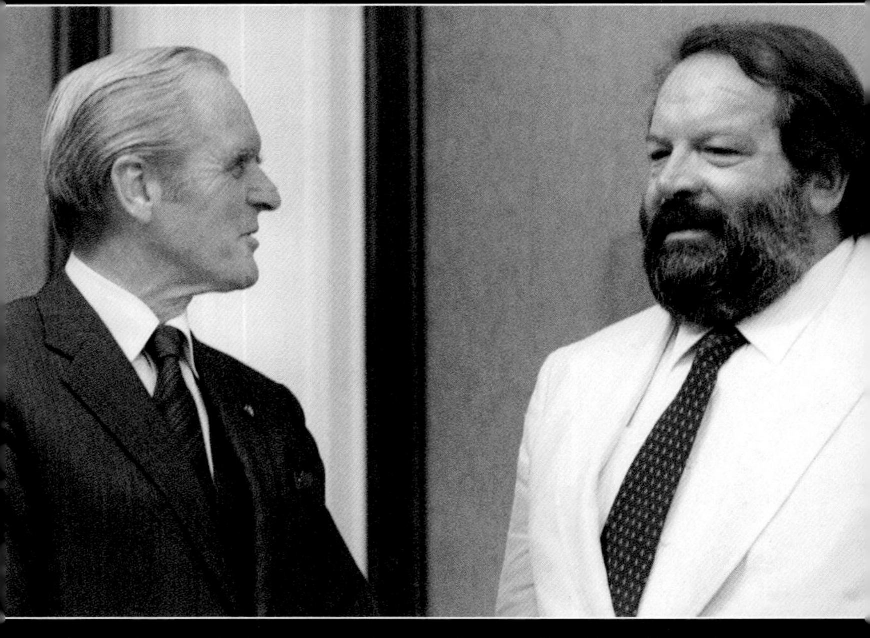

Oben: Bud Spencer mit Michele Lupo, Regisseur von *Sie nannten ihn Mücke, Buddy haut den Lukas* u.a.
Unten: Bud Spencer mit dem damaligen deutschen Bundespräsidenten Karl Carstens, ca. 1982

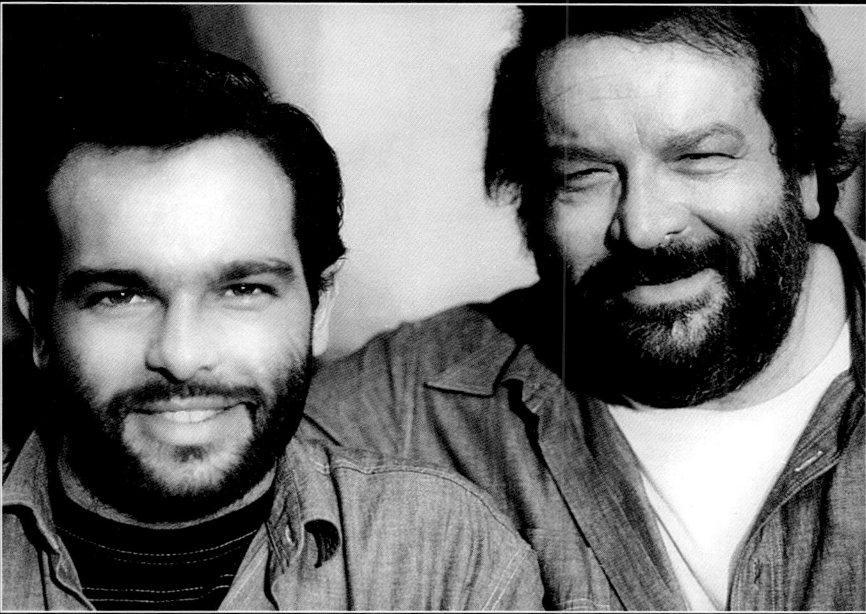

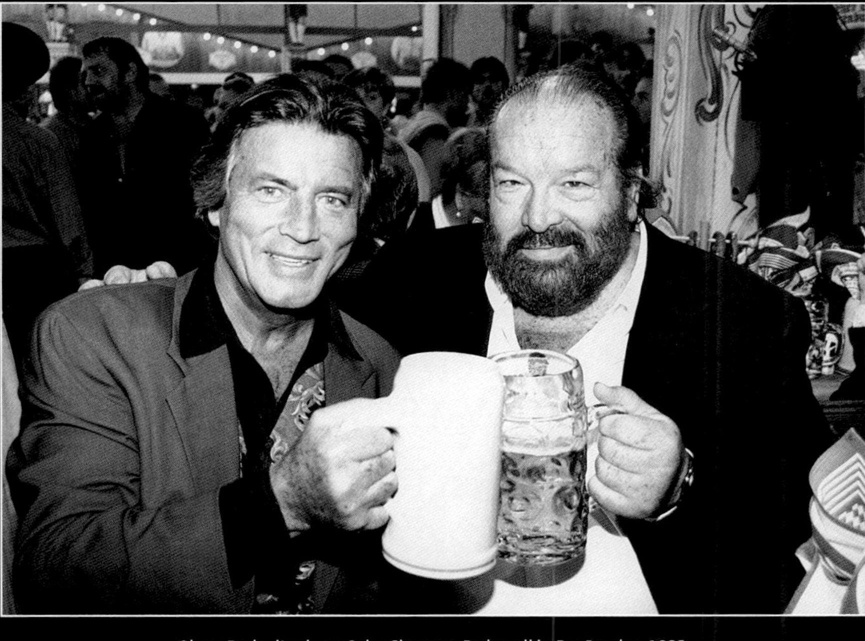

Oben: Bud mit seinem Sohn Giuseppe Pedersoli in *Der Bomber*, 1982.
Unten: Pierre Brice und Bud Spencer auf dem Oktoberfest 1993.

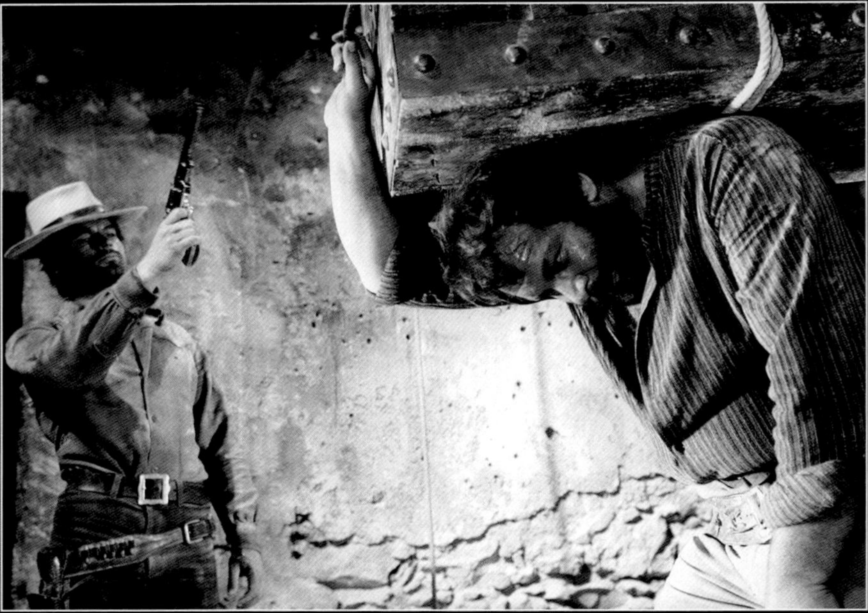

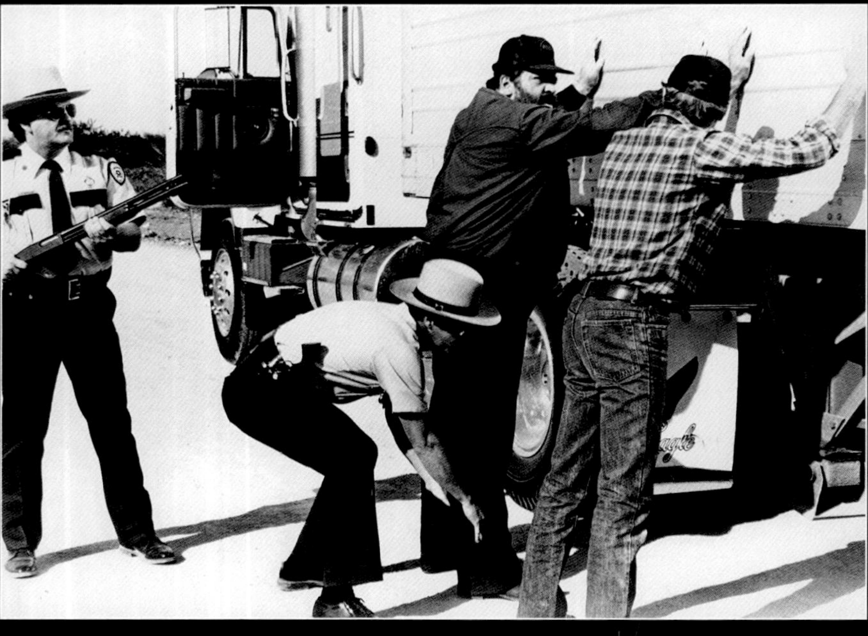

Oben: Terence Hill und Bud Spencer im Jahr 1967 in *Gott vergibt … Django nie!*
Unten: Bud Spencer und Terence Hill im Jahr 1983 in *Zwei bärenstarke Typen*.

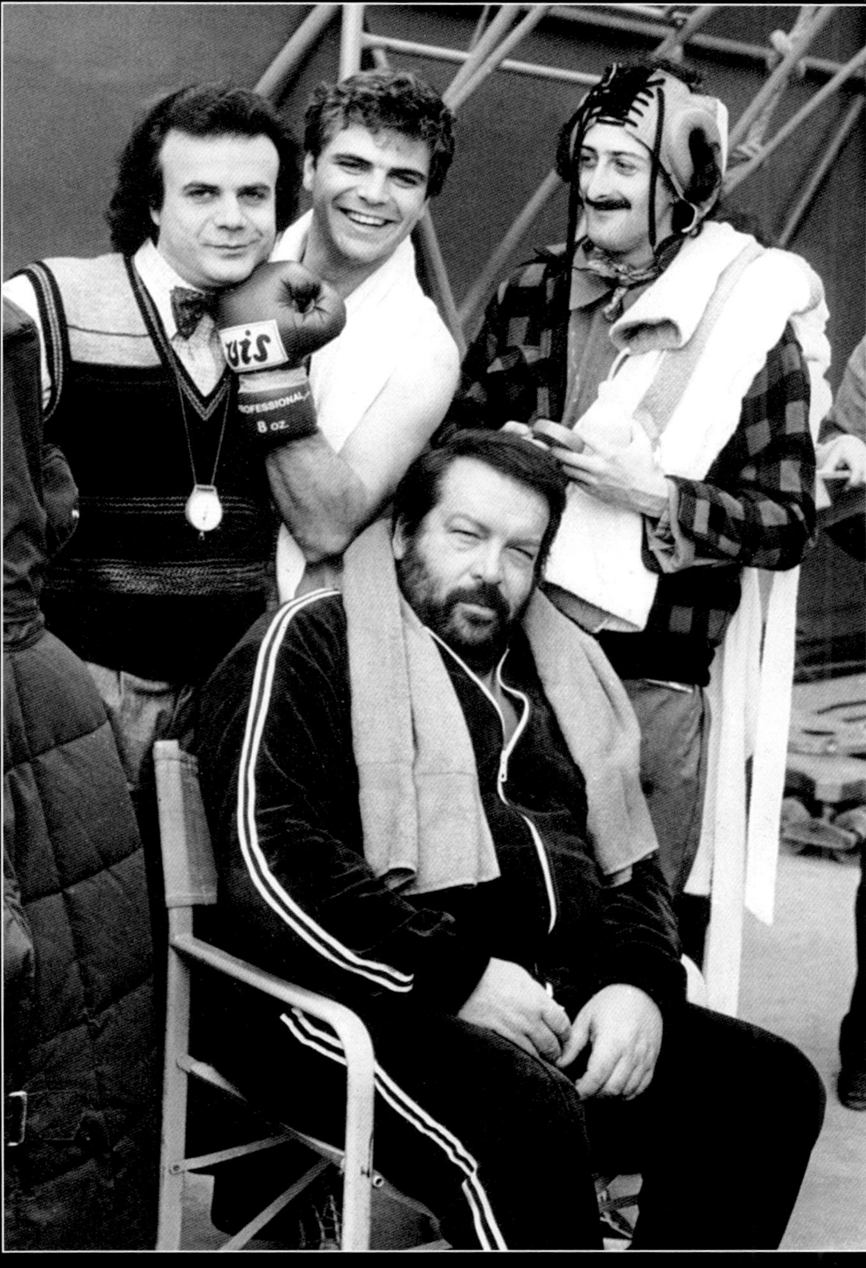

Gruppenbild am Set von
Der Bomber, 1982.

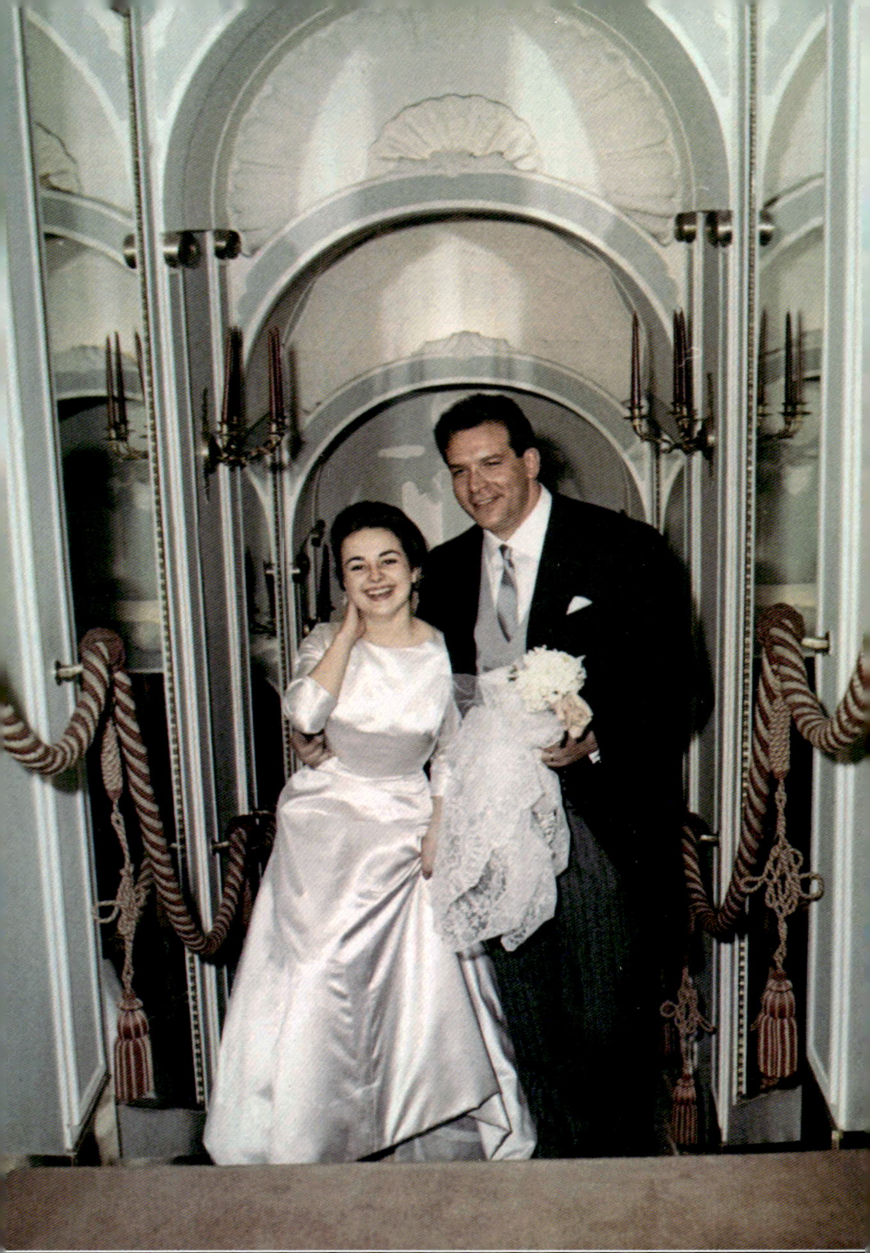

Beide Seiten: Carlos und Marias Hochzeit am 25. Februar 1960. Nach über 50 Jahren sind sie heute immer noch glücklich verheiratet, und Carlo spricht mit viel Respekt und großer Liebe von ihr

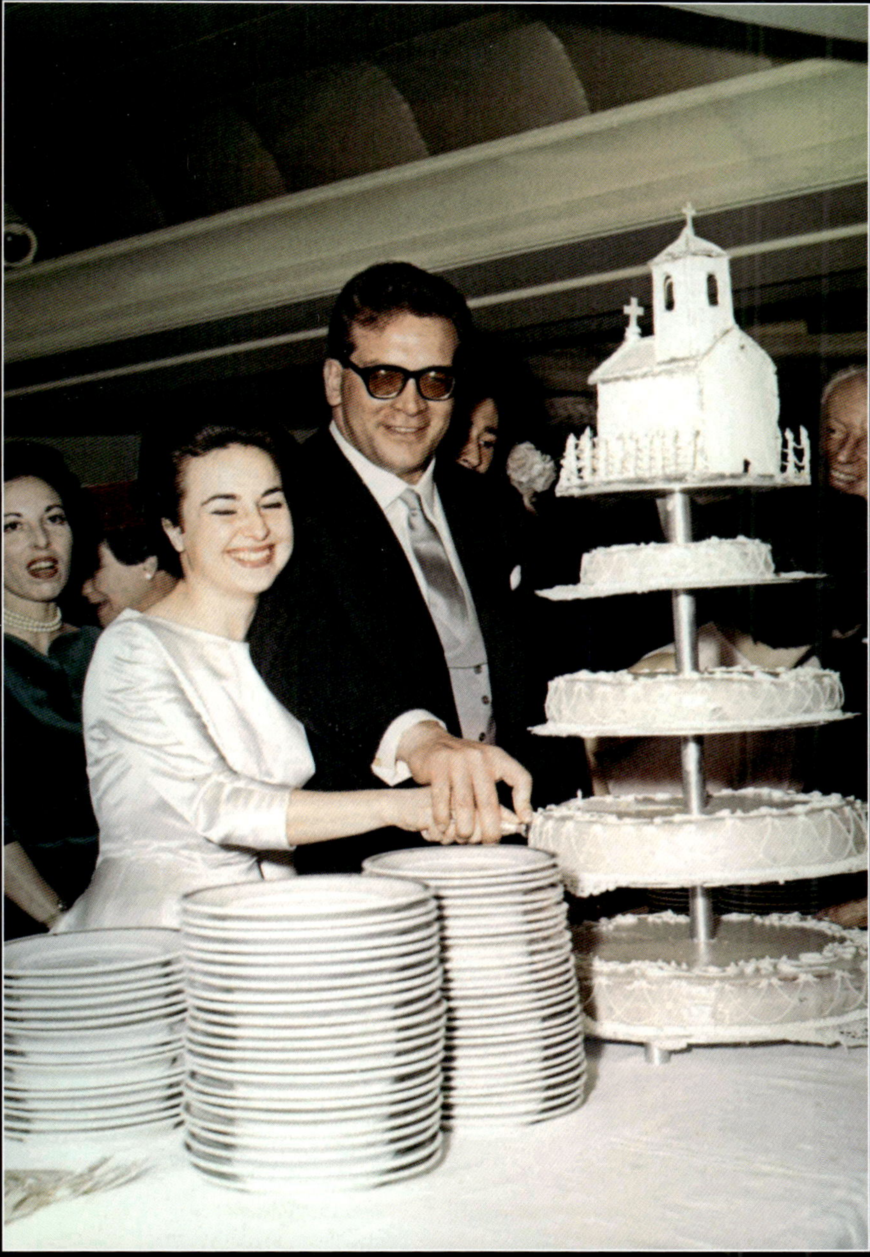

»Cogito ergo sum« heißt es bei dem französischen Philosophen René Descartes: »Ich denke, also bin ich.« »Mangio ergo sum«, setzt Bud Spencer ihm mit lukullischer Leidenschaft entgegen: »Ich esse, also bin ich.«

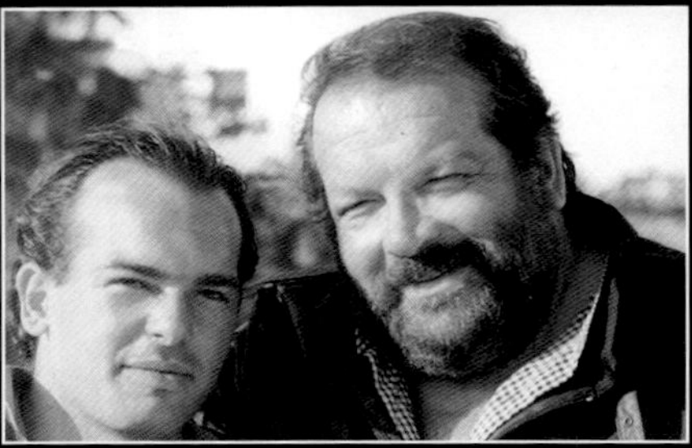

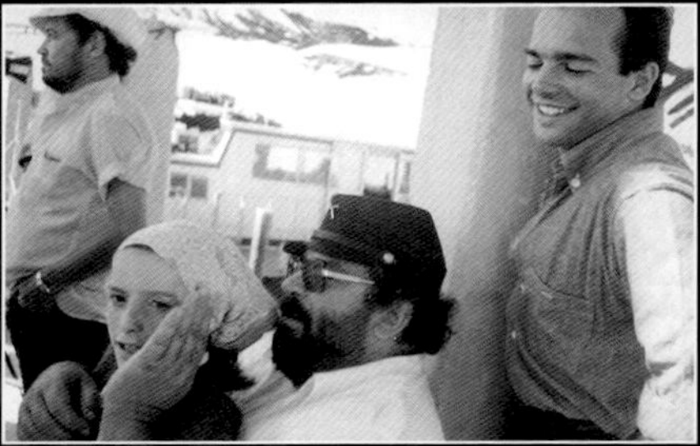

Oben: Bud mit Sohn Giuseppe. Unten: Diamante, Bud und Giuseppe am Set in Miami.

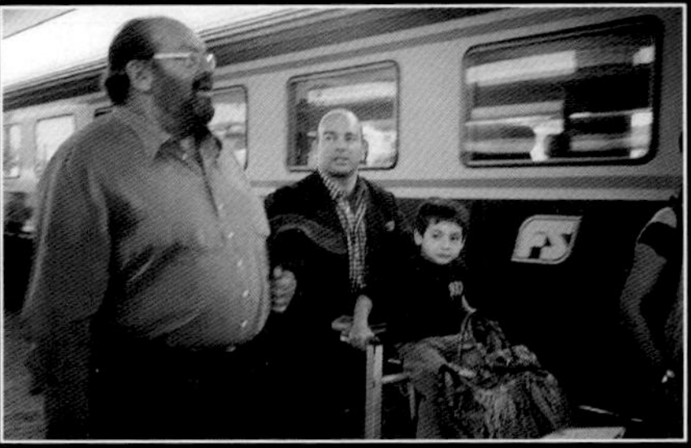

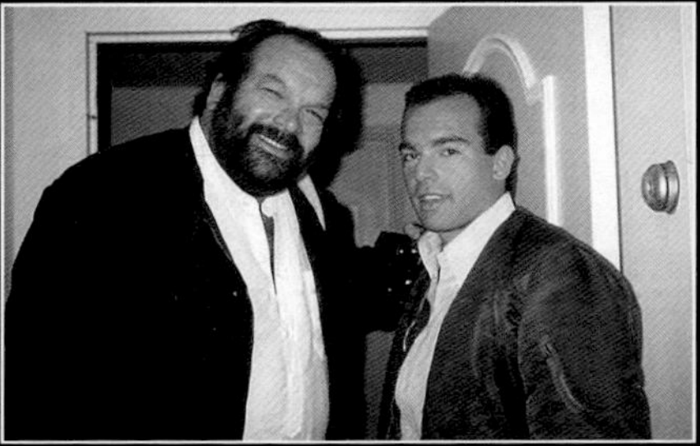

Oben: Bud, Giuseppe und Enkel Alessandro auf dem Weg nach Cannes. Unten: Bud und Giuseppe.

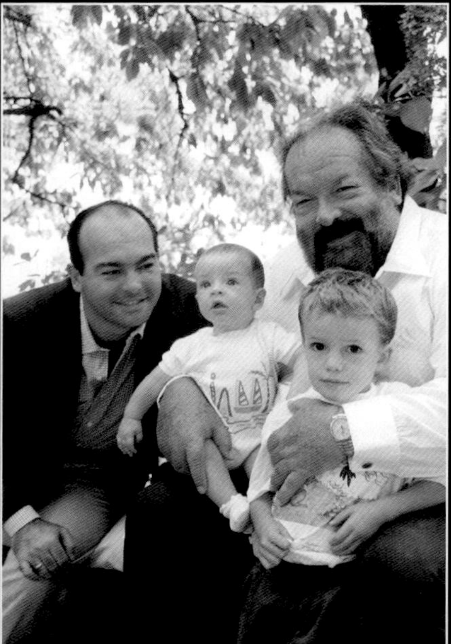

Giuseppe, Bud, Timoty und Nicolò.

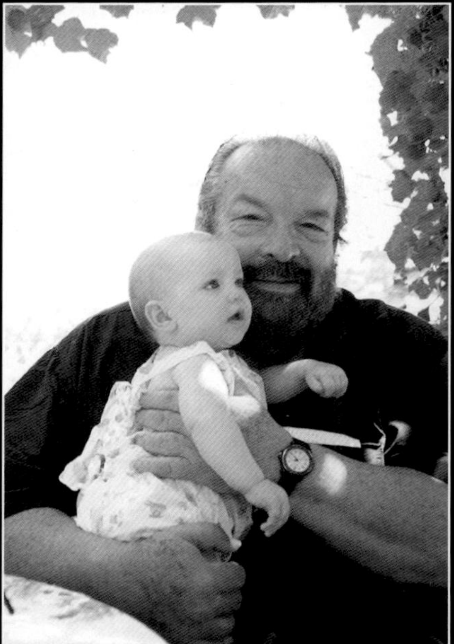

Bud mit Enkelin Sofia.

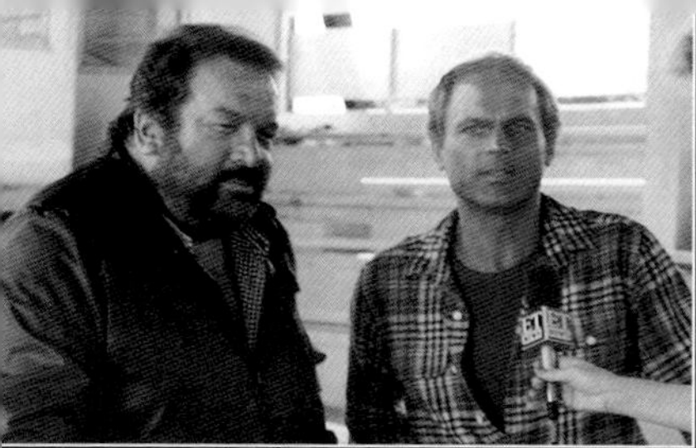

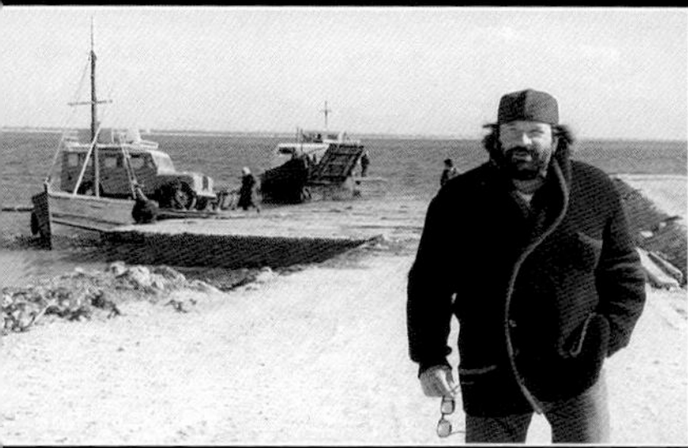

Oben: Bud & Terence in Miami. Unten: Am Set von *Hector, der Ritter ohne Furcht und Tadel*, 1975, in Tunesien.

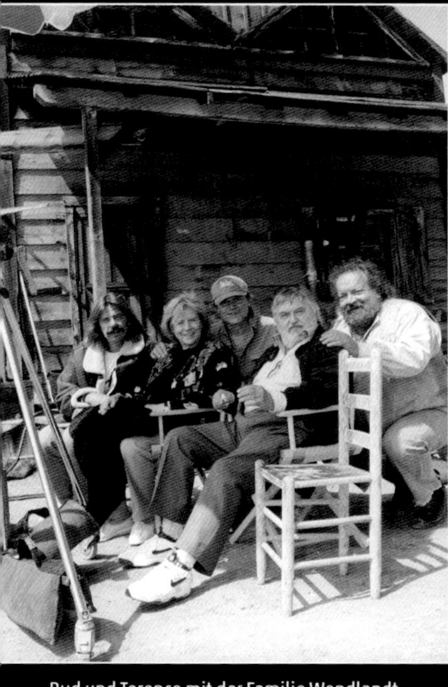

Bud und Terence mit der Familie Wendlandt

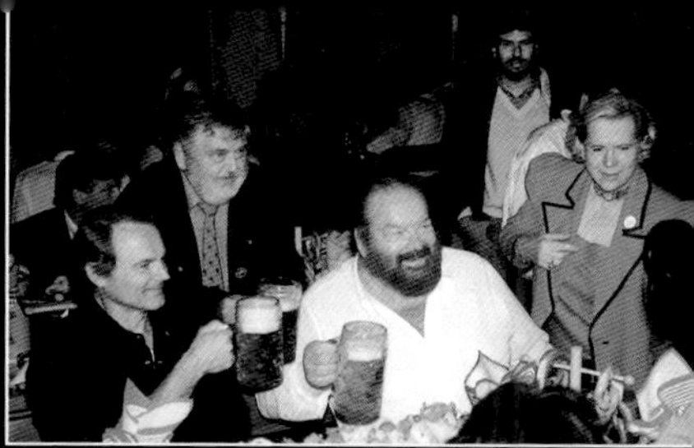

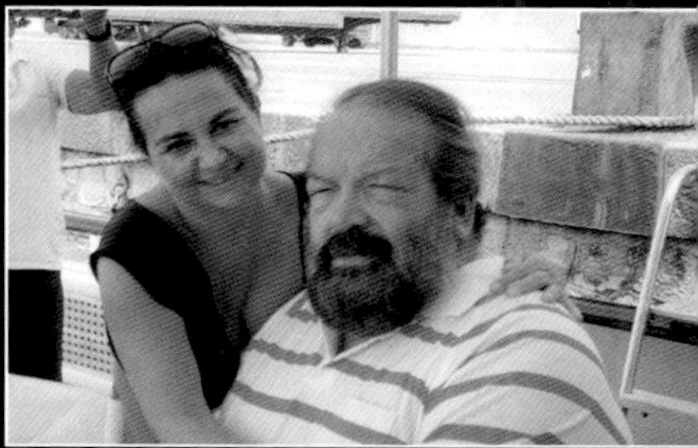

Oben: Mit Terence und dem Ehepaar Wendlandt auf dem Oktoberfest. Unten: Maria und Carlo.

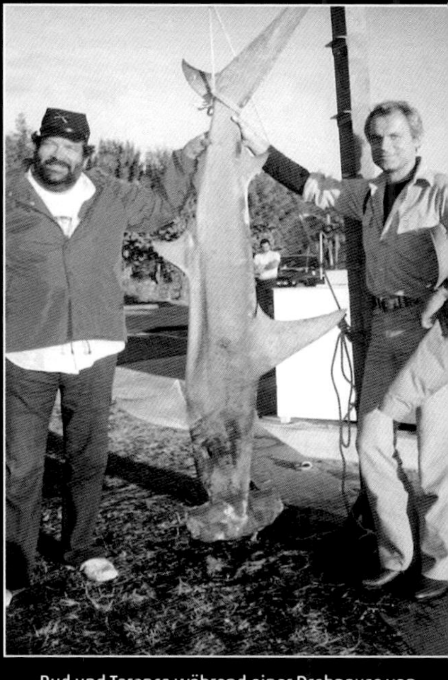

Bud und Terence während einer Drehpause von

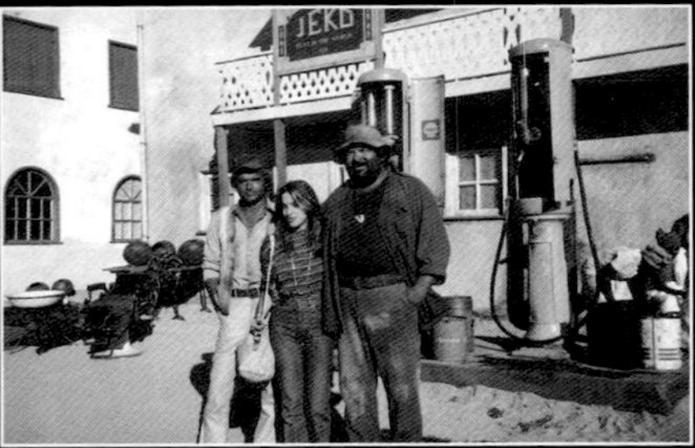

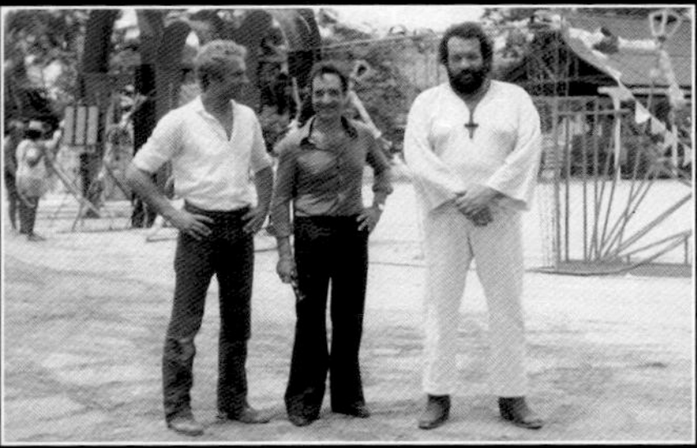

Oben: Terence, Cristiana und Bud am Set von *Das Krokodil und sein Nilpferd* in Südafrika. Unten: Terence & Bud beim Dreh von *Zwei Missionare*.

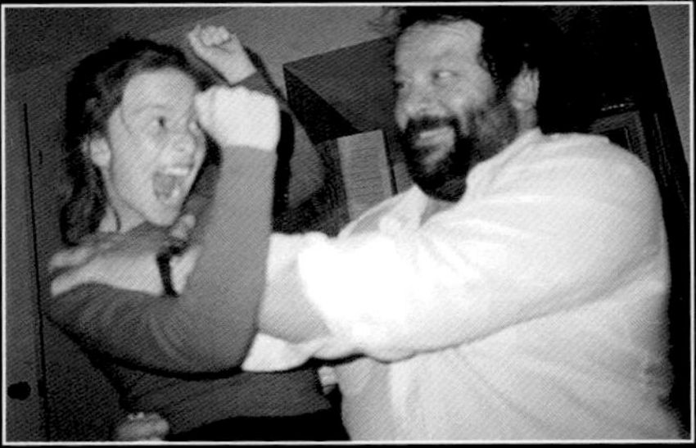

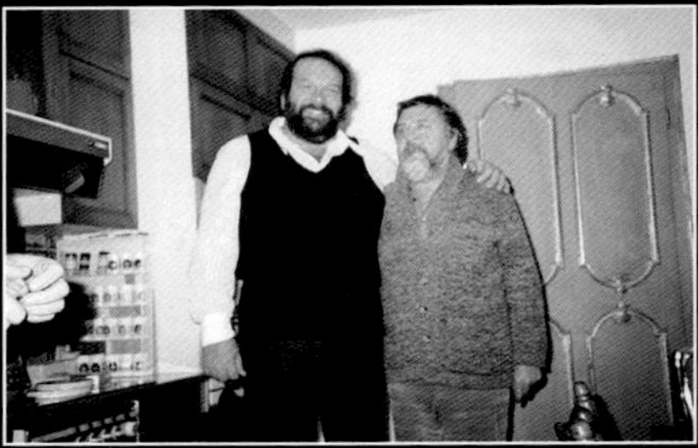

Oben: Bud mit seiner Tochter Diamante. Unten: Bud bei seinem Freund und Filmproduzenten Horst Wendlandt zu Hause.

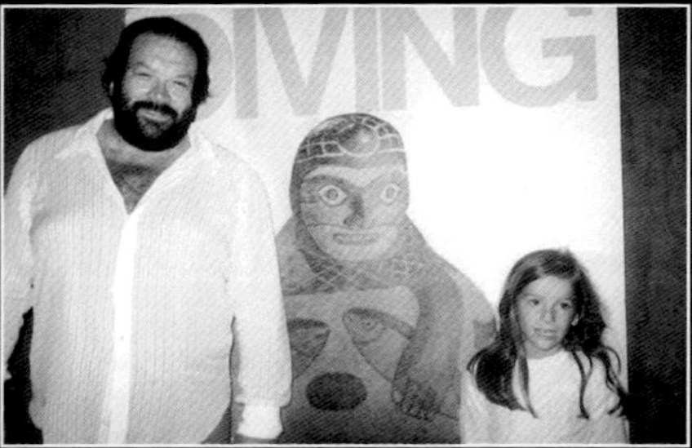

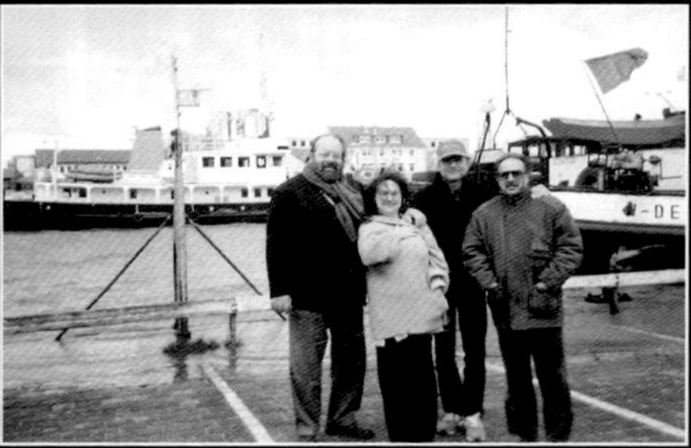

Oben: Bud und Diamante in Miami. Unten: Bud, Maria und Terence mit einem Freund in Deutschland.

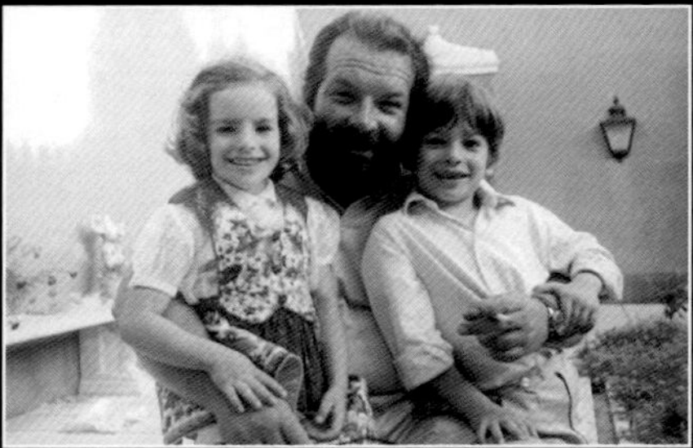

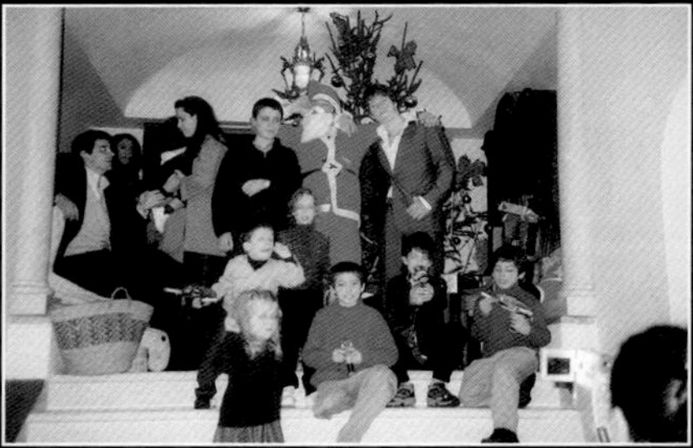

Oben: Bud mit Cristiana und Giuseppe. Unten: Weihnachten in Morlupo.

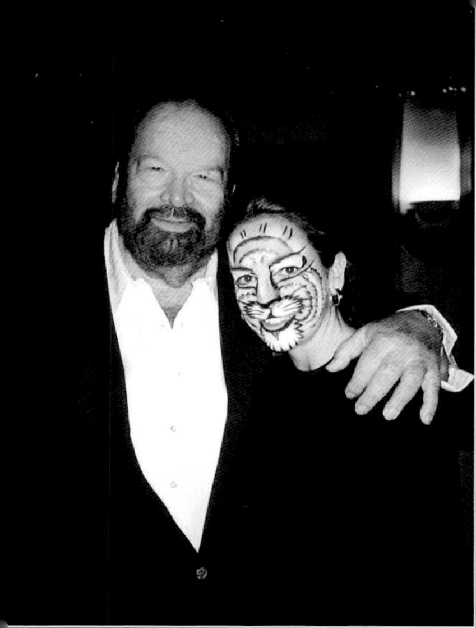

Bud und Tochter Cristiana mit Tigerbemalung zum Fasching.

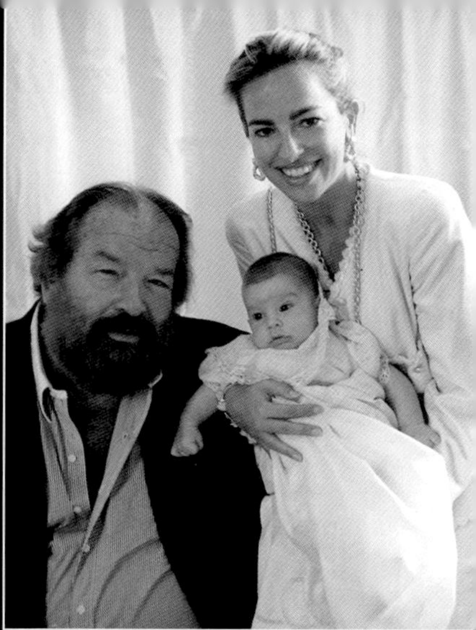

Bud bei der Taufe des kleinen Carlo, dem Sohn von Giuseppe, mit Patentante Cristiana.

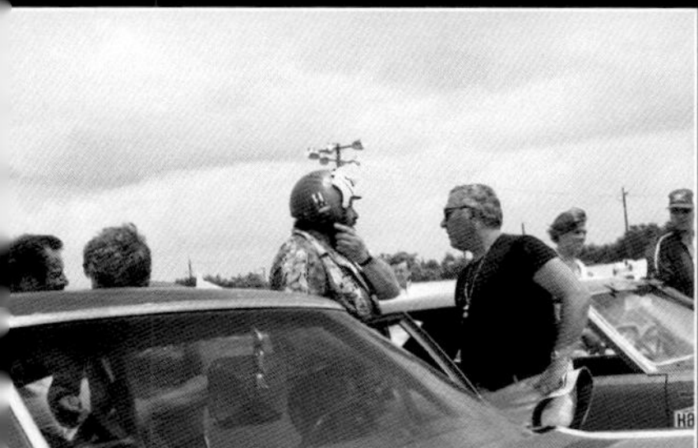

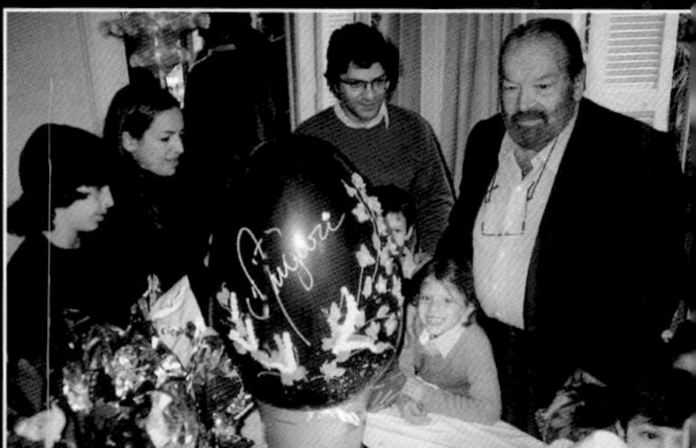

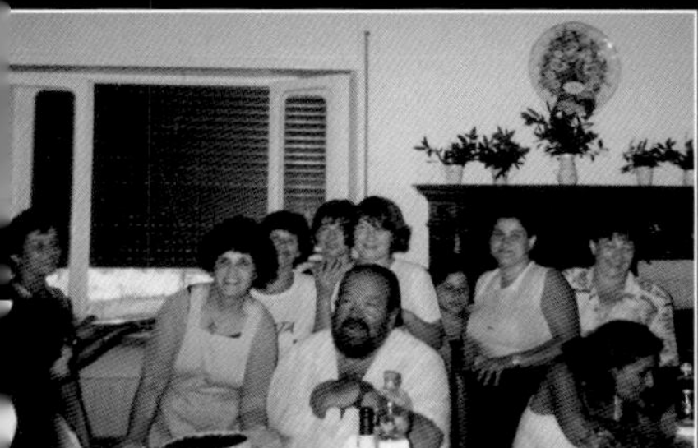

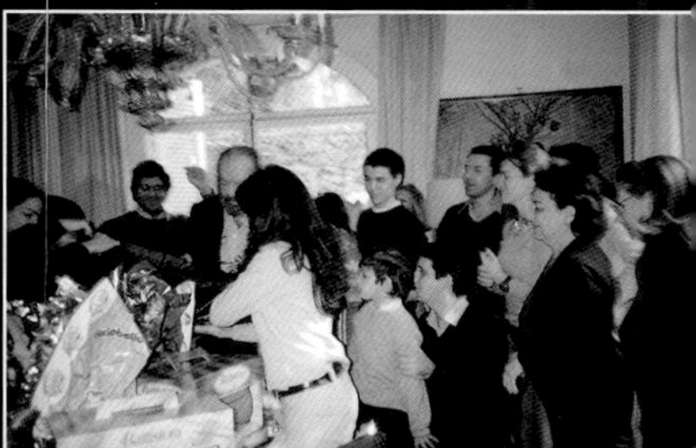

Oben: Bud mit Sergio Corbucci. Unten: Bud wird in einem neapolitanischen Restaurant von den Köchinnen gefeiert.

Oben und unten: Ostern mit Enkeln und Freunden.

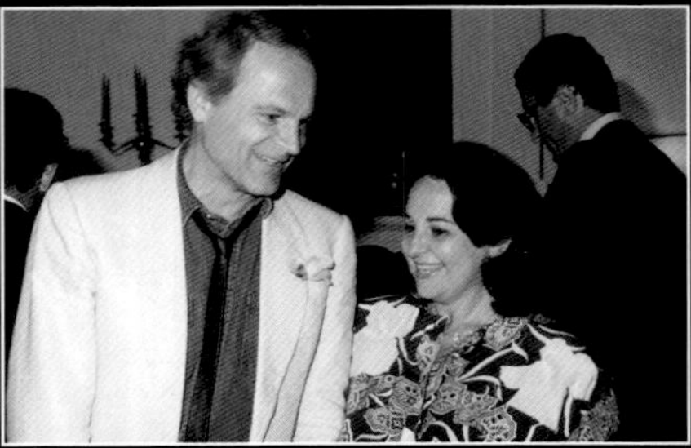

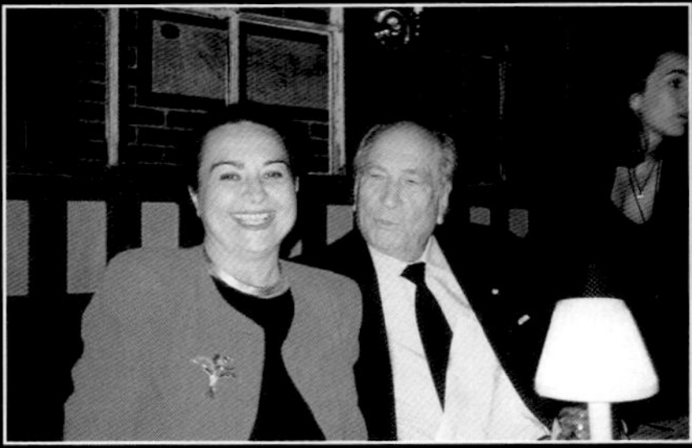

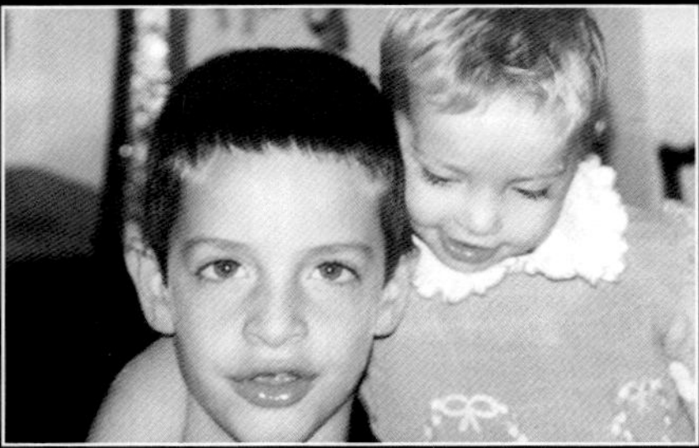

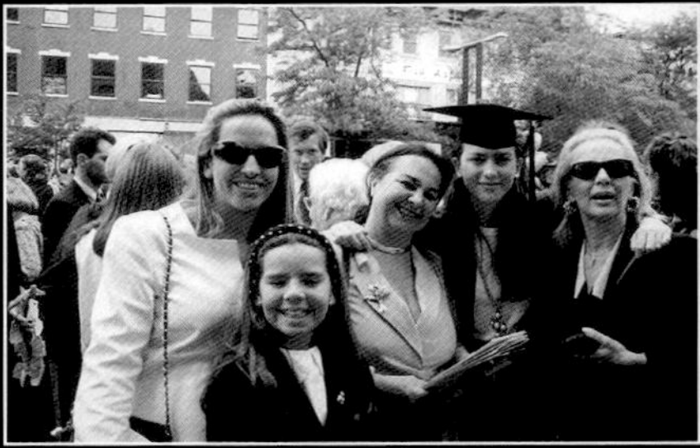

Oben: Terence und Maria bei Cristianas Hochzeit.
Unten: Nicolò und Sofia.

Oben: Maria mit Eli Wallach.
Unten: Diamantes Diplomfeier.

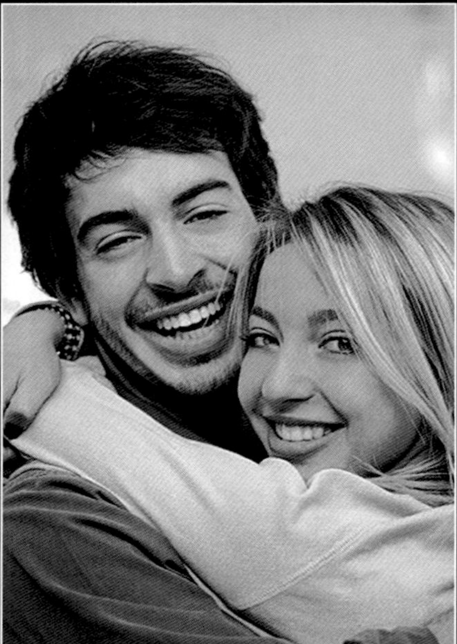

Nicolò und Sofia.

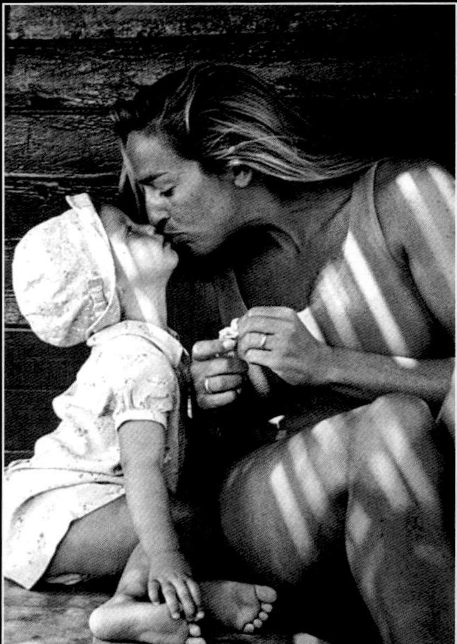

Sofia mit ihrer Mutter Cristiana.

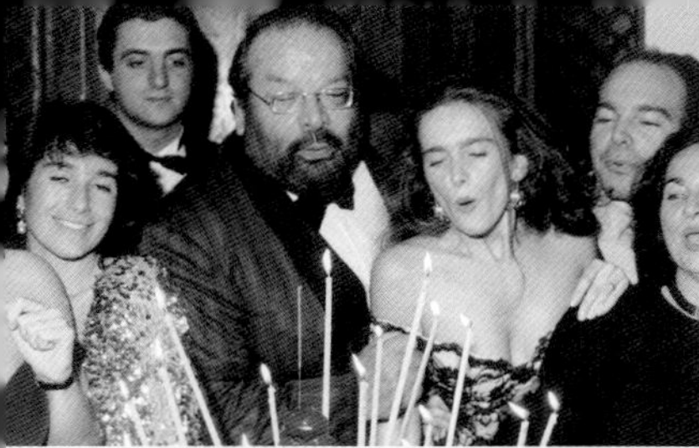

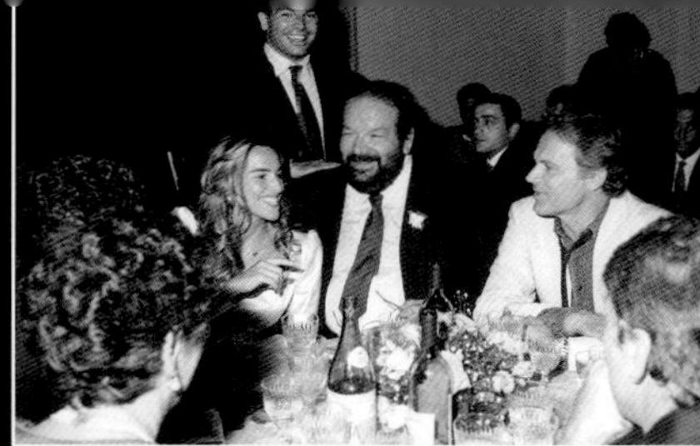

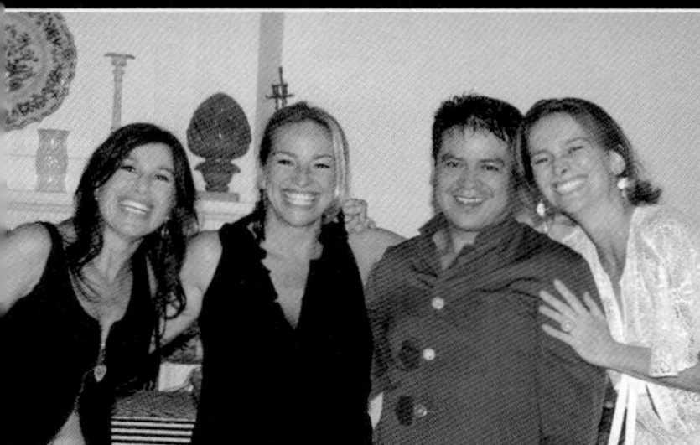

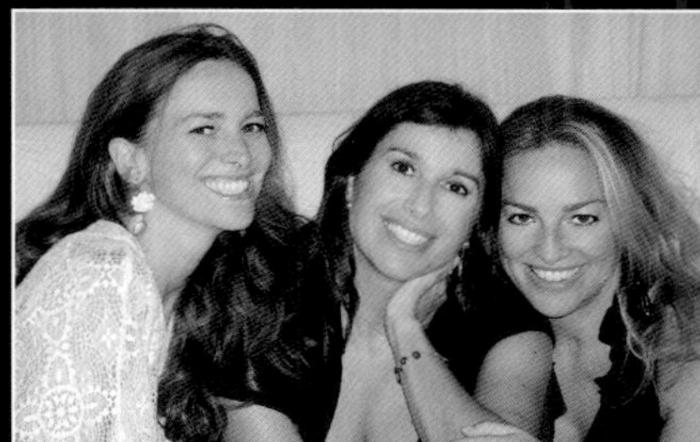

Oben: Diamantes 18. Geburtstag. Unten: Benedicta, Cristiana, Stalin & Diamante auf einer Feier in Morlupo.

Oben: Cristiana, Giuseppe, Bud & Terence auf Cristianas Hochzeit. Unten: Diamante, Benedicta und Cristiana.

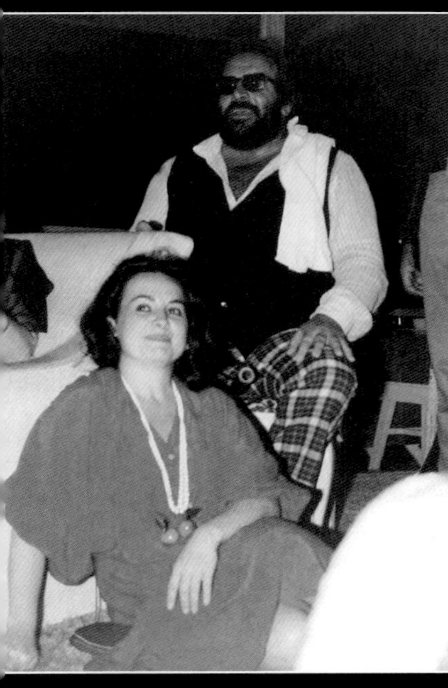

Party zum Abschluss von *Banana Joe*, 1981

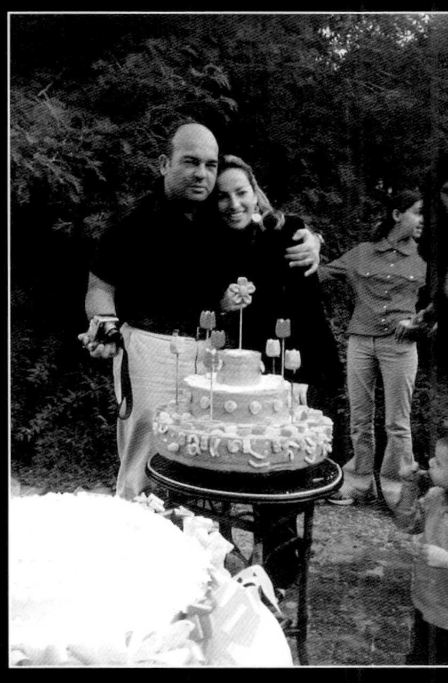

Giuseppe und Cristiana auf Sofias Party

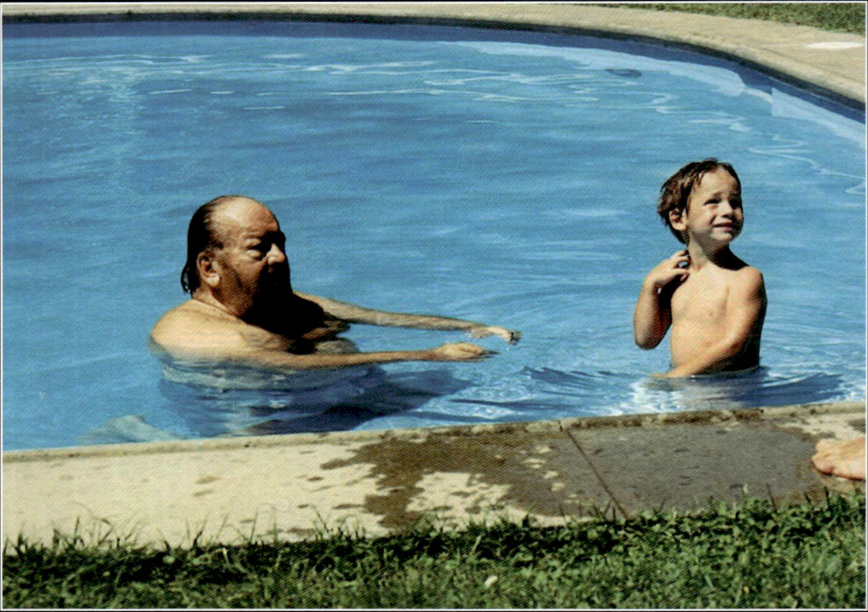

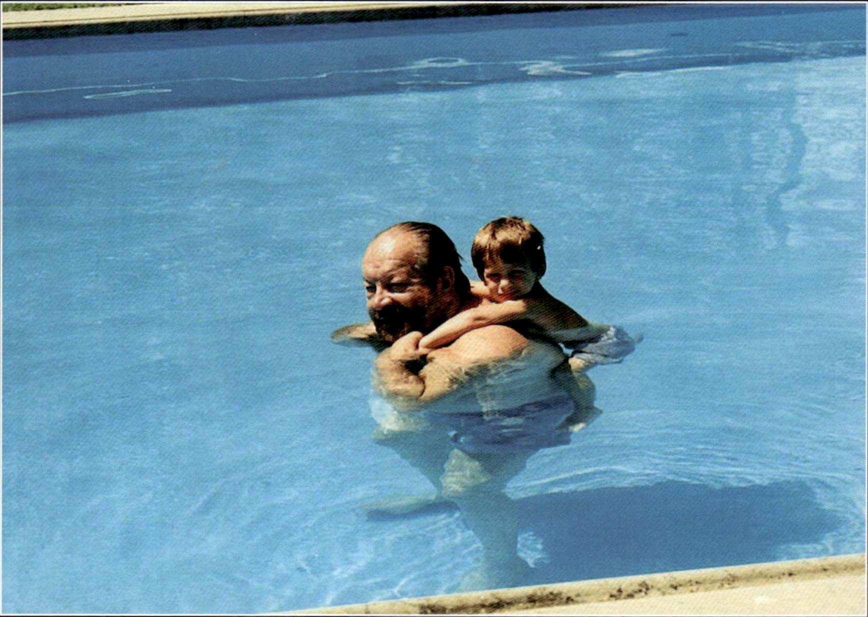

Bud mit Enkel Sebastiano, Diamantes Sohn,
im Pool in Morlupo.

THE CORBUCCI BROS.

Meine angeborene Kurzsichtigkeit hinderte mich daran, allzu viel von dem, was am Set um mich herum geschah, wahrzunehmen. Wenn ich heute darüber nachdenke, war dies durchaus von Vorteil: Ich könnte wetten, dass es unter den Bühnenarbeitern, Elektrikern und diversen Assistenten (möglicherweise auch Schauspielern) mehr als einen gab, der sich köstlich über mich, diesen riesigen Dilettanten von Schauspieler, amüsierte. Und da ich nun einmal ziemlich unerfahren war und es mir an Selbstbeherrschung mangelte, wäre mir vielleicht der eine oder andere Faustschlag entglitten, auch wenn mich eigentlich nichts leicht aus der Fassung bringt. Nein, wie das für Skorpione typisch ist, verkrieche ich mich lieber … allerdings in Kampfstellung und mit geballten Fäusten!

Als meine Zusammenarbeit mit den Brüdern Corbucci, dem quirligsten Paar unter den italienischen Regisseuren, begann, hatte ich mich bereits an den Augen operieren lassen und konnte sie deutlich sehen. So bekam ich mit, dass Sergio noch nicht einmal den geringsten Versuch unternahm, sein Grinsen hinter dem Kameramann, der vor ihm saß, zu verstecken. Doch es stellte sich heraus, dass er nicht über mich, sondern mit mir lachte.

Sergio Corbucci ist allen, die mit dem italienischen Genre-Kino der letzten fünfzig Jahre zu tun hatten, aufgrund seiner Witze, die er stets auch außerhalb des Sets zum Besten gab, als lustigster Regisseur in Erinnerung geblieben. Und nun kann ich mich damit rühmen, ihn bei unserem Kennenlernen zum Lachen gebracht zu haben, indem ich ihm von der Odyssee meiner Augenoperation erzählte.

Und die geht so: Da ich in dem Zeitraum von meinem Debüt 1968 bis 1972 nur wenig und schlecht sah und außerdem kein Englisch sprach, kostete es mich große Anstrengung, meinen Text zu lernen, sodass ich häufig nur den Anfang und das Ende eines Satzes lernte und den Rest in der Mitte vor mich hin murmelte. Meine Unfähigkeit, mich gleichzeitig auf den Text und die Handlung zu konzentrieren, kam, wie ihr vielleicht aus dem ersten Buch noch wisst, erschwerend hinzu.

Einige Male musste ich improvisieren, was gerade noch gut ging, und ich muss dazu sagen, dass Terence Hill mich mehr als einmal gerettet hat und mir half, den Eindruck aufrechtzuerhalten, dass ich »im Bilde« war, wie man so schön sagt. Für Terence war es manchmal eine ganz schöne Herausforderung: Er musste improvisieren, um mich wieder auf den richtigen Weg zu führen; doch er war so gut, dass er nicht nur seinen eigenen Text, sondern auch meinen auswendig konnte. Später lernte ich natürlich, gewissenhafter zu arbeiten, aber zu jener Zeit konnte ich ihm nicht einmal richtig in die Augen schauen, und genauso wenig all den anderen Schauspielern, mit denen ich die Leinwand teilte.

Nach dem Dreh von *Zwei Himmelhunde auf dem Weg zur Hölle* beschloss ich, mich einer Augenoperation zu unterziehen und den grauen Star entfernen zu lassen – aber nicht für meine Schauspielkarriere, sondern weil ich mir in den Kopf gesetzt hatte, den Flugschein zu machen und Pilot zu werden.

Die Operation wurde in zwei Etappen durchgeführt. Nachdem mir im Operationsaal Pentothal injiziert worden war, ging der Schlamassel auch schon los: »Herr Doktor, Herr Pedersoli passt nicht auf die Liege«, bemerkte einer der Assistenten. Das fing ja gut an! Sie fanden ein Verlängerungsstück und bauten es an. »Habt ihr das Pentothal injiziert?«, fragte der Chirurg.

»Ja, 5 Milliliter.«

»Gut, dann fangen wir jetzt an.«

Woraufhin ich mich mit schwerer Zunge einschaltete: »Halt, Mario, ich bin noch wach!« Mein behandelnder Chirurg, Mario Stirpe, und ich waren und sind noch immer gute Freunde. Er ist Vorsitzender der »Fondazione Bietti«, einem Institut für Augenheilkunde, und kümmert sich seit eh und je um meine Augen, die unter dem Chlor in den Schwimmbädern und den Scheinwerfern am Set gelitten haben.

Auf meinen Einwurf hin tauschten die anwesenden Mediziner erstaunte Blicke aus. »Verabreicht ihm noch einmal 5 Milliliter und setzt ihm die Sauerstoffmaske auf!«

»Herr Doktor, sein Gesicht passt nicht in die Maske. Es ist zu groß, da reißt das Gummi wieder. Drei haben wir auf diese Weise schon kaputtgemacht«, gab der Assistent zu bedenken.

Daraufhin steckten sie mir direkt eine Sauerstoffkanüle in die Nase und begannen mich an einem Auge zu operieren. Das andere kam einige Tage später dran. Nachdem alles überstanden war, hatte ich eine Sehschärfe von 100 Prozent. Als ich nach Hause kam und meine Frau und meine Kinder sah, sagte ich gewohnt charmant: »Meine Güte, seid ihr hässlich!« Das stimmte natürlich nicht im Geringsten; ich war einfach nur froh darüber, wieder sehen zu können. Während der Dreharbeiten hatte ich bei den Prügelszenen zwar irgendwie immer instinktiv gewusst, wann ich innehalten musste, um den Stuntmen nichts zu tun, aber die eine oder andere Ohrfeige hat sie doch erwischt. Dieses Problem sollte nun jedenfalls nicht mehr auftauchen.

Diese Geschichte erzählte ich Sergio Corbucci, der sich vor Lachen gar nicht mehr einkriegte. »Nimm's mir nicht übel, Carletto«, entgegnete er mir, »aber wenn du mich breit grinsend auf meinem Stuhl sitzen siehst, dann liegt das daran, dass ich dich nicht anschauen kann, ohne mir dich auf dem Operationstisch vorzustellen, umringt von Ärzten, die nicht wissen, wie sie dich betäuben sollen. Sie hätten es mal mit einem Faustschlag auf Bud Spencers Kopf probieren sollen!« Und damit hatte er recht.

Sergio war der große Bruder von Bruno Corbucci und in Sachen Inszenierung der Begabtere. Bevor er zum Film ging, hatte er als Journalist gearbeitet, dann aber bereits seit 1948 als Regieassistent an verschiedenen Filmen mitgewirkt. Er war sehr vielseitig und probierte sich in unterschiedlichen Genres aus: im Musikfilm, in Komödien (er führte in sieben Filmen mit dem einzigartigen Totò Regie), im mythologischen Sandalenfilm und natürlich im

Spaghetti-Western, den er zusammen mit Leone und Tessari sozusagen erfunden hat.

Um genau zu sein – das sage ich für die Western-Spezialisten unter euch –, war er es auch, der den allerersten rundum italienischen Western drehte: *Keinen Cent für Ringos Kopf* (1963) erschien noch vor *Für eine Handvoll Dollar*, war aber nicht halb so erfolgreich wie Leones Produktion. Sergio machte das jedoch kurz darauf mit Meisterwerken wie *Zwei Compañeros* (1970) und weiteren wieder wett. So viel Gewalt, wie Sergio dem Genre mit seinen Filmen bescherte, hatte nicht einmal der andere Sergio, Leone, riskiert.

Er war nicht nur ein großer und beliebter Regisseur, sondern auch ein Wegweiser: *Leichen pflastern seinen Weg* von 1968, den viele von allen Corbucci-Filmen am liebsten mögen, spielt zum einen untypischerweise in einer winterlichen Landschaft und hat zum anderen ein revolutionäres Ende: Erstmals geht in diesem Film der Schurke als Sieger hervor, während der Held durch dessen Hand fällt. Doch durch diesen originellen Einfall sanken leider auch die Einnahmen. Dabei ging es im echten »Wilden Westen« genauso zu, und was das betrifft, waren Corbuccis Filme tatsächlich um einiges authentischer als die anderer großer, amerikanischer Meister. Im Gegensatz zu den meisten seiner Filme erschien *Leichen pflastern seinen Weg* auch nicht in den USA. Der Hollywood-Magnat Zanuck, der dafür zuständig war, den Film zu verleihen, soll ihn sich angesehen und zum Schluss nach dem richtigen Ende des Films gefragt haben, weil er das aktuelle für einen Scherz hielt.

Der Film floppte überall, außer in Deutschland. Dort war das Publikum begeistert von der Tatsache, dass der Böse, von Klaus Kinski gespielt, den Guten, nämlich den französischen Schauspieler Trintignant, umlegt – lag das vielleicht an der alten Rivalität zwischen Frankreich und Deutschland?

Sergio hatte auch eine Version mit Happy End gedreht, aber dieses Ende war so schlecht, dass sich der Film mit dem ursprünglichen Schluss durchsetzte.

Ferner gab er Jean-Louis Trintignant die Rolle eines Stummen (Silence), um ihm die Sache mit der englischen Sprache, die er nicht allzu gut beherrschte, zu erleichtern (eigentlich hatte Franco Nero, ein Lieblingsschauspieler Corbuccis, die Rolle spielen sollen, doch dieser war nach Hollywood geflogen, um *Camelot – Am Hofe König Arthurs* zu drehen. Bei der Gelegenheit lernte Nero übrigens auch seine zukünftige Partnerin Vanessa Redgrave kennen). Diese Idee hatte Corbucci möglicherweise von dem Schauspieler Marcello Mastroianni, der unbedingt einen Italowestern machen wollte, aber kein Englisch konnte, weshalb er Sergio dazu überredete, ihm die Rolle eines stummen Revolverhelden zu geben.

Ich kann mir gut vorstellen, dass Corbucci da oben jetzt lächelt, wenn er mitbekommt, wie beliebt die DVD von *Leichen pflastern seinen Weg* ist, und dass der Film von Zuschauern aus der ganzen Welt, ja sogar von Quentin Tarantino selbst, zum Meisterwerk erklärt wurde.

Mit Terence und mir als Duo hat Corbucci zwei Filme gedreht: *Zwei sind nicht zu bremsen* (1978) und *Zwei Asse trumpfen auf* (1981), und mit Terence allein 1980 *Der Supercop*. Ihr kennt die Filme gut genug, als dass ich euch noch etwas darüber erzählen müsste.

Bleibt nur zu sagen, dass ich gerne mehr Filme mit diesem wunderbar geistreichen Regisseur gemacht hätte, der leider 1990 verstorben ist.

*

Sein Bruder Bruno überlebte ihn um sechs Jahre. Mit ihm drehte ich 1983 *Bud, der Ganovenschreck* zusammen mit Tomas Milian (der so geschminkt war, dass er aussah wie eine schlechte Kopie des Schauspielers Giancarlo Giannini) und 1985 *Die Miami Cops* zusammen mit Terence. Bruno war vom Typ her eher der Schriftsteller, obwohl er natürlich auch als Regisseur große Erfolge feierte –

vor allem mit den Filmen, in denen Tomás Milián den Polizisten Toni Maroni (im Original: Maresciallo Giraldi) spielte.

In jeder »Filmfamilie« gibt es den extrovertierten und den weniger auffälligen Typ. Bruno wirkte nach außen hin zurückhaltender, weniger schlagfertig als sein Bruder. Er war ein eher ruhiger Mensch. Und ich habe ihn sehr für seine stoische Haltung bewundert, mit der er sein Nierenleiden erduldete. Er musste sich jeden zweiten Tag der Dialyse unterziehen. An diesen Tagen machten wir um halb fünf Schluss und er begann seine strapaziöse Therapie. Danach holte er seine Kinder ab und ging mit ihnen in den Park oder ins Kino, als führte er das unbeschwerte Leben eines durch und durch gesunden Menschen. Er wollte einfach verhindern, dass er seine Kinder durch seine Krankheit belastete, und tat sein Bestes, weiterhin ein normales Leben zu führen.

Dieses Bild von dem Menschen Bruno rührt mich noch heute zutiefst und überlagert das des Regisseurs. Während für ihn immer die Familie an erster Stelle stand, widmete sich sein Bruder, der selbst keine Kinder hatte, voll und ganz seinen Filmen (und natürlich seinen Riesenmahlzeiten, bei denen er sich nie die Mühe machte, mich zu integrieren, da er sich nämlich voll und ganz mit Bud Spencer identifizierte).

Sie waren alle beide Autoren und/oder Regisseure von großen kommerziellen Erfolgen, die von der Kritik zwar verrissen oder allerhöchstens nachsichtig behandelt wurden, die aber dreißig Jahre lang die italienische Filmindustrie unterstützten! Sie mögen vielleicht nicht so kultiviert und raffiniert gewesen sein wie die Taviani- oder Coen-Brüder (die ihre Filme im Gegensatz zu den Corbuccis stets gemeinsam drehen), aber sie scheffelten mit ihren Werken Milliarden für die Filmindustrie und kompensierten damit gewissermaßen den kommerziellen Misserfolg der Autorenfilme. Vor allem aber unterhielten sie Generationen von Zuschauern und gewannen verdientermaßen den wichtigsten aller Oscars: die Liebe des Publikums.

DIE EINTAGSFLIEGEN

Als solche bezeichne ich die Regisseure, die nur an einem einzigen Film mit mir, beziehungsweise mit Terence und mir, gearbeitet haben. Es waren Zusammenarbeiten, aus denen jeweils ganz besondere Filme entstanden.

Der Regisseur Franco Rossi, zum Beispiel, kam vom Theater, und das merkte man: Mit der Homer-Adaption *Die Odyssee* (1968) ist ihm die schönste aller Fernsehverfilmungen des Klassikers gelungen. Niemand hat sie jemals übertroffen, weder vorher noch nachher.

Rossi hat bei allen möglichen unterschiedlichen Filmen Regie geführt, doch eines hatten alle seine Werke gemeinsam: den historischen und kulturellen Bezug. Die Dreharbeiten zu *Zwei Missionare* (1974) waren für Terence und mich ein bereicherndes Erlebnis. Wir spielten zwei Missionare, die die indigene Bevölkerung Zentralamerikas vor der Kolonialisierung verteidigten.

Auch dieser Film war in einen bestimmten historischen und politischen Kontext eingebettet, genauer: in die Ära der spanischen Kolonialherrschaft des 19. Jahrhunderts. (Der gleiche Stoff wird in dem eindrucksvollen Film *Mission* von Roland Joffé, der viele Jahre später (1986) produziert wurde, auf einer dramatischeren Ebene behandelt: Die Missionare kämpfen, angeführt von einem Priester, den Jeremy Irons spielt, gemeinsam gegen die portugiesischen Bandeirantes, um ihre Mission zu retten. Dieser Film hat jedoch kein Happy End.)

Wie ich euch bereits im ersten Teil meiner Erinnerungen erzählt habe, fand ich während der Dreharbeiten zu *Zwei Missionare* heraus, dass ich einen Tumor hatte; doch als ich nach der Blitzoperation in Amerika wieder am Set erschien, half mir die harmonische Stimmung dort, die Rossi zu verdanken war, mich sofort wieder auf die Arbeit konzentrieren zu können, so als hätte ich nur eine kurze Auszeit genommen, um mir einen Zahn ziehen zu lassen.

Außerdem gelang ihm die schwierige Aufgabe, ein komisches Duo in einen historischen Kontext einzubinden, der alles andere als komisch war – die Sklaverei.

Und obwohl Franco den Ruf eines gebildeten Autors genoss, hatte er keinerlei Allüren. Im Gegenteil! Er war sehr freundlich und konnte sich köstlich amüsieren, wenn ich die Zeilen rezitierte, die er sich gemeinsam mit den anderen Drehbuchautoren (Augusto Caminito, Fausto Saraceni, Gianfranco Clerici und Nino Marino) für mich ausgedacht hatte.

Auch ein anderer Regisseur, der uns nach nur einem Film wieder verließ, war ein Intellektueller: Pasquale Festa Campanile, ehemals Literaturkritiker und Journalist, hatte nicht nur Drehbücher für zahlreiche Filme geschrieben, sondern war auch erfolgreicher Buchautor. Unsere Zusammenarbeit beschränkte sich zwar nur auf einen Film, doch das war einer, der in Erinnerung geblieben ist: *Hector, der Ritter ohne Furcht und Tadel* (1976).

Es tut mir leid, wenn ich bei diesem Film ein bisschen weiter aushole, aber wie oft hat jemand wie ich, der vollkommen zufällig zum Film gekommen ist, schon die Gelegenheit, am Set mit lauter berühmten Theater-, Kino- und Fernsehschauspielern zu arbeiten?

Hector, der Ritter ohne Furcht und Tadel geht auf ein bestimmtes Kapitel in der italienischen Geschichte zurück: die »Herausforderung von Barletta«. Da ich mich nur sehr vage an meinen Geschichtsunterricht erinnern konnte, stöberte ich zur Vorbereitung auf die Rolle ein wenig in Büchern über das historische Ereignis und fand dabei heraus, dass der echte Ettore (zu deutsch: Hector) Fieramosca, der berühmte Soldat, nur halb so groß war wie ich. Ich ging also zum Produzenten Goffredo Lombardo, Chef der legendären Produktionsfirma Titanus, und sagte: »Goffrè, Fieramosca war gerade mal einen Meter sechzig groß!«

»Spielst du jetzt hier den Historiker, oder was? Kümmer du dich lieber um deinen eigenen Kram!«, lautete seine hämische Antwort.

Die Herausforderung von Barletta war 1938 schon einmal auf die Leinwand gebracht worden, und zwar vom Vater des italienischen Films, Alessandro Blasetti (der auf vielen Gebieten ein Vorreiter war, man denke nur an *La corona di ferro*, einen der ersten Fantasy-Filme, mit dem wunderbaren Schauspieler Gino Cervi).

Am Drehbuch hatten auch die herausragenden Autoren Castellano und Pipolo mitgeschrieben. Mein Elefantengedächtnis half mir einmal mehr dabei, mir den Text schon beim Lesen des Drehbuchs einzuprägen, den ich mir dann vor dem jeweiligen Take in Erinnerung rief.

Der Film beginnt mit Fieramosca und seinen Kameraden, die sich, während der Krieg zwischen Spanien und Frankreich in Italien tobt, mit den Spaniern verbünden. Nach einer Reihe von Abenteuern gelingt es Hector dank einer Schauspielgruppe, die Garnison, die das Kommando über die französische Kanone hat, zu täuschen und diese außer Gefecht zu setzen. Einer der Italiener, ein Spion, wird jedoch von den Franzosen gehängt.

Daraufhin nimmt Hector drei französische Adelige gefangen, die die Italiener als gottlose, zerlumpte Verräter beleidigten. Prompt fordert der tapfere Söldnerführer sie zum Duell heraus, und nachdem er, wie vorgeschrieben, ein Gefolge von 13 Rittern herbeigeschafft hat, gewinnen am Tag der Herausforderung die Italiener das Duell. Die Ehre ist gerettet, die Geschichte weniger: Es stellt sich heraus, dass einer von Hectors Männern, Bracalone da Napoli, der sich als Schreiber ausgibt, in Wirklichkeit Analphabet ist und nichts von alledem festgehalten hat.

Hector, der Ritter ohne Furcht und Tadel war ein Monumentalfilm, die Dreharbeiten erstreckten sich von der Staufer-Anjou-Burg in Lucera, Apulien, bis nach Tunesien, nahe der libyschen Grenze.

Ich flog mit meinem kleinen Privatflugzeug ans Set, doch da ich aus irgendeinem Grund zu hoch flog, setzte der Motor aus und ich musste erst wieder ein wenig an Flughöhe verlieren, bevor er wieder ansprang. Auf dem Rückweg hatten wir ein ähnliches Problem: Da wir es mit der Flughöhe wieder einmal ein wenig übertrieben hatten, bildete sich Eis in den Rotoren. Der Co-Pilot schaltete sie ab und wir sanken so lange, bis wir die Wolkendecke durchbrochen hatten. Weiter oben waren wir immerhin von dem Gewitter verschont geblieben, das uns nun durchschüttelte.

Mein Co-Pilot war die Ruhe in Person, für ihn waren die turbulenten Flugbedingungen Routine. Ich war zwar nicht ganz so ruhig, aber Panik hatte ich keine. Als sich das Gewitter legte, landeten wir in Hammamet und buchten von dort aus einen Linienflug nach Italien. Unser Flugzeug dagegen überließen wir den spezialisierten Mechanikern dort, die es reparierten und anschließend zu mir zurückflogen.

Doch zurück zum Set. Ich arbeitete, wie gesagt, mit einer Star-Besetzung, darunter die großen Theaterschauspieler Mario Scaccia und Eros Pagni; Enzo Cannavale in der Rolle des falschen Schreibers Bracalone da Napoli; Philippe Leroy als der verhasste Franzose, der einen der Unsrigen hängt, Franco Agostini und Frederic de Pasquale, der auch in dem Thriller *Brennpunkt Brooklyn* aus dem Jahr 1971 mitspielt.

Mit von der Partie waren außerdem Oreste Lionello, Jacques Dufilho, Jacques Herlin (ein prägnanter französischer Charakterdarsteller, der in *Zwei Missionare* einen Prälat spielte, der eher dem Luxus zugewandt war als der Religion), Andréa Ferréol (bekannt aus dem Kultfilm *Das große Fressen*; kürzlich spielte sie in der Serie *I delitti del cuoco* meine diebische Exfrau), der Charakterdarsteller Gino Pernice, der in *Helle Stimmen* schon mit Campanile zusammengearbeitet hatte; sowie die glänzenden Schauspieler Angelo Infanti, Renzo Palmer, Mario Pilar, Mariano Rigillo und Marc Porel.

Die Tatsache, dass ich selbst kein richtiger Schauspieler, sondern eine Charakterfigur inmitten von Profischauspielern war, brachte mich jedoch nicht etwa in eine schwierige Situation. Soweit ich mich erinnere, war das Verhältnis untereinander sogar sehr gut. Rivalitäten, wie sie manchmal entstehen, wenn talentierte Künstler aufeinandertreffen, die sich voreinander beweisen wollen, gab es bei uns nicht. Mir war natürlich bewusst, dass ich von bedeutenden Schauspielern umgeben war, was mich aber keineswegs verunsicherte; auch weil Bud Spencer einfach nicht der Typ ist, der in anderen Eitelkeiten weckt.

Neid verspürt im Allgemeinen der, der im Erfolg des anderen nur das eigene Scheitern sieht und sich davon beleidigt fühlt; die Schauspieler um mich herum waren sich jedoch ihrer Fähigkeiten sicher genug, um mir gegenüber keinen Neid zu empfinden; und außerdem wussten sie genau, dass ein Film ein Gemeinschaftsprodukt ist.

Alles in allem stand *Hector, der Ritter ohne Furcht und Tadel* anderen monumentalen Historienfilmen in amerikanischen oder englischen Kostümen in nichts nach. Die Dreharbeiten dauerten drei Monate, und es war einer der ersten Filme, in denen ich mich selbst synchronisierte. Auf diese Weise erhielt Fieramosca, der aus der süditalienischen Stadt Capua stammte, einen echten neapolitanischen Akzent.

Das Schlussduell zwischen mir und Leroy nahm drei Tage in Anspruch, da keiner von uns mit Stunt-Doubles arbeitete. Vielmehr ließen wir uns von unserem Kampftrainer Giorgio Ubaldi unterweisen, der wiederholt bei meinen Filmen mitwirkte und eine hervorragende Kenntnis von Stich- und Schlagwaffen besaß, von Schwertern über Säbel und Lanzen bis hin zu Keulen. (Ubaldis Wissen war eine dieser wertvollen Ressourcen, die unser Kino leider nach und nach verliert.)

Jeder Angriff folgte einem bestimmten Rhythmus, einer eigenen Choreografie. Kampfszenen zu lernen war wie tanzen zu lernen, und tatsächlich skandierte Ubaldi wie ein Tanzlehrer die Bewegungen seiner Schüler: »Eins, zwei, drei und vier; eins, zwei drei und vier!«

Den Beruf des Kampftrainers gab es übrigens schon lange vor den Anfängen des Kinos: Sowohl in der griechischen Antike als auch im 16. Jahrhundert wurde der Kampftrainer für Theatervorführungen eingesetzt – immer dann, wenn die Umsetzung eines Dramas die Instruktionen eines erfahrenen Haudegens erforderte.

Am Set war natürlich eine ganze Armee an Stuntmen. Ich arbeitete wieder mit jenen mir aus *Trinity*-Zeiten vertrauten Männern, aber auch vielen anderen zusammen: mit Pizzuti, Ukmar, Torrisi, Cianfriglia, Pevarello, um nur einige zu nennen.

Die Bühnenbilder von Pizzi, einem Meister auf seinem Gebiet, waren herausragend (echte Burgen in der Umgebung von Foggia, die entsprechend angepasst wurden), sie gaben dem Ganzen einen realistischen Touch, der einen fast vergessen ließ, dass man in einer Komödie und nicht in einem historischen Film spielte.

Wenn ich einen Film drehte, lud ich häufig alle zu Spaghetti in meinen Wohnwagen ein. Es war ein amerikanisches Modell, das viel Platz bot. Bei diesen Gelegenheiten entstanden und festigten sich Freundschaften, wie zum Beispiel mit Cannavale, den ich noch von den *Plattfuß*-Filmen kannte, dem inzwischen verstorbenen Angelo Infanti – einem ausgezeichneten Charakterdarsteller, den wir alle aus *Der Pate* kennen – und mit Lionello, einem genialen Komiker und Synchronsprecher, der in Italien viel zu Woody Allens Beliebtheit beigetragen hat.

Ein Geniestreich, an den sich jeder erinnern wird, der den Film gesehen hat, ist der Auftritt des französischen Komikers Jacques Dufilho in der Rolle des abgeklärten Mariano von Trani, eines legendären Haudegens, über den man sich Unglaubliches erzählte. Er wurde als eine Mischung aus Attila, dem Rasenden Roland und den größten Kriegern der Geschichte beschrieben, sodass meine Figur ein Seufzen des Bedauerns darüber ausstößt, weil er in der Herausforderung nicht an unserer Seite kämpfte. Doch dann taucht er unerwartet in der Schlacht auf, um uns doch noch Beistand zu leisten: In schwarzer Rüstung galoppiert er heran und ruft aus voller Kehle: »Ich bin Mariano, Mariano von Traniiiiiii! Ich bin hier, um mich mit den Franzosen zu schlagen!« Er glaubt, dass er damit die Franzosen in Angst und Schrecken versetzen könnte … doch im selben Moment bezieht er eine Tracht Prügel!

Als er seinen Schutzhelm abnimmt, kommt das lustige Gesicht von Dufilho zum Vorschein, dessen wilde Mimik der von Louis de Funès ähnelt. Er erklärt, dass er noch nie im Leben gegen jemanden gekämpft habe, sondern lediglich teures Geld an Ariost gezahlt habe, damit dieser ihn in seinem dichterischen Werk heldenhafter darstellte.

Als wir am Ende herausfinden, dass in Bracalones Notizbuch nicht ein Eintrag über die Herausforderung geschrieben steht, sagt er zu Hector: »Ich kann nicht schreiben und du kannst nicht lesen. Wir sind eben für den Kampf geboren!«

»Und wie sollen wir der Nachwelt das klarmachen?«, antworte ich – also Hector – auf Neapolitanisch.

Der Film belegte mit über drei Milliarden Lire Einnahmen den achten Platz unter den zehn Kassenschlagern des Jahres und er inspirierte nicht wenige dazu, die Heldentaten des Fieramosca nachzulesen. Filme können mitunter didaktischen Nutzen haben.

MICHELE LUPO

Irgendjemand hat einmal das Gerücht in die Welt gesetzt, ich hätte gelegentlich meine Macht als Schauspieler ausgenutzt, um Michele Lupo am Set von *Eine Faust geht nach Westen* meinen Standpunkt aufzuzwingen. Der Film wurde 1981, als die Ära des Italowestern bereits vorbei war, in Spanien gedreht.

Vielleicht liegt es ja an meinem achtzigjährigen Gedächtnis, jedenfalls kann ich mich an keinen solchen Vorfall erinnern. Ich kann mir, ehrlich gesagt, auch nichts vorstellen, was mir als »Schauspieler« ferner gelegen hätte.

Zunächst einmal herrschte in Almería eine Affenhitze und bei den Temperaturen verspürt man wirklich nicht die geringste Lust, irgendjemandem irgendetwas aufzuzwingen. Und dann hatte ich viel zu großen Respekt vor Michele Lupo, der ein alter Hase im Geschäft war: In den Sechzigern hatte er eine Menge Sandalenfilme und Kult-Western wie *Arizona Colt* mit meinem Freund Gemma gedreht.

Vor allem aber hatte ich nun wirklich keine Ambitionen, bei der Regie mitzumischen. Die Schauspieler, die mit den Regisseuren darüber diskutieren, wo die Kamera stehen soll oder Ähnliches, sind gewöhnlich diejenigen, die von ihnen lernen wollen, um bald darauf ihr eigenes Regie-Debüt zu präsentieren.

Wenn Bud Spencer kein Regisseur wird, ist das ein Verlust, den zuallererst das Kino nicht als solchen empfinden wird – und gleich danach Bud Spencer.

So viele Schauspieler, die das Glück haben, vom Erfolg geküsst zu werden, vergessen leider wieder, wie privilegiert sie sind. Dann verstricken sie sich am Set wegen dieser oder jener Veränderung in Streitereien mit der Regie. Wenn der Sänger wichtiger wird als das Lied, kann das passieren. Aber ganz bestimmt nicht mir.

Lupo und ich haben fünf Filme zusammen gedreht: *Sie nannten ihn Mücke* (1978), *Der Große mit seinem außerirdischen Kleinen* (1979), *Buddy haut den Lukas* (1980), *Eine Faust geht nach Westen* (1981) und *Der Bomber* (1982). An *Eine Faust geht nach Westen* haben auch Sergio Donati und Claudio Mancini mitgewirkt – Ersterer war Drehbuchautor, Letzterer Produktionsleiter in *Spiel mir das Lied vom Tod*.

Lupo hatte sehr viel Erfahrung und die einzigartige Arbeitsweise eines Regisseurs, der aufs Engste mit dem Genrekino verbunden war. Und für uns alle war die Zusammenarbeit mit ihm an diesem Film wie die Rückkehr zu unserer ersten Liebe: dem Western.

Daher finde ich es traurig, dass Lupo neben all den anderen Künstlern des B-Movies (ein Ausdruck, den ich persönlich nicht mag, der aber momentan »in« ist) am wenigsten Aufmerksamkeit geschenkt wird. Das Filmemachen ist manchmal wahrhaftig ein undankbares Geschäft.

In Europa, und besonders in Italien, wird nur derjenige als Autor angesehen, der seine eigenen Drehbücher schreibt; die Rolle des Regisseurs besteht demnach darin, das Skript des anderen umzusetzen. Doch das ist ein Irrtum: Es gibt in der Geschichte des Films nicht einen Drehbuchautor, der den Film gerettet hätte, wenn die Regie schlecht war; für das umgekehrte Szenario dagegen gibt es Beispiele wie Sand am Meer.

Vielleicht ist Lupo deshalb so leicht in Vergessenheit geraten, weil er ein »einsamer Wolf« (auf Italienisch: »lupo solitario«) war: Er redete nicht gern viel, er war ein Profi, der seine Arbeit liebte und es verstand, Persönliches aus der Filmproduktion rauszuhalten.

Sie nannten ihn Mücke und *Der Bomber* gehörten eigentlich, obwohl sie mit einigen Jahren Abstand voneinander produziert wurden, zusammen: In beiden spiele ich einen Seemann, der auf eine bedeutende, aber auch bittere Vergangenheit als Sportler zurückblickt. Die bittere Erfahrung war im einen Fall die Football-, im anderen die Boxkarriere: Die schmutzigen Tricks, die im Sportgeschäft gang und gäbe sind, veranlassen meine Figur schließlich dazu, sich davon abzuwenden. Sowohl im ersten als auch im zweiten Film helfe ich Jugendlichen, von der Straße und ihren Gefahren fernzubleiben, indem ich sie trainiere und Sportler aus ihnen mache. Doch am Ende kommen meine gewohnten direkten Methoden zum Einsatz, als es darum geht, Probleme zu lösen. Zwei schlichte, ehrliche Streifen, die an den Häfen von Marina di Pisa, Tirrenia und Livorno gedreht wurden.

Zwei Erfolge! Wie immer, wenn Lupo hinter der Kamera arbeitete.

Michele bewies während der Arbeit mit den Kindern eine Engelsgeduld: Am Set der beiden Filme über den großen Sheriff (ich) und den kleinen Außerirdischen (Cary Guffey), die in Amerika entstanden, nahm er Cary beiseite und erklärte ihm sanft und in aller Ruhe die Szene. Carys Mutter, die stets mit ans Set kam, unterstützte ihn dabei. Guffey trat mit der typischen Professionalität auf, die allen amerikanischen Kinderschauspielern eigen ist und gern von leichten Allüren begleitet wird. In Amerika ist das Kino ein ernstes Geschäft und nicht wenige Schauspieler, die ihre Karriere sehr früh beginnen, sind im Erwachsenenalter ruiniert.

Doch es gab ein Problem: Der Kleine machte zwar alle Grimassen und Gesichter, so wie er sollte, aber Michele hatte dabei immer das Gefühl, dass sie zu »mechanisch« wirkten.

Daher nahm ich ihn eines Nachmittags, nachdem ich mir die Erlaubnis seiner Eltern eingeholt hatte, mit auf den Spielplatz. Ich ließ den Kleinen ein paar Stunden Karussell fahren, schubste ihn an, als er auf der Schaukel saß, aß mit ihm zusammen ein Eis und langsam, aber sicher entpuppte sich der kleine Profi als das, was er war und sein sollte: ein Kind. Er erzählte mir bei der Gelegenheit, dass er, bevor er für Spielbergs *Unheimliche Begegnung der dritten Art* vor der Kamera stand, noch nie ein Kino von innen gesehen hatte.

Cary war ein liebes und witziges Kind – sein kleines Gesichtchen erinnerte mich ein bisschen an das von Stan Laurel, mit seiner Stupsnase und der leicht fliehenden Stirn.

Nachdem wir ins Hotel zurückgekehrt waren, verbrachte ich den ganzen Abend zusammen mit seinen Eltern und erzählte ihnen, was wir alles erlebt hatten. Dieser gemeinsame Tag war genau das, was wir gebraucht hatten, um unseren beiden Charakteren, dem mürrischen Sheriff und dem außerirdischen Kind, die nötige Wärme zu geben; genau diese Nähe hatte uns vorher gefehlt. Als die Dreharbeiten beendet waren und wir uns verabschiedeten, weinte Cary ein paar kleine Tränen. Die Eltern sagten mir, dass er nicht einmal mit Spielberg so vertraut gewesen sei. Und ich glaube, dass diese Freundschaft zwischen Cary und mir sehr zur internationalen Beliebtheit des Films beigetragen hat. Für den Folgefilm

Buddy haut den Lukas sahen wir uns ein Jahr später wieder und Cary umarmte mich und die anderen, als hätten wir uns erst vor einem Tag getrennt.

Er hatte uns nicht vergessen.

Auch die Karussells auf dem Spielplatz hatte er nicht vergessen.

Beim zweiten Film, der in der Kleinstadt Monroe im US-Bundesstaat Georgia gedreht wurde, waren auch der große Charakterdarsteller und Synchronsprecher Ferruccio Amendola (die italienische Stimme von Robert De Niro und Al Pacino) und Robert Hundar alias Roberto Undari dabei, die in den Sechzigern mit italienisch-spanischen Western erfolgreich gewesen waren.

Hundar jagte Cary aufgrund seiner Größe und dieses gruseligen, rechteckigen Gesichts Angst ein; und die Tatsache, dass er den Boss der außerirdischen Eindringlinge spielte, machte die Sache noch schlimmer. Wenn mein kleiner Freund also eine Szene spielte, in der er Angst vor dem Bösewicht hatte, dann war seine Angst nicht immer nur gespielt. Am Ende kämpfen alle, die mir vorher feindlich gesinnt waren (Holzfäller und Banden von Raufbolden, mit denen ich als Sheriff zu tun gehabt hatte), auf meiner Seite gegen die Aliens. Diese Szene ist eine Hommage an den Western *Zwei rechnen ab* (1957) von John Sturges, in dem sich die Figuren auf der Main Street ein Duell liefern.

Lieber Michele, wo auch immer du jetzt bist: Danke für diese wunderbaren Kapitel in der Geschichte des populären Films.

WENN ES HART AUF HART KOMMT ...

Die Überschrift dieses Abschnitts könnte auch lauten: »Niemand ist Prophet in seinem eigenen Land.« Warum, werdet ihr in Kürze erfahren.

Enzo G. Castellari und ich kannten uns zwar schon seit vierzig Jahren, da wir uns seit der Ära des Spaghetti-Western immer wieder flüchtig begegnet waren, doch wir hatten noch nie das Vergnügen gehabt, zusammenzuarbeiten: bis zur Fernsehserie *Zwei Supertypen in Miami* (1991–1993), die zu einem der größten Erfolge in der Geschichte des italienischen Fernsehens wurde und sogar einen Fernsehpreis, den Telegatto, gewann. Preise haben mir nie so viel bedeutet wie die Liebe des Publikums. Doch da die Verleihung des Telegatto das Ergebnis unglaublicher Einschaltquoten und somit Ausdruck der Zuneigung war, bereitete mir diese Auszeichnung doppelt Freude.

Castellari wurde lange Zeit im gleichen Maße von der Kritik ignoriert wie die Stuntkoordinatoren – eine Tätigkeit, die Castellari in jungen Jahren auch selbst ausgeübt hatte. Die neuen Autoren eines italienischen Kinos, das, wie ich bereits sagte, unabwendbar war, ignorierten ihn und sahen mit snobistischer Arroganz auf ihn herab. Doch Castellari, dessen Filme auf der ganzen Welt erschienen waren, bekam seine Revanche, als er vor wenigen Jahren eine Auszeichnung erhielt, die einem Oscar gleicht – und diese kam nicht aus Italien, sondern direkt aus Hollywood: Quentin Tarantino, genialer Spitzbube und Liebhaber des internationalen Genrefilms, präsentierte in einem Kino in Los Angeles die »Enzo G. Castellari Night«.

Ich fürchte, dass in Italien kaum jemand davon weiß.

Dieses Ereignis war eines der wenigen Male, dass sein Beitrag zum B-Movie anerkannt wurde. Doch in der italienischen Presse dreht sich ohnehin fast alles um Namen, die vor allem lokal – und häufig aus dem Fernsehen – bekannt sind. Was jenseits der Grenzen unseres Landes vor sich geht, wird gerne übergangen. Es sei denn natürlich, einer unserer Filme gewinnt einen Oscar – die Voraussetzung, um auch in den amerikanischen Kinos gezeigt zu werden.

Ohne dass Castellari jemals tatsächlich einen Oscar gewann, spielte einer seiner Filme, *The Last Jaws – Der weiße Killer* (1981) an einem einzigen Wochenende in Los Angeles drei Millionen Dollar ein. Sein Film *The Riffs – Die Gewalt sind wir* (1990) schaffte es in den USA auf Platz fünf der Filme mit den höchsten Einnahmen. Und das ist noch längst nicht alles.

In Tarantinos gefeiertem Film *Inglourious Basterds* (2009), der durch den Castellari-Film *Ein Haufen verwegener Hunde* (internationaler Verleihtitel: *Inglorious Bastards*) aus dem Jahr 1978 maßgeblich inspiriert wurde, tritt der italienische Regisseur höchstpersönlich im blutigen Finale als einer der Gäste des Empfangs auf. Durch den großen Erfolg wurden viele italienische Zuschauer und Kritiker wieder darauf aufmerksam, dass wir in Italien Regisseure haben, deren Namen auf der ganzen Welt in Erinnerung geblieben sind.

Enzo Girolami Castellari ist der Sohn eines weiteren Regisseurs des populären Films, Marino Girolami, Autor unzähliger Komödien mit großen Schauspielern aus dem brillanten italienischen Kino der Sechzigerjahre. Die Familie Girolami ist eine der größten Filmfamilien Italiens und in diese Familie wurde ich aufgenommen, als ich mit der besagten Serie *Zwei Supertypen in Miami* begann. Damals war das Fernsehen dem Kino bezüglich Budget und Rhythmus noch sehr ähnlich.

Castellari ließ mich 14 Stunden am Tag schuften. Er war einer jener Regisseure, die sich durch nichts von der Arbeit an einem Film abhalten ließen. Dann mussten die Tage eben auch mal länger werden. Auf diese Weise wurde ich von ihm und meinem Sohn Giuseppe, der die Serie gemeinsam mit Claudio Bonvento produzierte, gezwungen, meinen Schweinehund zu überwinden.

Dieser Regisseur hatte eine einzigartige Methode, Verfolgungsjagden, Schusswechsel und die Showdowns der Stuntmen zu filmen, die ich so von keinem anderen meiner Regisseure kannte. Zum ersten Mal stellte ich einen professionellen Detektiv dar, ohne allerdings auf die für Bud Spencer typische Gelassenheit zu verzichten. Ich agiere zusammen mit meinem Partner, einem Amateur-Detektiv, der von Philip Michael Thomas gespielt wurde. Mit ihm verstehe ich mich übrigens nach wie vor ausgezeichnet, was auch mit unserer gemeinsamen Leidenschaft für Musik zusammenhängt: Er war Sänger, ich habe Saxofon gespielt.

Die Fälle des Detektivs Jack Costello waren harter Tobak. Es ging um Drogenhandel, Gewalt gegen Minderjährige, Terrorismus und noch mehr ernste Themen, die im Allgemeinen nicht mit Bud Spencer in Verbindung gebracht wurden.

Mit einer Länge von neunzig Minuten und mehr Dialogen als Prügeleien waren die einzelnen Folgen von *Zwei Supertypen in Miami* tatsächlich richtige Filme. Und dort, am Set in Miami, lernte ich einen Mann kennen, der zwanzig Jahre später der Co-Autor meiner Autobiografie werden sollte: Lorenzo De Luca, der seine Taufe als Filmautor tatsächlich mit *Zwei Supertypen in Miami* erlebte und danach auch an meinen darauffolgenden Serien mitwirkte.

Castellari ist ein Mensch mit starkem Charakter: Er ist direkt, professionell und sehr anspruchsvoll. So manche Anekdote über seinen Kampfgeist am Set hat im italienischen Filmgeschäft Geschichte geschrieben – ich werde sie euch jedoch nicht verraten, weil ich weiß, dass er selber an einer Autobiografie schreibt.

Zwischen ihm und mir gab es jedoch keine Reibereien.

Mein Glücksstern, mein ruhiges Gemüt, hat, wie gesagt, sehr zur Harmonie der Beziehungen am Set beigetragen. Jedenfalls hätte eine Prügelei zwischen dem härtesten aller italienischen Regisseure und mir der Serie wohl kaum noch mehr Werbung und noch größeren Erfolg bescheren können, als sie ohnehin schon hatte.

Castellari gehörte nicht zu den Regisseuren, die mich »beaufsichtigt« haben, ebenso wenig wie mein Sohn Giuseppe (der nicht nur an der Produktion der Serie mitwirkte, sondern auch gemeinsam mit Sandro Moretti die Figur erschaffen hat). Sie waren beide der Überzeugung, dass ich zu mehr zu gebrauchen war als dem Üblichen. Enzo war bei der Lösung von Problemen, wie sie am Set immer wieder auftauchen können, ebenso gut wie ein anderer hervorragender Regisseur, mit dem ich das Vergnügen hatte: Ruggero Deodato.

Es ist kein Zufall, dass auch Deodato vom Genrekino der Sechzigerjahre kommt (auch wenn er, wie er mir offenbarte, eine Dekade zuvor als hoffnungsvoller Schauspieler in kleineren Rollen begonnen hatte). Er ist ein weiterer unter den Filmemachern, die sich ihres Erfolgs zuerst im Ausland und erst danach in Italien erfreuten.

Mit Deodato habe ich *Zwei Engel mit vier Fäusten* gedreht, eine Serie aus dem Jahr 1997, die mich wieder mit meinem Partner Philip Michael Thomas zusammenführte.

Für die Dreharbeiten zu dem Film kehrte ich noch einmal nach Kolumbien, in die Nähe von Bogotà, zurück, und es beruhigte mich zu sehen, dass die Wildnis der Natur dort Ende der Neunzigerjahre noch unberührt geblieben war. Sie war sogar so intakt, dass Thomas und ich, nachdem wir uns für eine bestimmte Szene in die Tiefen des Dschungels begeben hatten, keine Verbindung mehr mit unseren Funkgeräten zur Außenwelt herstellen konnten. Überall, so weit das Auge reichte, sah man nur das Grün der Pflanzen. Es war, als würden wir im Einzelbild eines Films festsitzen. Sie haben uns schließlich mit dem Helikopter aufgegabelt!

Es muss daran liegen, dass ich ein *marziano* bin, dass ich selbst in dieser alles andere als sicheren Umgebung lachen musste: Ich stellte mir vor, ich würde dort festsitzen wie die japanischen Soldaten, die sich während des Krieges über Jahre im Dschungel verschanzten. Das wäre wahrscheinlich gar keine so schlechte Werbung für die Serie gewesen.

Deodato machte seine Arbeit meisterhaft, wobei die düsteren Filme eher seine Sache waren: Jedenfalls sicherte er sich seine Unsterblichkeit bei seinen Fans mit dem Horrorfilm *Nackt und zerfleischt* von 1980.

Ruggero ist ein so vielseitiger Regisseur, dass er Filme jedes Genres machen kann, und ein Blick auf seine Filmografie zeigt, dass vom Thriller bis zur sentimentalen Seifenoper tatsächlich alles dabei ist. Doch seine Leidenschaft gilt offensichtlich dem »Grand

Guignol«, grotesk-trivialen Horrorfilmen. Mein Sohn Giuseppe war nicht wenig amüsiert und erstaunt, als Eli Roth (ein Freund Tarantinos) vor einigen Jahren bei der Präsentation seines Films *Hostel* (2005) in Rom auf ihn zukam und ihn bat, ihn Deodato vorzustellen, weil er ihn als seinen Lehrmeister betrachtete.

OLMI, DAS GENIE OHNE DREHBUCH

Ermanno Olmi kommt ursprünglich aus Bergamo, aufgewachsen dagegen ist er in Treviglio. Olmis Meisterwerke haben einen intellektuellen, ja erhabenen Ton; er selbst ist ein tiefgründiger Mensch, der die Welt mit viel Ironie betrachtet. In einem Interview erklärte er einmal: »Ich wurde in Bergamo geboren, in einem Viertel, das sich »Malpensata« nennt (Anm.: auf Deutsch so viel wie »schlechte Idee«). Ich hoffe doch sehr, dass meine Mutter, als ich auf die Welt kam, anders darüber gedacht hat oder besser noch: dass sie die Idee, mich zur Welt gebracht zu haben, schön fand.«

Zum Film kam er durch seine Arbeit für die Produktionsfirma Edisonvolta, für die er nach seinem Studium der Schauspielkunst an der »Scuola d'Arte Drammatica« in Mailand tätig war. Er war, wie wenige wissen oder sich erinnern, ein exzellenter autodidaktischer Dokumentarfilmer, der mit über vierzig Dokumentationen in den Fünfziger- und Sechzigerjahren sehr produktiv war. Diese Produktionen waren sein Sprungbrett ins Kino, und nach einigen Anläufen gelang ihm im Jahr 1978 mit *Der Holzschuhbaum* ein Film, der von sich reden machte. Er war nicht nur ein Kassenschlager, sondern gewann außerdem internationale Preise.

Olmi hat nicht allzu viele Filme gedreht, da er bekanntermaßen jener Sorte Filmemacher angehörte, die nur dann an einem Film arbeiten, wenn sie das Gefühl haben, dass sie wirklich etwas zu sagen haben. Und in der Zwischenzeit leiden sie im Stillen – eine Phase, die sich manchmal über Jahre hinzieht.

Nachdem er aufgrund einer schweren Krankheit eine Auszeit hatte nehmen müssen, kehrte Olmi 1987 zum Film zurück und drehte unter anderem Werke wie *Lang lebe die Signora* (*Lunga vita alla signora!*) sowie *Die Legende vom heiligen Trinker* (*La leggenda del santo bevitore*).

2003 ging er schließlich nach China, um *Singing behind Screens* (*Cantando dietro i paraventi*) zu drehen. Als er mir die Rolle anbot, hatte er etwas ganz Bestimmtes im Sinn: Er wollte, was typisch für Filme von Hitchcock, Leone und anderen genialen Regisseuren war, einen Schauspieler wählen, der überhaupt nicht zu seiner Figur passte: jemanden, der in der öffentlichen Wahrnehmung auf eine ganz bestimmte Rolle festgelegt war, und ihm eine neue Rolle geben, die in einem völlig anderen Kontext stand.

Als ich den Anruf von ihm bekam, dachte ich, er hätte sich verwählt!

Olmi ist von allen Regisseuren, die ich kennenlernen durfte, der einzige, der ohne Drehbuch arbeitete. Jedenfalls, was meine Figur betrifft.

Ich habe ihm voll und ganz vertraut und ihn einfach machen lassen, ohne Fragen zu stellen, auf die es ohnehin keine Antworten gegeben hätte: Olmi schuf meine Figur während des Drehs; er hatte ihr ihre Eigenschaften nicht vorher am Schreibtisch vorgeschrieben. Das ist eine sehr spezielle Vorgehensweise, auf die sich gestandene Schauspieler häufig nicht einlassen, weil sie sie als eine Beleidigung ihrer Kunst betrachten.

Nun ja, aber an diesem Punkt des Buches wisst ihr ja schon, was ich von Schauspielern halte, die die Diva raushängen lassen: Sie können sich zum Teufel scheren!

Für mich war der Film eine neue Erfahrung, in den Augen der Kritiker so etwas wie eine »Weihe«. Aber was gab es in meinem Alter schon zu weihen? Denn egal, was auch passiert wäre, Bud Spencer hatte sowieso nichts mehr zu verlieren. Im schlimmsten Fall hätte ich alt ausgesehen, aber dann hätten sich meine Zuschauer ganz einfach trösten können, indem sie eine DVD von *Die rechte und die linke Hand des Teufels* eingelegt hätten. Oder sie hätten – auf meine Kosten – trotzdem ein paar Lacher gehabt.

Wenn Olmi Regie führte, wurde die Kamera kaum bewegt, aber natürlich nicht aus Bequemlichkeit; vielmehr war es eine ästhetische Entscheidung. Antonioni oder Andrej Tarkovskij, zum Beispiel, gingen auch so vor. Im Grunde begriff ich kaum etwas von dem, was am Set vor sich ging, doch als ich den Streifen dann auf der Leinwand sah, wurde er auf magische Weise lebendig, wie ein Gemälde, wenn es nach einem langen Schaffensprozess fertig vor einem steht.

Olmi wollte meinen Part nachträglich von einem professionellen Sprecher synchronisieren lassen, weil er der Meinung war, meine Stimme wäre zu bekannt und würde dadurch von meiner Figur, dem Marinekapitän, ablenken. Diese Methode hatte er bereits mit dem großartigen Schauspieler Paolo Villaggio in *The Secret of the Old Woods* erprobt. Wenn ihr jetzt denkt, dass Bud wie immer akzeptierte und auf seinen Meister vertraute, dann liegt ihr daneben. Dieses eine Mal, das einzige Mal in 82 Jahren, habe ich mich quer gestellt – ganz wie ein richtiger Schauspieler; allerdings hatte ich andere Gründe.

Ich bekam einen Anruf von seiner Sekretärin: »Dottore Olmi möchte gerne, dass Sie zum Vorsprechen kommen.«

»Können Sie meine Stimme hören, Signorina?«

»Ja, natürlich.«

»Sehr gut. Dann richten Sie Maestro Olmi doch bitte aus, dass das die Sprechprobe ist. Auf Wiederhören, und grüßen Sie mir Ermanno ganz lieb!« Mit diesen Worten legte ich auf.

Olmi bestellte mich für den folgenden Montag zur Synchronisierung. In welcher Sprache ich meinen Text einsprechen sollte, ob auf Englisch, Spanisch oder Neapolitanisch, durfte er sich aussuchen. Und er entschied sich für Spanisch. Ich hatte keinerlei »aristokratische« Motive, mich gegen Olmis ursprünglichen Synchronisierungsvorschlag zu wehren – ich verneige mich geradezu vor den Synchronsprechern, besonders wenn ich an die Meisterleistung des verstorbenen Glauco Onorato denke, der mich zu Beginn meiner Karriere synchronisierte. Es war einfach nur so, dass ich mich am Set dank Olmi ziemlich gut gemacht hatte, und ich das Bedürfnis verspürte, meine Rolle, indem ich den Text einsprach, selbst zu einem Abschluss zu bringen. Bei den beiden anderen Filmen, die ich in den Neunzigern in Madrid gemacht hatte (*In den Armen der Bestie* und *Söhne des Windes*), habe ich meinen Text auch selbst auf Spanisch eingesprochen. Daher traute ich mir zu, dass ich die Sache meistern konnte, auch wenn Olmis Vorbehalte absolut gerechtfertigt waren.

Obwohl der Film ganz anders ist als alles, was ich bisher gemacht hatte, kann man in der moralischen Botschaft am Ende von *Singing behind Screens* dieselben Werte, denselben Pazifismus erkennen, wenn auch in abgeschwächter Form, die auch meine früheren Filme vermitteln: Die Piratin Ching legt am Ende, nachdem sie auf allen Weltmeeren aus Motiven der Rache Gewalt gesät hat, ihren Säbel nieder. Der alte portugiesische Kapitän, den ich spiele, führt als epischer Erzähler durch die Handlung und berichtet dabei von seinen Erlebnissen als Chings Weggefährte.

Und jetzt verrate ich euch, warum ich denke, dass Olmi der letzte Humanist eines Kinos ist, das vor lauter Special-Effects, Remakes, Sequels oder einfach nur purer Banalität unterzugehen droht: In seinen Filmen, die sich jenseits des großen Spektakels abspielen, ist die wahre Attraktion – in diesem Fall faszinierender als alle anderen – der Mensch selbst. Die Schiffe in *Singing behind Screens* entführen uns auf eine epische Reise ins Herz des menschlichen Seins.

DIE FAUST IM GESICHT: MEINE STUNTMEN

Wozu braucht man Stuntmen? Was ist ein Stuntman? Ganz einfach: Er ist derjenige, der sich wehtun kann, ohne dadurch die Produktion des Films zu bremsen; verletzt sich hingegen der Hauptdarsteller, geht nichts mehr weiter, man verliert Geld und dann – gute Nacht!

Würden Oscars an die besten Stuntmen vergeben, hätten unsere italienischen einige abgesahnt!

In Italien schnellte die Nachfrage nach Stuntmen mit einem größeren Repertoire an Stunts ab den Fünfzigerjahren enorm in die Höhe. Das war die Zeit, als die Amerikaner kamen, um hier ihre historischen Monumentalfilme zu drehen, und nur wenige Jahre später war der Stuntman unverzichtbar: Er wurde (zusammen mit dem armen Pferd) zum geheimen Protagonisten des Italowestern.

Natürlich wurde die Ausbildung der Stuntmen in Hollywood, der reichsten Industrie im Filmgeschäft, perfektioniert. Dafür aber hatten wir die ausgefeiltesten Stunts zu bieten, die ohne viel Schnickschnack auskamen.

Mir passierte dasselbe, was nur wenig später Bruce Lee erleben sollte: Ich wurde mir darüber klar, als Chaplin Chang, der in *Plattfuß räumt auf* mit von der Partie war, uns in seinem englisch-kantonesischen Kauderwelsch erzählte, dass Bruce Lee nicht mehr in Ruhe spazieren gehen konnte: Er war ständig von einer Truppe Stuntmen umgeben, die ihn verfolgte, ihn lotste und dafür sorgte, dass es ihm an nichts fehlte. Warum? Es war nicht nur Bewunderung, sondern auch die Tatsache, dass sie dank ihm besser verdienten als je zuvor und immer Arbeit hatten.

Auch ich war umgeben von einer Truppe Stuntmen, die einen Schutzschild um mich herum bildeten; gleichzeitig war ich manchmal aber auch ihre »Geisel«. Und wenn sie so an mir klebten, womit sie mir einerseits ihre Liebe bekunden, mich andererseits aber auch von der Außenwelt abschirmen wollten, überkam mich manchmal das Bedürfnis, Amok zu laufen.

Sie beschützten mich, assistierten mir in allem, wir aßen gemeinsam, spielten zusammen Karten und an einigen Abenden entschieden sie, wo wir nach Feierabend hingehen würden. Vielleicht waren es ihre Launen, manchmal auch ihre schlechte Laune, mit der sie es schafften, mich zu konditionieren.

Ich erinnere mich noch an einen Abend in Wien, an dem wir uns eigentlich ein Konzert des legendären Pavarotti anhören wollten – der übrigens, als wir uns Jahre später einmal zufällig im Fahrstuhl begegneten, zu mir sagte: »Ich weiß nicht, ob ich dir ähnlich sehe oder du mir!«

Aber meine Stuntmen überstimmten mich und führten mich an jenem Abend in ein Restaurant, das von einer hübschen Jugoslawin geführt wurde, die die italienische Küche beherrschte. Sie fanden es ganz praktisch, dass sie meistens, wenn ich dabei war, nichts für ihr Essen bezahlen mussten. Meine Frau war natürlich zu Recht erbost, zumal die Männer einfach schon einen Tisch reserviert hatten, ohne zu fragen. Im Nachhinein waren das ziemlich kindische Spielchen und Maria hatte recht damit, dass ich mich dagegen hätte auflehnen sollen.

Na ja, was soll ich sagen, das Essen war gut. Da rege ich mich doch nicht auf! Mir war schon klar, dass meine Stuntmen mich ein wenig ausbeuteten, aber andererseits gibt es wirklich schlimmere Formen der Ausbeutung, als ausgeführt und wie ein König behandelt zu werden und damit ganz nebenbei seinen Freunden einen Gefallen zu tun.

Eine Sache, die mich jedoch wirklich aufregte, war eine Aktion der israelischen Produzenten Yoram Globus und Menahem Golan von Canon Film, die mit meinem Gesicht für einen Film Werbung machten, von dem ich nichts wusste. Nachdem ich sie darauf angesprochen hatte, entschuldigten sie sich und sagten, es sei nur »Promotion«. Das war ihre Masche und sie waren erfolgreich damit.

Aber um auf meine Stuntmen zurückzukommen: Ihre unerbittliche Besorgnis ging schließlich so weit, dass ich von Wien, einer der schönsten Städte der Welt, so gut wie nichts zu sehen bekam. Die Wiener Altstadt ist UNESCO-Weltkulturerbe, und Wien ist Sitz bedeutender internationaler Organisationen wie OPEC und verschiedener UNO-Einrichtungen.

Und in dieser Stadt, die auch als »Stadt der Musik« bekannt ist, da die bedeutendsten Komponisten wie Haydn, Mozart, Liszt, Beethoven und viele andere unsterbliche Musiker dort tätig waren, sah ich um mich herum nur die Gesichter meiner liebenswürdigen Stuntmen. Ich war Gefangener in einer Beziehung, die Außenstehende als »ungesund« bezeichneten, was ich selbst aber, da ich zu tief drin steckte, nicht beurteilen konnte. Meine Beziehung zu meinen Stuntmen war von jener vereinnahmenden Sorte, die man erst mit einigen Jahren Abstand objektiv betrachten kann.

Doch zweifellos verdankten Terence und ich, wie ich bereits im ersten Buch erwähnt habe, den außergewöhnlichen akrobatischen Fähigkeiten unserer Stuntmen einen großen Teil unseres Erfolgs. Wir verstanden uns so gut mit ihnen, dass wenige Worte genügten, um miteinander zu kommunizieren. Daher war es auch logisch und richtig, dass wir versuchten, immer mit unseren liebsten Stuntmen zusammenzuarbeiten. Im Gegenzug verdankten sie uns ein sicheres Engagement und bei den Produzenten unserer Filme konnten sie höhere Gagen fordern als in anderen.

Erinnert ihr euch an sie? Es waren von Film zu Film immer dieselben, auch wenn die Rollen wechselten. Machen wir eine kleine Kamerafahrt …

*

Die Familie Dell'Acqua hat eine lange Zirkustradition und ist eine der größten Akrobatenfamilien unseres Kinos. Sie hat so viele Talente hervorgebracht, dass sie sicherlich entschuldigen wird, wenn ich mich nicht an jeden Einzelnen erinnern kann, mit dem ich zusammengearbeitet habe.

Diese Dynastie nahm ihren Anfang, als ihr Stammvater Arnaldo Dell'Acqua, ein Turner aus Mailand, vor vielen, vielen Jahren eine Zirkusartistin heiratete. Ihr Stammbaum weist mehr als einen Zirkus Dell'Acqua auf und das bereits vor dem Zweiten Weltkrieg.

In den Filmen von Terence und mir haben viele von ihnen mitgewirkt: Alberto Dell'Acqua (der nicht nur als Akrobat, sondern unter dem Pseudonym »Robert Widmark« auch als Schauspieler tätig war); Ottaviano, der auch in den »Polizziotteschi« der Siebzigerjahre wiederholt auftrat, und Roberto, ein kleiner und wendiger Charakterdarsteller, der in Western häufig die Rolle des Mörders spielte – und später zum Double Roberto Benignis avancierte. Er war ein richtiger Clown. So konnte er es zum Beispiel nicht lassen, bei ganz normalen Spaziergängen hin und wieder so zu tun, als würde er stolpern und hinfallen.

An dieser Stelle möchte ich für diejenigen unter euch, die mein erstes Buch nicht gelesen haben, eine kleine Anekdote anfügen. Beim Dreh zu *Plattfuß räumt auf* hatte Roberto seine liebe Mühe, einem seiner chinesischen Kollegen beizubringen, dass es nicht nötig war, mir 22 Schläge innerhalb von drei Sekunden zu verpassen. Dieser kannte es offenbar so von den Bruce-Lee-Filmen. Und für einen Fighter von überirdischer Schnelligkeit, wie Bruce Lee einer war, passte eine solche Choreografie auch (seine Regisseure mussten die Aufnahmen manchmal in Zeitlupe abspielen, um die fulminanten Bewegungen nachvollziehen zu können). Bud Spencer jedoch hatte seinen eigenen Stil, der vor allem langsamer ausfiel und den komischen Aspekt unterstrich. Meine Filme richteten sich ja auch an ein ganz anderes Publikum und bei dem Tempo, das die Chinesen an den Tag legte, hätten sie wahrscheinlich nichts mehr mitbekommen.

»Bud, der Typ hat eine Sprungfeder im Arsch. Es ist, als würde man gegen eine Heuschrecke kämpfen«, beschwerte sich Roberto einmal lachend bei mir über den besagten Stuntman. Doch wir schafften es schließlich, die Chinesen an unser Tempo zu gewöhnen, wobei ihre Virtuosität natürlich erhalten blieb.

*

Eine weitere Akrobatenfamilie, die sehr viel zum Genrekino beigetragen hat, ist die Familie Ukmar. Sie sind sechs Brüder, und einer von ihnen, Clemente, hatte nie irgendwelche Dialoge, aber man erkennt ihn in meinen Filmen immer sofort an seinem mexikanischen Aussehen.

Ein sehr sympathischer Zeitgenosse war auch Giancarlo Bastianoni. Er trug Koteletten, wie sie in den Sechziger- und Siebzigerjahren »in« waren, und war ein weiterer Vollprofi, der in über zwanzig meiner Filme mitspielte. In der Zeit vor dem Italowestern war er bereits in zahlreichen italienischen Sandalenfilmen zu sehen gewesen. Bastianonis physische Präsenz war herausragend, er spielte gern den Angeber und Querulanten.

Beeindruckend war der Sprung des 1937 geborenen Stuntmans und Kampftrainers Salvatore »Sal« Borgese zum Charakterdarsteller: Ihm war ich schon vor der »Geburt« von Bud Spencer auf dem Set des Monumentalfilms *Barabbas* (1961) über den Weg gelaufen. Ich war bei diesem Film Assistent der Produktionsleitung und musste die Star-Allüren Anthony Quinns über mich ergehen lassen; Sal dagegen spielte einen Gladiator aus der Schule von Torvald alias Jack Palance.

Mit seinem fast schon elastischen Gesicht und seiner großartigen Mimik, die ihm sogar das Lob von Yul Brynner einbrachte, mit dem er 1970 zusammen in dem Western *Adios, Sabata* spielte, ist Sal den Liebhabern des Hill/Spencer-Duos vor allem als dümmlicher Häuptlingssohn Anulu im Film *Zwei Asse trumpfen auf* in Erinnerung geblieben – der Film, in dem er zum ersten Mal seinen darstellerischen Wagemut beweist. Seine Filmografie ist mit fast

200 Auftritten im Kino und im Fernsehen überwältigend, und im italienischen Kino ist sein Gesicht wohlbekannt.

Kein bisschen komisch, vielmehr eiskalt war der starke »Ken Wood« (Giovanni Cianfriglia), der in den mythologischen Streifen als Steve Reeves' Double auftrat. Sein Gesicht ist unglaublich charismatisch und besonders auffällig ist sein stechender Blick. Cianfriglia hob sich von den anderen durch seinen extrem höflichen Umgang mit den Regisseuren ab. Die Stuntmen waren nicht gerade bekannt dafür, sich wie erlesene Gentlemen zu verhalten und auszudrücken. Er dagegen fragte den Regisseur jedes Mal: »Ist Ihnen die Szene so recht, Dottore? Oder möchten Sie lieber, dass ich sie noch einmal mache?«

Verglichen mit den bereits Genannten war Nello Pazzafini (alias »Red Carter«) in meinen Filmen verhältnismäßig selten dabei. Wir haben ungefähr sechs Filme zusammen gemacht, in denen er auch ein sehr guter Charakterdarsteller war; in seiner langen Filmografie stehen ab einem gewissen Punkt nur noch Rollen als Schauspieler. Sein äußeres Erscheinungsbild war beeindruckend: Er hatte lange Zeit Fußball gespielt und war, bevor er zum Film ging, Bodyguard gewesen. Er war groß und massig, trug einen Schnurrbart und besaß einen finsteren Gesichtsausdruck, der nicht so recht zu seinem heiteren Charakter passte, den ich später kennenlernen durfte.

Lustigerweise drehten er und Roberto Dell'Acqua 1977 gemeinsam ein kurzes B-Movie mit dem Titel: *Clouzot & Co. contro Borsalino & Co.*, der deutlich vom Gemma/Spencer-Erfolgsprojekt *Auch die Engel essen Bohnen* inspiriert war.

Manche Akrobaten hatten tatsächlich so markante Gesichter, dass sie fast ohne eigenes Zutun zur Schauspielerei kamen: Zum Beispiel der Veteran Osiride Pevarello, der 1915 geboren wurde und daher schon ein gestandener Mann war, als er in *Die rechte und die linke Hand des Teufels* in der Rolle des bärtigen Mormonen auftrat, der nicht einmal einer Fliege was zuleide tun konnte.

1949 debütierte er in Alberto Lattuadas Film *Die Mühle am Po.*

Sein Gesicht war das eines alten Mannes, obwohl er damals noch gar nicht so alt war; aber dadurch, dass es so besonders und unverwechselbar war, bekam er viele Angebote für kleinere Rollen, auch ohne Stunts. Osiride hat sogar noch 2002 in einem Film mitgespielt: *Senso '45* von Tinto Brass, seine Karriere war also unglaublich lang, vielleicht die längste von allen italienischen Stuntmen. Auch sein Bruder Renzo, Zirkusreiter wie er selbst, war sehr aktiv, er wirkte in einigen Spaghetti-Western mit.

*

Über »Richard Stark« oder »Rick Piper«, der mit gebürtigem Namen Riccardo Pizzuti heißt, habe ich im ersten Buch bereits einiges erzählt. Aber wie könnte er, der Publikumsliebling unter den Stuntmen von Bud und Terence, hier fehlen?

Zusammen mit Riccardo haben wir viele schöne Momente erlebt, ob am Set oder in den Pausen, nach Feierabend bei Pokerrunden oder beim gemeinsamen Essen. Er ist ein unglaublich witziger Geselle. Da er das Gesicht eines Fieslings hatte, spielte er häufig den obersten Handlanger des Schurken, mit dem ich allein oder zusammen mit Terence aneinandergeriet.

Doch seine bedrohliche Ausstrahlung schlug genau dann ins Lächerliche um, wenn er, nachdem er eine ordentliche Tracht Prügel bezogen hatte, benommen zusammensackte oder sogar ein paar Zähne ausspuckte. Er hatte die physische Erscheinung der ewigen Widersacher in den Stummfilmen von Laurel & Hardy, wenn ihr wisst, was ich meine. Auch Ricardo hatte was von einem »Schauspieler«.

Sergio Smacchi dagegen bestritt seine Karriere als Charakterdarsteller in Nebenrollen fast ausschließlich in den Hill/Spencer-Filmen. Und obwohl er in den Prügeleien ungelenk wirkt, war er in Wirklichkeit ein Naturtalent und bleibt den Fans besonders durch sein Charaktergesicht im Gedächtnis.

Manche dieser großartigen Männer sind gestorben, andere sind noch da, genießen ihren verdienten Ruhestand oder gehen anderen Beschäftigungen nach. Ich bitte um Verzeihung, wenn ich jemanden aus Mangel an Platz oder Erinnerungsvermögen nicht genannt habe. Sie können sich jedoch einer Tatsache gewiss sein: Auch wenn ihre Namen in diesem Buch untergegangen sind, so sind sie es nicht in der Erinnerung der Zuschauer auf der ganzen Welt, die weiterhin unsere Filme sehen.

WIE MAN AM BESTEN AUS DER DUSCHE FÄLLT!

Vor vielen Jahren riss ich mir bei der Rettungsaktion für einen Stuntman, der zusammen mit der Kulisse, auf der wir drehten, einzustürzen drohte, einen Muskel im rechten Arm. Aus irgendeinem Grund brach das Set zusammen und beim Versuch, das Schlimmste zu verhindern, riss er. Im Krankenhaus sagten sie mir, der Arm müsse sechs Monate ruhen, doch ich hatte einen Film zu Ende zu drehen – und ich benutzte in meinen Kinofilmen so gut wie nie ein Double (nicht etwa, weil keines in meiner Größe aufzufinden war, vielmehr konnten sich die Fraglichen nicht so behände bewegen wie ich). So kam es, dass der Muskel mein Leben lang geschädigt blieb.

»Sie sind ja nun kein Hafenarbeiter, der ständig Sachen ein- und ausladen muss! Lassen Sie es einfach so«, erklärte mir der Chirurg mit einem sarkastischen Unterton. Er glaubte allen Ernstes, einen Actionfilm zu drehen sei ein Kinderspiel, kein Risiko, als sei alles nur gestellt. Viele Leute glauben das bis heute; und da in Italien keine Actionfilme mehr produziert werden, haben auch die meisten keine Ahnung, was ein Stuntman ist.

Glücklicherweise wusste ich meine Stürze trotz meines Körperumfangs immer abzufangen, ob auf der Leinwand oder auf der Straße. Ein Überbleibsel aus meiner sportlichen Ära. Den riskantesten Sturz habe ich allerdings nicht in einer Szene, in der ich es mit zwanzig Stuntmen aufnehme, hingelegt – nein, dieser Gegner war viel lächerlicher und banaler … die Dusche!

Das war in Miami; ich wollte aus der Dusche steigen und rutschte auf der nassen Stufe aus. Es tat einen entsetzlichen Schlag! Meine Frau und meine Nichte Gaia (eine ausgezeichnete Regieassistentin) saßen einige Sekunden starr vor Schreck im Zimmer nebenan. Sie konnten sich nicht entschließen, ob sie lieber gleich Hilfe holen oder erst nach mir sehen sollten. Maria fasste sich ein Herz, lief auf das Badezimmer zu und stieß plötzlich einen Schrei aus, als sie den Bademantel sah, der vor ihr erschien. In dem Bademantel war ich – ich war aufgestanden und wollte sie gerade beruhigen, dass alles in Ordnung war.

Der Knall des Aufpralls ging zwar durch Mark und Bein, aber als ich den Boden näher kommen sah, konnte ich mich gerade noch auf der rechten Schulter abrollen und den Schlag abfangen. Ich bin mit einem blauen Auge davongekommen, ich musste dem Hotel nur sieben Fliesen ersetzen. Bambino, die linke Hand des Teufels, hätte das nicht gemacht.

Ein anderes Mal stürzte ich vor dem Haus von Freunden; es hatte geregnet, und so rutschte ich auf den Steinplatten aus. Abermals konnte ich das Schlimmste verhindern, indem ich mich auf meiner Schulter abrollte. Der Boden kam dieses Mal allerdings nicht zu Schaden. Er bestand aus soliden und, in diesem Fall, für mich gefährlichen Pflastersteinen: Sie waren uneben und ragten teilweise spitz aus dem Boden. Meine Kleider waren zerschlissen und ich hatte ein paar Kratzer im Gesicht, aber mein Kopf war intakt. Dabei hätte ein neuer Schlag auf den Kopf vielleicht den Schaden wieder ausgleichen können, den ich mir als Kind eingehandelt hatte, als ich mit dem Kopf auf den Anker gefallen war und zu dem *marziano* wurde, der ich heute bin.

*

Wie man richtig fällt, lernte ich nicht erst von meinen Stuntmen, sondern mit 17 Jahren in Rom als Rugby-Spieler. Ich war in der Schulmannschaft des humanistischen Gymnasiums S. Gabriele und wir spielten oft gegen professionelle Spieler. Wir liefen, purzelten durch die Gegend und prügelten uns, wie es sich gehört. Und ich hatte einen Heidenspaß! Ich habe nur aufgehört, weil ich nach Südamerika auswandern musste.

Im Sport zu prügeln hat mir Spaß gemacht, ich habe auch die Grundlagen des Boxens gelernt. Egisto Peyre, den »boxer atomico« der Vierzigerjahre, habe ich vergöttert: Er war der erste Italiener, der sich zwei Jahre in Folge den »Goldenen Handschuh« erboxte; ebenso vergötterte ich Alessandro Mazzinghi, der den Jüngeren wahrscheinlich kein Begriff mehr ist, wohingegen ihre Großeltern in Jubel ausbrechen, wenn sie seinen Namen hören – er wurde 1963 mit 25 Jahren der erste italienische Boxweltmeister.

Aber im Austeilen von Schlägen waren diese Schwergewichte nicht wirklich mein Vorbild, denn die Schlägereien auf der Leinwand erfordern langsamere und ausladende Bewegungen, damit das Publikum folgen kann. Diese Kunst habe ich mir teilweise selbst, teilweise mit meinen Stuntmen zusammen beigebracht, wobei sie sich ab und zu aus Versehen auch mal eine eingefangen haben.

Wegen meiner Kurzsichtigkeit habe ich anfangs gelegentlich einen von ihnen erwischt, was in einem Raum voller Akrobaten ganz normal ist. Dann sagten sie zu mir »Alles in Ordnung, Bud«, während sie den Verletzten zum Waschbecken trugen und ihn unter dem kalten Wasser zu reanimieren versuchten. Aber Vorfälle dieser Art kann man an den Fingern einer Hand abzählen. Über die Akrobaten des italienischen Kinos sollte eines Tages jemand ein dickes Buch schreiben. Im Internet gibt es schon viele Seiten, auf denen sie mit Fotos und Namen, die bislang nur wenigen bekannt waren, gewürdigt werden.

Ein Akrobat wäre aus offenkundigen Gründen nie aus mir geworden und streng genommen hätte ich es eigentlich auch nie zum

Hauptdarsteller bringen können, da diese normalerweise schön und schlank sein müssen. Da Bud aber tatsächlich Hauptdarsteller geworden ist, ob zu Recht oder zu Unrecht, empfindet er es nicht als eine Übertreibung, den Stuntmen die Achtung und Liebe zu zollen, die sie verdienen.

Hal Needham, der zu den Ältesten der amerikanischen Stuntmen zählt, staunte nicht schlecht, als er sah, dass die Italiener für ihre Falltechniken keine weitere Ausrüstung oder Schutzvorrichtungen benötigten – das gab es in Hollywood nicht. Auch Michael Douglas war erstaunt, als er Giovanni Cianfriglia und die anderen italienischen Akrobaten am Set von *Auf der Jagd nach dem Juwel vom Nil* (1985) bei der Arbeit sah.

Es war nicht gerade so, dass die Italiener wissentlich Selbstmord begingen (wobei der Preis, den einige im Laufe der Geschichte des Kinos zahlten, furchtbar ist), sie waren einfach daran gewöhnt, alles aus sich herauszuholen, auch wenn wir niemals auch nur annähernd das Budget der amerikanischen Monumentalfilme zur Verfügung hatten.

Heute, da in Hollywood alles am Computer bearbeitet wird und die Köpfe der Schauspieler auf virtuelle Körper geklebt werden, die fliegen und springen, ist der Stuntman vielleicht vom Aussterben bedroht. Nichtsdestotrotz sind die Unterschiede deutlich zu sehen: Moderne Abenteuerfilme wirken wie animierte Zeichentrickfilme. Den Athleten und seine echte, ehrliche körperliche Leistung gibt es nicht mehr. Das Kino ist selbstverständlich Fiktion, doch wenn man eine Fiktion erschafft, indem man eine andere benutzt, haben wir am Ende ein Videospiel. Das ist natürlich nur die Ansicht eines *marziano*.

Terence und ich haben in *Die rechte und die linke Hand des Teufels* gemeinsam mit unseren Stuntmen den choreografischen und unblutigen Kampf erfunden, der ein bisschen von den Actionszenen in der berühmten Musicalfilmkomödie *Eine Braut für sieben Brüder* (1954) inspiriert war und der später zu unserem internationalen Markenzeichen wurde. Und keine noch so wunderbare Technologie kann die Kunst wahrer Akrobaten ersetzen.

DIE STIMMEN DER GÖTTER

Ein Kapitel, das ich in meinem ersten Buch bereits angesprochen habe und an dieser Stelle vertiefen möchte, bilden meine Synchronsprecher. Ihr Beitrag zum Erfolg so vieler Schauspieler ist so groß, dass ich sie beim besten Willen nicht auslassen kann. Am häufigsten wurde Bud Spencers Stimme, bevor er dazu überging, sie selbst zu sprechen, von Glauco Onorato und Sergio Fiorentini gesprochen, beide ausgezeichnete Theater-, Film- und Fernsehschauspieler. Und auch in Deutschland hatte ich das große Glück, dass meine Synchronsprecher hervorragende Schauspieler waren. Obwohl die deutsche Sprache, wie man sagt, weniger »warm« und musikalisch ist als die italienische, haben sie den Brummbär sehr überzeugend vermittelt. Ich rede von Wolfgang Hess und dem Synchronregisseur und -produzenten Rainer Brandt.

Letzterer hat nicht nur mit mir, sondern lustigerweise auch, unter anderem, mit Franco Nero zusammengearbeitet. Brandt hatte seine Karriere schon begonnen, bevor Bud Spencer überhaupt geboren war. Nachdem ich Wolfgang Hess bereits 1973 anlässlich der deutschen Premiere von *Zwei Himmelhunde auf dem Weg zur Hölle* kennengelernt hatte, traf ich ihn 2009 am Set für eine deutsche Komödie wieder: Er lieh mir seine Stimme für *Mord ist mein Geschäft, Liebling* und hier war auch mein Freund Franco Nero mit von der Partie.

Die Japaner bezeichnen ihre Synchronsprecher überschwänglich als »die Stimmen der Götter«. Nun bin ich kein überschwänglicher Typ und aufgrund eines Geburtsfehlers bin ich auch keine Gottheit geworden. Doch es ist unbestreitbar, dass Synchronsprecher nicht einfach nur Schauspieler sind, die den Text synchron zu den

Lippen der Figur auf der Leinwand lesen. Sie verleihen der Figur vielmehr Farbe und bereichern sie.

Diese Kunstform brachte auch Einsparungen auf der Seite der Produzenten mit sich, wenn man an die Anfänge des Tonfilms denkt. Damals war es Usus, den Film mehrmals in verschiedenen Sprachen zu drehen, je nachdem in welches Land er exportiert werden sollte.

Das bekannteste Beispiel dafür ist *Dracula* von 1931: an ein- und demselben Set drehten tagsüber die Amerikaner und nachts die Spanier! Das Drehbuch war identisch, nur die Schauspieler und Regisseure wechselten. Von morgens bis abends stand Bela Lugosi im Vampirumhang vor der Kamera, umgeben von künstlichen Spinnweben und Steintreppen. Anschließend fand sich der nächste Dracula (Carlos Villarias) mit der spanischen Truppe ein, der dieselben Szenen noch einmal drehte. Die Dialoge wurden für den spanischen Markt live aufgezeichnet.

Als ich damit begann, meine Texte selbst zu sprechen, hatte ich das Glück und das Privileg, Raffaele »Ray« Mottola kennenzulernen. Er war einer der gefragtesten Dialogtrainer für italienische Produktionen, die fürs Ausland bestimmt waren, sowie für ausländische Filme, die in Italien gedreht wurden. Da Rays Eltern Italiener waren, die nach Amerika ausgewandert sind, wuchs er zweisprachig auf. Er setzte alles daran, mir eine gute oder wenigstens passable englische Aussprache anzutrainieren. Doch sein Traum, dass ich nach seinem Unterricht auch außerhalb des Sets würde Englisch sprechen können, blieb unverwirklicht. Für meine vielen Reisen sowie meine Abenteuer im Flugzeug und Helikopter wäre es zwar durchaus hilfreich gewesen, doch auch hier kam mir meine Faulheit in die Quere. Exakt und perfektionistisch wie er war, trieb ich ihn mit meiner Trägheit fast in den Wahnsinn!

Ich lernte Ray in der Zeit nach meinen ersten Filmen kennen und seine Besuche im Hause Pedersoli wurden allmählich zu einer Konstante: Schon bald war er nicht mehr nur ein Lehrer, sondern ein wunderbarer Freund, auch für meine Frau und meine Kinder. Ray war ein sanftmütiger und kultivierter Mensch, der sehr professionell arbeitete. Er war außerdem ein guter Darsteller und spielte häufig auch selbst in den Filmen mit, für die er als Sprachtrainer am Set war.

Er tritt in mehr als einem meiner Filme auf (zum Beispiel spielte er den scheinheiligen Schullehrer in der Episode *Der Kindermörder* aus der Serie *Zwei Supertypen in Miami*). Außerdem hatte er eine Rolle in *Avanti, avanti!*, dem Film vom genialen Hollywood-Regisseur Billy Wilder aus dem Jahr 1972, in dem auch Jack Lemmon mitspielt. Für diesen Film war Ray engagiert worden, um den vielen italienischen Schauspielern am Set die korrekte englische Aussprache beizubringen.

Ich erinnere mich immer wieder gern an unsere gemeinsamen Reisen nach Südamerika, wo bekanntlich einige meiner Filme gedreht wurden. Jedes Mal wurde er bei der Einreise, kaum, dass die Grenzkontrollen seinen amerikanischen Pass sahen, festgehalten. Das fiel in jene Zeit, in der Amerikaner dort als »Gringos« galten, als unbeliebte Kapitalisten aus dem Ausland. Und so musste ich alle meine Geduld aufbringen und ihnen erklären, dass ich ohne jenen Mann im Gefolge schlicht nicht arbeiten konnte. Doch sie ließen Ray nicht passieren, ehe die Produktion den eifrigen Beamten ein wenig Geld zugesteckt hatte.

Heute, da er nicht mehr lebt, ist seine Abwesenheit spürbar für mich: Er war einer jener Menschen, um die man doppelt trauert, einmal um den Freund und einmal um den Lehrer. Es war mir nicht nur deshalb wichtig, ihn hier zu erwähnen, weil er ein guter Freund war, sondern auch weil der Beitrag des Sprachtrainers zu einem Film generell unterschätzt wird. Doch wer am Set arbeitet, weiß den Wert seiner Arbeit ebenso zu schätzen wie die der Stuntmen, die ebenfalls selten die ihnen gebührende Aufmerksamkeit bekommen.

Bud Spencer jedenfalls weiß ihren Wert zu schätzen.

5. KAPITEL

WIE KAM ICH ZUM FILM?

»Der Film ist die einzige Kunstform,
in der sich die Werke bewegen
und der Betrachter still sitzt.«

ENNIO FLAIANO

DIE SHAKESPEARE-WERKSTATT

»Sein oder Nichtsein? Das ist hier die Frage!«, überlegte sich der geplagte Hamlet. »Kino oder Werkstatt?«, philosophierte dagegen der eher praktisch veranlagte Bud.

Und über diese Frage dachte er gründlich nach.

Zugegeben, aufgrund meiner Obsession mit Motoren jeglicher Art tendierte ich eher zur Werkstatt. Denn wenn ein Motor ein seltsames Geräusch macht (egal ob es sich um ein Auto, ein Flugzeug oder einen Staubsauger handelt), dann kann ich nicht schlafen, bis ich ihn in alle seine Einzelteile zerlegt und die Ursache gefunden habe – nur um ihn dann wieder zusammenzubauen und festzustellen, dass das seltsame Geräusch lauter geworden ist.

Alles in allem war es also vielleicht die klügere Entscheidung gewesen, Filme zu machen, die immerhin die Rechnungen für die Riesenportionen des Ex-Schwimmers Carlo Pedersoli beglichen, der bereits einige Kilo zugelegt hatte. Und je mehr die jeweilige Film-Truppe mit mir auf einer Wellenlänge war, desto größer wurden die Portionen – zum Beispiel die von meinem Produzenten Italo Zingarelli (der mich, was Fressgelage anging, sogar noch übertraf, das kann ich euch sagen!) oder Sergio Corbucci; Barboni und die anderen dagegen bremsten mich eher. Mit Italo und Sergio ist es manchmal in regelrechte Wettessen ausgeartet. Bei unseren Würstchen- und Hamburger-Duellen ging es um einiges heißer her als bei denen, die ich mir mit Terence auf der Leinwand lieferte. Letzterer ging nach dem Essen laufen, um in Form zu bleiben. Ich dagegen ging nach Hause und war immer noch hungrig; angespornt durch die Gewissheit, dass das Publikum mich liebte, weil ich groß und dick war!

Ein sehr angenehmer Nebeneffekt war, dass ich mit den Filmen gut verdiente, und wie! Aber weder Terence noch ich waren allzu sehr auf das Geld aus; es genügte uns, regelmäßig und dauerhaft Arbeit zu haben, das Bedürfnis, noch mehr zu haben, war uns fremd.

Mit dem ersten *Trinity*-Film, also *Die rechte und die linke Hand des Teufels,* verdiente ich circa 25 Millionen Lire, was damals für Schauspieler, die wie ich bereits Erfolg erlangt hatten, relativ wenig war. Ich jedoch, der es gewohnt war, im venezolanischen Dschungel Straßen zu bauen, hatte das Gefühl, das Geld gestohlen zu haben. Ich konnte einfach beim besten Willen nicht begreifen, was ich Magisches vollbracht hatte, um so viel Geld dafür zu bekommen – alles, was ich gemacht hatte, war, eine Szene so oft zu wiederholen, bis sie gut war. Wahrscheinlich hätte ich anders darüber gedacht, wäre ich in der Absicht zum Film gegangen, Macbeth zu interpretieren.

Orson Welles sagte einmal, Italien bestehe aus fünfzig Millionen Schauspielern und die schlechtesten von ihnen stünden auf der Bühne. Nun ja, ganz so schlimm ist es nicht, aber er konnte es sich erlauben zu übertreiben.

*

Nach dem Tod meines Schwiegervaters Giuseppe Amato im Jahr 1964, der Produzent, Drehbuchautor, Schauspieler und Regisseur gewesen war, wurden seine Erben – also auch meine Frau – Mitinhaber der Safa Palatino Studios (heute Mediaset), was allerdings mit meinem zukünftigen Debüt als Schauspieler gar nichts zu tun hatte. Die Geschichte war ganz anders:

Ich hatte mich mit dem Manager einer amerikanischen Werbefirma, die einen Sitz in Mailand hatte, angefreundet. Dieser wollte sich selbstständig machen, mit mir zusammen eine Firma in Rom gründen und seinen Kundenstamm mitbringen. Vergnügt machte ich mich daran, die Räumlichkeiten im Safa-Gebäude zu renovieren, in denen wir unsere Büros einrichten wollten. Natürlich gab ich aufgrund meines angeborenen Mangels an Besonnenheit viel mehr Geld aus, als ich mir erlauben konnte, ging dafür aber wie gewohnt voller Vertrauen und Enthusiasmus an die Sache heran.

Die Firma sollte sich »MarCa Film« nennen, nach den Vornamen ihrer beiden Gründer Mario und Carlo.

Das Ende der Geschichte: Besagter Manager kam nie vorbei und ich blieb auf den prachtvoll renovierten und überwältigend leeren Büros sitzen.

An diesem Punkt – ich war so gut wie pleite – akzeptierte ich den Ratschlag meiner Frau, das telefonische Angebot von Giuseppe Colizzi zu *Gott vergibt ... Django nie!* zu überdenken. Das Ergebnis kennt ihr. Wäre der Plan mit der Werbefirma aufgegangen und der Amerikaner tatsächlich aufgetaucht, wäre Bud Spencer vielleicht nie geboren worden.

Oder vielleicht doch, sofern es wahr ist, dass das Schicksal alles darangesetzt hatte, Terence und mich zusammenzuführen und zu verkuppeln.

In irgendeinem Restaurant eröffnete mir einmal ein Kellner, dass er gerne so geworden wäre wie ich.

»So dick?«, fragte ich ihn, um abzulenken, obwohl ich sehr wohl verstanden hatte.

Er war nicht der Erste und sollte auch nicht der Letzte bleiben, der das zu mir sagte. Viele wollten so sein wie ich: Und dabei ging es ihnen weniger darum, das Leben eines Schauspielers zu führen, als um dieses Konzept des gutherzigen Riesen – eine Figur, mit der sie sich offensichtlich identifizierten oder in der sie eine Vaterfigur sahen, einen Opa, einen großen Bruder, einen unkomplizierten Freund, der sich nicht um intellektuelle Angelegenheiten scherte, aber einen vor Übergriffen im Alltag beschützte.

Der Zuschauer sieht mich nicht als einen Star, der für ihn unerreichbar ist, und zwar ganz einfach, weil ich das nicht bin. Und wenn ich in seinen Augen Werte verkörpere, für die er auch selbst eintreten will, dann danke ich ihm dafür von ganzem Herzen, Gott segne ihn. Allerdings übernehme ich keine Verantwortung für die Folgen, nur dafür, dass ich stets solche Rollen gewählt habe, die eine bestimmte, positive Botschaft vermittelten.

Ich habe mich häufig gefragt, was genau die Öffentlichkeit in berühmte Persönlichkeiten hineinprojiziert – welche Ängste, Wünsche und Hoffnungen. Die schlausten und professionellsten unter den Schauspielern arbeiten mit diesen Projektionen, die sie offenbar verstanden haben, um ihren Ruhm aufrechtzuerhalten. Im Grunde liefern sie ein Produkt, das auf ihr Publikum zugeschnitten ist.

Da ich nun nicht der Schlauste bin und auch nie meine Zuschauer betrogen habe, beschränkte ich mich darauf, der zu sein, der ich bin. Und außerdem, mal angenommen, ich hätte anfangen müssen, mich selbst zu analysieren, ich hätte ohnehin nichts begriffen (nicht mal Freud hätte mir helfen können).

WENN DAS LACHEN ZU EINEM WERT WIRD

Wären unsere Filme in der heutigen Zeit entstanden, hätten sie, fürchte ich, kaum eine Chance gehabt. Denn die Werte und die spezielle Komik unserer Filme sind nicht mehr die, die das Kinopublikum in der heutigen Zeit sehen will. Zur Zeit meiner ersten Erfolge war der Fernseher noch ein kleiner Kasten mit zwei Programmen in Schwarz-Weiß, der uralte Streifen zeigte. Um sich an einem Film richtig zu erfreuen, mussten die Leute ins Kino gehen, wo sie dann vor einer riesigen Leinwand saßen und sich vom Ton und den leuchtenden Farben der Bilder mitreißen ließen. Heute gibt es so viele Möglichkeiten, sich wie nebenbei einen Film anzuschauen – im Fernsehen, im Internet, auf DVD –, dass sie die Fähigkeit, sich wirklich mit allen Sinnen auf einen Film einzulassen, schwinden lassen.

*

Bis in die Siebzigerjahre hinein waren die Bars rund um die Piazza del Popolo in Rom Treffpunkt für Schriftsteller, Journalisten, Regisseure, Schauspieler, berühmt oder nicht: Dort traf ich mich zum

Beispiel mit Mario Monicelli, Pietro Germi, Sergio Leone, Mario Bava und Federico Fellini, um nur einige der Regisseure zu nennen. Häufig gingen sie auch nur dorthin, um ein wenig zu plaudern, sich die Nacht um die Ohren zu schlagen und sich zu überlegen, was für einen Film sie als Nächstes machen wollten. In einer dieser Bars saß Leone auch, als er seinen Sandalenfilm *Le aquile di Roma* (»Die Adler von Rom«) plante, der niemals gedreht wurde. Als seine Kollegen in die Bar kamen, erzählten sie ihm begeistert von dem japanischen Samurai-Film, den sie gerade gesehen hatten (*Yojimbo – Der Leibwächter* von Akira Kurosawa). Daraufhin sah er ihn sich auch an, und so kam es, dass er anstelle des Sandalenfilms den Western *Für eine Handvoll Dollar* drehte.

Heute müssen Schriftsteller und Regisseure erst im Fernsehen auftreten, um auf sich aufmerksam zu machen. Und dann gibt es die vielen TV-Sendungen, die die Stars von morgen hervorbringen, deren Erfolg aber meistens sehr kurzlebig ist und die genauso schnell wieder von der Bildfläche verschwinden, wie ich von einem Programm aufs nächste umschalte.

So kommt es, dass die Leute, und ich bin keine Ausnahme, abends vor dem Fernseher mit der Fernbedienung in der Hand einschlafen und sich am nächsten Morgen nicht mehr daran erinnern können, was sie am Abend zuvor gesehen haben. Versteht mich nicht falsch: Ich habe nichts gegen das Fernsehen an sich – mir ist sehr wohl bewusst, dass es mir zu zahlreichen Erfolgen verholfen hat –, sondern gegen ein bestimmtes Konzept. Ich verstehe einfach nicht, woher dieser Trend im italienischen Fernsehen kommt, sich vor laufender Kamera danebenzubenehmen und handgreiflich zu werden, und vor allem, wo er hinführt.

Im realen Leben bin ich im Streit drei oder vier Mal handgreiflich geworden, als Schauspieler habe ich mich nur ein Mal gestritten (mit Lee Van Cleef, wie ihr wisst, und auch da habe ich mich zurückgehalten). Dieses neue Phänomen ist mir absolut unbegreiflich.

Wenn früher irgendein Künstler in der Öffentlichkeit ausgerastet ist, dann war das eine große Sache, über die monatelang geredet wurde. Es war die Ausnahme, nicht die Regel. Ich weiß noch, dass Tomás Milián zum Beispiel für sein etwas hitziges Temperament bekannt war. Zu mir war er allerdings immer sehr nett, ich habe ihn am Set von *Bud, der Ganovenschreck* in Miami als einen sehr fokussierten und professionellen Schauspieler erlebt.

Ein anderer Schauspieler, der in den Zeitungen, unter anderem in Berichten über seine Wutausbrüche, von sich reden machte, war Klaus Kinski. Wir haben nie einen Film zusammen gedreht, als ich ihn aber einmal traf, wirkte er auf mich überhaupt nicht wie jemand, der zu irgendwelchen Bosheiten imstande ist. Er gab sich sogar die größte Mühe, mich trotz meines beträchtlichen Bauchumfangs zu umarmen.

Kinski war bekanntlich unkontrollierbar und recht hemmungslos: Sergio Corbucci erzählte mir einmal von einem entsetzlichen Moment zwischen Kinski und Frank Wolff am Set von *Leichen pflastern seinen Weg*, bei dem es allen Anwesenden eiskalt den Rücken hinunterlief. Frank kannte ich mehr als gut, er hatte ja in *Gott vergibt … Django nie!* den Schurken gespielt; in Corbuccis Film spielte er hingegen den Sheriff.

Es fehlte nicht viel und er hätte Kinski die Fresse poliert, als dieser sich am Set zuerst weigerte, Frank die Hand zu geben, weil er Jude war, und ihm dann, ohne mit der Wimper zu zucken, ins Gesicht schrie, er hasse Juden! Sergio musste all seine Überzeugungskraft anwenden, um zu verhindern, dass sein Film-Bösewicht mit einem blauen Auge vor die Kamera treten musste. Doch dann erklärte Klaus ihm lachend, dass er das mit Absicht gemacht hätte: Da die beiden im Film Feinde waren, sollte dieser zweifelhafte Geistesblitz dem Amerikaner helfen, ihn noch mehr zu hassen.

Wäre ich an Franks Stelle gewesen, hätte ich ihm geradewegs eine Ohrfeige verpasst und dann in scherzhaftem Tonfall erklärt: »Das habe ich nur gemacht, damit auch du mich im Film besser hassen kannst.« Vermutlich wäre dies aber genau die falsche Reaktion gewesen. Wolff dagegen, professioneller Schauspieler durch und durch, begriff und schluckte die bittere Pille.

Kinskis Karriere war voller ähnlicher und teilweise sogar noch wilderer Vorfälle (davon kann der große deutsche Regisseur Werner Herzog ganz sicher ein Lied singen!), aber vielleicht werden Schauspieler einfach umso maßloser, je berühmter sie werden. Ich habe keine Ahnung, wie es Terence mit Klaus ergangen ist, als die beiden *Nobody ist der Größte* (1975) zusammen drehten; doch andererseits weiß ich, dass es ein Ding der Unmöglichkeit war, mit meinem Freund Terence, der die Freundlichkeit in Person ist, zu streiten.

Terence hätte niemals mit Gewehren nach ihm geworfen, wozu sich Antonio Margheriti, ein großer Regisseur à la Castellari, einmal beim Dreh des Western *Satan der Rache* (1968) hat verleiten lassen. Aber wenn man diese genialen Schauspieler dann auf der Leinwand sieht, ist alles vergessen: Kinski hatte diesen unglaublichen Blick, diese großen, weit geöffneten Augen, die wie Pforten zu einer fremden und gefährlichen Welt wirkten.

BUD, MACH DIE AUGEN AUF!

Apropos Augen und Blicke auf der Leinwand: Einmal, ich weiß nicht mehr, welchen Film wir gerade drehten, kam ein Kameramann auf mich zu und bat mich, in einer bestimmten Szene die Augen etwas weiter zu öffnen. Er erklärte mir, der Regisseur hätte es gerne so. Daraufhin antwortete ich ihm: »Du vergisst wohl, dass ich der einzige Schauspieler der Welt bin, der kaum Augen hat! Wie soll ich sie da denn aufmachen?«

Nun ja, nicht ganz der Einzige, auch Charles Bronson hatte keine Augen. Leone hat sie auch nur mithilfe des Zooms aufspüren können. Es heißt immer, man könne es in Hollywood nur zu etwas bringen, wenn man klare, große Augen habe. Ein Gerücht, das Dino De Laurentiis allerdings nicht davon abhielt, Bud, dessen Repertoire an Blicken von Natur aus eingeschränkt war, eine Rolle anzubieten. Schon am Set von *Zwei Missionare* sprach er mich an, ob ich nicht den bärtigen Vultan, den Vogelmenschen in *Flash Gordon*, spielen wolle, jener riesigen Produktion, die er damals schon im Sinn gehabt hatte.

Das passte natürlich wie die Faust aufs Auge: ein Science-Fiction-Film für einen *marziano*. Allerdings wollte er, dass ich den Film quasi für umsonst machte, da für mich ja ein Erfolg in Amerika dabei herausspringen würde, der meine Berühmtheit, die ich dort mit den *Trinity*-Filmen bereits erlangt hatte, noch steigern würde.

Bezahlung hin oder her: Dino war ein Neapolitaner von solcher Redseligkeit und mit einem Charme, mit dem er mich zu beinahe allem überreden konnte, und die Perspektive, ein Star in Hollywood zu werden, konnte einem ambitionierten Schauspieler schon gehörig den Kopf verdrehen. Doch da ich weder Schauspieler noch ambitioniert war, sprang der Funke einfach nicht auf mich über. Außerdem hätte die gigantische Produktion dieses Science-Fiction-Streifens sehr lange Dreharbeiten bedeutet, wofür ich einen oder zwei Filme zusammen mit meinem Freund Terence hätte opfern müssen. Ein Opfer, das die Fans nicht gebilligt hätten. Genauso wenig wie Terence und ich.

Dino zuliebe ließ ich mir die Sache zwar durch den Kopf gehen, lehnte dann aber ab. Im Nachhinein bedeutete die Entscheidung keinen großen Verlust. Als *Flash Gordon* 1980 erschien, waren die Reaktionen darauf eher mäßig. Doch ich weiß noch, dass ich ihn damals im Kino angeschaut und mich amüsiert habe. Der Film war voller Selbstironie (in einer Szene zum Beispiel bekommt Flash während einer Begegnung mit seinen Widersachern einen Ball an den Kopf, woraufhin das Ganze schlagartig in ein Rugby-Spiel ausartet – wie in *Vier Fäuste für ein Halleluja*), aber frei von jeglichem Pathos. Es war natürlich auch spannend, die Figur auf der Leinwand zu sehen, die ich hätte spielen können: Brian Blessed hatte die Rolle schließlich angenommen, ein großartiger britischer Charakterdarsteller, der mir sogar ähnlich sah: eine wuchtige Gestalt mit Bart! Doch ich glaube nicht so recht, dass ich mit dieser Rolle in Hollywood groß rausgekommen wäre, genauso wenig, wie es bei den beiden wunderbaren italienischen Schauspielerinnen, Mariangela Melato und Ornella Muti, die in dem Film mitspielten, letztlich der Fall war.

Außerdem hätte ich mich auf der Filmpremiere in Los Angeles zeigen und das ganze Programm mit dem roten Teppich, den Fotografen, den Fernsehkameras und der Menschenmenge mitmachen müssen. Außerdem hätte man von mir verlangt, dass ich mich herausputze und mir einen Smoking anziehe, wo ich doch, sobald ich eine Krawatte um den Hals trage, immer das Bedürfnis verspüre, sie in tausend Stücke zu zerreißen. Ich bin nie zu meinen Filmpremieren gegangen, na ja, nur selten jedenfalls.

Meine Frau Maria ist der Überzeugung, ich hätte mir nur eine einzige angesehen, nämlich die von *Zwei Himmelhunde auf dem Weg zur Hölle*. Aber ich glaube, so ein Brummbär war ich in Wirklichkeit nun auch wieder nicht.

Die Premiere fand in einem Kino statt, das sich »Fiamma di Roma« nannte; und ich weiß noch, dass am Ende des Films, als die Lichter angingen, eine seltsame Stille eintrat. Vielleicht war es ein Moment der Verwunderung darüber, dass man gerade das Western-Duo in einem modernen Film gesehen hatte, der im Dschungel spielte. Doch dann begannen die Zuschauer Beifall zu klatschen; der Applaus war ohrenbetäubend und hielt zwei oder drei Minuten lang an. Damit hatten wir die Bestätigung, dass Terence und Bud auch ohne Cowboyhüte, Pferde und Revolver bestens ankamen. Von da an konnte uns nichts mehr aufhalten!

Aber jetzt habe ich fürs Erste genug über das Kino geredet. Denn unsere »Weltreise« nähert sich nun ihrer riskantesten Etappe, einer Ebene voller Gefahren, in der jeder Mann Bekanntschaft mit seinen Grenzen macht: dem heimischen Wohnzimmer.

6. KAPITEL

DER *MARZIANO* ALS EHEMANN UND VATER

»Die Familie ist das Vaterland des Herzens.«

GIUSEPPE MAZZINI

DISCLAIMER

Bud ist zwar nicht von Carlo dazu autorisiert worden, dieses Kapitel zu schreiben, aber Bud pfeift drauf!

Im Allgemeinen war es so, dass Bud am Set respektvoll behandelt, ja sogar verehrt wurde – doch kaum hatte er einen Fuß in sein Haus gesetzt, wurde er wieder zu Carlo und es wehte ein ganz anderer Wind. Denn wie jeder weiß, ist die Frau die Herrscherin des Hauses. Dort musste ich mir schon genau überlegen, auf welcher Seite des Sofas ich es mir gemütlich machte, und erwischte ich die falsche, wurde ich auf ziemlich uncharmante Art und Weise weggejagt.

Auf meinen Reisen an die vielen unterschiedlichen Sets hatte ich meine Familie nie besonders gern im Schlepptau. Einerseits weil ich das Gefühl mochte, allein zu reisen, und andererseits weil ich mir sonst immer Sorgen machte, dass meiner Familie etwas zustoßen könnte. Wenn sie dagegen zu Hause blieb, konnte ich mich ganz sorglos auf meine Arbeit konzentrieren. Meine Frau und meine drei Kinder waren davon natürlich nicht gerade begeistert, doch sie haben gelernt, damit zurechtzukommen. Und heute, da ich nicht mehr ganz so viel unterwegs bin, trauert Maria sicherlich insgeheim ab und zu der Zeit nach, in der ich ihr nicht ständig auf die Füße getreten bin.

Doch das weiß nur sie allein!

DER MANN IM HAUS: MARIA

Eines der zahlreichen Dinge, über die ich nicht allzu viel nachgedacht habe, ist meine Ehe. Und wenn ich heute sehe, dass unsere Liebesbeziehung 52 Jahre überstanden hat, komme ich zu dem Schluss, dass es wahrscheinlich gar nicht so schlecht war, nicht allzu viel darüber nachzudenken.

Als ich Maria kennenlernte, hatte ich, ehrlich gesagt, alles andere als Heiraten im Sinn.

Ich führte zu der Zeit ein relativ sorgloses Leben, handelte mit Autos und genoss den angenehmen Nebeneffekt, die tollsten amerikanischen Schlitten spazieren zu fahren, zum Beispiel gigantische Cabrios, die auf der Straße so viel Raum wie zwei normale Autos einnahmen.

All das spielte sich im Rom der Fünfziger- und Sechzigerjahre, in der Glanzzeit des römischen »Dolce Vita« ab. In den Straßen der Hauptstadt traf man auf Superstars wie Kirk Douglas, Rock Hudson, Charlton Heston, John Wayne, Marlon Brando, Ava Gardner und unzählige andere, die von jenem für Normalsterbliche unerreichbaren Planeten namens Hollywood stammten und die man bisher nur auf der Leinwand gesehen hatte. Um berühmte Schauspieler habe ich mich persönlich nie besonders geschert, doch mit ihnen kam auch eine ganz besondere Stimmung nach Rom. Das Nachtleben war ein einziges Abenteuer und dank meiner athletischen Statur und meiner Berühmtheit als Sportler hatte ich keine Probleme, Mädchen kennenzulernen.

Wenn Bud euch jetzt wie ein ziemlich oberflächlicher Kerl vorkommt, dann habt ihr mich genau richtig verstanden: Bud gab es zwar zu jener Zeit noch gar nicht, aber Carlo, sein Vorgänger beziehungsweise Alter Ego, war ein junger Mann, der das Leben liebte, so wie man es eben in jenem Alter liebt. Wieso hätte er ans Heiraten denken sollen? Um eine Frau und eine Horde Kinder um sich zu scharen?

Mir erschien es zu jener Zeit naheliegender, gemeinsam mit Juri Gagarin einmal um die Erde zu fliegen, als zu heiraten. Wobei Maria, die hübsche Brünette, mir wirklich gefiel. Sie erinnerte mich an Liz Taylor und war ganz anders als die Mädchen, mit denen ich vor ihr ausgegangen war. Vor allem schienen sie mein athletischer Körper und meine Berühmtheit nicht die Bohne zu interessieren. Was sie an mir fand, war etwas anderes. Nur was? Dadurch, dass ihr die Äußerlichkeiten, die mir selbst bedeutend erschienen, gleichgültig waren, weckte sie mein Interesse. Ich bekam Lust, sie wiederzusehen und besser kennenzulernen. Doch Liebe auf den ersten Blick war es weder von ihrer noch von meiner Seite (was ohnehin schwierig war, da ich nicht besonders gut sehen konnte).

Doch schon bald sollte ich spüren, dass ich mich in eine brenzlige Situation begeben hatte: Es war ihr ernst mit mir und ich wollte sie nicht verletzen, indem ich ihr etwa erklärte, dass ich nicht die geringste Absicht hatte, meine Lebensumstände zu ändern – und ihre dazu. Jedenfalls nicht zu der Zeit. Und so kam es, dass ich nach einigem Hin und Her beschloss, mich selbst ein bisschen besser kennenzulernen, und im Alter von 27 Jahren nach Venezuela emigrierte. Es kann sein, dass dieser Schritt eine Flucht vor der zunehmend ernster werdenden Beziehung war oder dass es zumindest auf Maria so gewirkt hat.

Wie ich bereits andeutete, hatte ich zu dem Zeitpunkt keine Ahnung, wer ich wirklich war. Natürlich war ich als Sohn eines Industriellen – relativ unbesorgt – aufgewachsen und hatte einige Titel im Schwimmen gewonnen. Doch nun war ich an einem Punkt in meinem Leben, an dem ich mich neu orientieren musste. Indem ich wegging und meine Routine hinter mir ließ, wollte ich herausfinden, ob ich für mich selbst sorgen konnte. Auch meine Schulden wollte ich zurückzahlen. In Länder auszuwandern, die mehr Möglichkeiten versprachen als Italien, war damals nichts Ungewöhnliches, ich war nicht der Erste und würde auch nicht der Letzte sein.

Doch selbst im Dschungel wollte mir die hübsche Brünette nicht aus dem Kopf gehen. Durch ihre Abwesenheit schien sie nur noch stärker präsent zu sein als vorher. Daher nahm ich Papier und Stift zur Hand und schrieb ihr einen Brief, einen der wenigen, mit denen ich mir überhaupt die Mühe gemacht habe. Bis die Briefe ankamen, verstrich so viel Zeit, dass sich jegliche Schwärmerei ohne Weiteres in Wohlgefallen hätte auflösen können. Doch es kam ganz anders. Meine Briefe waren wirklich nichts Besonderes – ihre Antworten hingegen, deren Form und Inhalt um einiges sorgfältiger ausfielen, waren ein Lichtblick. Wenn ich den ganzen Tag in der Hitze geschuftet hatte und anschließend ihre Briefe las, war ich der glücklichste Mensch der Welt.

Unter dem Vorwand, Familie und Freunde zu besuchen, kehrte ich schließlich nach Rom zurück. Die wahre Absicht meiner Reise, nämlich Maria wiederzusehen, verbarg ich sogar vor mir selbst. Ich wollte es mir noch immer nicht eingestehen. Und dann kam ich nur um festzustellen, dass sie nicht da war!

Kurz darauf erfuhr ich, dass ihr vermögender Herr Papa sie dazu überredet hatte, eine schöne Reise zu unternehmen, um mich zu vergessen. Ein Plan, der häufig aufgeht – in Romanen und Filmen jedenfalls.

Maria war mit ihrer Schwester nach Schweden gereist, obwohl ich sie über meine Ankunft informiert hatte; und wie es aussah, würde sie auch nicht rechtzeitig zurückzukehren, um mich zu sehen. Hatte ich sie verloren? Bedeutete das, dass ich mich am Riemen reißen musste?

Mein Ego sagte mir: »Wenn sie es vorzieht zu verreisen, kann ihr nicht sehr viel an dir liegen. Soll sie doch bleiben, wo der Pfeffer wächst! Es gibt genügend andere Mütter mit schönen Töchtern. Demütige dich bloß nicht ihretwegen.«

Mein Herz dagegen erzählte mir etwas völlig anderes.

Ich begab mich also zu ihrer Mutter – die keine allzu große Sympathie für mich hegte, was ich durchaus verstehen konnte –

und erklärte ihr: »Signora, ich bin zurückgekommen, um Maria zu heiraten!«

Sie hörte sich an, was ich zu sagen hatte. Wie es schien, würde sie, wenn Maria einverstanden war, ebenfalls einverstanden sein. Doch sie gab mir gleichzeitig zu verstehen, dass ich ihre Tochter unter keinen Umständen mit nach Venezuela nehmen durfte, selbst wenn ich dort gute Arbeit hatte und Maria der Ausreise zustimmen sollte. Das stellte für mich natürlich ein Problem dar, da ich in Italien ja keine Arbeit hatte. Doch mein zukünftiger Schwiegervater versprach, er würde mir dabei helfen, etwas zu finden.

Marias Antwort ist kein Geheimnis: Am 25. Februar 1960 heirateten wir in der Kirche San Giovanni in Laterano und ich gab ihr gemäß dem Ritual jede Menge Versprechen, von denen ich die meisten nicht eingehalten habe – außer einem: »Für immer«.

*

Meine Frau Maria ist die Tochter des legendären neapolitanischen Produzenten Giuseppe »Peppino« Amato, der 1964 im Alter von 63 Jahren starb. Da ihr Vater beruflich viel durch Italien und ins Ausland reisen musste, war sie es gewohnt, zu Hause nur von Frauen umgeben zu sein.

Bis zum Übergang vom Stummfilm zum Tonfilm hielt sich Peppino überwiegend in den USA auf. Danach kehrte er mit all der Erfahrung, die er als Schauspieler, Drehbuchautor und Regisseur gesammelt hatte, in seine Heimat zurück. Amato produzierte den ersten Film, in dem Vittorio De Sica Regie führte, und viele Jahre später machte er *Umberto D.* (1952), ebenfalls mit De Sica. Dem großen Produzenten haben wir außerdem das Meisterwerk *La cena delle beffe* von 1941 zu verdanken, in dem zum ersten Mal in der Geschichte des italienischen Films eine nackte Frauenbrust zu sehen ist (die von Clara Calamai). Außerdem realisierte Amato den ersten Film der Serie *Don Camillo* mit dem berühmten Paar Fernandel/Gino Cervi und natürlich das epochale Werk *Das süße Leben* (*La dolce vita)*, das 1962 sogar einen Oscar gewann.

So viel zu Giuseppe Amato. Ich möchte nur hinzufügen, dass er der Typ Filmemacher war, der für Projekte, an die er glaubte, keine Mühen und Ausgaben scheute. Das Ergebnis auf der Leinwand ist immer zu einem großen Teil auch das Ergebnis der Arbeit des Produzenten. Doch wenn die Filme an Filmhochschulen durchgenommen werden, erhalten die Regisseure überschwängliches Lob für ihre Arbeit, während die Bedeutung des Produzenten, der das Geld für den Film eingetrieben hat, unter den Tisch fällt. Es liegt meist eine gewisse Arroganz in der Bewertung der Beziehung zwischen Produzent und Regisseur. Letztere, die Intellektuellen, beanspruchen den kreativen Beitrag für sich und sehen in den Produzenten eher eine Art Slot Machine. Peppino aber ging definitiv mit sehr viel Kreativität ans Werk. Tatsache ist, dass Kinoliebhaber dem künstlerischen Wert eines Films meist mehr Beachtung schenken als seiner herausfordernden Finanzierung. Und dabei vergessen sie, dass an einem Film Dutzende von Menschen mitarbeiten, die alle versorgt werden müssen. Ohne den Produzenten bleibt ein Film nichts als eine Idee. Oder bestenfalls ein Drehbuch in der Schublade.

Als mein Schwiegervater plötzlich verstarb, musste die restliche Familie ihr Leben umkrempeln und die vielen organisatorischen Dinge übernehmen, um die sich vorher Peppino gekümmert hatte. Maria, die zu dem Zeitpunkt 27 Jahre alt war, wurde unwillkürlich zum Familienoberhaupt und sorgte für ihre Mutter und ihre Schwestern. Sie erledigte all diese Aufgaben mit einer Aufopferung und Geschicklichkeit, die ich noch nie an ihr gesehen hatte.

Aus dieser Erfahrung kommt auch ihr Sinn fürs Praktische und ihre Umsicht, die ihr jedoch nicht dabei helfen konnten, gegen meine verrückten Ideen anzukommen. (Vielleicht liegt das daran, dass ihr Sternzeichen Wassermann ist und ich Skorpion bin. Vom

Standpunkt des Astrologen ergeben wir übrigens ein hervorragendes Paar.)

Ich kannte Marias Vater ziemlich gut, aber nicht so gut, wie ich ihn gern gekannt hätte. Er starb bereits drei Jahre nach unserer Hochzeit.

Anfangs empfand Peppino eine natürliche Eifersucht gegenüber diesem Monster, das ihm seine geliebte Tochter wegnahm. Andererseits wohnte er mit vier Frauen zusammen und vielleicht kam es ihm daher gar nicht so ungelegen, dass ich ihm eine von ihnen entführte. Nicht etwa, weil er sich Sorgen gemacht hätte, wie er sie alle durchfüttern sollte, das war sein geringstes Problem. Vielmehr war es ihm wichtig, seine Töchter dauerhaft versorgt zu wissen. Denn er war ein Neapolitaner vom alten Schlag, für den es nie zur Debatte stand, dass sich seine Frau und seine Töchter Arbeit suchten. Er war außerdem ein Mensch, der das Leben liebte und gerne Geld für schöne Dinge ausgab, von denen ich nichts verstand, wie Gemälde, Kunstwerke und Antiquitäten. Und diesen Sinn für Ästhetik hatte er auch an seine Töchter weitergegeben.

Wenn man einmal genauer hinsieht, kann man feststellen, dass so gut wie alle großen italienischen Filmproduzenten Neapolitaner waren. Man denke neben Amato beispielsweise nur an Dino De Laurentiis oder Goffredo Lombardo. Einige der wichtigsten Veränderungen im italienischen Film kamen aus Neapel und das ist kein Zufall: Die Kunst haben die Neapolitaner in ihren Chromosomen, ein bisschen davon steckt sogar in meinen, wenn ich an meine Leidenschaft für Musik und Komposition denke.

Gemeinsamkeiten mit Maria hatte ich allerdings überhaupt keine! Wenn ihr kalt war, war mir warm; ich mag lieber Spaghetti, sie mag lieber Fusilli; Maria mag immer Schauspieler, mit denen ich nichts anfangen kann, und umgekehrt; ich liebe Motoren, sie kann sie nicht ausstehen; sie schläft unter der Decke, ich schlafe auf der Decke. Sie hat sich nie davor gescheut, mir zu sagen, wenn sie einen meiner Filme beschissen fand; und ich scheute mich nicht davor, ihn dennoch zu machen. Sie ist aufrichtig und ich bin ein Freund der kleinen Lügen. Denn mit Lügen kann man sich das Leben erleichtern und andere glücklich machen; somit bewirken sie letzten Endes Gutes. Ein Beispiel:

»Liebling, steht mir dieses Kleid?«

»Oh, es steht dir ganz fantastisch, wirklich sehr hübsch.«

Voilà! Der Kopf und der Mund agieren unabhängig voneinander – während Ersterer denkt: »Was um alles in der Welt hat sie sich denn jetzt angezogen?«, schenkt Letzterer der besseren Hälfte einen Moment größter Befriedigung.

Noch ein Beispiel:

»Ich stecke in großen Schwierigkeiten, ich brauche dringend eine größere Summe Geld. Kannst du mir was leihen?«

»Ja, sicher … sobald einer meiner Kunden seine Rechnung beglichen hat. Das Geschäft ist so gut wie abgeschlossen. Im Moment bin ich leider selbst pleite.«

So etwas nennt man in Italien eine »tröstliche Lüge« und sie macht sich in jedem Fall besser als eine brutale Verneinung. Der Freund fühlt sich besser, die Freundschaft geht nicht kaputt und einem selbst geht es auch besser damit.

Die Aussage »Ich werde dich mein Leben lang lieben!« ist eine der schlechtesten Lügen, die man jemandem auftischen kann. Denn von der guten Absicht einmal abgesehen, kann doch kein Mensch wissen, was das Leben noch so alles für einen bereithält. Manchmal allerdings hält die Liebe tatsächlich; zwischen mir und Maria ging es bis jetzt gut und an diesem Punkt meiner Weltreise ist sie nach wie vor da.

Aufrichtigkeit ist eine schöne Sache, aber sie zahlt sich nicht immer aus. Hört bloß nicht auf die Moralprediger, die einem raten, immer zu sagen, was man denkt – der Schuss kann ganz schnell nach hinten losgehen. Warum sonst sollte die Polizei ihre Festgenommenen immer obligatorisch darauf hinweisen, dass alles, was sie sagen, gegen sie verwendet werden kann?

Sagt eurer Partnerin (oder eurem Partner) nur einmal geradeheraus, dass ihnen irgendetwas nicht steht, oder dass das Essen, das sie/er gekocht hat, ungenießbar ist – bei der nächstbesten Gelegenheit bekommt ihr es doppelt und dreifach heimgezahlt! Wenn eine Frau erst einmal auf 180 ist, wird sie einem jeden Fehler, den man jemals begangen hat, in chronologischer Reihenfolge mit Datum und Uhrzeit an den Kopf werfen. Und sie wird nicht haltmachen, bis sie bei Adam und Eva angelangt ist, für gewöhnlich dabei mit einer Präzision vorgehend, die jeden Chronisten wie einen Dilettanten aussehen lässt.

Frauen sind in der Lage, einen Fehler, der Jahrzehnte zurückliegt, wieder auszugraben und ihn neu zu beleben. Für den Mann ist es dann so, als würde er sich diesen Abschnitt seines Lebens in hochauflösendem HD-Format ansehen – allerdings ohne die Fast-Forward-Option. Stattdessen schmiert ihm eine unerbittliche Zeitlupe jeden Millimeter seines Fehltritts von Neuem aufs Brot.

Ich greife von Zeit zu Zeit auf Lügen zurück, wenn ich dadurch, dass ich die Wahrheit ein wenig ausschmücke, dem anderen und mir selbst etwas Gutes tun kann.

Ein anderes Kapitel sind die Lügen, mit denen man anderen absichtlich Schaden zufügt, sowie die Lügen der pathologischen und wiederkehrenden Sorte. Zu viele Lügen verzerren die Wahrheit und dann wird es schwierig, noch zu unterscheiden, was Wahrheit und was Lüge ist. Meine Frau lässt sich nicht davon abbringen, dass meine Lügen ihre Intelligenz beleidigen, die natürlich größer ist als meine – so, wie im Durchschnitt alle Frauen weiser sind als die Partner an ihrer Seite oder jedenfalls gewiefter. Doch wenn ich von Lügen Gebrauch gemacht habe, dann nur um Diskussionen abzuwenden, von denen ich ohnehin wusste, dass ich ihnen nicht gewachsen war. Immerhin habe ich Maria versprochen, mir in Zukunft Lügen auszudenken, die es mit ihrer Intelligenz aufnehmen können.

Aber unter uns gesagt, ist das ein Unterfangen, das zum Scheitern verurteilt ist.

*

Wenngleich ich häufig nicht bei meiner Familie sein konnte, weil ich auf Reisen war, denke ich, dass ich doch auf einer anderen Ebene immer präsent war, und zwar in den Werten, die ich meinem Sohn und meinen Töchtern mitgegeben habe, und die meine Frau während meiner Abwesenheit weiter pflegte. Ich konnte immer unbesorgt abreisen, weil ich ihr bedingungslos vertraute und wusste, dass die drei Kinder Giuseppe, Cristiana und Diamante bei ihr in besten Händen waren.

Wenn ich nach Hause kam, wurde ich empfangen, als wäre ich nur einen Tag weg gewesen: Die Kinder waren glücklich, ohne vor Freude durchzudrehen, meine Frau war vergnügt, aber nicht völlig aus dem Häuschen. Denn im Grunde hatten sie nie das Gefühl, dass ich nicht bei ihnen gewesen wäre. Ich kann mich an kein Telefonat erinnern, bei dem mir Maria erzählt hätte, dass einem der Kinder etwas zugestoßen sei. Gelegentliche kleinere Dramen, die man auf dem Weg zum Erwachsenwerden nun mal durchlebt, erfuhr ich häufig nur gefiltert – meine Frau hatte ohnehin eine bessere Gabe, diese zu durchschauen, als ich.

Einen »wunderbaren, unsichtbaren Vater« nannte mich Maria. Doch ehrlich gesagt, bereiteten mir meine Reisen kein schlechtes Gewissen, denn in erster Linie arbeitete ich ja, damit es meiner Familie gut ging. Ich kann mich nicht erinnern, einem meiner Kinder jemals eine Ohrfeige verpasst zu haben. Sie gaben mir auch nie einen Anlass, und was das betrifft, kann ich mich wirklich glücklich schätzen. Die Erziehung meiner Kinder habe ich größtenteils meiner Frau überlassen. Man kann sagen, dass mein Leben als Ehemann und Vater ruhig und sorglos verlief, da ich wusste, dass meine Frau eine starke und zuverlässige Mutter war, die alles im Griff hatte. Auch heute noch öffne nicht ich die Briefe, sondern sie.

Doch wenn ihr frisch verheiratet seid, nehmt euch bloß kein Beispiel an mir. Der Weg, den ich gegangen bin, ist nicht unbedingt der richtige. Für Carlo Pedersoli war er das, doch jeder muss seinen individuellen Weg finden, je nach seinen Bedürfnissen und Möglichkeiten.

Wenn die Liebe ein Fieber ist, dann betrug Marias Körpertemperatur zu Beginn unserer Ehe 40 und meine 36 Grad. Doch mit jedem Tag, der verging und an dem mir bewusst wurde, was für eine Frau ich an meiner Seite hatte und wie stark ihre Liebe war, stieg meine Temperatur ebenfalls. Und daher sind wir auch heute noch zusammen. Im Showbusiness erlebt man häufig, dass Ehen auseinandergehen, wenn einer von beiden Erfolg hat und mit der Vergangenheit brechen will. Doch ich denke, wenn eine Ehe daran scheitert, kann die Bindung von vornherein nicht besonders stark gewesen sein.

Oft ist es so, dass jemand, nachdem er erfolgreich geworden ist, den Menschen an seiner Seite nicht mehr erträgt, weil er ihn an dunklere Tage erinnert. Er meint, sich seiner Vergangenheit entledigen zu können, indem er sich der Person entledigt, die ihn daran erinnert, auch wenn er ihr einst seine Liebe geschworen hatte.

Doch die Schwierigkeit einer Ehe kann auch darin bestehen, dass die Frau aus einer wohlhabenden Familie stammt und der Mann Schwierigkeiten hat, seine Rolle als »Jäger« beziehungsweise Brotverdiener zu erfüllen. Und wenn das der Fall ist, wird er unweigerlich darüber nachdenken, sie zu verlassen (falls er nur ein Fünkchen Stolz besitzt und kein Schmarotzer ist, versteht sich).

So wäre es mir jedenfalls beinahe ergangen.

Mit dem Plan, ein Geschäft aufzuziehen, das einen glaubhaften Familienmenschen und Ernährer aus mir machen würde, begab ich mich 1962 ein weiteres Mal nach Deutschland: Ein Freund von mir hatte mir von einem deutschen Ingenieur erzählt, der das Alleinverkaufsrecht der Lizenz für eine einzigartige Sorte Lack hatte; und so buchte ich, ohne zu zögern, meine Reise, um mich mit ihm zu treffen.

Die Reise ging nach Hamburg. Mit von der Partie waren mein Freund sowie ein Paar, das wiederum mit ihm befreundet war. Die zwei hatten sich eingeklinkt und schnorrten sich nun bei mir durch. Doch dafür wurde ich entschädigt, als ich jenen erstklassigen und unglaublich kompetenten Ingenieur traf. Er erklärte mir ausführlich, dass die chemische Zusammensetzung, die er ausgetüftelt hatte, dem Lack eine so große Widerstandsfähigkeit verlieh, dass ein einziger Anstrich jahrelang hielt. Im Grunde handelte es sich also um einen immerwährenden Lack.

Enthusiastisch wie ich war, brachte ich das Geschäft unter Dach und Fach und kehrte nach Italien zurück. Im Gepäck hatte ich haufenweise Büchsen voll von dieser zukunftsweisenden Substanz, von der noch niemand in meiner Heimat jemals gehört hatte. Und ich hatte auch schon eine Idee: Kurzerhand nahm ich Kontakt zu den Beamten auf, die für die Instandhaltung der Lokomotiven sowie das Streichen der Zebrastreifen zuständig waren.

Während ich die Qualität meines Produkts nach allen Regeln der Kunst anpries, machte sich auf dem Gesicht des Zebrastreifen-Zuständigen, übrigens ein Freund von mir, ein immer breiter und immer unerträglicher werdendes Grinsen breit. Schließlich fragte ich ihn, schon leicht gereizt, nach dem Grund. Da konnte er sein Lachen nicht mehr unterdrücken und verriet mir prustend:

»Ah Carlo-Carlo! In was für einer Welt lebst du nur? Ich verpasse dem Zebrastreifen alle sechs Monate einen neuen Anstrich, davon kann ich ziemlich gut leben. Ich habe nicht den geringsten Zweifel an der Qualität deines Produkts; aber genau deswegen habe ich auch nicht das geringste Interesse daran – ein immerwährender Lack wäre mein Ruin!«

Es dauerte einen Augenblick, bis ich begriff, dass ich damit auch meinen Termin mit dem Typen von der Eisenbahn absagen konnte. Er hätte aus dem gleichen Grund abgelehnt, nur hätte er es mir wahrscheinlich nicht auf so aufrichtige Art und Weise beigebracht wie mein Freund.

Das war die Geschichte vom Anfang und Ende des »Ewigen-Lack-Unternehmens« Carlo Pedersolis: Die Unsterblichkeit ist eine Sache, die wir Menschen uns für uns selbst erträumen, nicht aber für unsere Handelsgüter. Ich frage mich, ob der deutsche Ingenieur mehr Glück damit hatte, sein Produkt in seinem Land unter die Leute zu bringen. Unter den Namen der bestverdienenden Deutschen habe ich ihn jedenfalls nie finden können. Mit all dem Lack, auf dem ich sitzengeblieben war, strich ich den Gartenzaun vor unserem Haus. Ob dieser Zaun auf unserem damaligen Grundstück (der vielleicht einzige mit einem ewig währenden Anstrich) wohl noch steht? Eines Tages sollte ich noch einmal nachsehen.

*

Im Lichte dieser und anderer »rühmlicher« Erfahrungen auf dem Gebiet der Erwerbstätigkeit werdet ihr sicherlich verstehen, dass die Geburt meines »heiligen« Retters Bud Spencer eine deutliche Verbesserung unserer finanziellen Situation bedeutete – vor allem aber eine Verbesserung meines Selbstwertgefühls, das zwischenzeitlich stark gelitten hatte. Denn ich war jeden Tag damit konfrontiert worden, dass der ehemalige Schwimmchampion Carlo nicht imstande war, eine Familie hundertprozentig zu versorgen. Alles in allem habe ich Bud am meisten gebraucht, um mich aus meinen Versagensängsten zu befreien, mehr noch als meine Frau ihn brauchte, um wieder Vertrauen in mich zu haben. Wir wären auch ohne meinen Erfolg beim Film nicht hungers gestorben, aber ich denke, dass unsere Ehe es nicht überlebt hätte, dass ich weiterhin keine halbwegs zuverlässige Arbeit fand. Ich wollte nicht das Gefühl haben, von Maria, der Tochter des reichen Produzenten, ausgehalten zu werden.

Da meine Familie mir sehr viel bedeutet hat, bin ich niemals auf die Sorte Frau reingefallen, die um den großen, berühmten Schauspieler herumschwirrt, um sich mit ihm zu amüsieren oder auf irgendeine Art von seinem Ruhm zu profitieren. Nicht etwa, weil ich ein Moralist ohne Schwächen wäre – wenn ich eine schöne Frau sah, habe ich sie auch angesehen. Doch meine Liebe zu Maria, die sich in etwas Großes und Beständiges verwandelt hatte, sowie der Respekt, den ich mir als Vater und Ehemann verdient hatte, wollte ich nicht leichtfertig aufs Spiel setzen. Schließlich hatte ich es geschafft, eine Familie zu gründen und nicht mehr von anderen abhängig zu sein.

Es gibt Männer, die meinen, sie könnten über ihre Frau herrschen, und wenden Gewalt gegen sie an, um sich in ihrem Mythos der Überlegenheit zu bestärken. Es ist kein Zufall, dass die Kriege, die die Geschichte prägen, allesamt von Männern angezettelt wurden; und laut den Statistiken ist die überwältigende Mehrheit der Serienkiller ebenfalls männlich. Die Frau hat keinen ausgeprägten Tötungsinstinkt, aus dem einfachen Grund, dass sie Schöpferin des Lebens ist. Sie trägt ein Leben neun Monate in ihrem Schoß, sie bringt es auf die Welt. Ja, auch die Männer leisten ihren Beitrag, wie wir alle wissen, doch das wollen wir nicht überbewerten (allerdings auch nicht komplett unter den Tisch fallen lassen).

*

Einmal, als wir in einem Café in Monte Carlo saßen, machte sich ein vornehmer Mann an meine Frau heran. Ich war nur für einen Augenblick telefonieren gegangen, Maria wartete solange am Tisch auf mich. Beim Anblick der verlockenden Brünetten, die da ganz alleine herumsaß, muss sich dieser Gockel gedacht haben, er könnte sich ein wenig aufplustern.

Als ich von meinem Telefonat zurückkehrte, fand ich eine ganz aufgelöste Maria vor. Sie erzählte mir, dass der Fremde seine Hand auf ihr bloßes Knie unter dem Rock gelegt hatte und dann, nachdem sie ihm eröffnet hatte, dass sie ganz und gar nicht allein da war, zum Ausgang geeilt war.

Ich weiß nicht, ob eine Hand auf einem Knie nach heutigen Maßstäben als Nötigung gilt, aber für mich war es das. Ich lief los und knöpfte mir den Typen vor, der auch noch die Dreistigkeit besaß, mich mit dem Messer zu bedrohen und mir französische Sätze um die Ohren zu hauen, die ich nicht verstand. Aber selbst wenn er auf Neapolitanisch gesprochen und ich ihn verstanden hätte, hätte das nichts geändert. Die Wut darüber, dass er meine Frau angefasst hatte, ging in dem Moment, in dem er sich vor mir aufspielte, in Raserei über. Meine Hand war schneller als mein Gehirn, das mich noch warnen wollte: »Achtung, er ist bewaffnet und du nicht!«

Das war eines der wenigen Male, bei denen meine Ohrfeigen nicht einen Stuntman zu Boden schleuderten, sondern einen Menschen aus dem realen Leben, der nicht auf den Sturz vorbereitet war. Wenige Minuten später trafen Polizei und Krankenwagen ein … Letzterer musste nicht meinetwegen anrücken!

Ich lese immer öfter in der Zeitung von sexuellen Übergriffen, von denen manche nicht einmal zur Anzeige gebracht werden, weil die Frauen Angst davor haben. Denjenigen, die eventuell mein Buch lesen, möchte ich einen väterlichen Rat mit auf den Weg geben: Habt keine Angst! Und lasst sie nicht ungestraft davonkommen.

Ein Mann kann nicht beweisen, dass er ein Mann ist, indem er sich als Macho aufspielt; und wenn er es dennoch tut, ist das der beste Beweis dafür, dass er ein Schwachkopf ist. Was ich aber beim besten Willen nicht begreifen kann, sind Männer, die ihre Frauen aus Karrieregründen regelrecht mit anderen Männern ins Bett schicken. Mich würde einmal interessieren, aus was für einer Familie solche Leute kommen.

Der Respekt vor der Frau ist der unentbehrliche Kern jeder Familie. Und wenn es mir mit diesem Wortschwall gelingt, auch nur diese eine Botschaft zu vermitteln, dann hätte mein Buch nicht nur Unterhaltungswert, sondern würde darüber hinaus noch etwas bewirken. Auch wenn mir natürlich klar ist, dass es nicht meine Aufgabe ist, euch zu belehren. Das Leben ist ein Weg, den jeder selbst erkundet – und außerdem: Kann man sich etwas Komischeres vorstellen als einen dozierenden Bud Spencer?

Ich kann nur hoffen, dass ihr die Geduld und die Nachsicht habt, dem Partner an eurer Seite stets mit Achtung zu begegnen, auch wenn man sich selbst unerträglich wird, weil man erkennen muss, wie viel besser der andere ist. Natürlich ist es einfach, alles hinzuschmeißen und eine Ehe aufzugeben, viel einfacher, als sich anzustrengen und einen Weg zu finden, sie in Ordnung zu bringen. Aber, liebe Freunde, es ist immer leichter davonzulaufen, als in der Arena zu bleiben und zu kämpfen.

Pirandello schreibt, Frauen wären absichtlich dafür geschaffen, die Fehler der Männer aufzudecken. Maria hat meine alle sofort entdeckt und einen Weg gefunden, mit ihnen zu leben. Ein paar hat sie mir sogar abzulegen geholfen. Nicht mehr und nicht weniger.

PAPA, SAG BESCHEID, WENN DU DA BIST!

Ich streite nie! Obwohl, wenn ich darüber nachdenke … eine Person gibt es doch, mit der ich mich streite, und das ist mein Sohn Giuseppe. Zwischen uns kommt es oft zu Reibereien, eigentlich jedes Mal, wenn wir miteinander reden.

Wir beide sind sehr unterschiedlich und unsere Lebensvorstellungen sind komplett gegensätzlich. Jetzt hätte ich eigentlich gerne erklärt, dass meine die richtige ist und seine die falsche. Aber das wäre ja gelogen und in erster Linie würde ich mich damit selbst belügen.

Er ist im gleichen Maße rational, verantwortungsbewusst und vorausschauend, wie ich mich auf meinen Instinkt und meine Improvisationsfähigkeit verlasse. Daher kommt es heute manchmal vor, dass wir unsere Rollen tauschen, dann spielt er den Vater und ich den Sohn. Schlimm wird es für mich erst, wenn er und meine Frau sich verbünden, denn die beiden haben den gleichen Charakter und zwei von der Sorte sind dann doch ein bisschen viel. Doch Gott sei Dank lieben wir uns zu sehr, als dass wir wirklich laut werden, und am Ende lösen sich unsere Diskussionen in Wohlgefallen auf.

Als Giuseppe klein war, musste er sich lange damit begnügen, meine Stimme am Telefon zu hören, meinen Geruch an seinen Kleidern zu riechen oder meinen Schritten in der Garage zu lauschen, wenn ich nach Hause kam. Doch als er 14 wurde, nahm ich ihn mit nach Asien, ans Set von *Plattfuß räumt auf*, wo wir endlich mehr Zeit zusammen verbringen konnten, auch wenn ich natürlich viel arbeiten musste.

Er sagt, ich sei immer ein Vorbild für ihn gewesen, auch wenn ich nicht viel zu Hause war. Giuseppe stellte sich mich nämlich offenbar als eine Art Giganten vor, ein Wesen, das so unglaublich stark ist, dass es selbst in seiner Abwesenheit anwesend ist. Wenn ich wiederum über einen längeren Zeitraum zu Hause war, habe ich nie die Rolle des typischen Vaters erfüllt, der mit seinen Kindern bummeln geht oder ihnen bei den Hausaufgaben hilft. Dafür war ich einfach nicht gemacht. Sagen wir so: Ich war kein orthodoxer Vater. Aber ich war da, habe mit meinen Kindern geredet und auf meine Weise habe ich sie verwöhnt, aber ohne es zu übertreiben.

Giuseppe ist ganz anders als ich: Er ist, wie schon gesagt, ordentlich und organisiert. Andererseits – und darin sind wir uns wiederum ähnlich – ist er aber auch unbestechlich und allergisch gegen ungerechtfertigte Bevorteilung.

Ein Beispiel: Wenn wir ins Kino gingen und der Ticketverkäufer uns an der Schlange vorbei durchlassen wollte, war das Giuseppe unangenehm. Er wollte keine Sonderbehandlung, nur weil sein Vater berühmt war, und stellte sich lieber an der Kasse an wie alle anderen auch. Auch heute noch regt er sich darüber auf, wenn ihm jemand zum Beispiel unterwürfig die Tür aufhält. Giuseppe arbeitet als Produzent fürs Kino und Fernsehen, aber fast wäre er Jurist geworden. Als ihm nur noch zwei Prüfungen zum Abschluss seines Jurastudiums fehlten, beschloss er, abzubrechen und lieber arbeiten zu gehen und Geld zu verdienen. Danach hat er weder die Zeit noch die Lust gehabt, seinen Abschluss nachzuholen.

Ebenso wenig wie meine beiden Töchter hegte er jemals den Traum, Schauspieler zu werden. Er stand schon immer lieber hinter der Kamera als davor und er ist sehr stolz darauf, dass er 1984 an Sergio Leones letztem Film *Es war einmal in Amerika* als Produzent mitgewirkt hat. Ich an seiner Stelle wäre auch mächtig stolz.

In den Jahren seiner Jugend herrschten allerdings keine rosigen Zeiten in Italien. In den Siebzigerjahren ging aus den politischen Launen des vorhergehenden Jahrzehnts, der 68er-Bewegung, eine terroristische Bewegung hervor, die die »anni di piombo« (»die bleiernen Jahre«) prägte: Ein Großteil der jungen Menschen in Italien wurde politisch aktiv und Linke und Rechte bekämpften sich bis zum Exzess: Entweder war man »rot« oder »schwarz« und wenn man grau oder neutral war, wurde man von beiden Parteien gehasst. Auch wenn man kein Militant war, wurde es dadurch nicht leichter, ein normales Leben zu führen. Daher entschied Giuseppe sich, nachdem er die Schule mit guten Ergebnissen abgeschlossen hatte, in Mailand zur Universität zu gehen, wo die Stimmung nicht ganz so angespannt war wie in Rom.

Außerdem fand er dort in den Söhnen meines Cousins Alessandro (Carlo, Antonio und Giovanni) die Brüder, die er sich immer gewünscht hatte. Ich glaube, dass ihn dieser Lebensabschnitt bei den mailändischen Pedersolis sehr prägte und ihm guttat. Was hätte es ihm gebracht, in Rom zu bleiben, wo junge Menschen danach beurteilt wurden, ob sie es fertigbrachten, jemanden, der eine andere politische Gesinnung hatte, zu verprügeln?

Die Zeit dieses gefährlichen Extremismus ist glücklicherweise vorbei. Doch wenn ich mir ansehe, wie manche Eltern ihre Kinder erziehen, mache ich mir doch Sorgen. Und in dem Punkt sind Giuseppe und ich, da er auch selbst Vater ist, uns einig. Ich bemerke bei den Eltern eine Tendenz dazu, ihren Kindern alles durchgehen zu lassen und sie zu protegieren. Sie meinen, ihre Kinder bedingungslos schützen und verteidigen zu müssen, selbst wenn sie eine Straftat begehen. Und wenn das geschieht, dann ist es das Ergebnis einer Erziehung, die es versäumt hat, den Kindern das Konzept der Verantwortung einzuschärfen: nämlich, dass sie für ihre Handlungen geradestehen müssen. Natürlich dürfen Kinder – in einem gewissen Rahmen – Fehler machen, aber wenn sie etwas Kriminelles tun, müssen sie die Konsequenzen dafür tragen und nicht auch noch verhätschelt werden.

Doch all diese Gedanken mache ich mir erst jetzt. Damals war ich so damit beschäftigt, einen Film nach dem anderen zu drehen, dass ich keine Zeit hatte, zu philosophieren. Als mein Sohn alt genug war, um mit ans Set zu kommen, lernte er die Welt des Films kennen. Dadurch wurde er früh mit der Arbeit am Film, einer der schönsten Tätigkeiten der Welt, vertraut, wobei er den organisatorischen und produktiven Aspekt bevorzugte. Giuseppe hatte von klein auf ein ausgeprägtes Verantwortungsbewusstsein, etwas, das mir in dem Alter gänzlich fehlte – und das, obwohl meine Kindheit und Jugend, jedenfalls äußerlich, viel bewegter waren als seine.

Für Giuseppe wurde der Film zum »Kuppler«: Am Set von *Zwei Supertypen in Miami* lernte er die wunderschöne Lupita kennen und wurde gleichzeitig Vater von Caroline – ihrer Tochter von ihrem vorherigen Ehemann. Später kamen noch zwei Söhne hinzu, die Lupita ihm schenkte: Carlo, dynamisch und extrovertiert, und Alessandro, der eher der intellektuelle Typ ist. Letzterer studiert Ingenieurwesen in Mailand. Er hat von seinem Vater die Begabung zum Zeichnen geerbt, während sein Bruder Carlo von mir die sportliche Veranlagung hat.

Alle beide sind groß und stark … ganz der Opa.

Doch seltsamerweise (vielleicht auch klugerweise, wenn man die heutige Situation des Films bedenkt) scheinen sich beide überhaupt nicht fürs Filmgeschäft zu interessieren.

Giuseppe ist nicht einfach nur aufgrund seines Nachnamens Produzent von Bud Spencer geworden; er hat ja auch seine eigenen, viel gewagteren Projekte gemacht, die mit mir überhaupt nichts zu tun hatten. In der Geschichte des Films stößt man häufig auf Künstlerkinder, deren Namen durch den Ruhm des Vaters bekannt sind. Giuseppe arbeitete ganz anders mit mir als seine älteren Kollegen, mit denen ich bisher immer zusammengearbeitet hatte. Vielleicht wäre es letzten Endes leichter für ihn gewesen, es genauso zu machen wie sie. Doch er hatte das Gefühl, dass Bud Spencer, der damals noch vergleichsweise jung war, etwas Neues ausprobieren sollte. Denn dessen vorherige Produzenten hatten immer mit denselben Methoden gearbeitet und ihn gewissermaßen an der kurzen Leine gehalten.

In der Hinsicht war er von allen meinen Produzenten der unnachgiebigste und der, der mich am wenigsten geschont hat. Er »beaufsichtigte« mich nicht, sondern spornte mich vielmehr an, stellte mich absichtlich vor Schwierigkeiten und Herausforderungen, um meiner Figur eine Chance im modernen Film zu geben.

Giuseppe war mehr als ich davon überzeugt, dass ich als Schauspieler viele verschiedene Facetten hatte. Und das ist auch genau der Grund, weshalb ich mich mit ihm als Einzigem ständig stritt, anstatt ihn zu verhätscheln, wie alle am Set es erwartet hatten: Wer dem Irrglauben aufsitzt, dass der Sohn stets Schutz genieße, der hätte uns mal beim Dreh erleben sollen!

Wenn Giuseppe dagegen heftige Diskussionen mit Regisseuren oder anderen Kollegen führte, was in seiner Funktion als Produzent am Set oft unvermeidbar war, hielt ich die Klappe, blieb sitzen und wartete ab. Hätte ich mich eingemischt und für ihn Partei ergriffen, hätten alle gedacht: »Logisch, das macht er, weil Giuseppe sein Sohn ist!« Hätte ich ihm dagegen widersprochen, hätten sie gedacht, ich würde dadurch versuchen, die Solidarität mit meinem Sohn zu verstecken. Was auf dasselbe hinausläuft.

Und so musste er sich selbst mit den anderen herumschlagen, denn die Tatsache, dass der Chef am Set ein Blutsverwandter von mir war, konnte Bud Spencers Phlegma nicht für zwei Sekunden aus der Ruhe bringen. Waren die Dreharbeiten abends zu Ende, begab er sich geradewegs ins Hotel und ließ sich bis zum nächsten Morgen nicht mehr blicken. Es war ganz allein Giuseppes Entscheidung gewesen, zum Film zu gehen, also musste er auch ganz allein damit fertig werden.

Doch ich beschloss, weiterhin mit dieser ungewöhnlichen und mutigen Nervensäge von Produzenten zusammenzuarbeiten, der nicht müde wurde, mir Projekte aufzuhalsen, von denen ich mich normalerweise, schon aus Faulheit, ferngehalten hätte. Er ist ein Mensch, der gerne gegen den Strom schwimmt und darum auch oft dafür kämpfen muss, seine Projekte durchzusetzen.

Hin und wieder gelingt ihm das, zum Beispiel mit *Texas '46* (internationaler Titel *The Good War*) von 2002, einem Film, der leider wenig Zuspruch fand. Doch das ist nichts Ungewöhnliches, wenn man ein Projekt wagt, das vom Mainstream abweicht. In *Texas '46* setzt sich Giorgio Serafini (einer der begabten Regisseure, die noch im italienischen Film aktiv sind) mit einem Aspekt der italienischen Geschichte auseinander, über den bisher nur wenig bekannt war: Der Film handelt von den rund 50.000 italienischen Kriegsgefangenen in einem amerikanischen Kriegsgefangenenlager in Texas, die die Kapitulation ihres Königs im Jahr 1943 nicht akzeptieren wollten. In diesem äußerst mutigen Film spielten der inzwischen verstorbene Roy Scheider, Luca Zingaretti und noch mehr hervorragende Schauspieler mit.

Das, was wir an Filmen auf der Leinwand sehen, ist ungefähr ein Zehntel von alldem, was von Filmemachern liebevoll geplant und erträumt wird und es dann aus den unterschiedlichsten

Gründen niemals auf die Leinwand schafft. Ich warte übrigens immer noch darauf, *Il nonno di Gesù* (»Der Opa von Jesus«) zu machen. In dem Film soll es um die Beziehung zwischen dem kleinen Christus, der noch nichts von seiner Bestimmung ahnt, und einem alten Magier gehen. Ich bin mir nicht sicher, ob daraus noch etwas wird.

Doch egal, wie groß oder klein das Projekt auch ist, man braucht immer einen Produzenten und ein Budget.

Francis Ford Coppola sagte einmal sinngemäß: Je größer der Film, desto schlechter die Idee, und je schlechter der Film, desto größer die Idee. Doch die Produzenten haben nicht immer recht, man denke nur an Darryl Zanuck, der vor vielen Jahren sagte: »Das Fernsehen wird sich nicht länger als sechs Monate bewähren, die Leute werden es schon bald leid sein, ihre Abende damit zu verbringen, einen Holzkasten anzustarren.«

Ich habe keine Ahnung, wie Giuseppe das sieht, aber er denkt sich mit Sicherheit seinen Teil dazu. Fragen kann ich ihn jedoch nicht, denn so sehr ich seine Nähe auch schätze, ich weiß jetzt schon, dass das Gespräch im Streit enden würde. Dann müsste ich mich über ihn aufregen und ihm einen meiner klassischen Faustschläge aus dem Film verpassen! Ihr hättet einmal sehen sollen, wie viele Streitereien wir allein während der Entstehung meiner beiden Autobiografien ausgetragen haben.

Da er im selben Haus wohnt wie ich, sehen wir uns fast schon zu oft. Doch wann immer ich seiner Frau Lupita oder meinen Enkeln über den Weg laufe, bin ich wieder versöhnt. Sie haben übrigens auch nicht die schlechte Angewohnheit, mich zu kritisieren, sondern akzeptieren mich so, wie ich bin. Mal sehen, was aus meinen Enkeln wird.

Ich bin mir jedenfalls sicher, dass sie von Giuseppe und seiner Frau jene Werte mitbekommen, die meiner Meinung nach für die Erziehung eines Kindes unentbehrlich sind. Doch ich will nicht das typische Klischee vom Opa, der seine Enkel beweihräuchert, erfüllen. Daher würde ich sagen, geben wir ihnen Zeit und gehen weiter zu meiner Tochter Cristiana.

*

Cristiana ist mir ähnlicher als Giuseppe und, genau wie ich auch, Skorpion: Sie ähnelt mir sowohl charakterlich als auch äußerlich: Sie hat die gleichen schmalen Augen.

Außerdem hat sie das wunderbare Lächeln und die schlanken Beine meiner Mutter geerbt, beides charakteristisch für die Facchettis, nicht die Pedersolis.

Auch ist sie eher der enthusiastische als der nachdenkliche Typ und stürzt sich ebenso gern wie ich voller Optimismus in ein Projekt, das für sie nur gute Seiten und keine Risiken hat. Man sagt, der Pessimist sei ein Optimist, der besser informiert ist. Cristiana und ich dagegen sagen, der Optimist versteht sich auf das Vergnügen und darauf, Positives anzuziehen. Genau wie ihr Vater tendiert Cristiana daher auch dazu, alles, was sie langweilt, auf morgen zu verschieben, und sich zuerst den schönen Dingen des Lebens zu widmen, unabhängig vom praktischen Nutzen dieser Aktivitäten.

Nun sind wir beide nicht die einzigen Skorpione in der Familie, auch meine Tochter Diamante ist ein waschechter Skorpion. Das veranlasste meine Frau gelegentlich zu einem Seufzen: »Was für Chancen hat ein Wassermann schon gegen drei Skorpione?« Doch dafür versteht sie sich umso besser mit Giuseppe, der vom Sternzeichen ebenfalls Wassermann ist und daher ihr natürlicher Verbündeter.

Cristiana hat einen Sohn und eine Tochter: Nicolò und Sofia, beide ganz zauberhafte Kinder. Nicolò ist ein gut aussehender junger Mann von zwanzig Jahren. Er studiert Wirtschaft und Handel und macht vorsorglich auch noch einen Abschluss in Jura. Denn er hat begriffen, dass die Aussichten auf Arbeit in dieser Gesellschaft nicht gerade rosig sind und es daher nicht schaden kann, mehrere Qualifikationen zu haben.

Um einiges mysteriöser ist seine Schwester Sofia. Sie ist 17 Jahre alt, hübsch und geheimnisvoll. Sie ist eher verschlossen, besitzt aber eine ausgeprägte Beobachtungsgabe: Anstatt wie ein Wasserfall zu reden, beobachtet sie, hört zu und spricht nur dann, wenn sie das Gefühl hat, dass sie etwas Sinnvolles zu sagen hat. Und wenn sie mir ein Lächeln schenkt, versprüht sie eine Freude, die mir wohlbekannt ist, denn sie hat das gleiche Lächeln wie ihre Mutter.

Und somit hat sie auch meines.

Cristiana ist stark in ihr Familienleben eingebunden. Durch ihre große Fürsorge für die Kinder kommt ihr persönliches Leben vielleicht manchmal ein bisschen zu kurz. Doch die Gestaltung des Familienlebens ist die persönliche Angelegenheit jedes Einzelnen. Maria und ich sind manchmal der Meinung, sie verwöhne ihre Kinder, doch der Liebe sind bekanntlich keine Grenzen gesetzt – schon gar nicht, wenn es um die lieben Kinder geht. Außerdem darf ich immer wieder feststellen, dass es in Cristianas Haus harmonisch und heiter zugeht. Und das ist das Wichtigste.

*

Kommen wir nun zum anderen Skorpion in der Familie, meiner Tochter Diamante. Sie lebt seit vielen Jahren weit weg von zu Hause; denn kaum war sie volljährig, wanderte sie nach Amerika aus, um ein Architekturstudium zu beginnen, unabhängig und freiheitsliebend, wie sie war und noch immer ist.

Als Diamante uns damals ihre Pläne offenbarte, setzten Maria und ich uns zusammen und überlegten, ob wir unsere Tochter in die USA reisen lassen sollten oder nicht. Obwohl Diamante damals schon ein sehr hübsches und waches Mädchen war, hatte sie doch in dieser Phase ihres Lebens kein allzu großes Selbstvertrauen. Daher hatte ich Vorbehalte, doch am Ende setzte Maria sich mit dem

Argument durch, dass es eine gute Gelegenheit für Diamante wäre, aus ihrem Schneckenhaus zu kriechen und ein wenig praktische Erfahrung zu sammeln.

Ich war noch immer nicht begeistert von dem Plan: Als ich sie in die USA begleitete, verbrachte ich die ganze erste Nacht in ihrem neuen Zimmer an der amerikanischen Uni damit, das Pro und Kontra ihrer Entscheidung mit ihr durchzugehen. Doch letztlich musste ich mich ihrem Enthusiasmus beugen. Mit ihrer Geschichte bestätigte sich einmal mehr meine Theorie, dass das Leben allen Plänen zum Trotz seinen eigenen Lauf nimmt: Sie schloss in Rhode Island ihr Architekturstudium ab und lernte einen Mann aus Rom kennen, der in Amerika Medizin studierte. Sie verliebten sich ineinander, kurz bevor sie nach Italien zurückkehren wollte. Den Plan warf sie kurzerhand um und blieb in den USA. Es geht ihnen dort heute hervorragend und beide sind glücklich, einen Beruf gefunden zu haben, in dem sie ganz ohne Vitamin B und Vetternwirtschaft Karriere machen können. Allerdings ist Diamante keine typische Karrierefrau, die alles für ihren Beruf opfert: Obwohl sie in dem renommierten Studio von Peter Marino und anschließend für Ralph Lauren in New York gearbeitet hat, beschloss sie dennoch, mit ihrem Mann nach Los Angeles zu gehen, der dort im Krankenhaus eine Stelle als Chefarzt für Laparoskopie bekommen hatte.

Ihr gemeinsamer Sohn Sebastiano wurde in Boston geboren und ist jetzt 15 Jahre alt. In gewisser Weise hat auch er eine Erziehung vom alten Schlag genossen: Da er in Amerika geboren wurde, fühlt er sich als Amerikaner und wann immer er die amerikanische Nationalhymne hört, legt er die Hand aufs Herz. Wenn hier in Italien jemand das Wort »Vaterland« in den Mund nimmt, wird er von seinen Freunden aufgezogen.

Es gibt Momente, in denen ich wünschte, sie würden nach Italien zurückkehren. Doch andererseits sind die Chancen für Diamante hier als Innenarchitektin nicht gerade großartig. Ganz zu schweigen von ihrem Mann, der vierzig ist und Chefarzt. Gerade in diesem Alter hängt der weitere Erfolg vieler italienischer Ärzte, egal wie kompetent sie sind, vom Wohlwollen irgendeines älteren Starmediziners ab. Also geben wir uns damit zufrieden, mit ihnen zu telefonieren. Vor allem Maria sind die Telefonate wichtig, denn da sie Sebastiano nur selten sieht, versucht sie, den Kontakt wenigstens über die Stimme aufrechtzuerhalten.

Obwohl ich nie ein nostalgischer Mensch gewesen bin, fände selbst ich es schön, nach meinem Tod noch einmal wiederzukommen und die Freude erleben zu dürfen, Kinder und Enkel aufwachsen zu sehen. Aber die Zeit ist nun mal unser Herr und Gebieter. Sie vergeht so langsam oder schnell, wie sie es für richtig hält, und lässt uns in dem Glauben, wir hätten alle Zeit der Welt.

Habt ihr schon mal darauf geachtet, dass die Zeit in Momenten des Leids unerträglich langsam vergeht – wie ein Film, der in Zeitlupe abgespielt wird –, während die glücklichen Momente wie im Zeitraffer verfliegen?

Nun bin ich in meinen Achtzigern und mir ist durchaus bewusst, dass ich in mich gehen und meine Taten prüfen könnte. Allerdings sehe ich keinen wirklichen Nutzen in dieser Übung, jedenfalls nicht für mich. Ich habe immer mit offenen Karten gespielt; und wenn mir jener höchste Croupier besonders schöne Karten gegeben hat, dann danke ich ihm dafür und hoffe, sie nicht verschwendet zu haben.

Es tut mir leid, wenn ich euch mit den Lobpreisungen meiner Angehörigen langweile (wobei ich wetten könnte, dass sie sehr vielen von euch sehr ähnlich sind). Ich habe sie immer vom Rampenlicht ferngehalten; jahrzehntelang wusste niemand in der Öffentlichkeit, wie viele Kinder ich habe oder wie meine Frau mit Vornamen heißt. Auf der Straße wurde niemals auf Giuseppe, Cristiana oder Diamante gezeigt und aufgeregt getuschelt: »Oh, schau mal, da sind die Kinder von Bud Spencer!«

Die Liebe zur Familie ist allerdings die, die am längsten währt. Und aus diesem Grund habe ich mich dazu entschlossen, nach den kurzen Andeutungen im ersten Buch hier ausführlicher über meine Familie zu schreiben. Außerdem haben sich ja viele meiner Leser über meine Reserviertheit gegenüber allem, was mein Privatleben betrifft, beklagt. Nun, dann viel Spaß ... es ist noch nicht vorbei, denn ich habe mir überlegt, euch neben meiner Familie auch unser Zuhause vorzustellen.

DAS GEISTERHAUS

Wir waren auf der Suche nach einem Haus außerhalb von Rom, in dem wir zumindest die Sommer verbringen und somit dem Chaos der Stadt für eine Weile entfliehen konnten. Dabei kamen wir zufällig nach Morlupo, einem kleinen Dorf vor den Toren Roms, das aus grünen Hügeln und Bauernhöfen bestand.

»Morolupum« (wie es auf Lateinisch heißt) ist ein sehr altes Dorf, das noch vor dem Römischen Reich besiedelt worden war. Im Laufe der Jahrhunderte wurden dort einige wichtige Schlachten ausgetragen. Doch mich interessierte an dem Dorf nur die Ruhe, die von der idyllischen Landschaft ausging. Von seiner Geschichte und den Kämpfen wusste ich damals wenig bis nichts. Und das Einzige, wofür ich dort kämpfen wollte, war Erholung von der Arbeit.

Und ich hatte die Absicht, diesen Kampf zu gewinnen.

Meine Frau war es, die diesen Bauernhof auf einem großen Grundstück samt Gartenhaus entdeckte. Er war zwar nicht gerade in gutem Zustand, aber es ließ sich auf jeden Fall etwas daraus machen. An Geld für die Restauration fehlte es uns nicht, wir wollten ihn nach und nach in unser Traumhaus verwandeln. Gesagt, getan. Maria und die Eigentümerin waren per Handschlag übereingekommen (was heute, da keiner dem anderen so recht über den Weg traut, nahezu undenkbar ist). Und als ich von meinen Dreharbeiten zurückkehrte, machten wir den Kauf perfekt.

Maria hat die Angewohnheit, überall Samen jeglicher Art zu sammeln und sie dann zufällig in der Gegend zu verteilen. Nach einiger Zeit tauchen dann hier und da überraschend die unterschiedlichsten Pflänzchen auf. Und der Garten war so groß, dass Maria ungehindert ihrer kleinen Leidenschaft nachgehen konnte. Auch jetzt noch verwandelt sie ihn in eine wilde Blumenwiese. Sie erinnert mich dann manchmal an den Protagonisten der Erzählung *Der Mann, der Bäume pflanzte* von Jean Giono. Er erzählt darin die faszinierende Geschichte eines Mannes, der sein ganzes Leben damit zubringt, Bäume zu pflanzen, wodurch die Erde fruchtbar wird, ganze Landstriche bewohnbar werden und schließlich Dörfer und kleine Städte entstehen.

Ganz so weit hat Maria es noch nicht gebracht, aber es ist ihr auf jeden Fall gelungen, dieses kleine Stückchen Land in der römischen Provinz nicht nur bewohnbar, sondern auch richtig paradiesisch zu gestalten. Um unseren Kindern – und eigentlich auch uns – eine Freude zu machen, haben wir im Garten ein rundes Schwimmbecken gebaut. Doch es stellte sich heraus, das sein primärer Nutzen darin bestand, dass Maria mir anschließend Vorwürfe machen konnte, weil ich nicht jeden Tag trainierte. Für sie war das Becken Anlass, mich der Faulheit zu bezichtigen. Ich konnte jedoch zu meiner Verteidigung sagen: »Der Grund, weshalb ich nicht trainieren kann, liegt darin, dass du auf einem runden Becken bestanden hast. Da ich aber mein Leben lang nur in rechteckigen Becken trainiert habe, übt dieses nicht den geringsten Reiz auf mich aus.«

Glücklicherweise haben Maria, unsere Kinder und deren Freunde das Schwimmbecken ausgiebig genutzt. Über viele, viele Jahre ist dieses Landhaus für uns ein Ort der Erholung und der Freude gewesen. Und wann immer ich eine Pause zwischen zwei Filmen hatte, fuhren wir dorthin. Mittlerweile jedoch ist es zum Gegenstand eines andauernden Ehestreits geworden, der widersprüchlicher nicht sein könnte: Maria, die das Haus viel mehr liebt als ich, will es verkaufen; und ich, der es viel weniger liebt als sie, will es behalten! Sie argumentiert, dass das Haus darunter leide, dass es kaum noch bewohnt werde. Denn heute, da wir beide wieder zu Kleinkindern werden und die Kinder weggezogen sind, ist das Haus, das sonst in den Ferien und an Feiertagen voll von Leuten war, überwiegend verlassen.

Die Japaner sind überzeugt, dass alle Dinge, die der Gemeinschaft nützen, eine Seele haben. Wenn zum Beispiel ein Schiff im Begriff ist zu verwahrlosen, beten die Japaner dafür genauso, wie wenn ein Mensch stirbt. Ich bin auch der Überzeugung, dass ein Wohnsitz eine Seele hat … und dass diese Seele sich rächen kann. Der Beweis: Jedes Mal, wenn wir dorthin fahren, um die üblichen wenigen Wochen im Jahr dort zu verbringen, versichert uns der Hausmeister, der für die Instandhaltung zuständig ist, dass alles in bester Ordnung sei. Aber kaum sind wir angekommen, geht der Schlamassel los: Die Lichter an der Auffahrt gehen aus, aus den Wasserhähnen kommt kein warmes Wasser mehr, der Rasenmäher gibt den Geist auf und das azurblaue Wasser im Schwimmbecken nimmt das Grün einer Smaragdeidechse an.

Doch dasselbe Haus hat auch einen Großteil unserer glücklichsten Momente miterlebt: Geburtstage, Taufen, Cristianas Hochzeit und viele andere Feste. Feierlichkeiten, zu denen ich in letzter Minute eintraf, während alle anderen seit Wochen mit den Vorbereitungen beschäftigt waren. Sie wollten alles eigenhändig vorbereiten, von den Blumen über das Essen bis zu den Girlanden. Und netterweise fanden bei diesen Gelegenheiten auch all die Dinge, die ich von meinen Weltreisen mitbrachte, Verwendung.

Verwandte und Freunde konnten jederzeit, auch unangekündigt, hereinschneien, da das Haus immer genügend Raum für alle unsere Gäste bot. Es war wie ein kleiner Hafen am Meer der Liebe und Glückseligkeit, an dem wir alle gemeinsam vor Anker gehen konnten.

In dem alles andere als rechteckigen Schwimmbad habe ich meinen Enkeln und den Freunden meiner Enkel das Schwimmen beigebracht. Dabei durfte ich erleben, wie etwas von meiner früheren

Energie zurückkam und ich die jungen Schwimmer mit so manchen Tricks aus meinen besten Jahren in Staunen versetzen konnte. Doch als mein größter Rivale erwies sich Argo, der Hund meines Sohns Giuseppe. Argo war mit einem natürlichen Rettungsinstinkt gesegnet: Wenn die Kinder untertauchten, dachte Argo anscheinend, jemand würde ertrinken. Dann tauchte auch er unter, spürte den »Ertrinkenden« auf, packte seinen Arm mit dem Maul und brachte ihn »in Sicherheit« – und die Kinder hatten natürlich ihre helle Freude daran, so zu tun, als würden sie ertrinken.

Ihr könnt euch vorstellen, wie unsicher und nervös dieses wunderbare Geschöpf wurde, wenn alle untergetaucht waren und er mit der Rettung nicht hinterherkam. Dann mussten wir ihn streicheln und ihn beruhigen, dass niemand in Gefahr war. Sein Verantwortungsgefühl ließ ihn nicht los, weil er nun mal diese außergewöhnliche Fähigkeit besaß – wie schon Spiderman sagte: »Aus großer Kraft folgt große Verantwortung!«

Wer jemals einen Hund hatte, weiß, zu welch wunderbaren Taten dieser treue Freund imstande ist – er ist Fleisch gewordene Tapferkeit. Denn da sie kein Mensch werden konnte, ist sie ein Tier geworden.

*

Das Nebengebäude des Hauses wurde in einen Festsaal verwandelt, in dem wir unsere Feiern veranstalteten. Von allen Festen, die wir dort gefeiert haben, wird der 18. Geburtstag unserer Nichte Benny alias Benedicta wahrscheinlich am besten in Erinnerung bleiben. In gewisser Weise auch noch deutlicher als Cristianas Hochzeit. Ihr werdet nie darauf kommen, was sich dort ereignet hat.

Benny strahlte vor Freude, als alle ihre jungen und hübsch angezogenen Freunde und Freundinnen eintrafen, die ihr nacheinander ihre Geschenke überreichten. Die meiste Aufmerksamkeit zog jedoch ein kleines schwarzes Knäuel auf sich, das ihr mit einem Satz aus dem Karton entgegensprang: ein Äffchen! Das war der »hervorragende« Einfall einer ihrer Freunde gewesen.

Im Nu wurde das kleine Knäuel von allen weiblichen Anwesenden, die die Zahl der männlichen um ein Vielfaches übertrafen, gehätschelt und getätschelt. Wer weiß, was diesen Affen geritten hat – vielleicht mochte er keine Frauen, vielleicht war er auch hungrig oder es hing damit zusammen, dass er während der Fahrt so lange im Karton eingezwängt gewesen war – jedenfalls hopste er wie ein Verrückter durch die Gegend, noch wilder und vor allem hysterischer als Cheeta, der Affe von Tarzan. Sobald sich ihm jemand näherte, fletschte er die Zähne und auf diese Weise bahnte er sich seinen Weg in die Küche, wo er mit Pfannen und allem, was er sonst noch in die Hände bekam, um sich warf. Jetzt bekamen es auch die Gäste langsam, aber sicher mit der Angst zu tun – allmählich drohte die Situation außer Kontrolle zu geraten.

Ich versuchte, ihn einzufangen, doch mit meinem Körperumfang gegen die Flinkheit dieses Äffchens ankommen zu wollen, war ein aussichtsloses Unterfangen. Dem muss ich allerdings hinzufügen, dass auch die jungen Gäste nicht mehr Erfolg hatten: Dieser kleine Affe war vollkommen verstört und auch wenn er den ganzen Raum verwüstete, konnte ich ihm dafür nicht böse sein. Ich fragte mich nur immerzu, wie man auf die Idee kam, jemandem ein Äffchen zu schenken, von dem man nicht mit hundertprozentiger Sicherheit wusste, dass es ein Kuscheltier war.

Solange sie Hundewelpen oder kleine Kätzchen verschenkten, die sie am besten auf der Straße auflasen, taten sie ein gutes Werk und alles war in Ordnung … aber doch kein Äffchen, der arme Kleine! Wir sparten nicht an ausgeklügelten und listigen Tricks, doch der kleine Affe ließ sich partout nicht austricksen. Die Bezeichnung »Furbo come una scimmia« (»Listig wie ein Affe«) hat sich zweifellos jemand ausgedacht, der einmal dasselbe durchgemacht hatte wie wir in diesem Moment.

Den Neuankömmlingen muss sich ein ziemlich skurriles Bild geboten haben: Sie wurden vom Geschrei eines überdrehten Äffchens und umherfliegenden Gegenständen empfangen, während wir vom einen Ende des Raums zum anderen rannten und versuchten, es zu fassen zu kriegen.

Immer wieder standen wir mit leeren Händen da, wobei manche am Boden lagen, andere aufs Sofa gefallen waren und der eine oder andere gegen die Wand gerannt war. Wäre Terence da gewesen, hätte man das Spektakel für einen Gag aus einem unserer Filme halten können.

»Jetzt reicht's, ich rufe die Feuerwehr!«, rief ich schließlich.

Nach nur wenigen Minuten trafen vier junge Männer in Feuerwehruniformen ein, die in null Komma nichts nicht den Affen, sondern die Aufmerksamkeit der anwesenden Mädchen fesselten. Von allen Seiten wurden ihnen Kuchen und Getränke gereicht, süße Vorwände, um sie in ein Gespräch zu verwickeln. Ein Glück waren sie gestandene Feuerwehrmänner, die sich den Aufmerksamkeiten geschickt entzogen, indem sie auf Affenjagd gingen. Dieser hatte sich zwar inzwischen ein wenig beruhigt, bedachte uns jedoch mit hasserfüllten Blicken, wahrscheinlich, weil wir Verstärkung geholt hatten und ihn auf so unehrenhafte Art und Weise überlisten wollten. Einem der Schönlinge gelang es schließlich, ihn einzufangen. Und als der Leiter des Teams zu einer Rede ansetzte, glaubte ich, einen Anflug von Spott über das kleine Gesicht des Affen huschen zu sehen – er hatte gut lachen: Da wir gegen die Regeln für artgerechte Tierhaltung und den Schutz seltener Exemplare verstoßen hatten, wurde uns eine saftige Geldstrafe aufgedrückt.

Dann gab es natürlich noch die besonderen Feste, bei denen auch die Kleinen länger aufbleiben durften als sonst. Gerade dann sollte man ein Auge darauf haben, was die Kleinen so alles anstellen.

Bei einer dieser Gelegenheiten ließ unsere Tochter Cristiana ihre Tochter Sofia allein mit Sebastiano, Diamantes Sohn, spielen, um sich selbst auch mal ein bisschen Ruhe zu gönnen. Die beiden vergnügten sich am Getränketisch, kleckerten herum und spielten »Cocktails zubereiten«. Im Weggehen mahnte Cristiana die beiden noch, ja brav zu sein. Und wie brav sie zusammen spielten!

Die Kleinen waren so darin vertieft, ungenießbare Getränke aus allen möglichen Zutaten, die an der »Bar« zur Verfügung standen, zu mischen, dass wir sie vollkommen vergaßen. Es war schon spät und der Getränketisch hatte seine ursprüngliche Funktion bereits zur Genüge erfüllt. In den Flaschen waren nur noch Reste von diesem oder jenem Getränk. Doch für Kinder können, wie ihr wisst, auch Krümel die ganze Welt sein. In diesem Fall entdeckten sie eine völlig neue Welt und gaben auch den Erwachsenen eine Kostprobe davon.

Die beiden Barkeeper boten eine der Kreationen ihrer Oma an, welche das Glas dankend annahm. Denn angesichts der fortgeschrittenen Stunde und ihrer Müdigkeit konnte sie ein wenig Erfrischung gut gebrauchen. In der durchsichtigen Flüssigkeit, die Maria für Limonade hielt, klirrten die Eiswürfel. Das alles sah so verlockend aus, dass sie das Getränk in einem Zug hinunterkippte. Rein zufällig kreuzten sich unsere Blicke, als ich gerade dabei war, das knappe Kilo Popcorn, das die Party überlebt hatte, wegzuwerfen. Da bemerkte ich, dass ihr Lächeln sich von einer Sekunde auf die andere in ein breites Grinsen verwandelt hatte. Ihr Blick wurde seltsam starr und ihr Gesicht nahm fast augenblicklich ein tiefes Rubinrot an.

Ich dachte zunächst, ihr sei vielleicht heiß, doch dann fiel mein Blick auf das Glas, das sie noch immer in der Hand hielt: Alles, was von dem Getränk übrig geblieben war, waren die Eiswürfel.

»Ist alles in Ordnung, Maria?«, fragte ich sie.

»Hi-hi-hi-hi!«, war ihre Antwort – ein seltsames Lachen, eher ein Kichern, das Maria mit jedem teilte, der sie ansprach. Sie saß kerzengerade da, das Glas in der Hand, unfähig, auch nur einen Schritt zu tun. In ihrem Blick lag großes Staunen über ihre Umgebung, die ihr anscheinend ganz neu und unglaublich komisch erschien.

Ich sah, wie Cristiana Sofia und Sebastiano einen bösen Blick zuwarf. Doch die beiden panschten nur mit Engelsgesichtern weiterhin die flüssigen Überreste zusammen.

»Maria, was ist los? Warum kommst du nicht her?«

»Hi-hi-hi!«

»Mama, was hast du? Geht's dir nicht gut?«

»Hi-hi-hi!«

Nach dem zwanzigsten »Hi-hi-hi!« musste ich sie am Arm packen und unter dem Gelächter der Anwesenden auf ihr Zimmer bringen. Sie war völlig abwesend, sah mich an und lachte sich kaputt. Doch was sie gesehen hat, bleibt ihr Geheimnis.

Anschließend unterzogen wir die zwei skrupellosen Barkeeper einer Befragung und erfuhren das Rezept des Cocktails, den sie ihrer Oma serviert hatten: Wodka, Gin, Lime, Zucker und Eis, es gab auch noch eine sechste Zutat, an die ich mich aber nicht mehr erinnere. Das ist euer Glück, denn ich kann nur davon abraten, diesen Drink nachzumixen, es sei denn, ihr seid scharf darauf, in achtzig Sekunden die Welt zu umrunden, gefolgt von einem gewaltigen Brummschädel.

»Hi-hi-hi!«

DER *MARZIANO* HAT EINEN VOGEL

Die wahren Freunde, die ich im Laufe meines Lebens gefunden habe, kann ich an einer Hand abzählen. Ich werde sie an dieser Stelle jedoch nicht nennen, da es schwierig ist, über Freundschaften zu sprechen, ohne jemanden am Ende versehentlich zu verletzen. Ich möchte einfach keinen meiner Freunde vor den Kopf stoßen. Außerdem wissen sie so gut wie ich, dass unsere Freundschaften nicht erst in diesem Buch schriftlich bestätigt werden müssen.

Falsche Freunde hatte ich sehr viel mehr, aber ehrlich gesagt, habe ich es mir nie besonders zu Herzen genommen, wenn mich jemand, den ich für einen Freund gehalten hatte, täuschte. Was immer ich für einen Freund tue, tue ich einfach nur, weil ich es in dem Moment will und kann. Dabei erwarte ich nicht von ihm, dass er es mir in irgendeiner Form zurückzahlt. Und wenn er mich hinterher hintergeht, dann halte ich ihm das nicht vor, sondern streiche ihn ganz einfach aus meinem Leben und mache weiter.

Ich weiß noch, wie perplex Maria war, als wir einmal zufällig einer Person begegneten, die mein Vertrauen missbraucht hatte, und ich sie grüßte, als wäre nichts geschehen. Die mildeste Reaktion meiner Frau wäre gewesen, so zu tun, als hätte sie die andere Person nicht gesehen. Aber ich bin nun mal eben ein *marziano*.

Einer der ungewöhnlichsten Freunde, an die ich mich erinnere, lebte viele Jahre als Dauergast bei uns. Er war unverhofft zu uns gestoßen und blieb bis zu seinem Tod. Er hieß Loreto, kein besonders origineller Name, aber dafür war er selbst umso origineller – ein Wunderkind unter den Papageien! Ja, er war ein Vogel.

Eigentlich hatte ihn sich meine Schwiegermutter in Mailand zugelegt, doch ihr Zusammenleben erwies sich als katastrophal. Zwischen den beiden kam kein Dialog zustande, sie verstanden sich einfach nicht. Loreto kam mit dem Charakter meiner Schwiegermutter nicht zurecht. Und das ließ er sie spüren, indem er sie mit seinem Schnabel pickte, sobald sie sich ihm näherte, um ihn zu füttern.

Da das so nicht weitergehen konnte, brachte sie den Vogel kurzerhand zu uns, mit der Bitte, ein paar Tage auf ihn aufzupassen. Sie musste irgendetwas erledigen. Anschließend wollte sie ihn abholen und zu dem Laden zurückbringen, in dem sie ihn gekauft hatte. Ich mag Tiere, das ist kein Geheimnis, mit Loreto war es aber etwas ganz Besonderes. Ich hatte auf Anhieb das Gefühl, dass wir aus dem gleichen Holz geschnitzt waren.

Man kann sagen, dass ich mich in gewisser Weise mit ihm identifizierte (und vielleicht auch umgekehrt). Schon bald entwickelten wir ein Morgenritual: Ich grüßte ihn und er antwortete stets: »Ciao come stai?« (»Hallo, wie geht's?«) Morgens die Stimme von jemandem zu hören, der um mein Wohl besorgt war, ließ mich jeden Tag gut gelaunt beginnen. Wir entwickelten ein richtiges Vertrauensverhältnis, was zur Folge hatte, dass Loreto am Ende nie mehr in jenen Laden zurückkehrte. Dank seines ungewöhnlich großen Repertoires konnten wir viele schöne Schwätzchen halten – wer auch immer ihn mit einem solchen Wortschatz ausgestattet hat, muss eine Engelsgeduld gehabt haben.

Als ich mich ein wenig über die Lerngewohnheiten von Papageien informierte, erfuhr ich, dass Loretos Fähigkeit, in jedem Moment das Richtige zu sagen, eine absolute Seltenheit war. Wenn jemand an die Tür klopfte, imitierte er die Stimme des Dienstmädchens und rief: »Chi è?« (»Wer ist da?«), und das Schönste an der ganzen Sache war, dass sich die Leute vor der Tür tatsächlich täuschen ließen und ihm antworteten. Wenn das Telefon klingelte, vergaß Loreto niemals, »Pronto? Pronto?« (»Hallo? Hallo?«) zu rufen. Auch auf sein »Papa! Papa!«, was bedeutete, dass er Hunger hatte, war stets Verlass. Doch mein bewegendstes Erlebnis mit Loreto war, als ich ihm nach einer zweimonatigen Reise zurief: »Olà Loreto, amico mio! Sono tornato!« (»Olà Loreto, mein Freund! Ich bin wieder da!«) – und er mir antwortete: »Che bello! Che bello!« (»Wie schön! Wie schön!«) So überschwänglich begrüßte mich noch nicht einmal meine Familie.

Die Jahre mit Loreto waren eine vergnügliche Zeit voller Liebe und Zuneigung – ich bin meiner Schwiegermutter heute noch dankbar dafür, dass sie sich mit ihm zerstritten hat. Wenn die beiden sich bei uns über den Weg liefen, glich die Stimmung zwischen ihnen einer Art Waffenstillstand: Sie grüßten sich höflich, doch den Umständen entsprechend fiel ihr »Guten Morgen« und »Guten Abend« nicht gerade überschwänglich aus.

*

Wenn mein Freund Loreto versucht hätte, sich mit mir anzulegen, wäre ich zwar enttäuscht gewesen, hätte mich aber damit abgefunden und nicht aus einer Mücke einen Elefanten gemacht. Familienmitglieder bekommen von mir ohnehin eine »Vorzugsbehandlung«, wie meine Frau es nennt. Wenn ein Blutsverwandter etwas Verletzendes sagt oder etwas tut, mit dem ich nicht einverstanden bin, dann beschäftige ich mich so lange damit, bis ich ihn verstehe. Ich würde niemals dauerhaft den Kontakt abbrechen.

Wann immer ich mich mit Giuseppe oder Cristiana stritt, orientierte ich mich an meinem Vater und überlegte, wie er sich in meiner Situation verhalten hätte. Er war ein gebildeter Mann und wenn er sich durchsetzte, gelang ihm das, ohne dass er von seiner Autorität Gebrauch machen musste. Er traf in der Familie die Entscheidungen – auch wenn das inoffizielle Familienoberhaupt meine Mutter war – und sorgte dafür, dass unsere Familie während der schlimmen Zeit des Krieges finanziell über die Runden kam. Mein Vater war zu jung, um im Ersten Weltkrieg eingezogen zu werden, und zu alt, um im Zweiten kämpfen zu müssen. Das Schlimmste blieb ihm somit glücklicherweise erspart und auch den Rest seines Lebens verbrachte er ohne allzu große Unannehmlichkeiten.

Er stammte aus einer wohlhabenden Familie und war ein Neapolitaner vom alten Schlag. Eines schönen Tages verliebte er sich in meine Mutter, die es aus Norditalien nach Neapel verschlagen hatte. Sie war eine faszinierende Frau voller Lebensenergie.

Von ihr habe ich übrigens auch meine Kurzsichtigkeit geerbt. Ihr werdet es nicht glauben, aber sie hat tatsächlich so schlecht gesehen, dass sie einmal mit meinem Vater in den Fahrstuhl stieg, ohne ihn zu erkennen, und ihn höflich fragte: »In den wievielten Stock fahren Sie?«

Meine Schwester Vera und ich müssen heute noch darüber lachen, wenn wir an sie denken. Leider sehe ich Vera nur selten, da sie in Neapel lebt. Mit vollem Namen heißt sie eigentlich Primavera (Frühling), doch zu Hause war sie immer Vera und für mich wird sie es immer bleiben. Sie ist eine sehr wichtige Person in meinem Leben und ich wünschte mir, ich hätte in jenen jungen, prägenden Jahren mehr Zeit mit ihr verbringen können. Doch damals war ich die meiste Zeit in allen möglichen Ländern der Welt unterwegs und schwamm bei Wettkämpfen. Die Begeisterung für den Sport scheint in unseren Genen zu liegen. Denn auch mein Vater hatte, als er jung war, für seine Schule an zahlreichen Sportwettkämpfen teilgenommen. Vera spezialisierte sich als Jugendliche auf Diskuswurf und Kugelstoßen. Einmal schaffte sie es bei einem Wettkampf gleich nach der berühmten Meisterin der Fünfzigerjahre Paola Paternoster sogar auf den zweiten Platz. Eine Leidenschaft von Veras Mann, Mimmo Maiello, war übrigens das Thema Schwimmen. Darüber hat er ganze sieben Bücher verfasst.

Wie es in italienischen Familien traditionell üblich ist, gingen auch wir sonntags zu meinen Eltern, um gemeinsam zu frühstücken. Meine Mutter zauberte dann die köstlichsten Leckerbissen, die ich mir natürlich nie habe entgehen lassen. Durch diese regelmäßigen, gemütlichen Zusammenkünfte blieben wir immer auf dem Laufenden, was im Leben des anderen gerade passierte. Die Tatsache, dass aus mir ein erfolgreicher Schauspieler wurde, verwunderte meine Mutter nicht allzu sehr. Nachdem ich eine eher ungewöhnliche Karriere als Schwimmer hingelegt hatte, war ihr klar, dass eine konventionelle Laufbahn auch in Zukunft nicht für mich infrage kommen würde.

Heute denke ich manchmal bei mir, dass ich mich darüber gefreut hätte, wenn eines meiner Kinder oder Enkelkinder – da sie schon nicht in meine Fußstapfen als Schauspieler treten wollten – ebenfalls Schwimmer geworden wäre: allen voran Cristiana, die es in dieser Disziplin wahrscheinlich noch weiter gebracht hätte als ich. Doch andererseits ist das Sportgeschäft mittlerweile schon derart von Doping und anderen Skandalen überschattet, dass ich diesen Wunsch lieber wieder zurücknehme. Das Motto der Griechen, wonach bei Wettkämpfen das Mitmachen mehr wert ist als ein Sieg, wurde von den Geschäftsleuten im Sport buchstäblich umgedreht: Wer heutzutage nicht gewinnt, ist auch nichts wert. Den Sieger hingegen erwarten Werbeverträge in Milliardenhöhe. Früher bekam man als Sieger allerhöchstens einen Bademantel geschenkt, für den vorher noch Geld gesammelt wurde!

Wenn ich über meine eigene Karriere nachdenke, würde ich im Nachhinein eine Sache anders machen: Ich würde die Zeit in Brasilien nicht verstreichen lassen, ohne ein einziges Mal zu trainieren. Denn was ich in diesen drei Jahren an Beweglichkeit eingebüßt habe, ist nicht wieder aufzuholen gewesen. Und ich denke, dass ich es, ohne unbescheiden sein zu wollen, unter die ersten drei der Weltspitze hätte schaffen können – hätte ich mich nur ein wenig in Verzicht geübt und mich aufs Schwimmen konzentriert.

Ähnlich geht es mir mit der Musik. Jetzt finde ich es schade, dass ich nie systematisch Musik studiert habe, obwohl ich mit meinem ausgeprägten Gehör gute Voraussetzungen hatte. Ich konnte Gitarre spielen und auf dem Klavier klimpern, auch meine Stimme klang nicht schlecht, wie ich mir habe sagen lassen. Warum ich nicht mehr daraus gemacht habe? Ich war einfach zu faul! Als junger Mensch ist man vor Irrtümern nicht gefeit und trifft hin und wieder eine Fehlentscheidung. Dafür will ich euch nun ein Beispiel geben.

DER *MARZIANO* UND DIE KUNST

Zu der Zeit, als Maria und ich gerade frisch verlobt waren, führte uns ein Freund einmal in einen Weinkeller auf der Via Veneto. Die Via Veneto war damals der Inbegriff des mondänen Dolce Vita und erlangte durch den gleichnamigen Film Federico Fellinis Unsterblichkeit.

In dem Weinkeller lieferte ein exzentrischer Künstler seine rätselhafte Performance ab – er zerriss Leinentücher, die eigens zu dem Zweck an die Wand genagelt worden waren, bekleckste sie mit Farbe und stellte weitere merkwürdige Sachen damit an, die mir, wie alles, was mit moderner Kunst zu tun hatte, absolut fremd waren. Ich schnitt eine Grimasse.

»Marì, was soll das werden, wenn es fertig ist? Irgendwelche Lumpen zerreißen und mit Farbe bespritzen kann ich auch«, flüsterte ich meiner Frau zu, die kultivierter war als ich, aber nicht weniger ratlos und auf meinen Kommentar hin in ihren nicht vorhandenen Bart hineinlachte.

Der verrückte Künstler hieß Alberto Burri und gilt heute als einer der bedeutendsten Vertreter der sogenannten »Arte Povera« (arme Kunst), die sich als Kunst aus alltäglichen Materialien beschreiben lässt. Der Künstler tauscht dabei seinen Pinsel und die Leinwand gegen zum Beispiel einen Schweißbrenner, Plastik, Holz und Leinen ein, um sich und seiner Auffassung von Kunst Ausdruck zu verleihen. Wir haben den berühmten Burri live gesehen und hatten nicht die geringste Ahnung, dass er ein »Star« auf seinem Gebiet werden würde. Weder Maria noch ich besaßen die Gabe, das werdende Genie in ihm zu erkennen.

Eine weitere Begegnung mit der Welt der modernen Kunst erlebten wir in einer Wohnung in der Via del Corso. Dort trafen wir auf den jungen Maler und Dichter Mimmo Rotella, den Begründer jener poetischen Strömung, die sich »Poesia Epistaltica« nennt. (»Epistaltica« ist ein Neologismus, der keine Bedeutung hat.) Er versammelte die Anwesenden im Wohnzimmer und begann zu rezitieren: »Das hier ist ein Schwertfisch«, woraufhin er wie ein Fisch den Mund auf- und zumachte. Anschließend beglückte er seine Gäste mit weiteren Geräuschen, die frei von jeglicher Bedeutung waren. Seine Kunst war wesentlich vom Klang bestimmt. Denn da er die herkömmliche, aus Worten bestehende Poesie als einschränkend empfand, setzte er dieser eine Komposition aus Geräuschen und Lauten entgegen.

Das gleiche Konzept verfolgte er in seinen Bildern, die er häufig aus zerrissenen Plakaten anfertigte. In diesem Zusammenhang pflegte er zu sagen: »Die einzig mögliche Form, gegen eine Gesellschaft zu protestieren, die die Freude an wunderbaren Veränderungen und Verwandlungen verloren hat, besteht darin, Plakate von den Wänden zu reißen.«

Gesagt, getan! Rotella, der Begründer der Décollage, lief durch die nächtlichen Gassen Roms und riss Werbeplakate, Sinnbilder einer konsumorientierten Welt, von den Wänden. Anschließend verarbeitete er die Plakate in Collagen, ein Akt, der einer dramatischen Choreografie glich.

Ich konnte nicht anders, als hämisch zu kichern – Banause, der ich damals war. Heute kann ich mich für mein Kichern nur noch auslachen. Die Werke Rotellas werden auf der ganzen Welt ausgestellt, sogar im Museum of Modern Art und im Guggenheim Museum in New York. Gerade in den Fünfzigerjahren war eine Menge großer Künstler auf dem Vormarsch, die die Welt noch nicht kannte oder gerade erst kennenlernte. Doch unabhängig davon war ihr Glaube an die eigene Schöpferkraft bereits vorhanden.

Wenn jemand den Begriff »Künstler« auf Schauspieler anwendet, muss ich immer lachen. Denn angenommen, Schauspieler sind Künstler, was sind dann Genies wie Michelangelo oder Van Gogh?

NACH BELIEBEN!

Diäten sind ein seltsames Phänomen; sie werden einem von allen Seiten aufgeschwatzt, und zwar egal, wie dick oder dünn man ist. Wenn man etwas besser gepolstert ist, bekommt man eine Wunderdiät ans Herz gelegt. Gehört man dagegen zu der privilegierten Kaste der Schlanken, soll man ebenso Diät halten, damit man ja nicht zunimmt.

Wie zwei oder drei meiner Leser vielleicht schon bemerkt haben werden, bin ich leicht übergewichtig (nichts, was man gleich auf den ersten Blick bemerken würde). Diäten aber habe ich mir stets, so gut es ging, vom Leib gehalten. Es wäre ohnehin ein aussichtsloses Unterfangen gewesen.

Doch dann lernte ich eines Tages Miss Scarsdale kennen. Auch wenn Miss Scarsdale kein junges Mädchen war, sondern eine Diät, wirkte sie auf mich verführerisch. Ein amerikanischer Kardiologe, Dr. Tarnower, hatte sie sich in den Siebzigerjahren als Kur für Herzpatienten ausgedacht. Das Buch zur Diät wurde ein Bestseller.

Ein Freund von mir, der sehr um mein Wohl besorgt war und sich bestens mit den neuesten Trends auskannte, brachte mir eine Broschüre vorbei, in der von jener Diät die Rede war. Die Anleitung wirkte so einfach und klar, dass ich mich tatsächlich damit auseinandersetzte. Sie beinhaltete außerdem einen Speiseplan, der, wenn er einige Wochen lang eingehalten würde, unglaubliche Ergebnisse erzielen sollte. Da ich zu der Zeit gerade außerhalb von Rom zu tun hatte, überreichte ich der Dame, die für mein Wohlbefinden sorgte, den Speiseplan. Eigentlich war sie Schneiderin, aber ich habe sie vor allem als begnadete Köchin in Erinnerung. Ich bat sie, die Anweisungen genau zu befolgen, ganz besonders die magischen Worte, die der sympathische, gutherzige Autor wiederholte: »Nach Belieben.«

Man musste sich zwar an die Gerichte halten, die er vorschrieb, die Menge durfte man aber nach Belieben selbst bestimmen. Das war genau, was Bud Spencer hören wollte. Welch unbeschreibliches Glück von zwei kleinen Wörtern ausgehen kann! Die Diät erlaubte mir, »nach Belieben« Fleisch, Obst oder auch Fisch zu essen. Ich musste nur darauf achten, was ich an welchem Tag zu mir nahm.

Es liegt in der Natur der Sache, dass Schauspieler prekären Arbeitsbedingungen unterliegen; und diejenigen, die für einen Schauspieler arbeiten, sitzen mit ihm im selben Boot. Daher tun sie in der Regel alles dafür, um ihn bei Laune zu halten, und meine Köchin bildete keine Ausnahme: Täglich zauberte sie mir mit riesigen Portionen mittags und abends ein seliges Lächeln aufs Gesicht. Ich hatte endlich eine Diät gefunden, die meinen Ansprüchen gerecht wurde – und meine Ansprüche in Bezug auf Essen waren schon immer größer als die der anderen. Gott segne Dr. Tarnower!

Als ich nach zwei Wochen strikter Diät nach Hause kam, blickte ich in irritierte Gesichter: »Du hast ja kein Stück abgenommen, im Gegenteil!«

»Wie, *im Gegenteil*? Ich habe alles genau so gemacht, wie es von Dr. Tarnower beschrieben wurde.«

Die Diskussion wurde vertagt, da es rapide aufs Abendessen zuging. Wir setzten uns an den Tisch und ich bemerkte, dass sich offensichtlich auch meine Frau an den Diätplan gehalten hatte. Denn es war Dienstag, der Tag, an dem ich Fleisch essen sollte, und vor mir stand eine ganze Platte köstlicher Hamburger. Mit großem Pflichtbewusstsein tat ich, wie mir von Miss Scarsdale geheißen. Doch als ich aufsah, blickte ich in die bestürzten Gesichter meiner Frau und Kinder. Sie saßen vor leeren Tellern und verfielen, nachdem sie den ersten Schock überwunden hatten, in lautstarken Protest: »Aber Papa, was ist mit uns?«

»Wie meint ihr das, was ist mit *euch*? Das war doch meine Portion, oder etwa nicht?

Offenbar nicht. Maria hatte vorgehabt, mir die Hamburger wegzunehmen und sie durch eine kleine Portion Spaghetti zu ersetzen.

»Was um alles in der Welt hast du für eine Diät gemacht?«

»Na die, in der es heißt: ›Nach Belieben‹«!

Ich hatte diese schönen Worte wohl ein wenig zu sehr meinem Körperumfang und dem entsprechenden Belieben angepasst, die beide, wie ihr wisst, das Maß normaler menschlicher Wesen – und des Großteils der Anhänger Dr. Tarnowers – überstiegen.

Die Landschaft der Diäten war die einzige auf meiner langen Lebensreise, die ich nur mit größtem Sicherheitsabstand erkundete. Genau genommen flog ich, so hoch es ging, darüber hinweg und verzichtete auf eine Zwischenlandung. Kurzzeitig war mir, als wäre »Land in Sicht«, doch das war nur ein Trugbild.

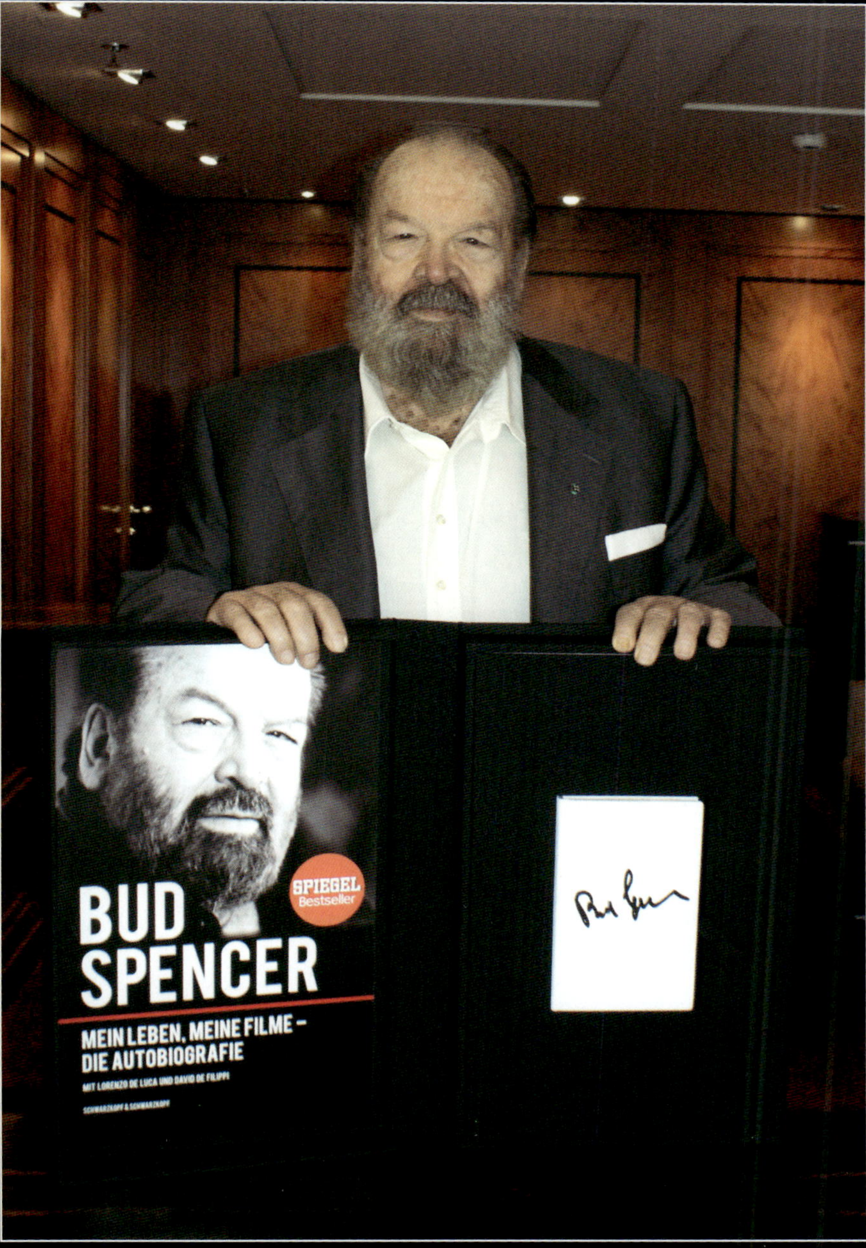

Juni 2011: Bud Spencer ist nach Berlin gekommen, um das 100.000ste Exemplar seiner Autobiografie in Empfang zu nehmen. Das Buch wurde ihm vom Verlag in einer großen, mit schwarzem Leinen bezogenen Kassette überreicht. Das Buch selbst ist mit weißem Leder bezogen, in das schwarz sein Autogramm geprägt ist. Die Kanten des Buches sind mit echtem Blattgold verziert, ein sogenannter Goldschnitt.

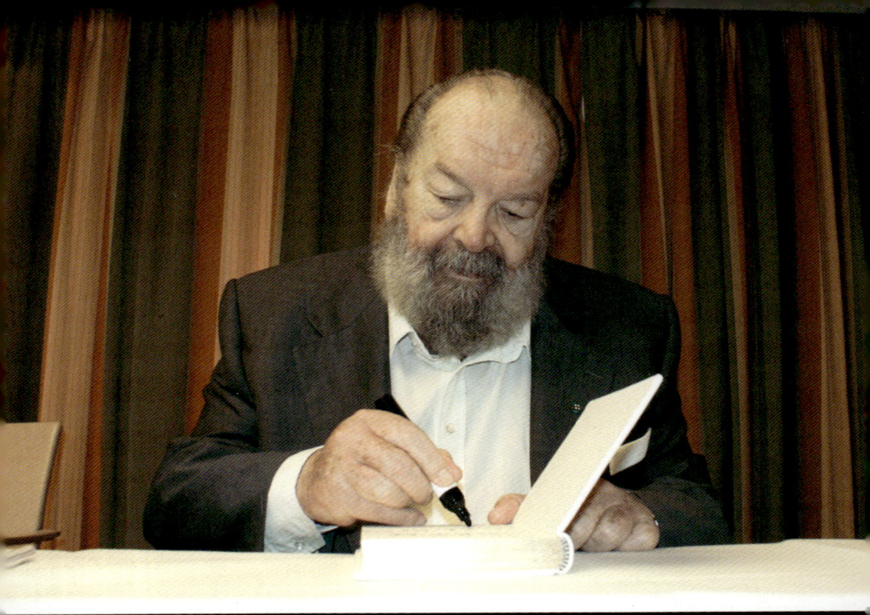

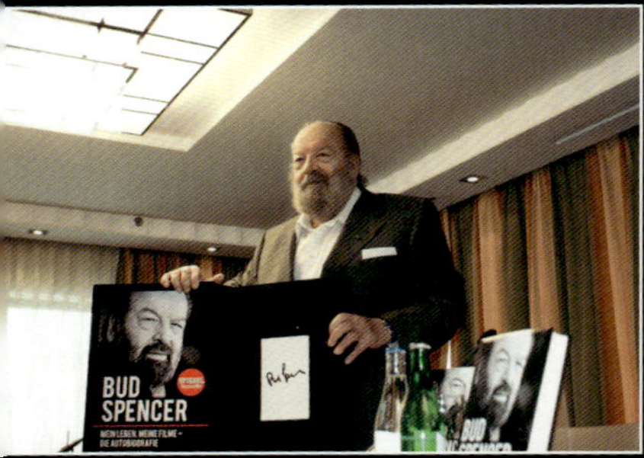

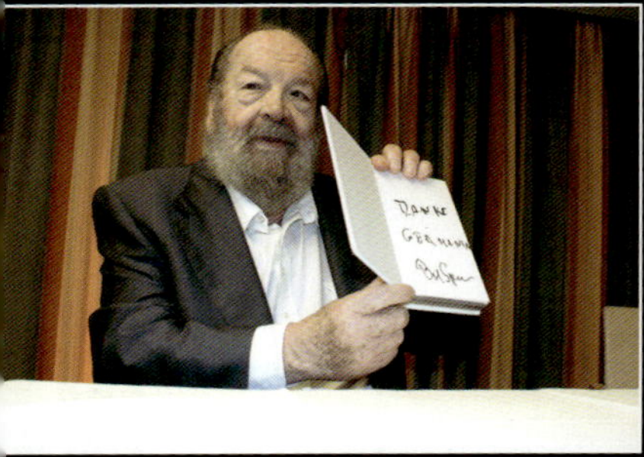

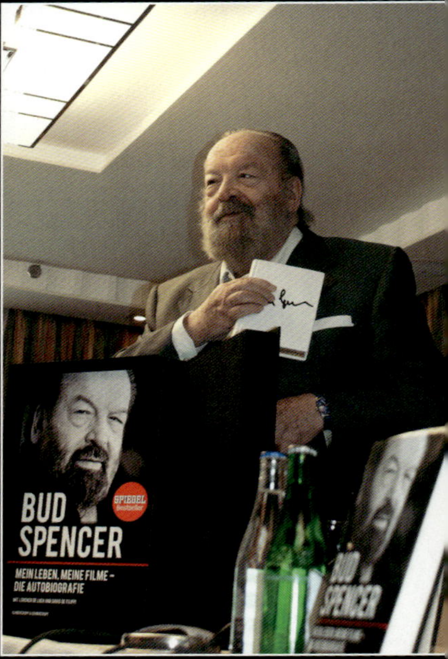

Bud Spencer signiert auf der Pressekonferenz das 100.000ste Exemplar seines Bestsellers *Mein Leben, meine Filme*. Das Buch in der Box wird später auf einer Charity-Auktion zugunsten von Ärzte ohne Grenzen versteigert und erzielt unglaubliche 5151,01 Euro. Der Ersteigerer ist ein glühender Fan, der anonym bleiben möchte.

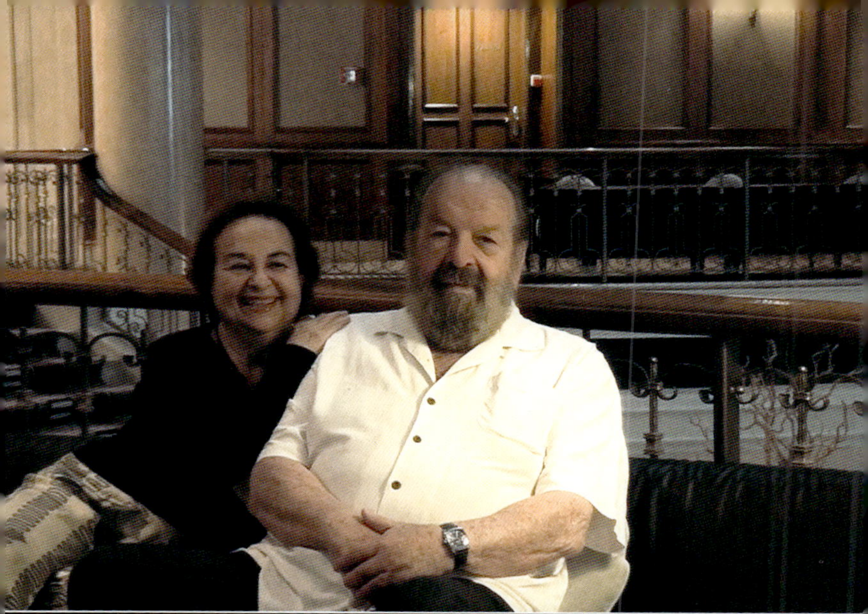

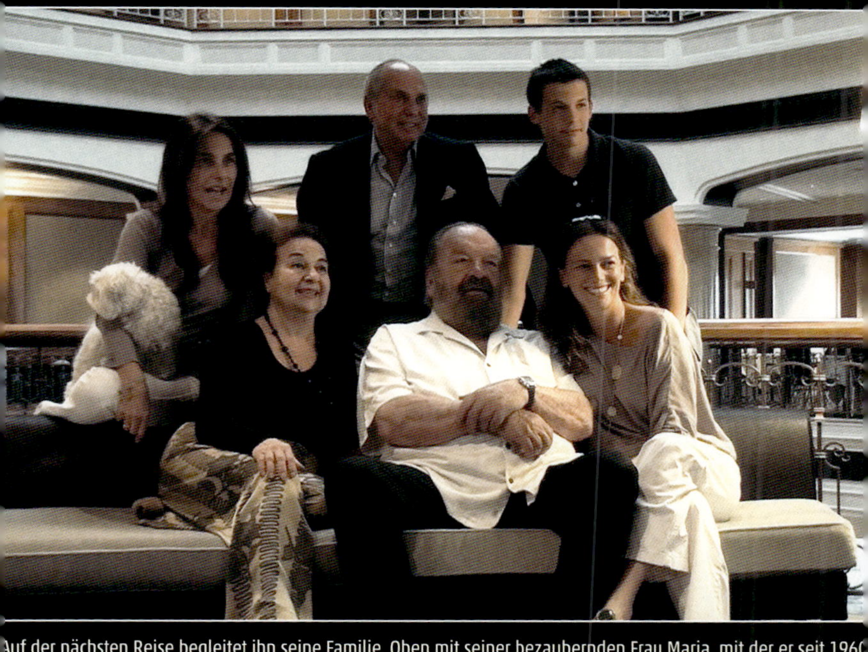

Auf der nächsten Reise begleitet ihn seine Familie. Oben mit seiner bezaubernden Frau Maria, mit der er seit 1960 verheiratet ist, unten mit seiner Familie. Vordere Reihe: seine Frau Maria, Carlo Pedersoli und seine Tochter Diamante Rigazzi. Hintere Reihe: seine Nichte Gaia Gorrini und ihr Mann sowie Buds Enkel Sebastiano Rigazzi.

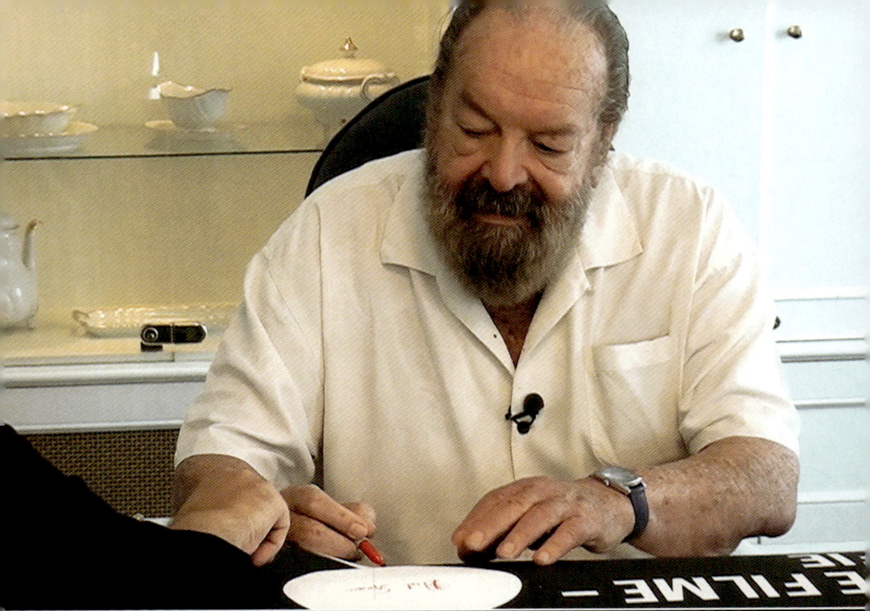

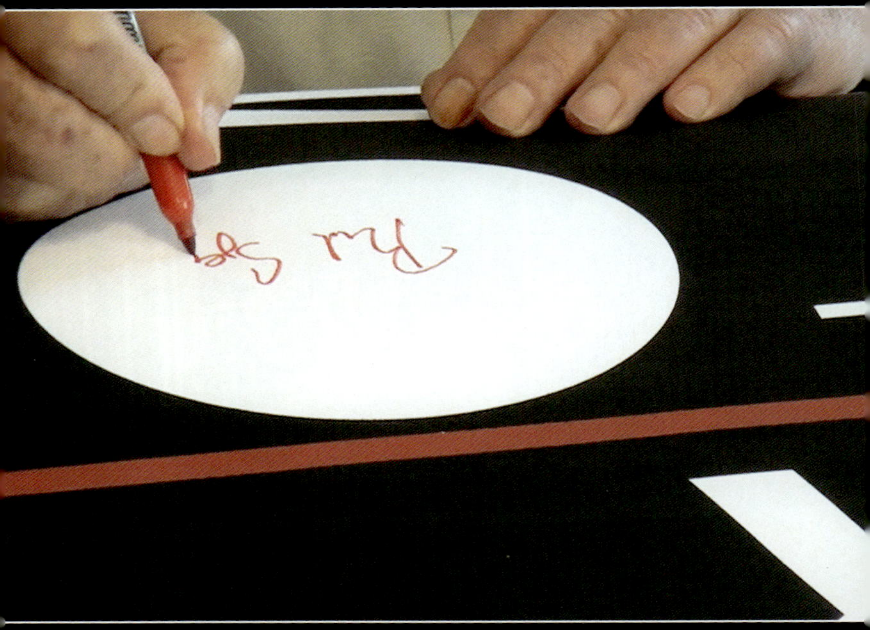

Bereits im August 2011 kommt Bud Spencer anlässlich eines Filmfestivals zu seinen Ehren wieder nach Berlin. Und wieder: Autogramme, Autogramme, Autogramme! Wo immer er ist, wird er um eine Unterschrift gebeten. Hier signiert er großformatige Leinen-Kunstdrucke für die offizielle Website www.bud-spencer.org.

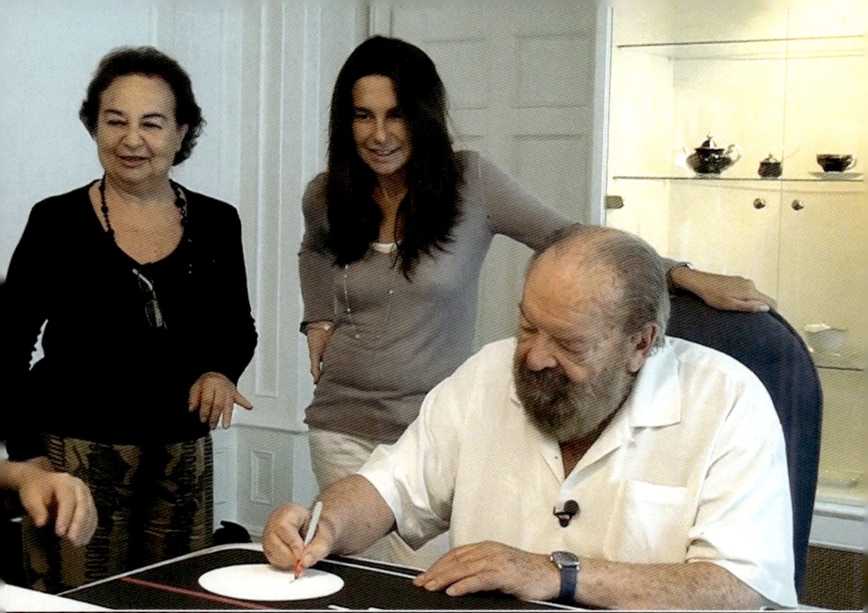

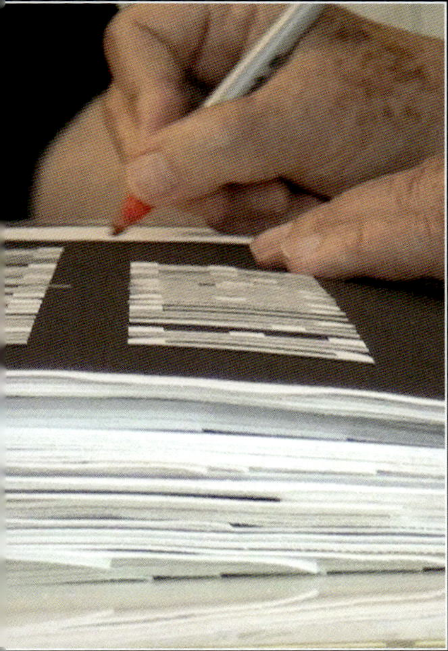

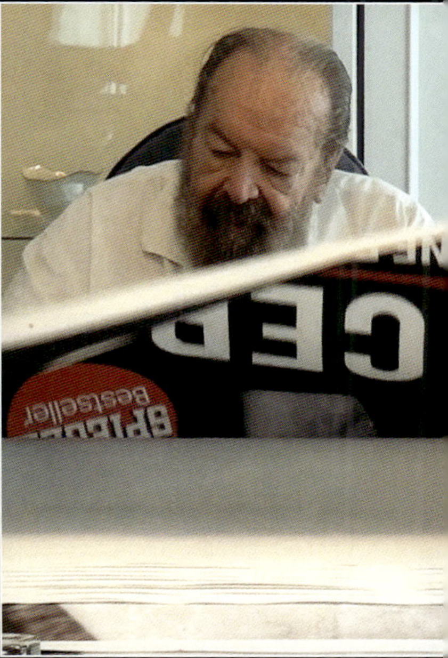

Oben beobachten seine Frau Maria und seine Nichte Gaia das Signieren und bewundern die riesigen Leinen-Kunst-drucke in der Größe von etwa zwei Quadratmetern. Bud Spencer ist ein echter Familienmensch, er sagt dazu: »Die Familie ist nicht nur das Wichtigste, was wir haben, sie ist am Ende sogar das Einzige.«

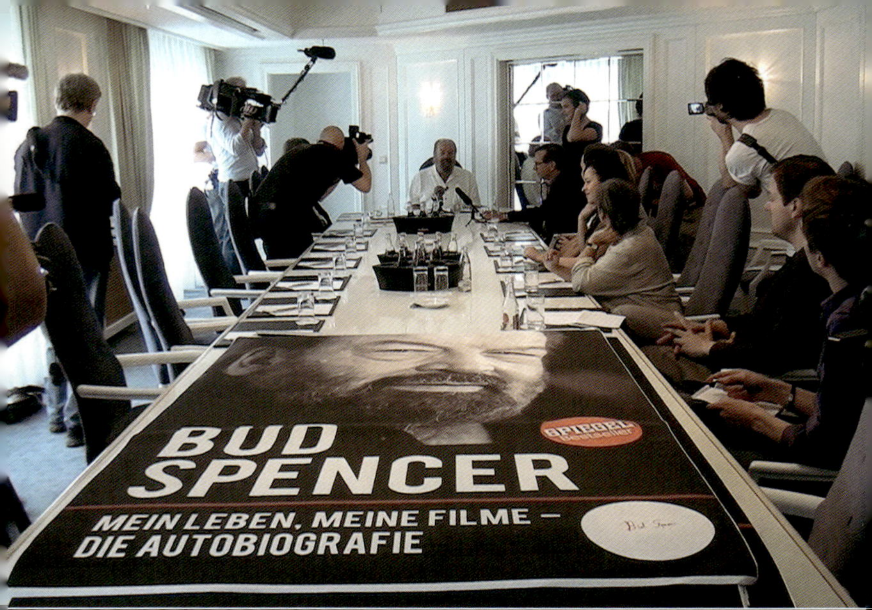

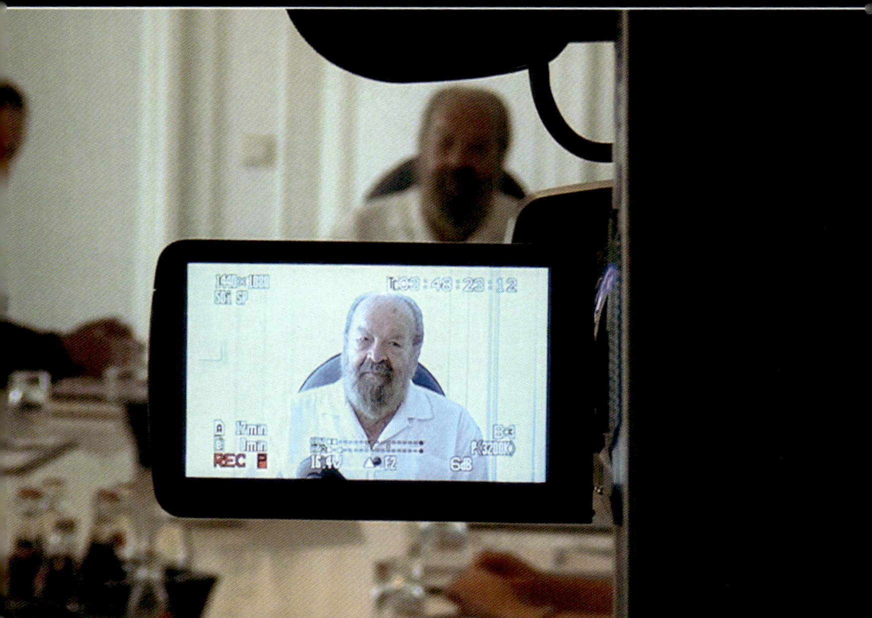

Oben: Im Vordergrund liegen noch die Kunstdrucke, nach den Signaturen wartet am anderen Ende des langen Tisches
chon die Presse auf die ersten Interviews, die noch am selben Tag ausgestrahlt werden sollen. Am Abend wird Bud
pencer im Berliner Kino Babylon auftreten, die Veranstaltung ist seit Langem ausverkauft.

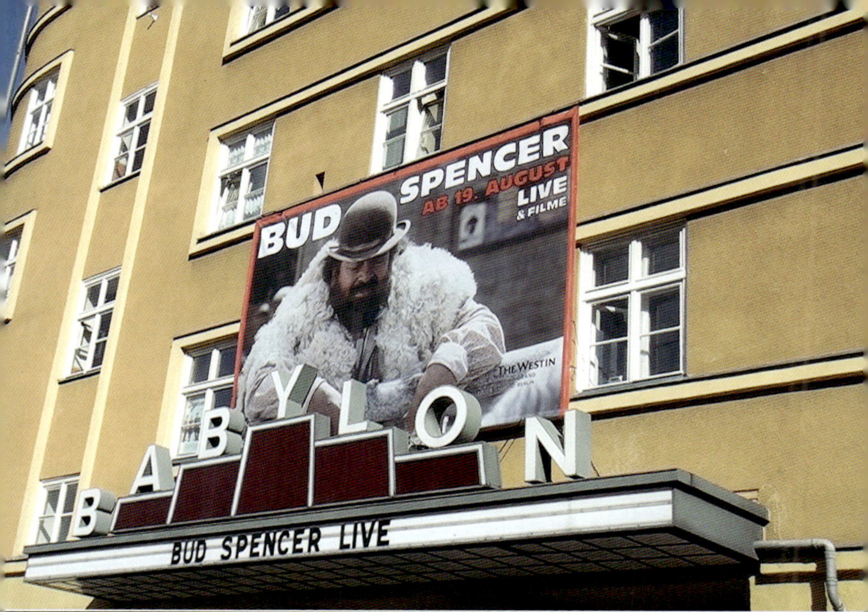

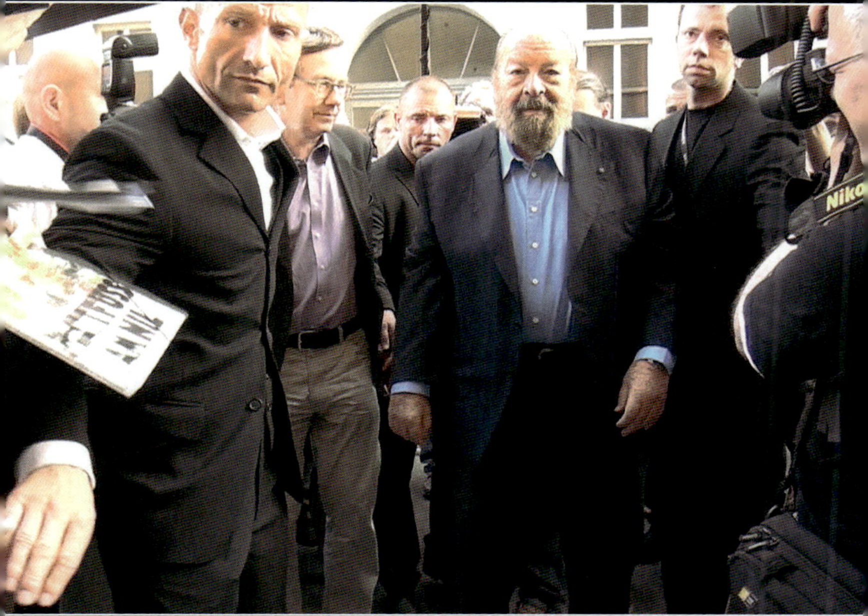

Oben: Das Kino Babylon mit festlicher Dekoration und der Ankündigung: »BUD SPENCER LIVE«. Viele Passanten konnten es kaum glauben, dass Bud Spencer selbst auftreten würde, aber die vielen Hundert wartenden Fans belehrten sie schnell eines Besseren. Unten: Gedränge vor dem Kino, als Bud Spencer eintrifft.

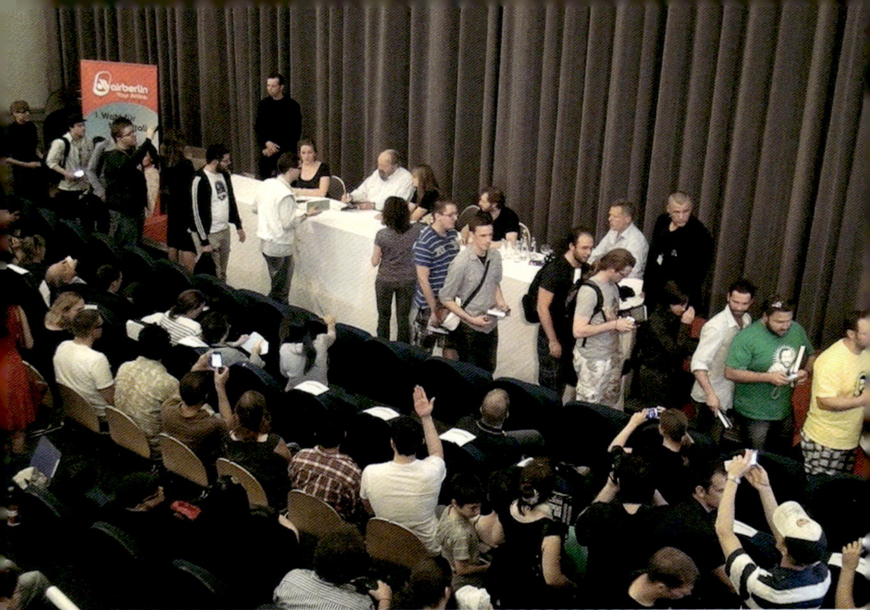

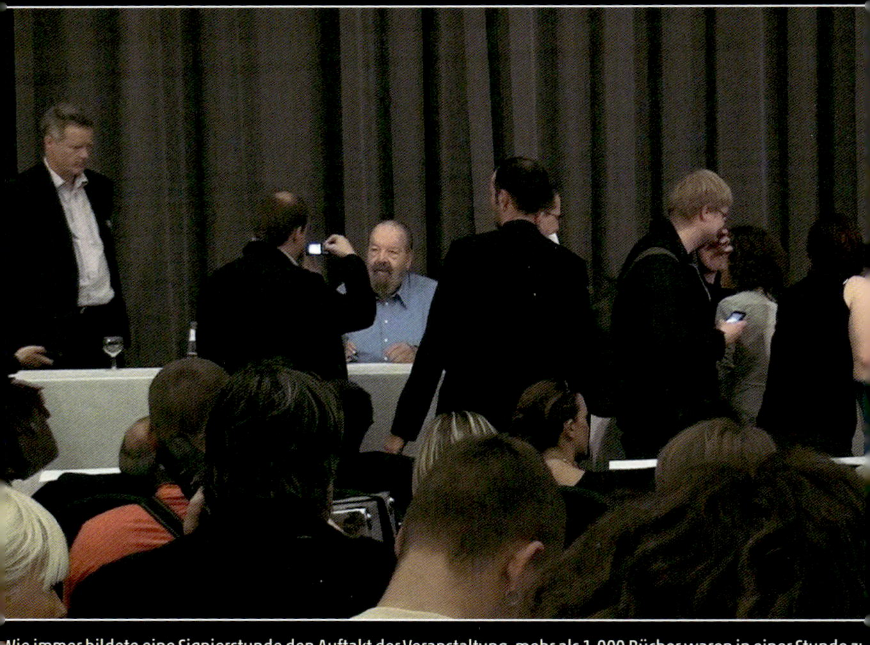

Wie immer bildete eine Signierstunde den Auftakt der Veranstaltung, mehr als 1.000 Bücher waren in einer Stunde zu signieren. Die Fans im Babylon waren begeistert, ihrem Idol so nahe zu kommen, viele nutzten die Gelegenheit für ein schnelles Foto. Links stehend im Bild der vorzügliche Übersetzer Johannes Hampel.

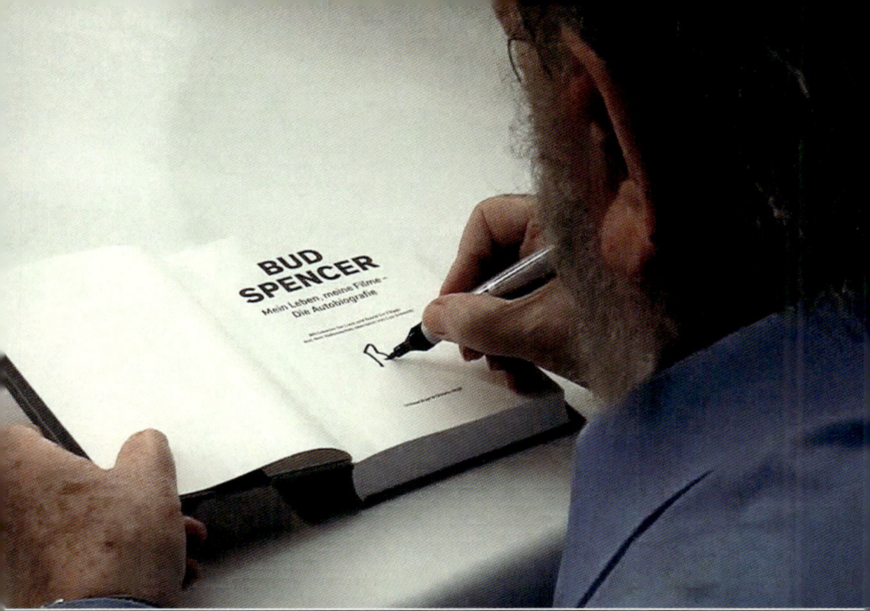

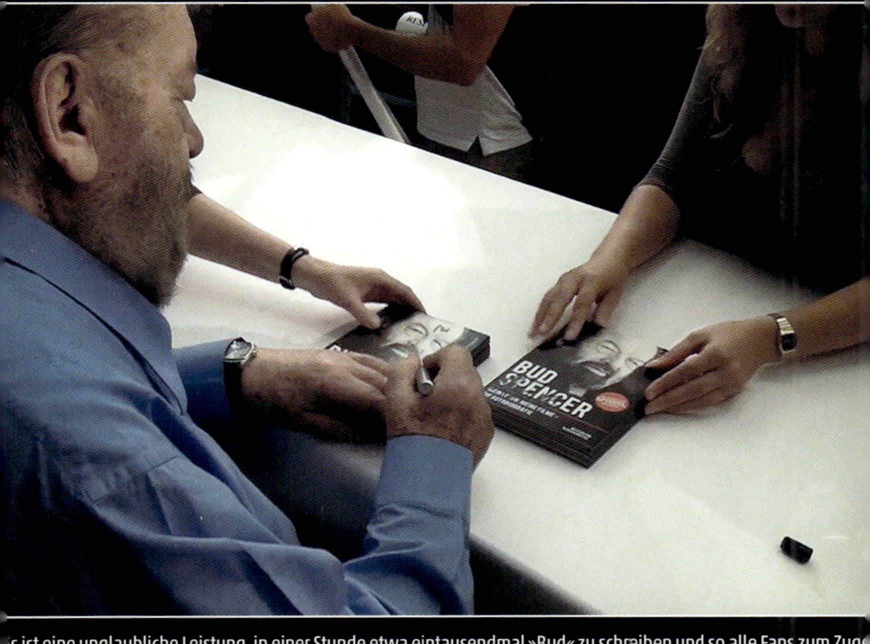

… s ist eine unglaubliche Leistung, in einer Stunde etwa eintausendmal »Bud« zu schreiben und so alle Fans zum Zug… kommen zu lassen. Bud Spencer sagt dazu: »Meine Hand weiß nach so einer Stunde, was sie getan hat.« Aber fü… seine Fans signiert er auf jeder Veranstaltung so viel und so lange, wie seine Hand es ihm erlaubt.

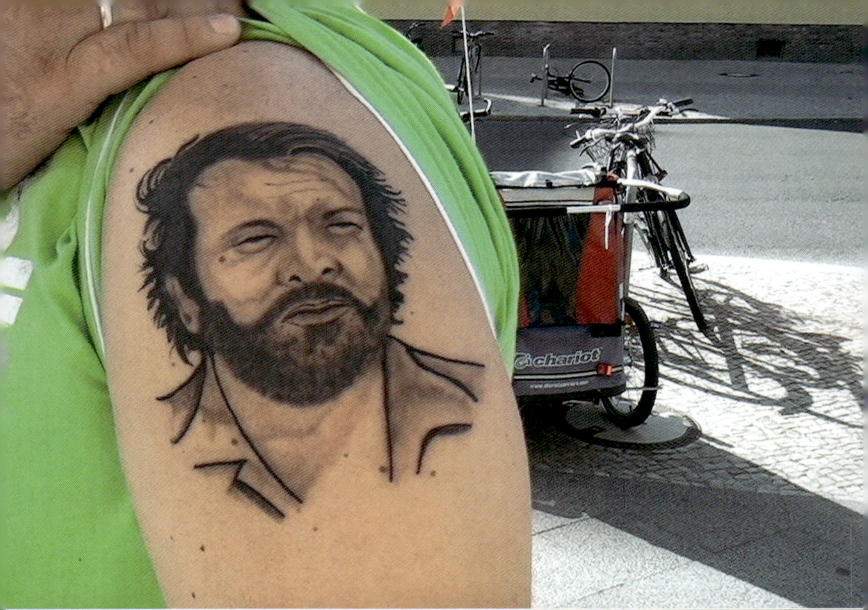

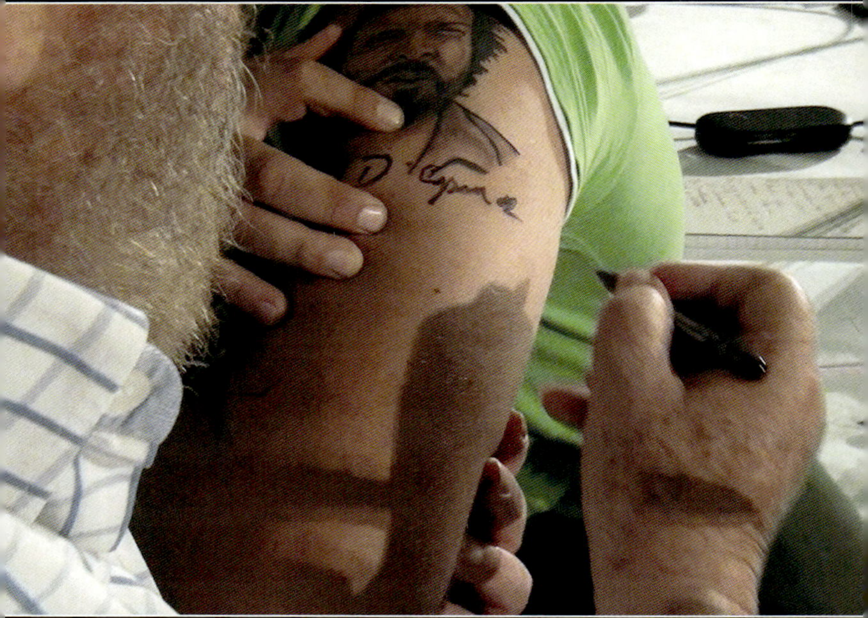

Bud Spencers Fans sind ganz besonders! Dieser Fan hatte sich Buds Porträt auf den Oberarm tätowieren lassen. Vo
der Veranstaltung sagte er, dass sein größter Wunsch eine Signatur von Bud Spencer am Tattoo sei. Unten ist zu sehen
dass Bud ihm den Wunsch erfüllt hat, der Fan wollte sich die Signatur dann als Tattoo stechen lassen.

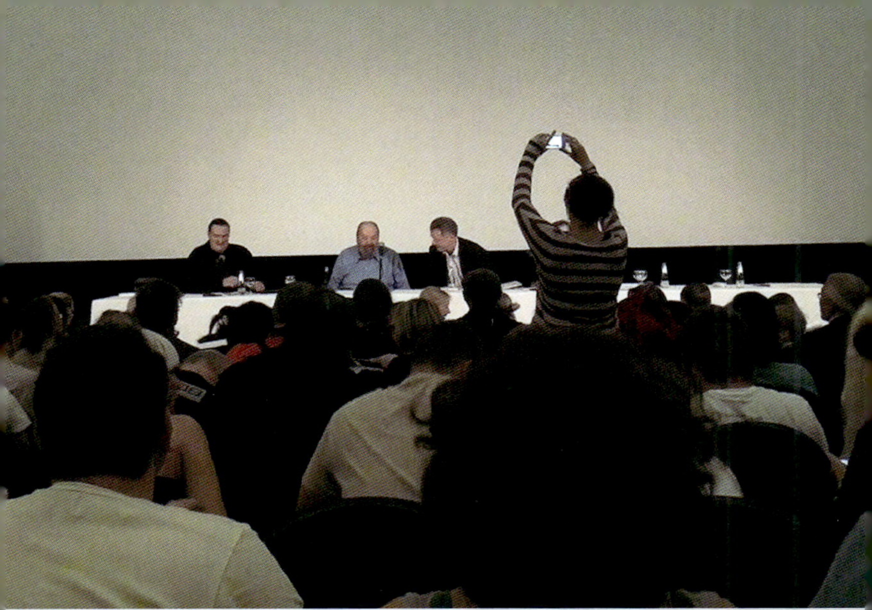

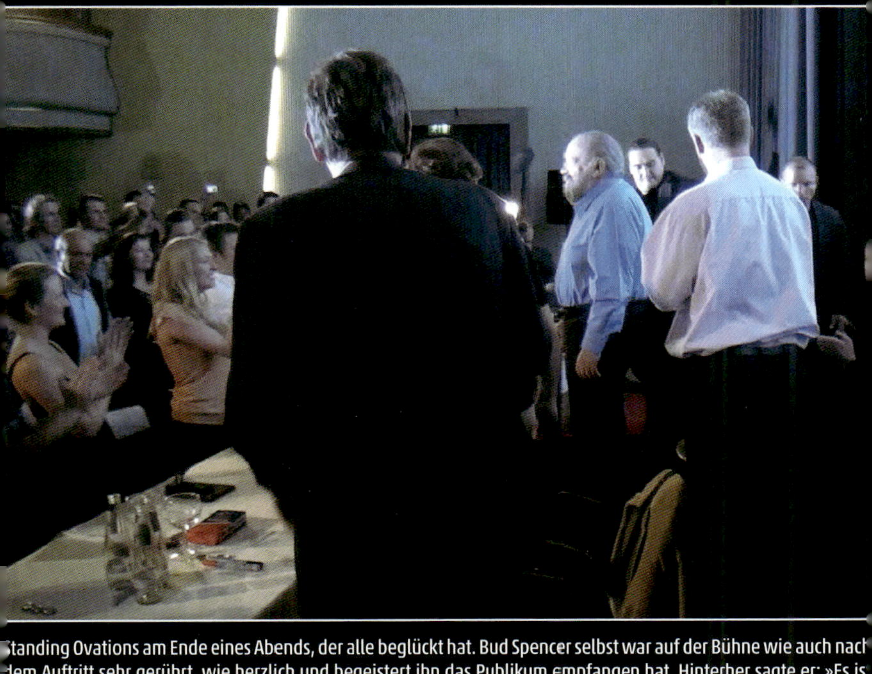

Standing Ovations am Ende eines Abends, der alle beglückt hat. Bud Spencer selbst war auf der Bühne wie auch nach dem Auftritt sehr gerührt, wie herzlich und begeistert ihn das Publikum empfangen hat. Hinterher sagte er: »Es ist unglaublich, wie viele junge Menschen gekommen sind, ich fühle mich selbst wieder jung!«

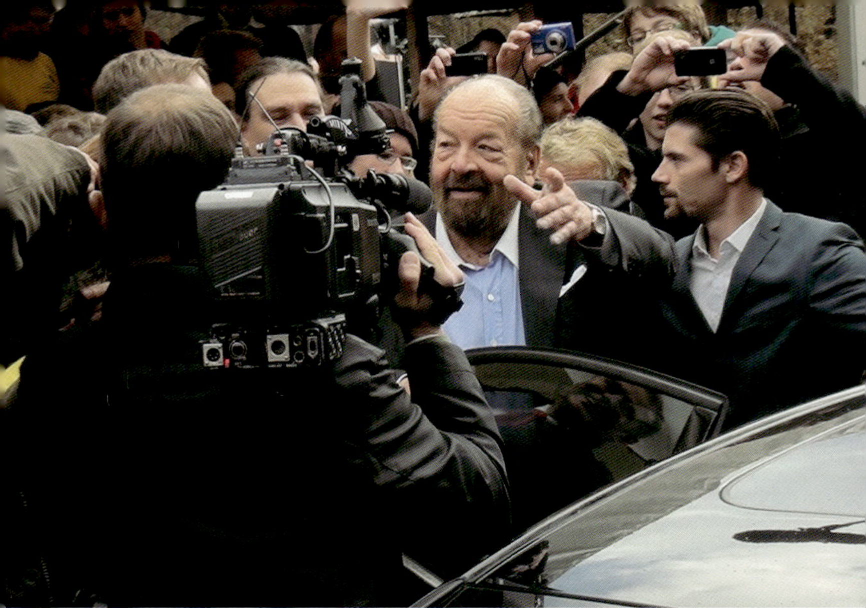

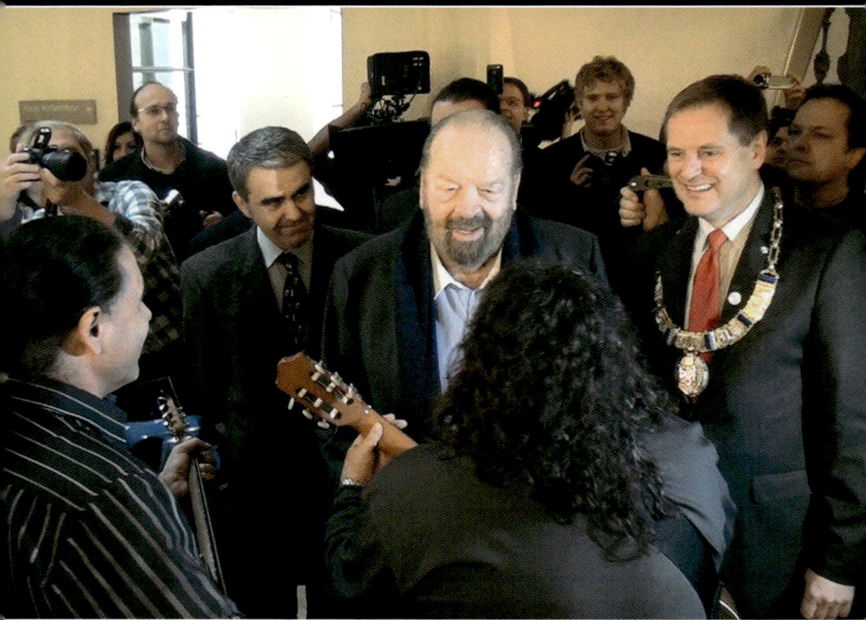

Bud Spencer kommt im Dezember 2011 nach Schwäbisch Gmünd! Der Traum vieler Fans ist wahr geworden, sie empfangen ihn enthusiastisch. Die Fans haben sich in einer Internet-Abstimmung zunächst einen »Bud Spencer Tunnel« gewünscht, am Ende ist es ein »Bud Spencer Bad« geworden, weil Bud 1951 dort tatsächlich geschwommen ist

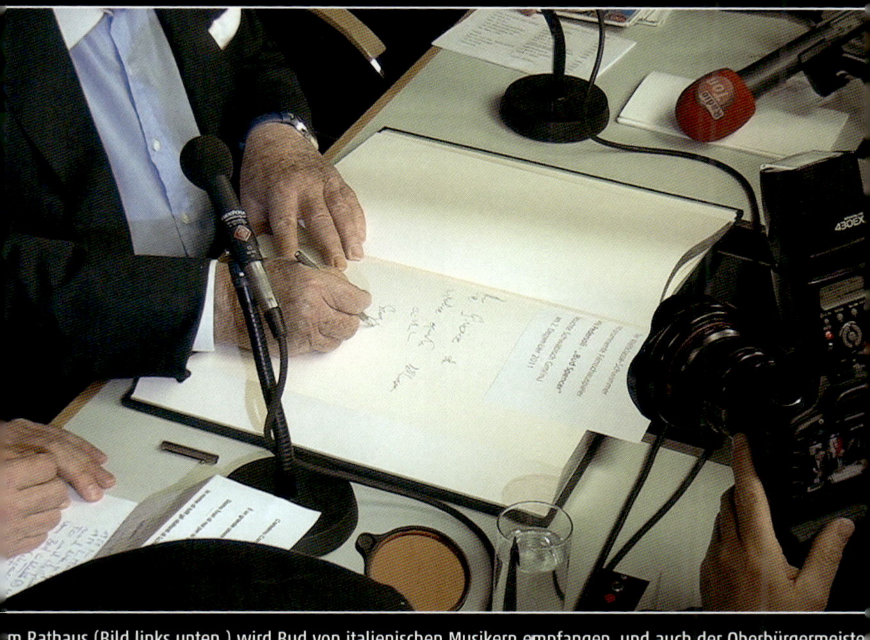

m Rathaus (Bild links unten) wird Bud von italienischen Musikern empfangen, und auch der Oberbürgermeiste
rechts neben Bud, mit Amtskette) freut sich über den Ruhm. Auf dieser Seite: Bud Spencer trägt sich ins Goldene Buch

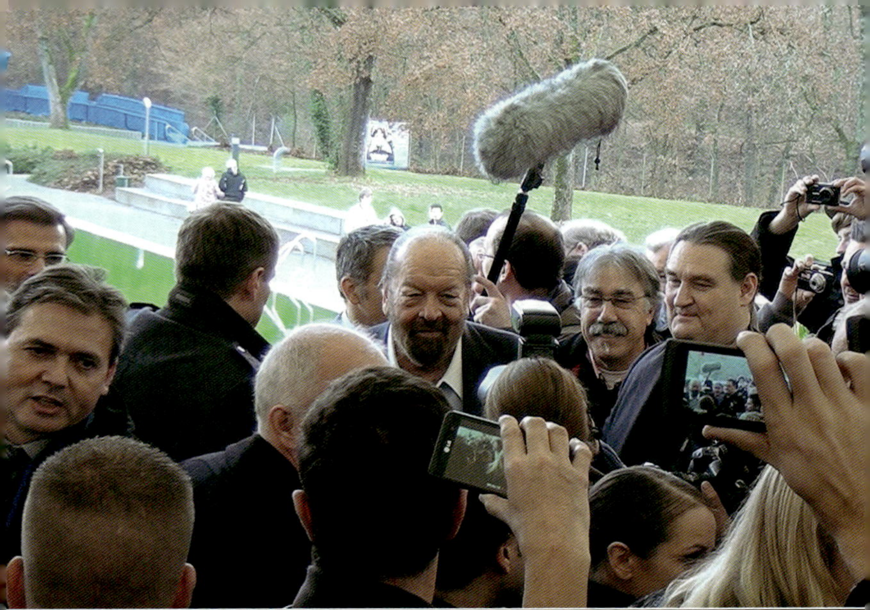

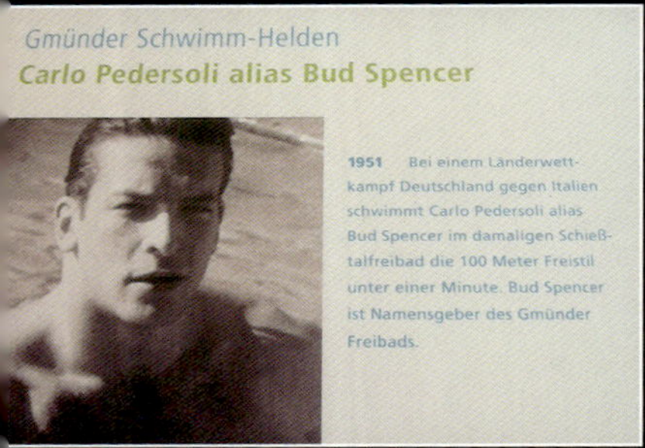

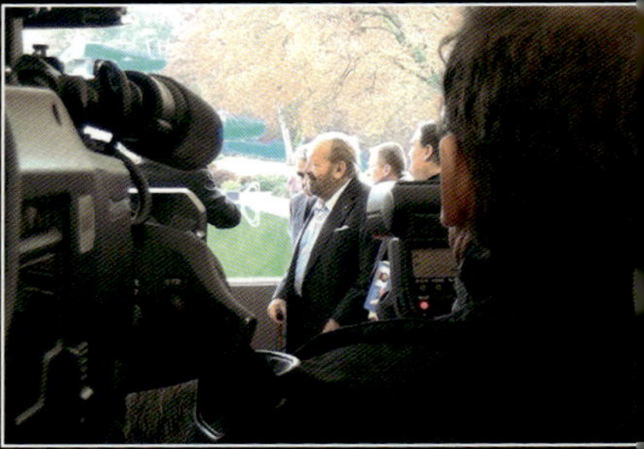

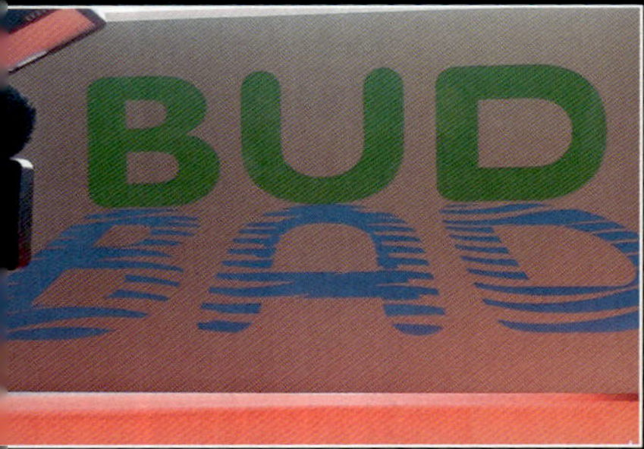

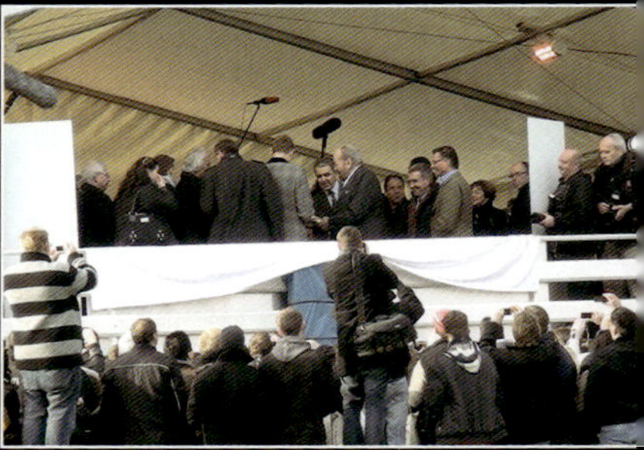

Anschließend geht es zur Umbenennung des Gmünder Freibades, ab jetzt heißt es »Bud Spencer Bad«. Bud ist von begeisterten Fans dicht umringt, und auch Teilnehmer des damaligen Schwimmwettkampfes sind gekommen. Das

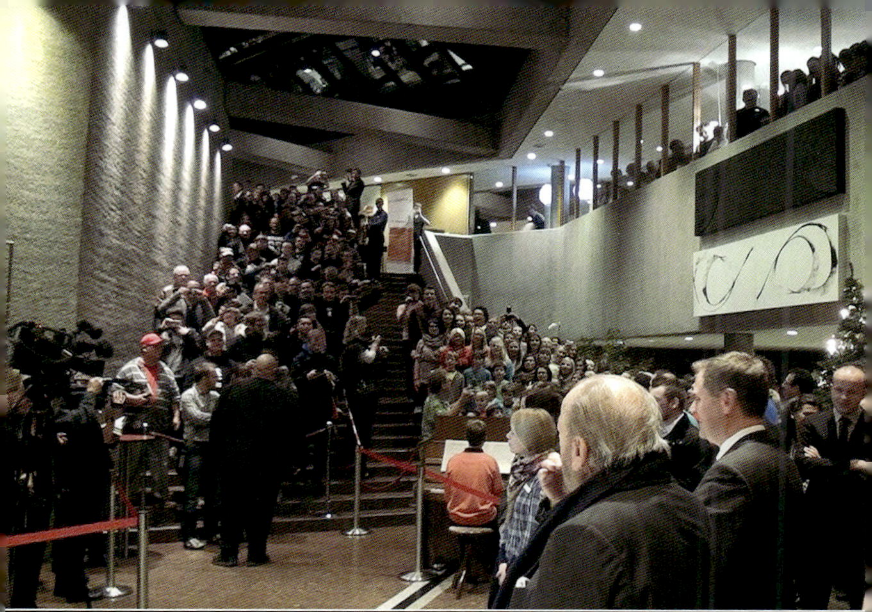

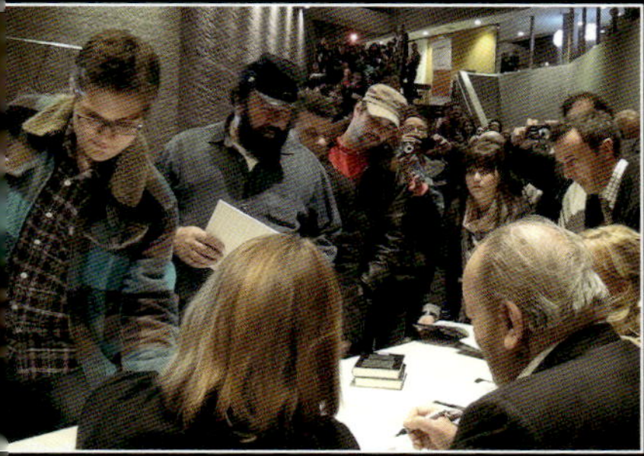

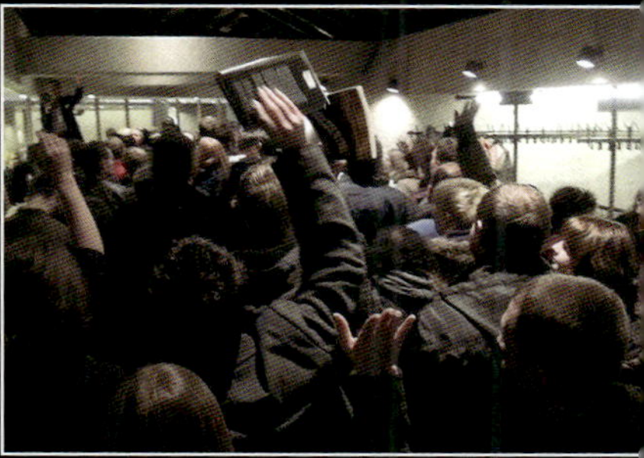

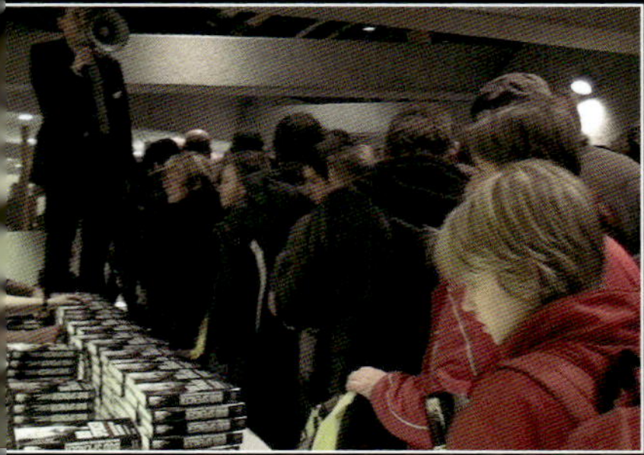

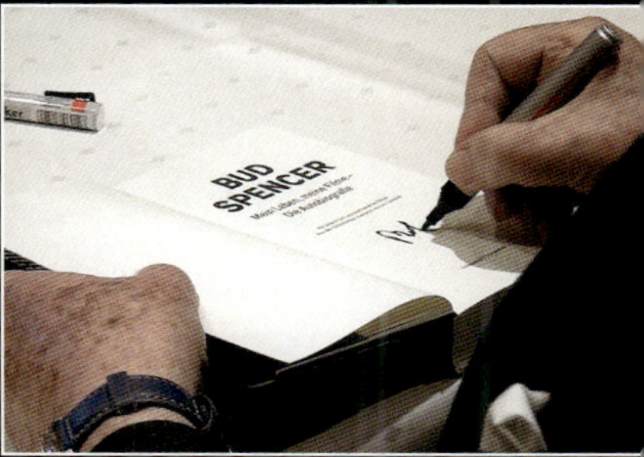

Abends findet im »Stadtgarten« von Schwäbisch Gmünd eine großartige und völlig überfüllte Podiumsveranstaltung statt. Bud signiert wieder über 1.000 Bücher, doch sind es an diesem Tag einfach zu viele Fans, die ihn sehen wollen. Die Signierstunde wird überzogen, doch irgendwann ist seine Hand einfach zu erschöpft.

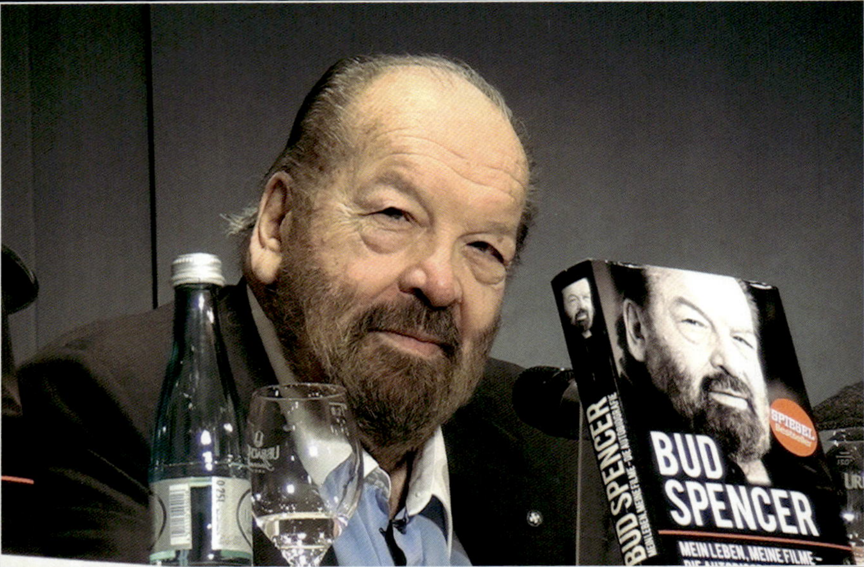

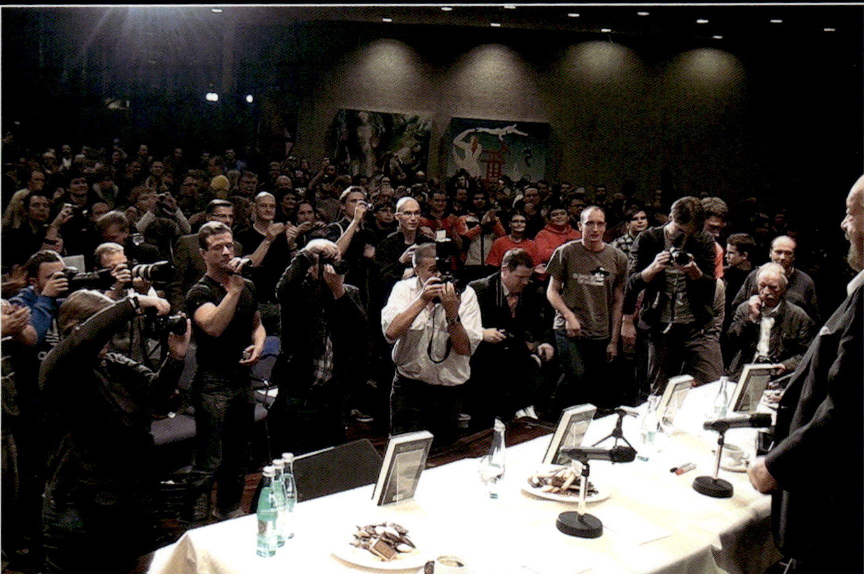

Auf der Bühne im »Stadtgarten« von Schwäbisch Gmünd erzählt ein bestens aufgelegter Bud Spencer aus seinem Leben, von seinen Filmen, seiner Familie, seiner Freundschaft zu Terence Hill und vielen anderen Dingen. Die Fans sind begeistert und feiern ihn am Anfang wie am Ende mit enthusiastischen Standing Ovations. An diesem Abend wird auch die handsignierte und nummerierte Sonderausgabe des ersten Bandes im Schmuckschuber erstmals öffentlich vorgestellt. Die Fans können kaum glauben, dass Bud Spencer wirklich über den Sommer 10.000 Exemplare signiert hat, doch er bestätigt es vor dem großen Publikum, das dafür viel Beifall spendet. In dieser Veranstaltung wird auch die Idee geboren, in sein neues Buch ein zusätzliches Kapitel mit 33 Fragen der Fans aufzunehmen; das Kapitel findet sich am Ende dieses Buches.

7. KAPITEL

BUD DER ERDE, DES MEERES UND DER LÜFTE

»Der einzige Mensch, der niemals einen Fehler macht,
ist der Mensch, der niemals etwas tut.«

THEODORE ROOSEVELT

EIN IKARUS MIT ÜBERGEWICHT

Es gibt mir immer wieder Rätsel auf, wie der Mensch auf die Idee kam, fliegen zu wollen, obwohl er gar keine Flügel besitzt. Oder was ihn dazu trieb, in See zu stechen, obwohl er weder Kiemen noch Flossen hat. Unabhängig vom praktischen und ökonomischen Nutzen zeigt sich, dass die Menschheit so etwas wie eine Triebfeder besitzt, die sie zu großartigen Errungenschaften antreibt. Wir tendieren zum Fortschritt, zum Erkennen und Erforschen: Anders ließe sich zum Beispiel die Erforschung des Weltraums nicht erklären.

Das erste Flugzeug erblickte im Jahr 1903 das Licht der Welt, als es den Brüdern Wright gelang, ein Segelflugzeug mit einem Motor von 16 Pferdestärken in die Luft zu befördern. Die Dauer des Fluges betrug zwölf Sekunden, die Höhe vierzig Meter. Wenig mehr als ein Sprung. Weshalb also sollte sich der Mensch aufs Fliegen versteifen, wenn er doch mit zwei Beinen geboren wurde?

Bud: »Was weiß ich.«

Carlo: »Weiß ich doch nicht.«

Nur eines wissen sie beide: Wenn sie fliegen, haben sie das Gefühl, über allem zu schweben und mit sich selbst im Reinen zu sein, entspannt und aufgeregt, frei und konzentriert zugleich. Und der Gedanke an einen Unfall zieht an ihnen vorbei wie die Wolken am Himmel.

Zu der Zeit, als ich dank der Engagements beim Film gut verdiente, handelte ich nebenbei mit kleinen Privatflugzeugen. Ich kaufte verschiedene Maschinen ein und verkaufte sie anschließend weiter. Einmal steuerte ich ein hübsches kleines Flugzeug von Rom nach Genua, wo ich den Käufer antreffen sollte. Begleitet wurde ich von einem erfahrenen Co-Piloten, der selbstverständlich mehr Flugstunden vorzuweisen hatte als ich. Wir starteten also und alles lief glatt, bis ich plötzlich schwarzen Rauch vor der Scheibe aufsteigen sah: Der linke Motor hatte Feuer gefangen.

Da sich der Treibstofftank bei Flugzeugen in den Flügeln befindet, besteht die Gefahr, dass es explodiert, wenn das Feuer auf einen der Flügel übergeht. Ich betätigte instinktiv den Schalter, der die Zufuhr des Kerosins unterband, und so flogen wir nur noch mit einem Motor, was die Sache nicht gerade einfacher machte.

Wir waren gerade über Pisa, als es passierte. Doch am Flughafen dort herrschte reges Treiben, sodass wir mit unserer brennenden Maschine ein riesiges Chaos fabriziert hätten. Da unsere Notlandung keinen Aufschub duldete, steuerte ich den winzigen Privatflughafen Massa-Cinquale bei Pisa an und gab über Funk Anweisungen, Feuerwehrmänner bereitzustellen, um den Brand zu löschen. Die Landebahn des Flughafens war gerade einmal 600 Meter lang, genauso gut hätte ich auf einem Taschentuch landen können.

Vor mir taten sich die Apuanischen Alpen auf, ich wendete und begann mit dem Anflug auf den Flughafen. Da bemerkte ich, dass der Co-Pilot neben mir panisch schreiend seine Tür aufriss. Im selben Moment wurde die Maschine so vom Wind geschüttelt, dass es fast unmöglich wurde, sie unter Kontrolle zu bringen. Ich schrie ihn an, er solle die Tür zumachen, andernfalls würden wir draufgehen. Er hatte den grotesken Plan, sich, kurz bevor wir die Erde berührten, aus dem Flugzeug zu werfen aus Angst, es könnte sich bei der Landung in seine Einzelteile zerlegen. Aber gestorben wäre er so oder so, denn bei der Geschwindigkeit hätte ihn der Propeller in Scheiben geschnitten.

Es wäre übertrieben zu sagen, dass ich Panik gehabt hätte. Nervös war ich, keine Frage, aber nicht panisch. Nicht etwa, weil ich ein Held bin, sondern weil ich die Fähigkeit habe, mich in dem Moment, in dem alles den Bach runtergeht, auf die Lösung des Schlamassels zu konzentrieren. Nachdem wir gelandet waren, stellte sich heraus, dass das Feuer aufgrund von schadhaften Auspuffrohren ausgebrochen war. Das Geschäft konnte ich natürlich vergessen, der Käufer sprang ab, aber immerhin habe ich mich und den Co-Piloten heil auf den Boden gebracht.

Ein anderes Mal wollte ich einen neuen Hubschrauber in Genf abholen und da ich mit nur vierzig Flugstunden am Steuer eines Hubschraubers alles andere als erfahren war, bat ich einen zuverlässigen Piloten, mich zu begleiten. Auf dem Weg nach Genf flogen wir mitten durch die Alpen und die riesigen, Furcht einflößenden schönen Berge ließen mich einmal mehr spüren, wie klein der Mensch angesichts der gewaltigen Natur ist. Wir flogen nicht darüber hinweg, sondern mittendurch, da ein Helikopter maximal 2000 bis 4000 Meter Flughöhe erreicht. Aber auch in dieser Höhe hat man Sauerstoffprobleme, da die Kabine des Helikopters nicht druckfest ist.

Als wir in etwa auf der Höhe des St.-Bernhard-Passes waren, gerieten wir in einen unvorhergesehenen, heftigen Windsturm. Zum Glück hatte ich einen ausgezeichneten Co-Piloten an meiner Seite, der das Schlimmste abwenden konnte. Ich wünschte, ich hätte auf dem Rückweg einen ebenso erfahrenen Piloten dabeigehabt!

Doch stattdessen begleitete mich ein guter Freund, der mir versichert hatte, ein professioneller Pilot zu sein. In Genf beschlossen wir, angesichts der Erlebnisse auf dem Hinflug eine andere Route zurück zu nehmen und die Alpen zu umfliegen. Wir nahmen im Hubschrauber Platz, der Co-Pilot links und ich, der Pilot, rechts.

Kurz vor Abflug muss man dem Kontrollturm durchgeben, wer man ist, wo man ist und wohin man fliegen will. Daraufhin gibt einem der Turm die Koordinaten durch, denen der Pilot folgen muss und die verhindern, dass man mit anderen Flugzeugen kollidiert. Denn der Himmel ist kein riesiger leerer Raum, in dem man umherfliegen kann, wie es einem passt, sondern eine Autobahn mit unsichtbaren Spuren. Der Techniker begleitet den Start vom Boden aus und gibt per Funk die Koordinaten durch. Danach übernimmt ein anderer Techniker, der den Piloten während des Fluges begleitet und ihn beim Manövrieren vom Boden aus überwacht. Es sei denn, man fliegt auf Sicht.

Mein Freund sprach ins Funkgerät: »Kontrolltower, wir sind bereit!«

»Wir auch!«, kam prompt die Antwort. Und dann folgte Schweigen.

Ich fragte mich noch, ob mein Freund scherzte, weil er keine weiteren Angaben über unsere Route machte. Aber es stellte sich heraus, dass er nicht die geringste Ahnung vom Ablauf hatte. Und so übernahm ich die Übermittlung der Koordinaten. Mittlerweile zweifelte ich doch stark an der Tauglichkeit meines Co-Piloten. Es war nicht so, dass er keine Ahnung vom Fliegen hatte, er scherte sich nur nicht um die Formalitäten. Am Steuer war er vergleichbar mit einem Autofahrer, der ein Verkehrszeichen nicht vom anderen unterscheiden konnte. Zum Glück war ich der Pilot.

Da wir auf einem Flughafen in der Nähe von Nizza zwischenlanden wollten, nahmen wir Kontakt zum Kontrolltower auf. Doch als wir näherkamen, bemerkte ich, dass der Flughafen seltsamerweise nur eine Landebahn hatte, obwohl auf der Karte zwei eingezeichnet waren. Und als wir nach den Koordinaten fragten, bekamen wir nur die lakonische Antwort: »Wir können euch nirgends sehen.«

Da das Kerosin knapp wurde, landeten wir dennoch. Grotesker hätte die Szene, die folgte, auch in einem Film von Bud und Terence nicht sein können. Wir waren umzingelt von Militärpolizisten mit Maschinengewehren! Wie sich herausstellte, waren wir auf einem Militärflughafen in der Nähe von Cannes gelandet!

Die Männer von der Militärpolizei beschlagnahmten und kontrollierten alles, was wir bei uns trugen, bevor sie uns wieder starten ließen. Ehrlich gesagt, wäre es mir in dem Moment sehr gelegen gekommen, als Bud Spencer erkannt zu werden. Doch leider war mein Name zu der Zeit noch nicht international bekannt. Diese spektakuläre Zwischenlandung fiel in die Zeit unserer ersten Erfolge als komisches Duo (nicht das, das dort im Helikopter gelandet war). Ich kann mir gut vorstellen, dass die riesige bärtige Erscheinung, die aus dem Hubschrauber stieg, nicht gerade beruhigend auf die Männer wirkte, die möglicherweise einen terroristischen Angriff vermuteten.

*

Meine Sammlung an potenziellen Katastrophen wurde um ein weiteres Kapitel bereichert, als beim Start vom Flughafen in Rom plötzlich Rauch ins Cockpit meiner nagelneuen einmotorigen Maschine drang. »Tja, Bud, das war's dann wohl!«, schoss es mir durch den Kopf, während ich fieberhaft nach einem Fleckchen Erde suchte, auf dem ich landen oder schlimmstenfalls in die Luft gehen konnte, ohne jemandem zu schaden.

Schließlich hielt ich auf den Aniene, früher auch Teverone genannt, zu, einen Fluss, der über 90 Kilometer durch die Region Latium fließt. Glücklicherweise verzog sich der Rauch jedoch ebenso plötzlich, wie er gekommen war, sodass ich wieder Kurs aufnahm und umkehrte. Nachdem ich gelandet war, musste ich feststellen, dass ich vergessen hatte, die Bremsen der Räder am Fahrgestell anzuziehen. Ich hatte das Fahrgestell zwar eingefahren, aber die Räder nicht blockiert, die sich fröhlich im Wind drehten und in Verbindung mit dem frischen Lack Rauch erzeugt hatten. Ich Idiot!

Doch dies war nicht das letzte Mal, dass ich zwischen zwei Filmen irgendeiner wahnsinnigen Beschäftigung nachging, mit der ich mein Leben riskierte. Wenn es tatsächlich Schutzengel gibt, wird meiner ganz schön ins Schwitzen gekommen sein!

Die hundertste Quasi-Tragödie erlebte ich, als ich von Genf über Lyon in Richtung Rhonetal flog. Wir flogen an der Küste entlang. Unsere Flughöhe betrug 2000 Meter und ich begann mit dem Aufstieg, da wir 4000 Meter erreichen mussten, um den Mont Blanc passieren zu können. Es war eine Winternacht und ich flog zusammen mit meinem Co-Piloten in einem zweimotorigen Flugzeug mit Propeller. Nach einer Weile bemerkten wir, dass das Flugzeug, obwohl es einen leistungsstarken Motor besaß, die Höhe nicht halten konnte. Wir sanken Stück für Stück. Durch die Fenster sahen wir, dass sich auf den Flügeln eine dicke Eisschicht gebildet hatte, welche die Tragfähigkeit des Flugzeugs beeinflusste. Es war ein wenig wie bei einem Papierflieger, der nach dem Wurf kurz aufsteigt, um wenig später auf dem Boden zu landen. Wir nahmen Kontakt zum nächsten Kontrollturm auf, um eine sofortige Landung zu organisieren. Sie nannten uns die Abstiegsgeschwindigkeit und ich kam einmal mehr mit heiler Haut davon.

Einer der größten Regisseure der Geschichte, Howard Hawks, der ebenso wie ich ein Faible für Flugzeuge und Motoren hatte, sagte einmal: »Beim Fliegen gibt es keine dramatischeren Momente als den Start und die Landung.« Aus eigener Erfahrung füge ich dem hinzu, dass der Flug dazwischen manchmal nicht weniger dramatisch ist. Doch genau das ist es, was ich am meisten liebe: die Reise an sich, unabhängig von ihrem Ziel. Dort oben in der Luft zu sein gibt einem das Gefühl, als schwebe man über all seinen Problemen, und Landschaften erhalten plötzlich einen ganz neuen Zauber. Ich kann Ikarus gut verstehen, nur leider hat er weniger Glück gehabt als ich.

Und doch konnte mich keine noch so große Gefahr aufhalten. Mit »Basta!« kann Bud Spencer nichts anfangen.

Viele Jahre später kaufte ich dem mexikanischen Präsidenten ein Privatflugzeug ab, das innen richtig schön ausgebaut war, mit Dusche, Bett und allem Drum und Dran. Ich schickte meine Piloten nach Mexiko, damit sie es sich ansahen und testeten. Es war alles in Ordnung, bezahlt wurde in bar. Ich ließ es nach Italien bringen und da ich wusste, dass der damalige Ministerpräsident Bettino Craxi auf der Suche nach einem Privatflugzeug war, vereinbarte ich einen Termin mit ihm: Er probierte es aus und kaufte es! Zum ersten Mal war es mir außerhalb des Films gelungen, ein Geschäft erfolgreich zum Abschluss zu bringen.

Gianni Agnelli, der Geschäftsführer von Fiat, flog übrigens denselben Typ zweimotorige Propellermaschine wie ich (unter den Magnaten, die es sich leisten konnten, ein beliebtes Modell). Ich kannte ihn bereits von früheren Geschäften und suchte ihn noch einmal auf, um ihm auch ein Kaufangebot für seinen Hubschrauber zu machen. Doch er antwortete auf seine typisch herablassende Art: »Du hast mir schon mein Flugzeug abgekauft, das ein wahres Juwel war. Den Helikopter aber kann ich dir nicht verkaufen. Ich brauche ihn, um an die Orte zu gelangen, in denen ich am liebsten Ski fahre.«

Ich versuchte nicht, ihn zu überreden, zumal ich zu den Industrie- und Politikbossen, die mich immer ein wenig von oben herab behandelten, kein allzu vertrauliches Verhältnis hatte. Ich denke, sie waren in erster Linie irritiert darüber, dass einer wie ich, der sein Publikum durch Prügeleien zum Lachen brachte, sich ihnen plötzlich in Jackett und Krawatte präsentierte und den seriösen Geschäftsmann mimte. Doch da ich einige ordentliche Geschäfte mit ihnen gemacht hatte, in denen es stets um Flugzeuge und Hubschrauber ging, würdigten sie mich immerhin eines Grußes und einer Antwort.

Es gab aber auch andere, die mir weniger Respekt entgegenbrachten und daraus keinen Hehl machten. Vielleicht dachten sie über Schauspieler noch immer wie im Mittelalter, in dem sie als unwürdiger Umgang galten (nach ihrem Tod wurden Schauspieler auf entweihten Friedhöfen jenseits der Stadtmauer begraben!). Jedenfalls bekam ich diese Kälte zu spüren, als ich eines Tages einen Kühlschrankhersteller in seiner Fabrik aufsuchte. Ich war gekommen, um einen Privathubschrauber von ihm zu kaufen, den ich weiterverkaufen wollte. Nach der Ankunft bat mich seine Sekretärin zu warten.

Obwohl wir einen Termin hatten, musste ich über eine Stunde warten. Es kam noch nicht einmal jemand vorbei und bot mir einen Kaffee an oder entschuldigte sich für die lange Wartezeit. Nachdem ich genau eine Stunde und eine Minute lang meine Zeit vergeudet hatte, ging ich langsam zur Sekretärin hinüber und streckte dabei meine Arme: »Richten Sie ihrem Chef bitte aus, dass ich nicht gekommen bin, um ihn um einen Gefallen oder um Geld zu bitten, sondern um einen Hubschrauber zu kaufen, und dass meine Geduld in der Zwischenzeit in einem seiner Kühlschränke erfroren ist. Schönen Tag noch!«

Mit diesen Worten ging ich. Es war mir ein Rätsel, wie man sich so respektlos verhalten konnte. Mir wäre es im Leben nicht eingefallen, irgendjemanden so zu behandeln, nicht einmal ein Zimmermädchen und schon gar keinen Unternehmer. Bei mir steht der Mensch an erster Stelle, das Geschäft kommt danach.

Es endete damit, dass der Mann mich zurückrief, um sich zu entschuldigen. Er senkte sogar den Kaufpreis, als er die Distanziertheit in meiner Stimme bemerkte. Doch da war nichts mehr zu machen – denn so bin ich nun mal. Ich kann einiges erdulden und habe auch vieles erduldet, sowohl in der Zeit, bevor ich berühmt war, als auch danach, aber respektloses Verhalten kann ich nicht ausstehen. Und das hat nichts damit zu tun, dass ich Bud Spencer bin, ich war schon als Kind so. Ich kann nicht mit jemandem befreundet sein oder mit ihm zusammenarbeiten, wenn ich ihn nicht respektiere oder er mich nicht respektiert. Arrogante Menschen kann ich nicht ertragen, ebenso wenig wie Schleimer. Respekt verdient jeder – ob sein Name nun Bud Spencer ist oder nicht.

WENN ES NICHTS ZU LACHEN GIBT

Meine turbulenten Erfahrungen am Himmel waren meine ganz persönlichen Katastrophen, für die ich allein verantwortlich war. Doch es gibt Ereignisse, die eine ganze Nation erschüttern und jeden auf die Probe stellen, ganz egal, was er oder sie zu dem Zeitpunkt tun – und das gilt auch für Bud Spencer. So genügte die

Tatsache, dass er Italiener und gerade nicht außer Landes war, um am 23. November 1980 das Erdbeben miterleben zu müssen, das Italien erschütterte und als »das Erdbeben von Irpinia« in die Geschichte einging.

Der Stoß traf den Süden Italiens und forderte über 3000 Menschenleben und etwa 300.000 Menschen mussten evakuiert werden. Ich erinnere mich noch genau an jenen Sonntag. Wir hatten uns gerade zum Abendessen an den Tisch gesetzt, als um 19:34 Uhr ein weiterer Stoß der Stärke 6,5 auf der Richterskala Rom erschütterte. Das Beben hielt anderthalb Minuten an. Die Menschen rannten aus ihren Häusern auf die Straße.

Zuerst ahnten wir noch nicht das ganze Ausmaß der Tragödie, wie auch?

Ich muss gestehen, dass ich mich, während meine Frau die Kinder nach draußen brachte, doch noch mal an den Tisch setzte. Wenn ich schon verschüttet werden sollte, dachte ich mir, dann wenigstens mit vollem Magen.

Erst am nächsten Tag wurde uns klar, wie schlimm die Katastrophe war, die sich von Irpinia bis Vulture erstreckte. Betroffen waren vor allem die Provinzen Avellino, Salerno und Potenza. Doch die Folgen des Bebens erstreckten sich fast auf das ganze mittlere und südliche Gebiet der Halbinsel: Auch mein Neapel wurde von dem Beben erschüttert. Ein einstürzender Palast in der Via Stadera in Poggioreale begrub 52 Menschen unter sich. Die anderen Provinzen hatten ebenso mit einstürzenden Gebäuden und Zerstörungen zu kämpfen. Eine Kirche wurde während der Messe zerstört, wobei 66 Menschen umkamen, darunter auch Kinder.

Das war das Schlimmste. Der Tod anderer Menschen – und Tiere – ist immer schmerzhaft, aber wenn ein Kind stirbt, ist das nicht nur grausam, sondern … wie soll ich sagen? Es ist fast schon eine Beleidigung Gottes.

Bei der Bewältigung der Katastrophe bewies Italien einerseits großen Zusammenhalt, andererseits aber auch leider fehlende Koordination und eine gewisse Rückständigkeit. Die ersten Berichterstatter, die das Ausmaß des Bebens noch nicht kannten, sprachen von einem »Erdstoß«. Das Kommunikationsnetz war vollständig zusammengebrochen. Doch in den Tagen darauf kamen die traurigen Nachrichten: erst von Hunderten und dann von Tausenden Toten. Da die Infrastruktur im Hinterland dürftig war und Organisationen wie der Katastrophenschutz nicht existierten, trafen die Rettungstrupps erst sehr spät ein. Der Erste, der diesen Missstand anprangerte, war Sandro Pertini, der italienische Staatspräsident, dessen harte Worte die sofortige Absetzung des Präfekten von Avellino sowie den Rücktritt des Innenministers zur Folge hatten.

Erdbeben gehören zu den unberechenbaren Naturkatastrophen, die die Vergänglichkeit des menschlichen Lebens auf diesem Planeten deutlich machen. Die Erde kann sich unserer ebenso schnell entledigen, wie wir ein paar Krümel vom Tisch fegen. Und wie uns das Erdbeben 2009 in den Abruzzen einmal mehr gezeigt hat, gilt das leider auch heute noch, obwohl inzwischen der Katastrophenschutz existiert.

Auch wir haben damals – im Jahr 1980 – geholfen, so gut wir konnten. Gemeinsam mit einem Co-Piloten organisierte ich einen Flug über Irpinia, um die kleinen isolierten Dörfer zu versorgen. Alles, was wir tun konnten, war aus möglichst niedriger Höhe Päckchen mit Nahrungsmitteln und lebensnotwendigen Gütern abzuwerfen. Außerdem sammelten wir einige Bewohner ein, die an gefährlichen und entlegenen Orten gestrandet waren, um sie in die Hilfscamps zu bringen. Da Helikopter ein sehr geringes Fassungsvermögen haben und wir nicht mehr als eine oder zwei Personen auf einmal transportieren konnten, flogen wir, sooft es ging, zwischen den Dörfern und den Camps hin und her.

Die Zeitungen schrieben am nächsten Tag, Bud Spencer habe mithilfe seiner Privatflugzeuge Erdbebenopfer versorgt. Doch mich regte die Art und Weise der Berichterstattung auf, denn ich wollte mit meiner Aktion keinerlei Werbung für mich machen oder gelobt werden. Die Hilfe, die ich und unzählige andere Menschen in ganz Italien leisteten, waren wir den Opfern einfach schuldig.

Ich habe eine gewisse Allergie gegen Menschen, die das Leid anderer dafür benutzen, sich selbst als Held darzustellen. Man hilft eben, und damit basta! Daher machte es mich so wütend, dass die Presse meine kleine Hilfsaktion instrumentalisierte, um mehr Zeitungsexemplare zu verkaufen oder was weiß ich! Selbst wenn sie mich dadurch positiv darstellen wollten, war es leicht anders zu verstehen: Als hätte ich mich damit in Szene setzen wollen – und das war mir vor allem vor den überlebenden Opfern peinlich. Wenn das Gesicht eines berühmten Menschen helfen kann, auf ein bestimmtes gesellschaftliches Problem aufmerksam zu machen und Mitstreiter dafür zu finden, ist das eine wunderbare Sache. Und doch sollte man immer auf der Hut sein, dass die Organisation, an die man spendet, vertrauenswürdig ist. Solidarität ist eine Pflicht, aber bei der Vielzahl von Spendenaufrufen in den Medien ist nicht immer klar, wer dahintersteckt. Ich will damit keineswegs euer Vertrauen in Hilfsorganisationen zerstören, vielmehr will ich euch davor warnen, allzu gutgläubig zu sein. Man sollte sich stets gründlich informieren.

Mitten in der Tragödie, die Italien erlebte, war ich froh, ein wenig helfen zu können, wenn es auch nur ein Tropfen auf den heißen Stein war. Mir war zwar von meiner kleinen Hilfsaktion abgeraten worden, aber der *marziano* hat zum Glück nicht darauf gehört.

Und nun wollen wir einen Ausflug ans Meer machen.

SCHIFFBRUCH

Da ich immer noch nicht genug hatte, obwohl ich bereits mein Leben riskiert und mein Konto weitestgehend geschröpft hatte, stürzte ich mich Hals über Kopf ins nächste Verlustgeschäft. Dieses Mal verlagerte ich es aufs Wasser und wie immer steckte nichts als Leidenschaft dahinter. Denn auch in diesem Fall waren die Geschäfte ein guter Vorwand, um einer verrückten Lieblingsbeschäftigung nachzugehen. Da Wasser durch meine Vergangenheit als Schwimmer zu meinem zweiten Element geworden war, war ein Schiffsprojekt fast unvermeidbar.

Wie wir wissen, besteht die Welt größtenteils aus Ozeanen, wohingegen die Fläche der Kontinente vergleichsweise klein ist. Vielleicht rührt daher das Bedürfnis des Menschen, das Meer und seinen Grund zu erforschen. Aber so weit wollte ich gar nicht in die Tiefen des Meeres vordringen. Es hätte mir vollkommen genügt, mit meiner Leidenschaft für Motoren von Land-, Wasser- und Luftfahrzeugen ein wenig Erfolg zu haben.

Den Anstoß gab wieder einmal meine Liebe zur Reise an sich, unabhängig von Start oder Ziel. Aber ich löste mich noch aus einem anderen Grund vom Festland: Mit meiner neuen Beschäftigung suchte ich nach einer Alternative zum Film, für den Fall, dass meine Karriere nach dem anfänglichen Erfolg zu Ende sein könnte. So erging es Schauspielern schließlich nicht selten. Hinzu kam, dass ich ein schlechtes Gewissen hatte, mit meinen Filmen Geld zu verdienen. Selbst viel bessere Schauspieler als ich, Marlon Brando zum Beispiel, haben sich deswegen geschämt. (Aber was sage ich »bessere«? Ich will mich überhaupt nicht mit Marlon Brando vergleichen, wir spielen ja gar nicht in derselben Liga.)

Jeder erfolgreiche Schauspieler, der auch nur minimal zur Selbstreflexion fähig ist und nicht vollständig in Arroganz und Eitelkeiten verfällt, weiß im Grunde seines Herzens ganz genau: Im Gegensatz zu den »Normalsterblichen« ist ihm ein Wunder widerfahren. Wenn er das nicht weiß oder es vergessen hat, dann kann ihm der Erfolg nicht guttun!

LIEBER ENKEL …

Könnt ihr euch noch an die Filme und Bücher erinnern, in denen der alte Seemann seinem Enkel am Strand Geschichten aus seinem Leben erzählt? Wenn ich einen Enkel hätte, der sich mehr für Geschichten vom Meer als für Videospiele interessierte, würde ich meine Erzählung so beginnen:

»Einmal vor vielen Jahren habe ich einen Ausflug mit dem ›Gozzo‹ gemacht. Weißt du, was das ist? Opa will es dir erklären: Ein Gozzo ist ein kleines Motorboot, das zum Fischen benutzt wird. Ich legte in Fiumicino an der Küste Latiums ab und fuhr Richtung Neapel, der sagenhaften Stadt der Sonne und des Meeres. Meine Mission war, das Boot auf der Höhe von Gaeta an einen Käufer zu übergeben.

Doch ich kam nie an! Denn gegen Mitternacht einer mondlosen Nacht kam der Motorkolben auf die dumme Idee, sich durch den Rumpf – den Bauch des Bootes – zu bohren. Mein Gozzo begann langsam zu sinken, so wie die Titanic … weißt du, was die Titanic ist? Was meinst du, ein Film von deinem Opa? Nein, denn dein Opa brauchte nicht die ganze zweite Hälfte des Films, um zu sinken.

Ich war umgeben von Dunkelheit, selbst das Wasser war schwarz – und kalt. In der Ferne sah ich den Leuchtturm von Gaeta, das einzige kleine Licht, das aus vier Kilometern Entfernung übers Wasser huschte. Ich beschloss, dorthin zu schwimmen.

Damals war ich nämlich noch gut in Form, ich war ja Schwimmweltmeister … na ja, nicht ganz, aber die eine oder andere Meisterschaft hatte ich doch gewonnen. Und hätte ich nicht angefangen zu rauchen und ernsthafter trainiert, wäre ich vielleicht tatsächlich Weltmeister geworden. Fang also gar nicht erst damit an! Wenn ich dich mit einer Zigarette erwischen sollte, werde ich dich erst zermalmen und dann ausschimpfen.

Ich schwamm also zu dem kleinen Licht im Dunkeln. Dort angekommen, hievte ich mich an den Felsen aus dem Wasser, ging zur Hafenbehörde und erklärte: ›Guten Abend, ich habe hier in der Nähe Schiffbruch erlitten. Dürfte ich freundlicherweise meine Frau anrufen?‹

Als der Beamte nach ein paar Minuten seine Sprache wiedergefunden hatte, antwortete er mir, dass er kein Telefon habe. Doch statt des Telefons fand ich zum Glück ein hilfsbereites junges Brautpaar: Ich bat sie darum, meine Frau (also deine Oma Maria) zu Hause aufzusuchen und ihr zu sagen, dass alles in Ordnung sei und sie sich keine Sorgen machen müsse. Wir seien nur aus Versehen untergegangen! Stell dir vor, was für einen Schreck deine Oma bekommen haben muss, als es um drei Uhr nachts an ihrer Tür klopfte und sie den Botschafter empfing (nein, natürlich nicht den diplomatischen Botschafter irgendeines Landes, du bist ja unwissend wie eine Melone. Ein ›Botschafter‹ ist auch jemand, der eine Nachricht überbringt).

Aber die Geschichte war nichts gegen jenen Tag, als ich zu Hause anrief, um ihr Bescheid zu sagen, dass sie nicht mit dem Mittagessen auf mich warten solle. Deine Oma dachte, ich würde nur ein paar Stunden später nach Hause kommen, in Wirklichkeit aber flog ich von Italien, der Heimat der Heiligen, Dichter und Seefahrer, nach Amerika. Amerika ist so etwas wie ein Ableger von Italien, nur viel, viel größer. Denn entdeckt wurde der Kontinent von zwei Italienern: Christoph Kolumbus und Amerigo Vespucci, nach dem Amerika sogar benannt wurde.

Dein Opa flog in seinem kleinen Flugzeug durch die Luft, während deine Oma Maria den ganzen Tag und die ganze Nacht am Fenster stand und auf ein Lebenszeichen wartete. Nach dieser Nacht beschloss sie, in Zukunft darauf zu pfeifen, wenn Opa sich verspätete. Sie kannte mich gut genug. Ich rechne es ihr hoch an, dass sie es nach allem, was sie anfangs mit mir durchmachen musste, 52 Jahre lang an meiner Seite ausgehalten hat, besonders angesichts des ganzen Unsinns, den dein Opa angestellt hat! Jetzt bin ich irgendwie vom Thema abgekommen …

Kehren wir zu meiner Leidenschaft für Schiffe zurück. Später, in den Achtzigerjahren, wollte ich gern meine Liebe zum Meer mit meiner Arbeit als Schauspieler verbinden. Ich dachte mir eine Story mit einem einsamen Kapitän aus, der ehemals Polizist war und die ganze Zeit auf seinem Schifazzo lebt. Er und seine Besatzung, ein Team aus unterschiedlichen Experten, sind die meiste Zeit von der Welt abgeschnitten. Doch dann wird der ehemalige Polizist von seinen früheren Kollegen aufgesucht und um Unterstützung gebeten. Und so erleben sie eine Reihe Abenteuer zwischen Nordeuropa und Südamerika. Leider ging dieses Drehbuch unter, wie so viele andere mehr oder weniger gute Skripte.

Hey, jetzt mach die Playstation aus, wenn ich mit dir rede, bevor dein lieber Opa sie mit einem Faustschlag in ihre Einzelteile zerlegt!

So, und zum Schluss muss ich dir noch von meinem Schifazzo erzählen. Das sizilianische Schifazzo war übrigens ein 13 Meter langes Boot aus solider Eiche mit einem Segelmast und zwei Motoren. Um 1900 hatte man das Schifazzo dazu benutzt, große Ladungen Salz von Sizilien nach Genua zu transportieren, später erst wurde es mit den zwei Motoren ausgestattet. Bei dieser Geschichte fuhr ich alleine los, allerdings war es auch dieses Mal wieder Nacht, als der Schlamassel begann – solche Sachen passieren immer nachts, das macht es geheimnisvoller. Ich hatte in Palermo abgelegt und besaß keinen Radar, nur einen Kompass. Schlau wie ich war, beschloss ich, einfach den Öltankern zu folgen, die sich auf die Straße von Messina zu bewegten. Wenn ich mich an ihr Heck hängte (das ist der hinter Teil des Bootes) und immer mal wieder einen Blick auf den Kompass warf, wäre ich auf der sicheren Seite – dachte ich.

Ich war von mir selbst beeindruckt, konnte kaum fassen, wie scharfsinnig ich kombiniert hatte! Doch als ich in Fiumicino anlegen wollte, musste ich feststellen, dass ich in Gaeta angekommen war. Ich hatte zwar die Küste gefunden, nicht aber die richtige Abfahrt. Das war nicht weiter schlimm, ich wurde nicht von plötzlich auftauchenden Riesenkraken, Haien, Ufos oder Ähnlichem angegriffen. Ich habe eben nur einen kleinen Umweg gemacht und unter den Geistern der Piraten wahrscheinlich für Gelächter gesorgt.

So, jetzt gib die Playstation her und halt dir die Ohren zu – gleich kracht's!«

STEAM-BUD WILLIE

Ich muss gestehen: Wenn ich für eine Sache Feuer und Flamme bin, dann nicht wegen ihres Nutzens. Ehrlich gesagt, ist der Nutzen stets das Letzte, was mir in den Sinn kommt. Wenn ich mir also wieder etwas Nutzloses zulegen wollte, dachte ich mir einen Vorwand aus, um meine Begeisterung, die nichts als purer Selbstzweck war, zu rechtfertigen. Dementsprechend gab es auch keinen bestimmten Grund dafür, mein Schleppboot in eine Jacht umzubauen. Das einzige Motiv war meine Liebe zu Motoren.

Als hätte ich in meinem Leben sonst nichts zu tun!

Doch ihr müsst wissen: Als ich klein war, habe ich mich unsterblich in »Steamboat Willie« verliebt, das Schleppschiff aus dem allerersten Mickey-Maus-Zeichentrickfilm. Und damals habe ich mir geschworen, dass ich, wenn ich groß bin, auch so eines haben würde (Wozu noch mal genau? Keine Ahnung!).

Die Jahrzehnte gingen ins Land, Bud Spencer kam und bescherte dem leichtsinnigen *marziano* Carlo Pedersoli eine Riesenladung Glück. Buds Hauptaufgabe sollte von nun an darin bestehen, Carlo aus dem Schlamassel seines Lebens zu befreien. Doch unser *marziano* wurde es nicht leid, sich immer wieder mit seinen glänzenden Einfällen das Leben schwer zu machen. Natürlich versuchte seine arme, weise Frau, ihn zu bremsen. Doch damit war sie in etwa so erfolgreich wie jemand, der auf die Schienen springt und versucht, mit bloßen Händen einen fahrenden Zug aufzuhalten.

Es ergab sich eine Gelegenheit, bei der ich zufällig einen Staatsbeamten kennenlernte. Dieser erzählte mir beiläufig, dass sein Minister auf der Suche nach einem Schleppschiff sei. Er wolle ein Team aus Ingenieuren in die Antarktis bringen, um dort irgendetwas erforschen zu lassen, wovon ich nichts verstand (was mich im Übrigen auch nicht die Bohne interessierte). Viel faszinierter war ich von der wunderbaren Gelegenheit, die sich mir bot: Ich erkannte die große, praktische, ja objektive Notwendigkeit, dieses Schiff aufzutreiben. Ich hatte endlich den perfekten Vorwand gefunden, um meinen Kindheitstraum zu verwirklichen. Kurzerhand verbreitete ich die Nachricht, dass ich auf der Suche nach einem Schleppschiff sei. Es ist nämlich so: Wenn ihr überall herumerzählt, ihr braucht dringend einen Elefanten mit drei Beinen, koste es, was es wolle, könnt ihr euch sicher sein, dass jemand einen auftreibt. Und ein Schleppschiff zu besorgen war um einiges einfacher.

Es hieß Sant'Andrea und wartete in einer Werft in der ligurischen Stadt La Spezia auf mich. Das Schiff, das vor 1950 gebaut worden war, hatte eine Länge von 31 Metern. Es sollte 150 Millionen Lire kosten, was für ein Schiff dieser Größe ein akzeptabler Preis war. Es hatte ja auch im Grunde nur den einen Zweck, liegen gebliebene Boote auf offener See einzusammeln und in den Hafen zurückzubringen. In meinen Augen war ein Haus, das 50 Millionen Lire kostete, völlig überteuert. Ein Schiff, das das Dreifache kostete, war dagegen ein wahres Schnäppchen!

Die Geschichte spielte sich zu einer Zeit ab, in der ich zwei bis drei Filme im Jahr drehte und daher keine Geldprobleme hatte. Angeblich konnte ich mit dem Kauf außerdem von einem bestimmten Steuervorteil profitieren. Doch da ich grundsätzlich allergisch auf solche Vorteile und Schnäppchen reagierte, kümmerte ich mich nicht darum. (Im Nachhinein fand ich heraus, dass der Vorteil aufgrund des Gesetzes in meinem Fall ohnehin nicht gegolten hätte.) Da kann man nichts machen!

Wie auch immer, das Schleppschiff war meins, unwiderlegbar meins, auch wenn es … ein Haufen Altmetall war!

Ich befand mich gerade am Set in Amerika, als ich eines Tages ein Fax vom Schiffsingenieur erhielt, der sich in seiner Werft in Ancona um die Restauration kümmerte. Er schrieb, der Motor sei stark und funktioniere gut. Der Schlepper hatte die Strecke von La Spezia nach Ancona ja auch problemlos überstanden. »Hervorragend«, dachte ich, doch dann las ich weiter: Der Motor war gut, aber sehr alt und würde nicht mehr lange halten.

Ob ich ihn reparieren oder austauschen lassen wolle? »Tauschen Sie ihn aus«, antwortete ich, ohne mich über den Preis zu informieren. Diesen erfuhr ich dann am nächsten Tag, als das Geschäft bereits abgeschlossen war. »Vabbuò!« (Neapolitanisch für »Wie auch immer«), sagte ich mir, dann würde ich eben ein altes Schleppschiff mit einem nagelneuen Motor bekommen. Doch nachdem er eingebaut war, fragte ich mich, ob es nicht vielleicht eine Verwechslung gegeben hatte: Ich hatte um einen Motor für ein Schiff gebeten, nicht für ein *Star Wars*-Raumschiff … sie hatten mir ein Monster gebaut!

Das Schiff war riesig und zog natürlich weitere Ausgaben für die Instandsetzung nach sich. Doch fast noch teurer war die Verpflegung der Besatzung: sechs Seemänner.

*

Dazu fällt mir unweigerlich der Titel einer meiner Filme ein: *The Five Men Army* (deutscher Titel: *Die fünf Gefürchteten*). In unserem Fall war es zwar eine Person mehr, aber der Titel passt dennoch, denn die Männer aßen so viel wie eine ganze Armee.

An Bord waren der Kapitän, der Leiter der Maschinenanlage und vier Matrosen, insgesamt nahmen sie täglich 18 Mahlzeiten zu sich. Die Ausgaben überstiegen sogar das Catering-Budget für den eben genannten Film. Die Mahlzeiten bestanden aus Vorspeisen, Hauptspeisen, Beilagen, Wein, Nachtisch, Obst, Kaffee und Digestif. Und sie hielten ihr üppiges Festmahl tagtäglich direkt vor meiner Nase ab. Ich weiß noch, wie mir der verlockende Duft der köstlichen Speisen in die Nase stieg, während meine Frau und ich uns mit Tomaten und Mozzarella begnügten. Das war eine Diät, die ich Maria zuliebe auf mich nahm, sie wiederum machte aus Solidarität mit.

Die sechs jungen Männer dagegen hatten sichtlich nichts mit Diäten am Hut. Doch schließlich setzte der Besuch eines Freundes dieser untragbaren Situation ein Ende. Mit großen Augen und wässrigem Mund wandte er sich zu mir: »Carlo, hast du gesehen, was die Matrosen alles essen? Bei aller Liebe zum Mozzarella!«

Ihr werdet jetzt sicherlich denken, dass Bud sich fürchterlich aufgeregt und das Budget für die Versorgung der Besatzung gekürzt hat. Aber nein, im Gegenteil: Die Beobachtung meines Freundes veranlasste mich zu einer demokratischen Lösung des Diätproblems: Anstatt die Männer zu zwingen, sich nach meiner Diät zu richten, passte ich mich ihren Essgewohnheiten an. Von da an schnellten die Ausgaben für die Verpflegung noch mehr in die Höhe. Mit allem Drum und Dran habe ich für die Instandsetzung dieses Kahns einen ganzen Schiffsrumpf voller Gold bezahlt.

Ich hatte das Schiff nach den Wünschen jenes Staatsbeamten modernisieren lassen, der plante, ein Team von Wissenschaftlern darauf in die Antarktis zu entsenden. Und wer weiß, vielleicht hätten sie dort eine fliegende Untertasse beim Winterschlaf gefunden wie in einem Science-Fiction-Film. Doch von einem Tag auf den anderen war jener Mann nicht mehr aufzufinden. Ich telefonierte und telefonierte, aber niemand konnte mir Auskunft geben. Da musste ich einsehen, dass ich das Geld, das ich in die Restauration des Schiffes gesteckt hatte, nie wiedersehen würde. Ich blieb ganz allein auf den Kosten sitzen.

Die prächtige Jacht, die dazu bestimmt gewesen war, die Wissenschaft bei der Entdeckung neuer Horizonte zu unterstützen, bekam nun einen anderen Zweck. Ihre neue Bestimmung war es, meine Familie und mich zu entlegenen und doch wunderbaren Stränden zu bringen, wie zum Beispiel auf die toskanische Insel Giannutri.

Auch heute noch fragt sich Carlo gelegentlich, wo die ganze Knete hin ist, die Bud verdient hatte. Die bigamistische Ehefrau sowohl des Ersteren als auch des Letzteren hat auf diese Frage eine Standardantwort parat: »Überall ist sie gelandet, nur nicht auf unserem Sparbuch.«

In manchen Fällen ist es besser, keine rhetorischen Fragen zu stellen.

Bei dem Wörtchen »Sparen« stellen sich mir sofort die wenigen Haare auf, die mir noch geblieben sind: Warum sollte man diese Papierscheine aufbewahren, wenn man sie doch ausgeben kann und im Gegenzug Dinge erhält, die einen glücklich machen?

»Damit man sich im Alter keine Sorgen machen muss«, lautet eine weitere Standardantwort meiner Frau Maria.

Doch letzten Endes bescherte uns das Schiff eine glückliche Zeit und viele Reisen. Ich brachte den Sommer vor allem damit zu, den *Star Wars*-Motor zu inspizieren. Allerdings musste ich dabei die ganze Zeit Angst haben, dass George Lucas jeden Moment hereinschneien und mich beschuldigen würde, den Motor aus dem »Millennium Falken« gestohlen zu haben. Ansonsten nutzte ich das Schiff dazu, mich in komplizierte Manöver zu verstricken: Es war fast unmöglich, die riesige Sant'Andrea in die kleinen, überfüllten Häfen zu zwängen. Und da nie genügend Platz war, beschäftigte ich eine Menge Leute damit, mir beim Rangieren zu helfen.

Die Reisen waren für mich weniger interessant als der Motor. Ehrlich gesagt, tat es mir auch leid, das Schiff, das für die großen Ozeane gemacht war, für allzu kühne Ausflüge zum Beispiel nach Argentario zu benutzen. Ich dachte darüber nach, es loszuwerden, während meine Frau eher daran dachte, eine schöne Kreuzfahrt damit zu unternehmen. Doch es endete damit, dass ich das Schiff gegen ein kleines Flugzeug eintauschte, welches dem Manager von

Yamaha gehörte, einem sympathischen Mann aus Lugano. Das Flugzeug war in ausgezeichnetem Zustand und da es ein gutes Geschäft war, sagte ich auf der Stelle zu.

Während meine Jacht bei seinem neuen Besitzer auch gleich zum Einsatz kam, musste mein Flugzeug erst noch im Hangar in Lugano abgeholt werden. Ich schickte zwei amerikanische Piloten los, die es zu mir in die USA fliegen sollten … und was geschah? Es versank in der Nähe von Grönland! Den Piloten war zum Glück nichts passiert.

Und so stand ich ohne Jacht, ohne Flugzeug und ohne Geld da. Doch zum Glück war Bud wieder zur Stelle, um Carlo mit seinen Filmen unter die Arme zu greifen. Carlo konnte einfach nicht anders: Er war ein Kreuzritter, der sich für unmögliche Unternehmen einsetzte, stets getrieben von Leidenschaft – für was auch immer. Aber ganz gleich, in was für Geschichten ich mich verstrickte – verzweifelt bin ich nie. Das hätte mein unbändiger Optimismus auch nicht zugelassen. Ich konnte nicht anders, als nach jedem Fiasko wieder nach vorn zu schauen.

Die Sant'Andrea erkundet momentan mit ihrem neuen Eigentümer die Ozeane. Er hat mir sogar eine Karte aus Alaska geschickt. Endlich hat mein Schiff es doch noch zu den Eisbergen geschafft.

*

Rückblickend kann ich sagen, dass keine meiner Investitionen irgendeiner Art von Geschäftssinn entsprang. Es war auch nicht so, dass eine Leidenschaft für bestimmte Kunstwerke oder Raritäten dahintergesteckt hätte. Dann hätte ja immer noch die Chance bestanden, eines Tages Supermilliardär zu werden. Ich investierte vielmehr in Spielzeuge, die mir für den Augenblick tonnenweise Glück schenkten.

»Carlo, es ist zu deinem eigenen Wohl«, pflegte Maria zu sagen, wenn sie mich von irgendeinem Kauf abbringen wollte.

»Du meinst wohl, zu dem, was du für mein Wohl hältst«, antwortete ich dann. Für mich liegt das Glück im Begehren, sobald ich aber etwas besitze, wird es mir langweilig. Nicht umsonst lautet der berühmte Spruch: »Überlege dir gut, was du dir wünschst, denn es könnte tatsächlich in Erfüllung gehen.«

Ließ sich eines meiner Vergnügen auch nur ansatzweise praktisch rechtfertigen, gab es für mich kein Halten mehr. Wenn sich dann herausstellte, dass ich eine Fehlentscheidung getroffen hatte, habe ich aber auch nie versucht, jemand anderen dafür verantwortlich zu machen.

Ich habe früher zum Beispiel gern Poker gespielt. Doch als meine Engagements auf weniger als drei im Jahr schrumpften, habe ich damit aufgehört und auch nie wieder angefangen. Mit dem Rauchen war es genauso: Eines Tages wurde ich im Auto ohnmächtig. Und darüber habe ich mich so erschreckt, dass ich am nächsten Tag mit dem Rauchen aufhörte.

Bisweilen habe ich mich auf ziemlich idiotische Unterfangen eingelassen. Aber wie Orson Welles schon sagte, sind die Idioten im Grunde eine weise Einrichtung der Natur, die es den Dummköpfen erlaubt, sich für klug zu halten.

Wie ihr seht, erfüllen also auch wir eine Funktion in der Gesellschaft!

Wenn ich andererseits versuchte, besonnen zu sein und etwas zu beginnen, was Zukunft hatte, taten sich regelrechte Abgründe vor mir auf. Mit anderen Worten: Wenn ich versuchte, besonnen zu handeln, wie normale Menschen das tun (die normalerweise weiser sind als ich), bin ich jedes Mal abgestürzt.

Wenn ich hingegen etwas riskierte, ging es mir am Ende immer gut damit, da ich letztendlich auf sicherem Boden landete. Jemand sagte einmal, ich sei eine Naturgewalt, ein unverbesserlicher Optimist. Und nur ein Optimist würde sich in die Lüfte schwingen und eine wahnsinnige Reise wie diese antreten: Mit 250 Stundenkilometern flog ich sieben, acht Stunden lang bis nach Labrador in Kanada. Dort übernachtete ich, nur um am nächsten Tag 1000 Meilen nach Grönland zu fliegen, von dort nach Reykjavik in Island und schließlich über Schottland nach Rom … und das alles in zwei Tagen.

Auf einer dieser »Spritztouren« durch die Luft begleitete mich auch meine Frau. Wir machten einen Ausflug nach Wichita, Kansas. Start war in Bangor, Maine (wo das berühmte Haus von Stephen King steht). Als Maria mich ansah, verstand sie die Welt nicht mehr. Denn lustigerweise fühlte ich mich ins Cockpit eingezwängt pudelwohl, während mir sonst jedes Sofa zu unbequem war. Außerdem wusste sie nur zu gut, was für ein Theater ich veranstaltete, bis ich in unserem riesigen Bett eine bequeme Position gefunden hatte.

Nach unserer Ankunft quartierten wir uns in einem Dorf ein, in dem der Flugzeughersteller Beechcraft saß. Maria fühlte sich im Hotel eingesperrt. Sie sah aus dem Fenster, vor dem sich eine Kreuzung mit einer Tankstelle und einem Supermarkt auftat.

»Wollen wir in die Stadt gehen, Carlo?«

»Das hier ist die Stadt«, war meine ernüchternde Antwort.

So war es tatsächlich. Maria hatte die Stadt nur in dem alten Western *Wichita* von 1955 gesehen und sie sich viel größer vorgestellt. Das war einer dieser großen und wunderbar schrecklichen amerikanischen Filme. Das Wichita aus dem Film gab es nicht und hat es auch nie gegeben.

Doch zum Glück gab es Frau Beech, die Erbin des Betriebes ihres Mannes, wirklich, die uns zu einem königlichen Frühstück empfing. Ich war nämlich gekommen, um eines ihrer Flugzeuge zu kaufen. Und da ich von ihrer Vorliebe für gelbe Rosen wusste, brachte ich ihr einen großen Strauß davon mit (was mich an ein weiteres Vermächtnis des Western erinnert, den Country-Klassiker *The Yellow Rose of Texas*).

Für Maria war die Reise ein Reinfall: Wichita, das gerade mal aus vier Häusern und einer riesigen Fabrik für die Flugzeugteile bestand, wirkte desillusionierend auf sie. Es war wie eine Beleidigung des Mythos, der Poesie, die das Wort »Amerika« umgibt. Kurz, es war eine Beleidigung all dessen, was wir Italiener uns immer darunter vorgestellt hatten. Darüber, dass wir keinen Mythos vorfanden, tröstete mich allerdings die unkomplizierte Bürokratie schnell wieder hinweg. Von so einfachen Abläufen können wir in Italien nur träumen. Während Maria sich mit unserer Gastgeberin unterhielt, machte ich einen Rundgang durch den Betrieb und fand genau den Flugzeugtyp, den ich gesucht hatte. Um das Geschäft perfekt zu machen, brauchten wir weder einen Notar, noch dauerte es lange, bis wir die nötigen Papiere hatten: Es genügte ein Angestellter der örtlichen Behörde und die Sache war innerhalb von ein paar Minuten erledigt.

God bless America!

8. KAPITEL

BUD DA VINCI: ERFINDUNGEN UND BRUCHLANDUNGEN

»Die beiden größten Erfindungen des Menschen sind das Bett und die Atombombe – das eine hält einen aus allem raus, das andere schafft einen aus allem raus.«

CHARLES BUKOWSKI

GEFÄHRLICHE WINDE

Poseidon und Melanippe zeugten vor langer, langer Zeit die Zwillinge Boiotos und Aiolus, die von einem Hirten aufgezogen wurden. Zur selben Zeit wollte Metapontos, der König von Icaria, seine Frau Theano verstoßen, da sie ihm keine Kinder gebären konnte. Deshalb ließ sie sich von dem Hirten die Zwillinge geben und gab sie als Beweis ihrer Fruchtbarkeit für ihre eigenen aus. Und Metapontos, der Dummkopf, ließ sich täuschen.

Doch dann gebar die Schwindlerin Theano tatsächlich Zwillinge und versuchte, die vermeintlichen Söhne Boiotos und Aiolus zu vergiften. Die beiden waren aber keine Dummköpfe und verabreichten das Gift ihren Stiefbrüdern. Anschließend flohen sie zurück zu dem Hirten und erlebten von da an eine Reihe von Abenteuern, Intrigen und Bündnissen, die ich gar nicht alle aufzählen kann. Schließlich jedoch büxte Boiotos Richtung Süden aus und wurde Herrscher über Böotien. Aiolus lief Richtung Westen davon und landete auf einer Inselgruppe, die daher auch Äolische Inseln genannt werden, und wurde Berater der Götter und Bändiger des Windes.

Und viele, viele Jahre später machte sich Bud Spencer, als der Wind gerade günstig stand, an die Erfindung des … windbetriebenen Bootes!

Dieser Exkurs in die griechische Mythologie soll dazu dienen, zu meiner »sensationellen« Entdeckung überzuleiten und ihr Gewicht zu verleihen. Meint ihr, ich habe es ein wenig übertrieben? Insgesamt habe ich drei Tage damit zugebracht, das Geflecht aus griechischen Namen zu entwirren.

Das »Windboot« gibt es zwar auf eine Art schon – das Segelboot –, ich jedoch glaube daran, dass Boote heute auch elektrisch betrieben werden können. Oder besser gesagt: aiolisch. Erstmals in der Geschichte werden Boote mit einem Elektromotor ausgestattet sein, der in jeglicher Hinsicht Ersparnisse mit sich bringt. Vor allem aber dienen sie dem Umweltschutz. Am Boot werden Schiffsschrauben angebracht, die durch den Wind betrieben werden und auf diese Weise Strom für den Motor erzeugen. Ich bin absolut sicher, dass es funktionieren kann, und werde weiter daran arbeiten. Ich hoffe nur, dass ich mich nicht wegen Copyright-Problemen mit Aiolus' Anwalt herumstreiten muss!

DAS ELEKTROAUTO

Ja, ich weiß, auch das gibt es schon – um in einem Museum ausgestellt zu werden. Denn käme es auf den Markt, würde die Erdölindustrie kollabieren, denn Erdöl ist weltweit das Maß aller Dinge. Und es ist ein Damoklesschwert, mit dem uns die Erdölindustrie unterjocht, indem sie die Preise macht, wie sie will. Aber bei aller Bescheidenheit habe ich es dennoch früher erfunden (na ja, das dachte ich jedenfalls).

In den Fünfzigerjahren wurden die Lokomotiven noch mit Kohlen betrieben, für den Strom an Bord sorgten Batterien, die in regelmäßigen Abständen ausgetauscht werden mussten. In jedem Bahnhof stieg daher ein Angestellter zu und wechselte die Batterien. Der Zug schaffte es zum Beispiel von Rom nach Pisa, dort mussten die Batterien gewechselt werden und danach konnte er bis nach Genua weiterfahren.

Ganz nach diesem Prinzip habe ich das Elektroauto zusammengebaut. Ich nahm mir einen Kleinwagen und baute Motor und Batterien, die auch in der Eisenbahn verwendet wurden, ein. Und schon hatte ich ein … richtig schweres Auto. Es fuhr mit zwei Stundenkilometern und ging mehrmals kaputt, weil es so schwer war. Mein Elektroauto brach einfach zusammen, so wie das Pferd in *Gott vergibt … Django nie!* fast unter meinem Gewicht zusammenbrach.

Nicht ganz die Größe eines Kleinwagens hatte das Kettenfahrzeug im Stil von El Alamein (ein bestimmter Typ Militärfahrzeug), das ich umbaute. Es quietschte grauenerregend und bedurfte zweifellos einiger Verbesserungen. Aber ich lobte mich dennoch selbst für die gute Absicht. Niemand, der halbwegs gesund im Kopf war, hätte sich auf so ein Unterfangen eingelassen. Aber in meinem Wahnsinn hielt ich mich für eine wahre Leuchte und einen großartigen Planer.

DIE ZAHNBÜRSTE FÜR UNTERWEGS – IM WELTALL

Ich habe gelesen, dass der Chef der Virgin Group, Mr Richard Branson, den Plan ausheckt, ein Weltraumhotel zu errichten. Für dieses Projekt spannt er Tausende hoch qualifizierter ehemaliger NASA-Mitarbeiter ein, die aufgrund der Wirtschaftskrise entlassen worden waren. Es heißt, sie arbeiteten an einem Weltraumbus, der einen Hotelaufenthalt in Hunderten von Kilometern Höhe ermöglicht.

Gut, angenommen es funktioniert: Zu jedem Hotel gehört eine gewisse Grundausstattung wie Bäder und Fahrstühle, ob es sich nun in Schussweite eines Ufos befindet oder nicht. Die Zähne muss man sich dennoch putzen, selbst wenn sich vor dem Badezimmerfenster Mondkrater auftun. Und hier kommt der geniale Einfall Bud Spencers zum Einsatz: Es handelt sich um eine Zahnbürste mit integrierter Zahnpasta. Man muss nur auf den Griff der Zahnbürste drücken und schon quillt die Zahnpasta zwischen den Borsten heraus. Anstatt Zahnbürste und Zahnpastatube mit sich herumzuschleppen, hat der Tourist dann alles in einem. Das spart Geld und Plastik und tut auch der Umwelt einen Gefallen. Abgesehen davon, ist die Müllentsorgung im Weltall ohnehin nicht so einfach.

Also, Mr Branson, wenn Ihnen zufällig dieses Buch in die Hände fällt, denken Sie darüber nach. Aber so oder so funktioniert die Zahnbürste ja auch auf der Erde.

Die Geschichte der Zahnbürste begann mit einem einteiligen handbetriebenen Modell, danach kam die elektrische Zahnbürste mit dem austauschbaren Kopf, bei der man immerhin den Griff immer wieder benutzt und nicht neu kaufen muss. Man kann außerdem auch Reisezahnbürsten und Zahnpasta in Minituben kaufen – warum also nicht eine Zahnbürste mit integrierter Zahnpasta? Ich habe sie entworfen und patentieren lassen, aber damit ist die Reihe meiner Erfindungen noch lange nicht abgeschlossen.

Wollt ihr wissen, wie ein beheizbarer Schuh funktioniert?

Ganz einfach: Man baut eine Batterie in den Absatz ein und verlegt zwei Drähte in der Sohle, die den Schuh beheizen. Für richtig kalte Winter ist das perfekt. Auch dafür habe ich ein Patent, und wer weiß, vielleicht wird es ja in Finnland oder Norwegen ein Erfolg.

Mir ist bewusst, dass meine verrückten Erfindungen nicht so recht zu dem Monster auf der Leinwand passen, das die Zusammenhänge immer erst nach dem Zuschauer begreift. Der Herr (oder Buddha oder Allah oder sonst jemand da oben, und sei es E.T.) hat mich mit einem denkenden Verstand ausgestattet und so versuche ich, ihn eben ab und an zu gebrauchen – wenn auch nur, um den edlen Spender nicht zu beleidigen. Andererseits ist der angesichts einiger meiner verqueren Ideen vielleicht alles andere als beleidigt, wenn ich meinem Verstand ein wenig Ruhe gönne.

Doch das Schönste kommt erst noch: Jetzt dürft ihr euch anhören, wie Bud da Vinci mit seinem größten, jemals realisierten Unternehmen zum Wegbereiter des Merchandising im Film wurde. Was allerdings nicht bedeutet, dass dieses Projekt *jemals* Erfolg gehabt hätte.

BUD-DISING

Wie ihr sicherlich inzwischen wisst, waren Bud Spencers Manöver auf der Erde nicht weniger gefährlich als die seiner multiplen Persönlichkeit in der Luft. Was ihr aber noch nicht wisst: Um ein Haar hättet ihr aufgrund eines dieser Manöver in Jeans der Marke »Bud Spencer« herumlaufen müssen. Und als Markenzeichen sollte mein Gesicht auf das Schildchen gedruckt werden!

Der Grund für dieses Projekt war wieder einmal die Unsicherheit, ob meine Filmkarriere andauern würde. Etwa Mitte der Siebzigerjahre, als ich langsam bekannt wurde und ein bisschen Geld verdiente, nahm ich ein Projekt in Angriff, das man heute als »Merchandising« bezeichnen würde. Ich hatte vor, Kindermode mit meinem Gesicht und meinem Namen darauf zu vertreiben.

Warum auch nicht?

Am wichtigsten war mir, dass die Kleidung qualitativ hochwertig war. Später wollte ich das Sortiment möglicherweise um Tassen, Gläser, Spielsachen, Nachttöpfe und andere nützliche Utensilien erweitern. George Lucas vollbrachte mit der Vermarktung von *Star Wars* ein wahres Wunder. Es waren die Anfänge des modernen Marketings. Aber wer hatte denn gesagt, dass nur die Amerikaner dazu in der Lage wären?

Für die »Bud Spencer Jeans« hatte ich mir schon ein Logo ausgedacht: die Kugel einer Western-Pistole und darüber ein Schriftzug mit meinem Namen. Eine Idee, die vor allem zum Totlachen war! Denn natürlich hatte ich keine Ahnung von Mode. Daher wandte ich mich vertrauensvoll an einen Fachmann, der sehr kompetent auftrat und bereits Erfahrung im Großhandel von T-Shirts hatte.

Zu jener Zeit kam gerade eine Marke auf den Markt, die heute so groß ist wie Benetton, damals allerdings noch ein kleiner Familienbetrieb war. Jedenfalls konnten wir mit ihr konkurrieren. Ob wir Erfolg haben würden oder nicht, würde letztlich wie immer der Käufer entscheiden. Nachdem ich mich mit Maria beraten hatte, zog ich schließlich mit meinem kleinen Unternehmen in ein dreistöckiges Haus in Rom. Es lag an der Piazza Giovenale in Balduina. Immobilien waren in diesem Bezirk damals noch erschwinglich, inzwischen haben sie astronomische Preise. Im Untergeschoss befand sich das Parkhaus, im Erdgeschoss der Laden mit vier Schaufenstern zur Straße und im ersten Stock waren die Büros untergebracht.

Leider stellte sich die Person, auf die wir uns verlassen hatten, als ziemlich unzuverlässig heraus. Am Ende leitete ich den ganzen Betrieb drei Jahre lang alleine. Und es lief eigentlich gut: Die Bestellungen hörten gar nicht mehr auf, offenbar konnte man mit Bud Spencers Namen tatsächlich Geld machen. Doch da Unehrlichkeit leider nicht zu meinen vielen, vielen Fehlern zählt, wollte es mir einfach nicht gelingen, mit dem Unternehmen schwarze Zahlen zu schreiben. Ich investierte anscheinend zu viel in die Qualität der Textilien. Aber es ist so: Ich habe mein Publikum nie übers Ohr gehauen (jedenfalls nicht mit Absicht) und hatte nicht vor, auf einmal damit anzufangen. Ich schlafe einfach gern mit einem ruhigen Gewissen.

Wie immer, wenn eine Idee mich begeisterte, kannten meine Investitionen keine Grenzen und schon bald zahlte ich den Preis dafür. Innerhalb von drei Jahren hatte ich mich vollständig ruiniert. Meine Ware wurde auf Märkten in Nordafrika gesichtet, wo sie verramscht wurde, während ich weiterhin Steuern und Gehälter zahlte. Ich hätte Insolvenz anmelden können, doch dann hätte ich die Angestellten, die überhaupt keine Schuld an meinem Scheitern traf, auf die Straße setzen müssen. Daher verkaufte ich den Betrieb, um die vielen Schulden, die ich angehäuft hatte, begleichen zu können.

Mein größter Fehler hat schon immer darin bestanden, mich Hals über Kopf in Geschäfte zu stürzen, ohne vorher einen Plan zu machen. Mein unbändiger Optimismus trieb mich stets von Neuem an. Und paradoxerweise brachte mich das Schicksal jedes Mal wieder zurück zum Film, zu dem einen Geschäft, an das ich am wenigsten glaubte.

DER VATER DES AMERIKANISCHEN SCHLAUCHBOOTS

Auch dieses Unterfangen gehört zum Kapitel »Bud, der Erfinder«, wenngleich ich mir das Schlauchboot nicht selbst ausgedacht habe. Zu seinen Vorkämpfern zählt kein Geringerer als Archimedes, der schon viele Jahre vor Christus lebte. Buds Beitrag bestand vielmehr im Export dieser Erfindung an einen Ort, an dem es sie noch nicht gab: nach Amerika. Unglaublich, was?

Nun ja, das dachte ich auch. Aber hört selbst, was geschah: Während meiner Dreharbeiten in den USA Ende der Siebziger- und Anfang der Achtzigerjahre bemerkte ich, dass keines der Schiffe in den Häfen des Landes mit Schlauchbooten ausgestattet war.

In Florida ging ich wieder einmal meiner Leidenschaft für das Meer nach und stattete verschiedenen Boots-Klubs vor Ort einen Besuch ab. Dabei stellte ich fest, dass die Schiffe und Boote, die dort vor Anker lagen, als Rettungsboote keine Schlauch-, sondern Plastikboote hatten. Schlauchboote kannten sie überhaupt nicht. Und so beschloss ich, meine wertvolle Erkenntnis zu nutzen und ein Unternehmen aufzuziehen, das Schlauchboote von Italien nach Miami lieferte.

Die ansässigen Bootsführer fuhren nur selten aufs offene Meer hinaus, da sie lieber die Binnenrouten nutzten, die von Miami bis nach New York führten.

Obwohl ich in Sachen Geld weder ein glückliches Händchen noch irgendwelche nützlichen Beziehungen hatte, investierte ich in drei riesige Ladenräume an den Häfen von Miami bis Fort Lauderdale. Darin errichtete ich gigantische »Showrooms«, stellte eine Reihe Verkäufer ein und pries meine Prachtexemplare an. Die Schlauchboote waren mit allen Extras ausgestattet, qualitativ hochwertig und ein wahrer Blickfang.

Wollte ich der Schlauchbootkönig der USA werden? Keine Ahnung! Alles, was ich im Sinn hatte, war, eine Alternative zum Filmemachen zu finden.

Natürlich hielt ich mich nicht lange mit der Frage auf, weshalb sie in Amerika keine Schlauchboote einsetzten. Dafür ließ mir mein optimistischer Enthusiasmus keine Zeit.

Ich schaltete seitenweise Anzeigen in sämtlichen Fachzeitschriften und machte Werbung für die Eröffnungsveranstaltung, zu der – wer hätte das gedacht? – keine Menschenseele kam. Aber was noch schlimmer ist: Es kam auch danach niemand. Die Ware schlummerte friedlich vor sich hin, bis ich sie Monate später komplett an die Marine verscherbelte, um wenigstens einen Teil meiner Ausgaben wieder reinzuholen.

Zu guter Letzt tat ich, was jeder halbwegs vernünftige Mensch als Erstes getan hätte: Ich verschaffte mir einen Überblick über die Marktsituation. Und da entdeckte ich, dass die Amerikaner aus einem ganz bestimmten Grund keinen Bedarf an Schlauchbooten hatten: weil die Haie sie nämlich zu fressen beliebten. Für die Plastikboote hingegen interessierten sie sich nicht, sie waren zu hart und ließen sich nur schwer zerkauen.

Hätte ich diese Tatsache früher in Erfahrung gebracht, hätte ich es vermeiden können, erneut finanziellen Schiffbruch zu erleiden. Doch ich zog es vor zu warten, bis die Selbstzerstörung nicht mehr zu verhindern war. Ich hätte nur einen der Matrosen oder Hafenangestellten ansprechen müssen: »Excuse me, wieso seid ihr so dämlich, keine Schlauchboote zu benutzen?«

Doch der Dumme, der war ich.

Aber das Kapitel geht noch weiter. Dem genialen Bud da Vinci gelang ein weiterer Coup: Mit dem nächsten Projekt schaffte er es sogar, reges Interesse zu wecken … allerdings nur beim FBI!

ES WAR EINMAL EIN FLUGHAFEN

Während der Dreharbeiten zu *Der Große mit seinem außerirdischen Kleinen*, 1979, lernte ich einen Bankdirektor aus der amerikanischen Kleinstadt Monroe, Georgia, kennen. Als dieser von meiner Obsession für Flugzeuge Wind bekam, erzählte er mir, dass vor Ort ein kleiner Privatflughafen zu verkaufen sei. Er war von seinem Schuldner gepfändet worden und daher auch nicht allzu teuer.

Der Flugplatz bestand lediglich aus einer 500 Meter langen Bahn, einem Hangar sowie einem kleinen Kontrollturm. Das Schöne an Amerika war, wie ich euch bereits gesagt habe, dass es keine Notare gab. Für den bürokratischen Vorgang brauchten wir nur einen Beamten von der Stadt, meinen Ausweis und das Geld.

Mit dem Kauf des Flughafens verfolgte ich die geniale Absicht, in Amerika ein Geschäft mit Partenavia-Maschinen aufzuziehen. Das Partenavia ist ein zweimotoriges Modell, dessen Tragflächen oben angesetzt sind. Es bietet fünf oder sechs Sitzplätze und ist ideal für Geschäftsleute, die mit Privatmaschinen fliegen. Mein Geschäftspartner in Neapel war ein Freund von mir.

Der Motor, die Reifen und auch die Funkanlage waren aus Amerika. Mein Masterplan bestand darin, die anderen Teile des Flugzeugs (Tragflächen, Kabinen etc.) aus Italien kommen zu lassen und die Modelle auf dem Gelände meines neuen Flughafens zusammenzubauen. Dadurch, dass diese Flugzeuge günstiger in der Produktion waren, würde ich sie zu einem günstigeren Verkaufspreis anbieten können.

Am Ende rührte mein Freund in Neapel nie einen Finger. Wer hätte ihn auch dazu bewegen können? Mein hübscher kleiner Flughafen kam also nie zum Einsatz. Doch das wusste ich natürlich erst, als es zu spät war. Zunächst kümmerte ich mich darum, gut ausgebildete Piloten zu haben, die die Modelle auch unter schwierigen Bedingungen steuern konnten. Denn zum einen würden sie die

Flugzeuge, die ich in Italien kaufte, über den Atlantik bringen müssen. Und zum anderen kaufte ich das eine oder andere im Norden der USA ein, wo die Kälte und der Nebel das Fliegen fast unmöglich machten.

Wie gesagt, spare ich, wenn ich an eine Idee glaube, nicht an Ausgaben; denn Qualität hat seinen Preis. Es endete damit, dass ich eine kleine Pilotenschule durchfütterte. Ich spendierte ihnen Kost und Logis und was sonst noch alles anfiel. (Unter den Piloten war übrigens auch der heutige Präsident der angesehenen Fluggesellschaft Meridiana Fly, Giuseppe Gentile, der damals schon ein ausgezeichneter Pilot war.)

*

Mit einem jener Piloten hatte ich während eines Aufenthalts in Kanada ein etwas unglückliches Erlebnis. Das Hotel, in dem wir übernachteten, war im Grunde eine Absteige, eine Kreuzung aus Bordell und Spielhölle. Auch die anwesenden Gäste waren wenig vertrauenerweckend. Wir waren auf einem kleinen Privatflughafen gelandet, hatten das Flugzeug in einem Hangar gelassen und uns ein Taxi genommen. Es stellte sich heraus, dass der Fahrer betrunken war und wie ein Irrer fuhr. Die Frau, die an seiner Seite saß, war eine Prostituierte. Er war es auch, der uns zu diesem Hotel brachte und uns versicherte, es sei »okay«!

»Okay« hieß in dem Fall, dass man auch um Mitternacht noch kein Auge zutun konnte, da der Lärm und das Geschrei aus dem Kasino und den anderen Zimmern kein Ende nahmen. Irgendwann klopfte es an meiner Tür. Davor stand der andere Pilot, zu Tode erschreckt, und erklärte: »Ich dachte, ich quartiere mich heute Nacht lieber bei dir ein. So sind wir wenigstens zu zweit, falls irgendeiner der Typen hier versuchen sollte, uns auszurauben!«

Um uns herum liefen die Gäste zur Hochform auf und wir verbrachten die Nacht damit, ihren Prügeleien zu lauschen, bis wir im Morgengrauen schließlich zum Hangar aufbrachen, um unsere Reise fortzusetzen. Wir nahmen Kurs auf Grönland. 200 Meilen hinter der kanadischen Küste konnten wir plötzlich keine Funksignale mehr empfangen. Da wir damals noch keine modernen Geräte besaßen, um Wind und andere Faktoren zu berechnen, flogen wir auf Sicht, der Willkür des Windes ausgesetzt. Und unter uns tat sich ein Meer voller Eisberge auf.

In Grönland landeten wir. Es war August und die Außentemperatur betrug minus fünf Grad! Kaum hatten wir die Tür des Flugzeugs geöffnet, ließ uns die Kälte fast zu Eis erstarren. Doch dann sah ich ein Bild, das mich zweifeln ließ, ob es Wirklichkeit war oder eine durch Schlafmangel bedingte Halluzination. Ich rieb mir die Augen: Vor uns stand tatsächlich ein Eskimo im T-Shirt, der über das ganze Gesicht lächelte und uns mit Benzin versorgte.

»Wie um alles in der Welt hältst du es hier im T-Shirt aus?«, fragte ich ihn mit meinem Makkaroni-Akzent in einem Englisch, das noch schlechter war als seins. Mit Händen und Füßen konnten wir uns allerdings wunderbar verständigen.

»It's summer (es ist Sommer)!«, antwortete er lächelnd, als wäre es das Normalste der Welt.

Als die Maschine vollgetankt war, flogen wir weiter Richtung Schottland. Doch während des Fluges beschlich uns irgendwann der Verdacht, dass der Eskimo den Treibstoff in die falsche Luke gefüllt hatte. Unser Flugzeugtyp hatte nämlich noch eine weitere Klappe, die sich öffnen ließ, die aber nur der Überprüfung des Benzinstandes diente. Je länger wir darüber grübelten, umso sicherer waren wir uns, dass der Treibstoff in der falschen Öffnung gelandet war. 900 Meilen würden wir noch schaffen. Sollten wir bei 700 noch kein Land sehen, dann war der Zeitpunkt gekommen, sich Sorgen zu machen.

Doch wir hatten Glück, es war Land in Sicht.

Wir kommunizierten mit dem Kontrolltower, der uns seinerseits mitteilte, dass wir 300 Meilen vom Kurs abgekommen waren.

Anstelle von Schottland steuerten wir auf Irland zu. Doch Missgeschicke dieser Art war ich gewohnt; außerdem gab mir ja der Gedanke an mein Partenavia-Geschäft in Georgia Aufwind.

Doch wie bereits gesagt, wurde daraus ja nichts. Folglich übertrafen die Ausgaben für den Spaß die mageren Einnahmen wieder einmal um ein Vielfaches und inzwischen war es so weit, dass ich nicht einen, sondern vier Bud Spencer mit jeweils drei Film-Engagements gebraucht hätte, um mich finanziell zu sanieren. Dennoch war ich noch nicht ganz fertig mit meinem kleinen Flughafen: Ich behielt ihn so lange, bis ich wegen Drogenhandels in Verdacht geriet! Diese Geschichte habe ich bereits angedeutet, jetzt will ich sie euch in allen Einzelheiten erzählen.

Es geschah am Flughafen in New York. Ich machte dort Station und wollte anschließend nach Miami weiterfliegen, um einen Film zu drehen. Als ich auf den Stempel für meinen Pass wartete, erblickte ich zwei große Männer mit dunklen Sonnenbrillen, Jackett und Krawatte, die mich dann am Ausgang für ausländische Passagiere abpassten. Es war das FBI.

Die Männer bugsierten mich in einen winzigen Raum und verhörten mich über meinen Privatflughafen, da sie vermuteten, dass ich mit Drogen handelte. Die Männer kannten mich anscheinend nicht als Schauspieler (sie kamen mir ohnehin nicht vor wie Leute, die mich um ein Autogramm bitten würden, es sei denn, in meinem Haftprotokoll), für sie war ich nur ein bärtiger italienischer Riese. Sie waren höflich, aber streng und eiskalt. Und die Geschichte von meinem Freund in Neapel, der kleine, wunderschöne Flugzeuge herstellte, schien nicht gerade zu meiner Glaubwürdigkeit beizutragen.

»Dieser Freund von mir bringt die Maschinen hierher und montiert die Teile auf dem Flughafengelände, die Motoren warten dort schon …«, erzählte ich in aller Ruhe, woraufhin sich die beiden Männer unbeeindruckt ansahen.

Wahrscheinlich dachten sie, sie hätten es mit einem sehr unerfahrenen Drogenhändler zu tun, der sich diese verquere Geschichte im Voraus ausgedacht hatte, falls er sich einmal rausreden müsste. Und das ist auch kein Wunder, denn ich gab die Geschichte mit der gleichen Selbstverständlichkeit von mir, mit der ich sie euch jetzt erzähle. Ich scherte mich nicht darum, wen ich vor mir hatte.

Die beiden überprüften meine Aussage, indem sie unter anderem meinen Freund in Neapel anriefen. Anschließend ließen sie mich laufen, bedachten mich jedoch noch immer mit skeptischen Blicken.

»I'm an actor, too, you know (Schauspieler bin ich übrigens auch, wissen Sie«)«, hatte ich im Verlauf des Verhörs beiläufig erwähnt.

Diese Aussage muss ihren Verdacht gegen mich noch verstärkt haben, denn Schauspieler in den USA waren schön und sportlich, mit blauen Augen, aber nicht riesig und dick. Der Zwischenfall nahm zwar einen glücklichen Ausgang, doch er war der Tropfen, der das Fass zum Überlaufen brachte: Ich wollte endgültig nichts mehr mit diesem Flughafen zu tun haben.

Für einen Drogendealer gehalten zu werden ist peinlich und eine Schande, selbst wenn es sich nur um einen Verdacht handelt. Und wäre mir etwas Derartiges in Italien passiert, hätte ich meinen Namen am nächsten Tag in den Schlagzeilen sämtlicher Zeitungen lesen können. Allein die Tatsache, dass ich verhört wurde, hätte gereicht, um wüste Spekulationen zu entfachen. Denn es gibt immer Leute, die denken: »Wenn er aufgegriffen wurde, muss etwas dran sein!«

Ich habe geraucht, ja, aber Drogen habe ich nie angerührt. Und läge es in meiner Macht, würde ich erbarmungslos repressive Maßnahmen gegen diese Drogendealer ergreifen, die das Leben von Millionen von Menschen zerstören.

Aber zurück zu uns. Es endete damit, dass die gleiche Bank, die mir den Flughafen verkauft hatte, ihn wieder zurücknahm und mich mit einigen Hektar Land dafür entschädigte. Der Verkauf des Landes brachte mir immerhin die Hälfte meiner Ausgaben wieder ein. Alles in allem bilden meine Irrtümer eine Serie nicht gelernter Lektionen. Kaum hatte ich ein Geschäft in den Sand gesetzt, steckte ich schon wieder knietief im nächsten Schlamassel.

Vielleicht hat das was mit jenem Vorfall in meiner Kindheit zu tun, als ich mit meiner Familie in Seiano war. Wir hatten uns gerade für ein Erinnerungsfoto aufgestellt, da fiel ich vom Steg und schlug mit dem Kopf auf einem Anker auf.

THE VOICE

Meine Frau war immer der Meinung, dass ich eine wunderschöne Baritonstimme haben könnte, wenn ich nur ein bisschen üben würde. Doch unbeständig und faul, wie ich war, habe ich meine Stimme nie ausgebildet. So, wie ich mich an der Gitarre und am Klavier ziemlich gut machte, aber nie das Notensystem lernte. Ich habe eben darauf herumgeklimpert, aber auf diese Weise habe ich es doch geschafft, einige Lieder aufzunehmen und die eine oder andere bekannte Melodie in meinen eigenen Filmen zu singen. Ich weiß, dass ich musikalisch begabt bin, doch leider habe ich diese Begabung vernachlässigt.

Apropos Musik: Während eines Urlaubs auf der zauberhaften Insel Capri lud ein gemeinsamer Freund Maria und mich zu einem Konzert ein. Er sagte: »Heute Abend im Restaurant will ich euch einen Cousin von mir vorstellen. Er ist Musiker, ein richtig flotter Typ, und spielt abends in den Lokalen seine Lieder.«

Ein richtig flotter Typ war er in der Tat und er spielte schöne sizilianische Balladen auf der Gitarre. Irgendwann jedoch fing Marias Freundin an, sich zu langweilen. Daher bat sie ihn um ein neapolitanisches Stück: »Spiel doch mal ein Lied von Murolo!«

Roberto Murolo war ein großer neapolitanischer Sänger, um einiges berühmter als der Musiker im Restaurant, der übrigens kein Geringerer war als … Domenico Modugno! Er war zwar heißblütig und leidenschaftlich, aber eben noch kein Star. An diesem Abend ärgerte er sich so sehr über Marias Freundin, dass er zusammenpackte und das Lokal verließ.

»Mimmo« Modugno war ein weiteres Kapitel in der Geschichte meiner »Jugendsünden«: Wieder einmal hatte ich die große Ehre, einen herausragenden Künstler zu Beginn seiner Karriere kennenzulernen, und wieder einmal begriff ich nicht, dass dieser Mann Geschichte schreiben würde. Er wurde mit seinen gut 200 Stücken nicht nur zum Vater der italienischen Liedermacher, sondern war außerdem ein großer Schauspieler. Modugno trat in etwa vierzig Kinofilmen und Fernsehproduktionen auf, Theaterauftritte hatte er ebenfalls. Beim Festival von Sanremo ging er insgesamt vier Mal als Sieger hervor. 1958 gewann er mit dem Lied *Nel blu dipinto di blu*, das er gemeinsam mit Franco Migliacci geschrieben hatte und das unter dem Titel *Volare* weltberühmt wurde. Sein Stück ist gewissermaßen zu einer italienischen Hymne geworden, die auf der ganzen Welt gesungen wird. Der junge Mann aus Apulien, dessen Erfolg zuvor eher bescheiden gewesen war, führte plötzlich über Monate die amerikanischen Charts an. Ein Rekord, den bis heute kein anderer italienischer Musiker gebrochen hat.

Und unsere Freundin hatte ihn nur kurze Zeit vorher gebeten, etwas von Murolo zu spielen!

Wie dem auch sei – wenn es der Musik zu verdanken ist, dass ich Modugno treffen durfte, so ist es ebenfalls der Musik zu verdanken, dass ich meine Frau kennenlernte. Denn in der Zeit, als ich an meiner Gitarre herumzupfte, nahm mich eines Tages ein Musikerfreund namens Nino Fruscella mit, als er ein Mädchen in Rom besuchen ging. Er wollte dort ein Graviergerät von Grundig ausprobieren, das jenes Mädchen gerade von ihrem Vater geschenkt bekommen hatte.

Und dieses Mädchen war Maria.

Im Zusammenhang mit Musik erinnere ich mich außerdem an eine Feier im Teatro Valle di Roma, die von einer Gruppe junger

Adliger und Künstler organisiert worden war. Einige von ihnen wurden später berühmt. Ich erinnere mich vor allem an Luigi De Filippo, Sohn des großen Peppino und selbst ein hervorragender Kino- und Theaterschauspieler; außerdem an Gisella Sofio, Tochter eines englisch-ägyptischen Grafen, eine bezaubernde Blondine mit einem ausgeprägten Sinn für Humor. Auch sie stand zu dem Zeitpunkt gerade am Beginn ihrer Karriere, später wurde sie eine berühmte Komödiendarstellerin.

An jenem Abend veranstalteten sie eine Show, die sie »Questa sera alle 9« (»Heute Abend um 9«) nannten. Jeder durfte dabei das präsentierten, was er am besten konnte. Da ich selbst kein Spezialgebiet hatte, trat ich als mexikanischer Peone auf, der auf dem Boden sitzend Gitarre spielte. Es war ein kleines Event, das viel von sich reden machte. Der Erlös wurde für einen wohltätigen Zweck gespendet.

Rückblickend lassen sich der Sombrero und die Akkorde des Peone als Vorausdeutung auf meine Karriere lesen, die mit der Ära der Italowestern begann.

Ich spielte damals ein Stück, das ich selbst geschrieben hatte, und auch heute noch komponiere ich eigene Lieder, mache das Arrangement und schreibe die Texte. Auch Musik mache ich mit der gewohnten Naivität. Doch wenn ich mir die Musik anhöre, die ich aufgenommen habe, finde ich sie eigentlich gar nicht so übel. Außerdem sagt man, dass auch die Beatles nach Gehör gespielt hätten – folglich bin ich in bester Gesellschaft.

Wie ihr aus dem ersten Buch vielleicht schon wisst, habe ich 1960 an der Komposition einiger Lieder mitgewirkt und einen Vertrag mit dem bekannten italienischen Label RCA unterschrieben. Ich hatte das Glück, mit so großen Künstlern wie Nico Fidenco (mit dem ich 1963 die italienische Version des Soundtracks zu *Cleopatra* schrieb, die als Vinyl mit 45 Umdrehungen erschien) und Ornella Vanoni zusammenzuarbeiten. Dieser Vertrag lief nach vier Jahren aus.

Dadurch, dass ich als Schauspieler erfolgreich war, ergab es sich, dass ich auch die Lieder zu mehreren meiner Filme sang, zum Beispiel das Lied *Grau Grau Grau* von Walter Rizzati in *Das Krokodil und sein Nilpferd*. Außerdem singe ich in *Banana Joe* zu der Musik von den Brüdern De Angelis und in *Zwei Engel mit vier Fäusten* zu der Musik von Enrico Riccardi. Erst vor wenigen Jahren habe ich begonnen, meine eigene Musik zu komponieren. Ich habe ein Album mit neapolitanischen Stücken produziert, die allerdings nichts mit meinen Filmen zu tun haben, sondern vielmehr meine persönliche Sicht des Lebens und gewissermaßen meine neapolitanische Seele widerspiegeln. Bisher habe ich es noch nicht veröffentlicht, doch ich hoffe, dass sich bald eine Gelegenheit bieten wird.

9. KAPITEL

ALS BUD UND TERENCE SICH STRITTEN

Ein offener Brief von Carlo an seinen Freund Mario

»Freundschaft ist eine Seele
in zwei Körpern.«
ARISTOTELES

LIEBER TERENCE, WIE GEHT ES DIR?

Wundere Dich nicht über den Titel dieses Kapitels: Wahrscheinlich lecken sich einige jetzt schon freudig über die Lippen. Aufgeregt erwarten sie die Offenbarung eines Streits zwischen Bud und Terence, jenseits der Leinwand und mit der obligatorischen Prügelei. Ein noch nie enthülltes Geheimnis, das zwar wenig erbaulich ist, dafür aber die Verkaufszahlen in die Höhe schnellen lässt. Nun ja, besser, wir sagen es ihnen gleich: Du und ich, wir haben uns nie gestritten und auch nie vorübergehend getrennt.

Der Titel ist nur eine kleine Notlösung, um die Aufmerksamkeit des Lesers zurückzugewinnen, falls er schon herzzerreißend gähnt oder darüber nachdenkt, wie sich das Buch am besten recyceln lässt. Zum Beispiel, indem man es weiterverschenkt.

Rein kommerziell gesehen, könnten wir jetzt davon profitieren, hätten wir uns früher aus irgendeinem Grund einmal ordentlich verhauen – am besten wegen einer Diät. Dann könnte ich das heute in meiner Biografie breittreten und Du in Deiner (ich bin mir ganz sicher, dass Du sie eines Tages schreiben wirst). Es ist nämlich ein Gesetz, dass alles Schlechte eine größere Anziehungskraft besitzt als das Gute. Die schlechten Neuigkeiten verkaufen sich besser.

Nur können wir zwei leider einfach nicht mit Skandalen dienen. Wir sind beide ganz normale, ruhige Menschen (insofern jemand von meiner Größe als normal durchgeht), die einander mögen. Ein bisschen sind wir auch enttäuscht darüber, keine Filmangebote mehr zu bekommen, in denen wir wieder als Paar auftreten können. Und das, obwohl wir der Filmindustrie über dreißig Jahre lang saftige Einnahmen beschert haben.

Ich sage ja nicht, dass sie uns wieder in den Sattel heben sollen, auch wenn das für Dich kein Problem wäre, Du bist ja nach wie vor ein wackeres Kerlchen. Sie hätten uns aber wenigstens ein Projekt vorschlagen können, das zu zwei »gereiften« Schauspielern passt.

Eben eines, in dem die zwei »gereiften« Schauspieler nicht gegen zwanzig Stuntmen kämpfen und sich lächerlich machen müssen. Bei so einem Projekt würden wir Gefahr laufen, genau so zu enden wie die Charaktere in dem Film *Ein irres Klassentreffen*. Als die Jungs im Alter ihre Jugendstreiche wiederholen und den aus den Zugfenstern lehnenden Passagieren Ohrfeigen verpassen wollen, stecken sie plötzlich selbst kräftig ein.

Mit unseren Auftritten in den unterschiedlichsten Filmen, auch solchen, die ganz ohne Ohrfeigen auskommen, haben wir jedenfalls bewiesen, dass wir noch einiges mehr auf dem Kasten haben. Doch die Zeit vergeht und alles verändert sich. Das Genrekino, in das wir hineingeboren wurden, gibt es heute einfach nicht mehr. Nun ja, mein Freund, wir werden sehen. Eines kann ich Dir aber jetzt schon versichern: Ich würde jederzeit wieder einen Film mit Dir machen, in dem wir als Paar auftreten. Wenn wir ein Projekt finden, das zu uns passt, so wie wir heute sind, dann können wir meinetwegen gleich morgen früh loslegen.

Walter Matthau und Jack Lemmon haben doch auch den Film *Grumpy Old Men* (*Ein verrücktes Paar,* 1993) zusammen gemacht – nicht, dass ich mich mit diesen herausragenden Darstellern vergleichen möchte. Ich könnte mir allerdings gut vorstellen, dass das Paar Hill/Spencer durchaus mal wieder seine Sicht der Welt loswerden könnte. Aber bloß nicht am Krückstock, nein, mit geballter Frechheit – und wie gewohnt zum Lachen.

Ich nähere mich nun dem Ende meiner zweiten Biografie (meiner letzten? – sag niemals nie!) und ich kann einfach nicht nicht über Dich sprechen, mein Freund.

Es ist natürlich nicht meine Aufgabe, Deine Geschichte zu erzählen. Dazu habe ich weder die Begabung noch die Erlaubnis. Doch es ist nun einmal so, dass sich unser beider Leben im selben Moment verändert hat, als uns jener unbekannte Produzent, das Schicksal, zusammen auf die Leinwand beförderte. Und deshalb möchte ich nun die Geschichte von *meinem* Terence Hill erzählen, dem kleinen venezianischen Jungen mit deutscher Mutter und italienischem Vater und der mittlere von drei Brüdern.

Deine frühe Kindheit hast Du, wenn ich mich nicht irre, bei Deiner Oma mütterlicherseits in Sachsen verbracht. Dein Kinodebüt Jahre später war, wie bei mir auch, das Ergebnis puren Zufalls. Als Du zwölf warst, entdeckte Dich der Regisseur Dino Risi bei einem … Schwimmturnier! Eine weitere Gemeinsamkeit, die wir teilen. Und so kamst Du zu Deinem Debüt in dem Film *Das große Ferienabenteuer* (1951). Auch ich war dort am Set, Dein zukünftiger Partner in unzähligen Abenteuern. Doch kennengelernt haben wir uns damals noch nicht. Der Film ist manchmal launischer und unglaublicher als das Leben.

Danach hast Du weiterhin als Schauspieler gearbeitet, um Dir Dein Studium an der philosophischen Fakultät zu finanzieren: Auch Du hast Dich hochgearbeitet und warst es gewohnt, anzupacken. Ich erinnere mich noch gut an Deine Rolle in der Fernsehadaption von Wildes *Das Bildnis des Dorian Gray* Ende der Fünfzigerjahre. 1959 hattest Du eine Rolle in *Hannibal*, einem dieser historischen Filme, die nach amerikanischem Vorbild produziert wurden. Und tatsächlich hatte er zwei Regisseure: Carlo Ludovico Bragaglia sowie den Amerikaner Edgar G. Ulmer.

Weshalb ich mich so gut daran erinnere? Nun ja, auch ich hatte einen kleinen Auftritt in dem Film, doch wieder kam es nicht zu einem Kennenlernen. Es sieht ganz so aus, als hätte das Schicksal damals schon mit uns gespielt, ließ uns aufeinandertreffen, ohne uns einander vorzustellen.

Nach einigen Rollen wurdest Du schließlich im Actors Studio aufgenommen. Kein Wunder, Dein Look war markant und Dein schauspielerisches Potenzial nicht zu übersehen! Und ich kann mir gut vorstellen, dass Dir die Schauspielausbildung auch geholfen hat, Deine natürliche Schüchternheit zu überwinden.

In Luchino Viscontis Meisterwerk *Der Leopard* (1963) spieltest Du den mailändischen Grafen Cavriaghi. Bei dem Film war ich allerdings nicht mit am Set. In den Sechzigerjahren wurdest Du auf die Western aufmerksam, die sie damals in Deutschland produzierten.

Die Filme waren von den Karl-May-Romanen inspiriert und mit amerikanischen Schauspielern wie Lex Barker und Stewart Granger besetzt. Ihr bekanntester Regisseur war Harald Reinl. Kurz darauf spieltest auch Du unter Deinem richtigen Namen in einigen dieser Streifen mit, die beachtlichen Erfolg hatten. Du hattest ja schon als Zuschauer Spaß an Western, wie musst Du Dich dann erst als Schauspieler gefreut haben!

Du warst einer der Ersten, die das Potenzial dieser Neuheit aus Europa witterten. Auch wenn sich keiner von uns jemals hätte vorstellen können, dass der Erfolg des Spaghetti-Western den des originalen Hollywood-Western hierzulande noch übertreffen würde.

Du warst der rechte Mann zur rechten Zeit: Du hattest das perfekte Aussehen und das schauspielerische Talent für dieses große Abenteuer. Als hättest Du die Chance vorausgeahnt und darauf hintrainiert. Im Grunde ist keine Eigenschaft so wichtig wie die, im richtigen Moment vorbereitet zu sein.

1967 hast Du Lori Hill, eine Amerikanerin deutscher Abstammung, geheiratet und den Namen Terence Hill als Künstlernamen gewählt. Im selben Jahr haben auch wir beide uns kennengelernt, als Giuseppe Colizzi uns für seinen Film zusammenbrachte. Jener Regisseur sollte uns in unserer ersten Phase als Duo, der des ernsthaften Western, begleiten und unser Leben für immer verändern.

Es war üblich, dass die Schauspieler in jenen italienischen Western, die auf Amerikanisch gemacht waren, unter Pseudonym spielten. Die Taufe Deines Pseudonyms erfolgte, glaube ich, kurz vorher mit dem Film *Blaue Bohnen für ein Halleluja* (1967) von Ferdinando Baldi. Unter seiner Regie spieltest Du nur wenig später die Hauptrolle in *Django und die Bande der Gehenkten* (1968). Das war der Nachfolger des berühmten *Django* mit Franco Nero – oder besser gesagt, der Vorgänger, da der zweite Film die Vorgeschichte erzählt.

Als der Dreh anstand, befand sich Nero gerade in Hollywood und so machte die Produktion Dich zu seinem Ersatzmann. Du sahst ihm ohnehin ähnlich und mit dem dünnen Schnurrbart und dem schmutzigen schwarzen Trenchcoat war die Sache perfekt. Der klassische ernste und brutale Western war zu der Zeit schon ziemlich ausgeschlachtet, Deine herausragende Begabung aber war nicht zu übersehen.

Es folgten drei oder vier Jahre mit haufenweise Schusswechseln. Doch zu guter Letzt durftest Du in *Die rechte und die linke Hand des Teufels* und *Vier Fäuste für ein Halleluja* sowie in allen späteren Filmen, die Du mit mir und ohne mich gemacht hast, Dein Talent zur Komik ausleben.

In einigen Filmen haben wir auch gemeinsam an der Musik und den Drehbüchern mitgewirkt. Und da Du immer auf der Suche nach Neuem und nicht mit der Faulheit, die mir eigen war, infiziert warst, hast Du Dich auch hinter der Kamera ausprobiert.

Weißt Du noch, als die amerikanische *Time* nach Roberto Benignis Riesenerfolg mit *Das Leben ist schön*, 1999, neben einer Rezension des Films eine Liste der »berühmtesten italienischen Schauspieler« abdruckte – die wir beide anführten? Wer an Dich denkt, denkt auch an mich und umgekehrt: Wir sind schlimmer als siamesische Zwillinge!

Und weißt Du was, Terence? Ich könnte wetten, dass unser Einfluss als Duo in den Siebziger- und Achtzigerjahren den Konsum von Bohnen und Hühnchen erheblich gesteigert hat. Denn jedes Mal, wenn einer unserer Filme im Kino oder im Fernsehen lief, hat sich unser Appetit auf unsere Zuschauer übertragen, die daraufhin unsere Fressgelage nachspielten. Vielleicht sollte ein Koch mal einige seiner Gerichte nach uns benennen (wenn das nicht schon irgendwo auf der Welt geschehen ist).

Den Dreh unserer riesigen Fressen würde ich als eine angenehme Tortur beschreiben. Manchmal musste man so ein Gelage vormittags oder nachmittags vortäuschen, was schwierig war, da zu der Zeit kein Mensch Hunger hatte. Wir hatten eine extra Küche, die jederzeit Spaghetti oder Hühnchen hervorzaubern konnte. Zwischen den Takes wurde das Essen kalt, doch es wurde niemals wiederverwendet, sondern wir bekamen jedes Mal frisches serviert. Aber zum Glück mussten wir nicht bei jedem Take wirklich essen, sonst wären wir mit Sicherheit geplatzt. Wenn es nicht mehr ging, haben wir nur wie wild gekaut, ohne einen Bissen hinunterzuschlucken.

Es passierte aber auch, dass die Speisen so verführerisch waren, dass ich sie tatsächlich verschlang, da half auch das »Schnitt!« des Regisseurs nicht. Der Appetit kommt beim Essen, da kann man machen, was man will. Nach dem Dreh solcher Szenen hast Du Dich in die Sporthalle verzogen und Kalorien verbrannt; ich dagegen verzog mich nach Hause in meine Küche.

Ich erinnere mich noch gut an Deine vergnügten und erstaunten Blicke, wenn wir zusammen aßen und ich alles Mögliche in mich hineinstopfte. Da Du sehr auf Deine Linie geachtet hast, warst Du stets darauf bedacht, was Du isst und wie viel – eine Ausnahme waren die Spaghetti-Essen bei mir, dann wurde beherzt zugegriffen. Bud hat darauf bestanden.

Wirst Du auch manchmal von Fans gefragt, ob unsere Schläge ab und zu echt waren? Natürlich waren sie es nicht. Aber ich weiß noch, dass bei einer unserer Hunderten von Schlägereien mit unserer üblichen Gruppe von Stuntmen mal ein Schlag danebenging. Ich hatte mich geduckt und nicht richtig mitgezählt. Jedenfalls hat der Stuntman, der kurz davor war, mir den Tisch überzuziehen, aus Versehen Dich erwischt.

Zum Glück war der Tisch aus Balsaholz, aber Schmerzen hattest Du trotzdem, da Du Dich natürlich nicht auf den Schlag vorbereitet hattest. Du hast Dich gekrümmt und ich bin Dir sofort zu

Hilfe geeilt, der Regisseur aber hatte in dem ganzen Prügel-Chaos gar nichts von dem Unfall mitbekommen und wollte weiterdrehen. »Stopp! Mario hat sich wehgetan. Wollt ihr wohl aufhören?!«, rief ich leicht verärgert. Das war ich tatsächlich, allerdings ärgerte ich mich nur über mich selbst, es war ja meine Schuld gewesen. Aber Du hast nur gelächelt und mich beschwichtigt: »Es ist alles okay, Bud, danke! Machen wir die Szene noch mal.«

So bist du: Ein Profi durch und durch. Einen Film geht man ein, so wie man eine Ehe eingeht, und unsere war eine künstlerische Ehe.

Bei unserem ersten gemeinsamen Film *Gott vergibt … Django nie!* gab es auch ein kleines Missgeschick, und zwar in der Szene, in der sich Cat und Hutch am Flussufer mit dem mickrigen Bäumchen an den Kragen gehen.

Da ich im Austeilen von angetäuschten Schlägen noch unkoordiniert und unerfahren war, habe ich Dir beim Dreh der Szene einen Dampfhammer auf den Hals verpasst, der nicht wirklich kontrolliert war. Aber professionell wie Du warst, hast Du Dich einfach fallen lassen und bist in Ohnmacht gefallen, wie das Drehbuch es verlangte. Du hast Dir die ganze Zeit nichts anmerken lassen, doch als Colizzi »Schnitt!« rief, meintest Du grinsend zu mir: »Ein Glück, dass ich mich nur in dieser einen Szene mit dir kloppen muss.«

Das war mir ziemlich unangenehm.

Keiner von uns beiden hätte sich zu dem Zeitpunkt auch nur im Entferntesten vorstellen können, dass diese Szene erst der Anfang einer langen, langen Reihe von Prügeleien war. Wir würden ein Leben lang so weitermachen, jedenfalls so lange, wie wir körperlich dazu in der Lage waren und das Publikum Freude an den Filmen hatte.

1973 hattest Du das große Privileg, von Leone für die Titelrolle in *Mein Name ist Nobody* ausgewählt zu werden, dem Meisterwerk von Regisseur Tonino Valerii. Du warst der neue Revolverheld, der in Lumpen umherzog und sich nicht um Regeln kümmerte und dem klassischen noblen »Gunman« im Sonnenuntergang etwas entgegensetzte. Nobody kam im Gegensatz zu Trinity ohne den Bruder Bambino aus, hatte dafür aber eine legendäre Vaterfigur, den alten Revolverhelden Jack Beauregard, gespielt von Henry Fonda. Leone hatte einmal behauptet, der Erfolg von *Trinity* hätte den Selbstmord des Italowestern bedeutet, da er sich selbst ins Lächerliche gezogen habe. Doch schlau und genial wie er war, knüpfte Leone an unseren Erfolg an und produzierte eine spektakuläre und bewegende Begegnung der beiden Genres, des ernsten und des komischen Western.

Die Partnerschaft zwischen Dir und mir basierte auf einem Dualismus: Du hast den schlauen, schönen und sportlichen Helden verkörpert, während ich langsam, träge und, sagen wir, nicht gerade ein Apoll war. Unser Duo funktionierte so: Der Erste provoziert den Zweiten und hetzt ihn gegen die anderen auf, wann immer er eine Schlägerei entfesseln will (»Sieh dich mal nicht gleich um, aber einer von den drei Reitern, die uns begegnet sind, als wir in die Stadt kamen, der zeigt auf dich und lacht!«). Er lenkt ihn in seinen Entscheidungen (»Versuch nicht so zu tun, als ob du scharf nachdenkst …«, sagt Trinity zu Bambino, um ihm dann haarklein zu erläutern, was er tun soll. Gleichzeitig lässt er Bambino aber in dem Glauben, er hätte sich den Plan selbst ausgedacht.). Am Ende ist jedoch Trinity auf Bambino angewiesen, um aus dem Schlamassel wieder rauszukommen.

Wenn ich mich recht entsinne, waren unsere Rollen nur in einem einzigen Film ein bisschen anders ausgelegt: in *Zwei Missionare*. Ich spiele einen Missionar, der den Mist, den Du verzapfst, wieder ausbügeln muss. Und ich lasse mich jedes Mal von Neuem darauf ein, obwohl Du mich von einer Bredouille in die nächste bringst.

Alles in allem waren wir nur die moderne Besetzung eines Duo-Modells, das es schon lange vor uns gab. Und ich bin mir sicher, dass Du Dich noch besser daran erinnern kannst als ich. Das erste Duo der Filmgeschichte, das zu einem Mythos wurde, waren Laurel und Hardy!

Sie sind der Ursprung jedes Komiker-Duos. Ihre Komik, die wie unsere auch stark auf Körpersprache beruht, meisterte Ende der Zwanzigerjahre mühelos den Übergang vom Stummfilm zum Tonfilm. Stan Laurel und Oliver Hardy (auch »Stan und Ollie« oder »Dick und Doof« genannt) hatten zunächst über dreißig Stummfilme gedreht und fuhren ab 1929 mit Tonfilm-Produktionen fort.

Ihre Filme wurden von der Kritik ebenfalls häufig unterbewertet, weil sie keine soziale Botschaft enthielten wie beispielsweise die von Charlie Chaplin.

Aber genau genommen erlebten »Dick und Doof« ihren Karrierehöhepunkt zu einer Zeit, in der die amerikanische Gesellschaft unter der Großen Depression litt, und die Wirkung ihrer Filme bestand darin, dass sie den Zuschauer zum Lachen brachten – war das wirklich so wenig? Die Moral ihrer Filme war dennoch häufig pessimistisch und von einer Realität geprägt, die nicht gerade zu hoffnungsvoller Poesie einlud.

Ebenso wie du, mein lieber Terence, und ich kämpfen auch Laurel und Hardy in ihren Filmen gegen arrogante Menschen, wobei sie den Kampf allerdings fast immer verlieren. Sie werden verprügelt, gefesselt, in Brand gesetzt und doch sind sie trotz ihrer Niederlagen immer quicklebendig und bereit für das nächste Abenteuer. Sie sind ein Paar, das keine vorgezeichneten Botschaften vermittelt: Die Kinder sehen in ihnen Gleichaltrige und die Erwachsenen können durch sie das Kind in sich selbst erkennen. Genau diese Form der Kindlichkeit ist es auch, die Du und ich als Paar verkörpern. Unsere Schlägereien mit den Schurken passen wie die Faust aufs Auge zu den unschuldigen Keilereien, die sich Kinder auf der Straße liefern, um voreinander anzugeben.

Bei Laurel und Hardy sind die Rollen so aufgeteilt, dass Hardy, der »Ernste«, irgendetwas austüftelt, woraufhin Laurel kommt und mit seiner Unbedarftheit alles vermasselt. Das erinnert mich an eine Szene mit dir.

Weißt Du noch? In *Die rechte und die linke Hand des Teufels* habe ich diesen Pferdedieb gespielt. Und dann bist Du gekommen und hast mir, zwar nicht mit Deiner Unbedarftheit, aber mit Deiner Liebe zum Schlamassel die Tour verdorben.

In ihren Filmen war normalerweise Stan der Initiator der Raufereien und Ollie stieg bereitwillig ein. In unseren Filmen warst meistens Du derjenige, der den Stein ins Rollen brachte, und wie bei Dick und Doof auch, geriet die Prügelei außer Kontrolle, bis am Ende Dutzende Passanten darin verwickelt waren.

Laurels und Hardys Sinn für Humor und die verdrehte Poesie ihrer Einfälle haben die Filmgeschichte für immer geprägt. Selbst unter den *marziani* sind sie bekannt: In *Der Große mit seinem außerirdischen Kleinen* gibt es eine Szene, in der ich dem kleinen Alien Cary Guffey erkläre, wer Laurel und Hardy waren. Ich erzähle ihm, dass Laurel Feuer zaubern konnte, indem er so tat, als wäre sein Daumen ein Feuerzeug. Und am Ende brannte daran tatsächlich eine Flamme.

Das konnte er, weil er ganz einfach daran glaubte: Er hatte ein reines Herz und Menschen mit einem reinen Herzen sind in der Lage, Dinge zu tun, die für andere unmöglich sind. Sie haben sich die unschuldige Sichtweise eines Kindes bewahrt, auch wenn sie längst aus dem Alter heraus sind, in dem die Wirklichkeit aus Spielen besteht. Aber was wäre das auch für ein trauriges Leben ohne Verspieltheit und Träume, ohne Verrücktheiten?

Es ist unmöglich in Worte zu fassen, wie wertvoll Stan und Ollie für den Film gewesen sind: Sie bleiben die Ersten und die Genialsten. Übrigens haben sie auch den Blick in die Kamera erfunden. Wenn Stan seinen Freund wahnsinnig machte, richtete dieser einen direkten Blick in die Kamera. Und auch der andere sah uns, das Publikum, direkt an, und hob so mit einem Schlag jegliche Distanz zwischen Zuschauer und Darsteller auf. Und so wie Du auch, arbeitete Stan außerdem als Regisseur, während Ollie bei dem blieb, was er tat. Er war etwas fauler – und erinnert Dich damit sicherlich auch an jemanden, oder?

Als sich die Karriere von Laurel und Hardy in den Vierziger-, Fünfzigerjahren ihrem Ende neigte, erschienen von einem Tag auf den anderen Gianni & Pinotto auf der Bildfläche: Das war der italienische Name jenes Duos, das aus Bud Abbott und Lou Costello bestand. Sie kamen beide vom amerikanischen Vaudeville und wurden ebenfalls zufällig zum Duo. Als Costelo eines Abends einen Auftritt hatte, zu dem sein gewohnter Partner nicht erschien, sprang der Leiter des Theaters, William (Bud) Abbot, ein, der ebenfalls Schauspieler und Textautor war.

Von da an trat das Duo im Theater, im Radio, im Kino und im Fernsehen auf. Sie unterhielten ihr Publikum hauptsächlich mit verbalen Gags und brachten dabei unglaubliche Zungenbrecher zustande, auch wenn sie in der italienischen Version wahrscheinlich an Witz eingebüßt haben. Auch ihr Duo gründete auf dem Antagonismus zwischen dem Schlauen und dem Dummkopf. Sie haben mit fast vierzig Filmen unterschiedlichster Art eine beträchtliche Karriere hingelegt. Zu ihren berühmtesten Filmen zählen die Horrorfilm-Parodien. Doch am Ende gerieten sie miteinander in Streit und trennten sich.

Ähnlich wie ihnen erging es in gewissem Sinn dem fabelhaften italienischen Duo Franco Franchi & Ciccio Ingrassia. Sie drehten fast nonstop einen Film nach dem anderen und waren nach kurzer Zeit verschlissen. Doch wenn Franchis überschwängliche Komik auf Ciccios kontrollierte, geradlinige Art traf, entbrannte ein Feuerwerk an witzigen Dialogen und überwältigender Mimik. Bis es so weit kam, dass auch sie sich trennten, nur um sich wenige Jahre später wieder zu versöhnen.

Vielleicht ist es ganz normal, dass Filmpaare irgendwann an den Punkt kommen, an dem sie sich trennen oder zumindest eine Auszeit nehmen müssen. Der Erfolg ist ein zweischneidiges Schwert und er stellt nicht nur die Beziehung des Duos, sondern auch die zwischen Schauspieler und Regisseur auf die Probe.

Ich denke zum Beispiel an die Partner Sergio Leone und Clint Eastwood: Mit ihrem dritten Western (*Zwei glorreiche Halunken*) begann sich der Erfolg negativ auszuwirken und sie zerstritten sich: Eastwood fühlte sich von Leone in den Schatten gestellt und weigerte sich sogar, seine Synchronstimme für die amerikanische Version zu sprechen, da beim Schnitt einige seiner Textstellen herausgenommen worden waren. Es passiert übrigens häufig, dass beim Schneiden eines Films chirurgisch eingegriffen werden muss, um das eine oder andere Problem zu lösen. Letztlich fanden Eastwood und Leone einen Kompromiss. Doch der Film blieb die letzte Zusammenarbeit des Schauspielers mit Leone, obgleich dieser ihn vor einer wenig erquicklichen Existenz als Fernsehschauspieler gerettet hatte. Erst kurz vor Leones verfrühtem Tod kam es zur Versöhnung.

Wenn ich mir dieses und andere Bespiele ansehe, erscheint es mir fast wie ein Wunder, Terence, dass wir zwei, Du und ich, uns nie zerstritten haben. Wir kannten auch keine Differenzen mit unseren Regisseuren. Unser großer Segen waren die Liebe und Zuneigung unserer Zuschauer – jener Instanz, die im Urteil über einen Film stets das letzte Wort hat. Der Erfolg steht und fällt mit dem Publikum und wenn der Zuschauer die Nase voll hat, bleibt auch der Erfolg aus. Das ist der Punkt, an dem sich der eingebildete Schauspieler (oder Regisseur oder Sänger) eingestehen muss, *wer* der tatsächliche Motor seines Triumphs ist. Bestenfalls bringt ihn das wieder auf den Boden, sofern er sich nicht in der Zwischenzeit mit Drogen und Alkohol selbst zerstört hat. Oft gründen solche Karrieren, abgesehen von der Verlockung des Reichtums, auf dem Wunsch, geliebt und akzeptiert zu werden. Und daher können die betroffenen Stars mit Misserfolgen oft nicht umgehen.

Was mich betrifft, war mein Wunsch, die Zuneigung des Publikums zu behalten, immer größer als der, jemand zu sein, der ich nicht bin (sonst hätte ich auch nicht das Angebot für die britische

Produktion *Gullivers Reisen* abgelehnt. Denn dafür hätte ich mich in jene literarischen Sphären der Hochkultur begeben müssen, die sich zu sehr von meinen Filmen unterscheiden).

Wie ich Dich kenne, siehst Du es nicht anders. Du hast im Film immer den Guten gespielt, der sich bemüht, zu begreifen und zu helfen. Und auch im wahren Leben ist Dir der Respekt vor der Natur und vor den Schwachen angeboren, mehr sogar als die Schauspielerei.

Ich kann also versichern, dass wir in Wirklichkeit nur zu 50 Prozent so sind, wie man uns auf der Leinwand sieht. Die anderen 50 Prozent (nämlich die Hiebe, Deine Angeberei und mein Griesgram) sind nur gespielt: Ich habe Dich in Wirklichkeit als einen sehr bescheidenen, überhaupt nicht aggressiven Menschen kennengelernt. Und mich muss man schon an den Haaren herbeiziehen, wenn ich irgendjemandem eine runterhauen soll. Ich hoffe, ehrlich gesagt, dass niemand das ausprobiert, denn ich habe ohnehin schon nicht mehr allzu viele Haare.

*

Nun, da ich unseren Vorgängern gebührende Aufmerksamkeit geschenkt habe, möchte ich ein wenig bei unseren Nachfolgern verweilen. Auch auf uns folgten Paare, die uns imitierten. Erinnerst Du Dich noch an sie?

Vom Erscheinungsbild waren uns »Michael Coby« und Paul L. Smith am ähnlichsten. Der Erste heißt in Wirklichkeit Antonio Cantafora und hat nicht nur zahlreiche Filme gedreht, sondern ist außerdem ein begabter Maler. Paul L. Smith kam aus den USA und ist dem Publikum vor allem mit seiner Rolle in *12 Uhr nachts* (1978) in Erinnerung geblieben: Er spielt darin den sadistischen Folterknecht im Gefängnis.

Mitte der Siebzigerjahre war unser Erfolg groß genug, dass man auf die Idee kam, uns zu »klonen« – um einen Ausdruck zu gebrauchen, der heute modern ist. Das Ergebnis waren mehrere Filme, die unseren populären Westernkomödien fast haargenau glichen. Das ging bis zu den Werbeplakaten, auf denen dasselbe Bildmaterial abgedruckt war wie bei uns.

Cantafora war ein ausgebildeter Schauspieler, der später hervorragende Auftritte ablieferte wie zum Beispiel 1980 in dem Autorenfilm *The Cricket* von Alberto Lattuada. Für das geklonte Duo hatte er denselben Synchronsprecher wie du, den unvergesslichen Pino Locchi, und Paul L. Smith hatte denselben wie ich, nämlich Glauco Onorato.

Im Grunde gab es sehr viele Abenteuerfilme, die von unserem Erfolg zu profitieren versuchten, indem sie den Stoff unserer Filme (die Schlägereien, die großen Bohnenessen, die Halunken) wieder aufnahmen. Und Klone gab es etliche. Ein weiteres Beispiel war Chris Huerta, ein bärtiger Lateinamerikaner und sehr expressiver Schauspieler, der viele Rollen in Filmen des Genres übernahm (in den Spaghetti-Western spielte er vor allem den mexikanischen Banditen). Ab 1973 wurde er als Bud-Spencer-Double für Filme wie *Es knallt – und die Engel singen* (1974) engagiert. Der Film war eine italienisch-deutsche Co-Produktion von »Butch Lion« (Roberto Leoni) und Dieter Geissler. Meine Figur verkörperte Huerta, Deine spielte der berühmte Amerikaner (und spätere Produzent) Mark Damon. Ein Highlight war der Auftritt einer Gruppe von Sängern, die zu jener Zeit Furore machte: die Les Humphries Singers.

Sie haben sich wirklich die unglaublichsten Sachen einfallen lassen! Die Filmindustrie war damals sehr fruchtbar, frech und lebendig. Es war nur logisch, dass sie sich der Erfolgsfilme bedienten und sie mit den Mitteln, die zur Verfügung standen, kopierten. Mich persönlich störte das auch überhaupt nicht, genauso wenig regte ich mich darüber auf, dass wir imitiert wurden. Ich habe es immer als Symptom unserer Beliebtheit betrachtet, denn die Kopie ist letztlich Ausdruck der Liebe zum Original. Und keiner dieser Filme hat unseren Erfolg in irgendeiner Weise geschmälert: Das

Besondere, das uns zwei verband, konnte kein anderes Duo vermitteln. Auch wenn die Konstellation noch so gelungen, die Klone noch so gut waren.

Nicht nur in Italien fand unser Duo Nachahmer: 1974 drehte der Schauspieler und Regisseur Wu Ma aus Hongkong den Film *Gelbe Faust und blaues Auge*. Er handelt von zwei Abenteurern, einer ist schlau, der andere weniger, die den Entschluss fassen, einen Zug auszurauben. Der Film ist stark an den Spaghetti-Western mit seinen Halunken angelehnt und ebenso erinnert natürlich auch das Duo, gespielt von Henry Young und Wu Ma selbst, an ein anderes, das euch sehr bekannt ist!

Ebenfalls in Hongkong tat sich der Kung-Fu-Star Jackie Chan in den Achtzigerjahren, als er im Westen noch ein unbeschriebenes Blatt war, mit einem Filmpartner zusammen. Er wollte sich vom Klischee seiner bisherigen Filme lösen und seiner Karriere eine neue Richtung geben. Zusammen mit Sammo Hung gründete er ein Duo, das unserer Konstellation ähnlich war: der Dicke und der Dünne, die sich Schlägereien voller akrobatischer Einlagen liefern, in denen aber niemals jemand stirbt. Anschließend kam Yuen Biao hinzu und aus dem Duo wurde ein Trio.

Als Jackie Chan viele Jahre später nach Rom kam, traf er sich mit meinem Co-Autor Lorenzo De Luca, der seit Jahren Briefkontakt zu ihm und dessen Manager Willie Chan pflegt. Nicht zuletzt, weil Lorenzo früher, als er noch relativ unbekannt war, in Artikeln und Büchern häufig über seine Filme geschrieben hatte. Ohne zu wissen, dass er mit mir zusammenarbeitete, fragte Jackie Chan Lorenzo bei diesem Besuch: »Was ist eigentlich aus Bud Spencer und Terence Hill geworden?«

Unsere Filme, die er sich auf Videokassette angesehen hatte, waren gemeinsam mit Buster Keaton und Chaplin die Inspirationsquelle für seine sogenannte »Kung-Fu-Comedy« gewesen.

Lorenzo und Giuseppe hatten vor Jahren den glorreichen Einfall, Bud und Jackie zu einem Filmduo zu verkuppeln. Und mit unseren unterschiedlichen Staturen und Wesen hätten wir tatsächlich ein wunderbares Duo abgeben können. Die beiden entwickelten eine unglaublich lustige Story mit dem Titel *The Monk* (*Der Mönch*). Sie handelt von einem chinesischen Mönch, ein Kung-Fu-Experte, der auf allen anderen Gebieten des Lebens allerdings ziemlich unbedarft ist und noch nie einen Fuß außerhalb seines chinesischen Klosters gesetzt hat. Dieser wird plötzlich nach Rom katapultiert, wo er an einer wichtigen religiösen Veranstaltung teilnehmen soll. Dort angekommen, stürzt er sich von einem Schlamassel ins nächste und trifft bei der Gelegenheit auch auf mich, einen griesgrämigen Polizisten kurz vor der Rente. Die beiden schließen sich zusammen, um die üblichen Schurken zu verprügeln, lernen sich gleichzeitig gegenseitig kennen und überwinden nach und nach die kulturellen Differenzen.

Wenn ich den Plot erzähle, klingt es so einfach. Doch ein Drehbuch zu schreiben ist eine zeitaufwendige und aufreibende Angelegenheit. Und als es schließlich stand und nur noch übersetzt werden musste, hatte Jackie Chan gerade in Amerika einen Riesenerfolg mit *Rush Hour* gelandet und wurde zu einem unerreichbaren Hollywood-Star. Wir schickten das Drehbuch nach Hongkong, bekamen jedoch niemals eine Antwort. Nichtsdestotrotz ist die Tatsache, dass wir beide, Terence, Du und ich, Schauspielern bekannt sind, die fast am anderen Ende der Welt leben, ein wunderschönes Geschenk.

Ich erzähle das nicht aus Eitelkeit, sondern um zu zeigen, dass der Wert des Erfolges kulturelle Barrieren überschreiten kann; dass der Erfolg eines Films auf der ganzen Welt greifbar werden und selbst weitere Erfolge generieren kann. Läge der komische Aspekt unserer Filme in den Dialogen, hätten sie niemals die Begeisterung eines internationalen Publikums wecken können. Denn jede Form der Komik, die auf Worten beruht, stößt letztlich auf Sprachbarrieren, und auch der Sinn eines Dialoges wird von Land zu Land unterschiedlich interpretiert. Das Geheimnis, das wir beide entdeckten, ohne jemals danach gesucht zu haben, ist das der Einfachheit: Wir spielen zwei Freunde oder zwei Brüder, die sowohl äußerlich als auch vom Charakter unterschiedlicher nicht sein könnten, grundsätzlich aber gutmütig sind (wenn auch etwas tölpelhaft). Und wenn die Guten die Schwachen gegen die Schurken verteidigen, kann man nichts falsch machen: Das Bedürfnis nach Gerechtigkeit ist universell und die Klugscheißer sind ein extrem verbreiteter und dämlicher Menschenschlag, der in jedem Land und zu jeder Zeit anzutreffen ist.

Zu diesem Ergebnis bin ich allerdings erst im Nachhinein gekommen, damals wäre es weder Dir noch mir in den Sinn gekommen, uns damit zu beschäftigen. Unsere Reaktionen auf Situationen bestanden nun mal größtenteils im Austeilen von Ohrfeigen.

Tja, mein lieber Terence, inzwischen ist viel Wasser den Berg hinabgeflossen. Und was wir nicht alles gesehen haben! Wir sind auch immer noch hier, immer noch mit unseren Frauen verheiratet. Genau wie ich hattest auch Du schwierige Momente, aber im Gegensatz zu mir besitzt Du einen unerschütterlichen Glauben, einen, der Dir hilft, Schwierigkeiten zu akzeptieren. Ich bin in dieser Hinsicht schlecht ausgestattet, aber eine simple Regel habe ich: Wer seinen Nächsten nichts Böses will, gehorcht automatisch allen Religionen, die dieser Bezeichnung würdig sind.

Daher beende ich diesen Brief lieber, bevor ich vor lauter nostalgischer Erinnerungen an die Vergangenheit noch eine Träne verdrücke. Uns gehört vielmehr die Zukunft: Wer weiß, vielleicht ist der schönste Film mit uns als Duo noch nicht gedreht? Dieser Brief ist daher keinesfalls ein Abschiedsbrief, sondern darf vielmehr als Einladung zum nächsten Spaghetti-Essen bei mir zu Hause verstanden werden.

Aber wenn Du nichts dagegen hast, koche ich, wie immer: Deine Obsession für Diäten ist das Einzige, was ich nie an Dir ertragen konnte. Doch auch wenn ich immer noch die Spaghetti genauestens abwiegen muss, bevor ich sie Dir auf den Teller schöpfe, ist das in Ordnung für mich. Mir genügt der Anblick eines gut gefüllten Kochtopfs, um mich zu freuen.

»Friede auf Erden und den Menschen ein Wohlgefallen«, hat doch jemand mal gesagt.

Dein Bud

10. KAPITEL

BUDOLOGISCHER ANHANG (MEHR BUD ALS LOGISCH)

»Der Geist ist wie ein Fallschirm.
Er funktioniert nur, wenn er sich öffnet.«

ALBERT EINSTEIN

BERÜHMTE DIALOGE

Wenn man nach einem guten Film den Saal verlässt, werden gern die gelungensten Sprüche wiederholt: »Das Beste war, als der Typ zum anderen sagte: …« – »Und dann sagte der andere: …« Diese Sprüche sind für die Zuschauer fest mit den Filmfiguren verbunden, aber sie kommen natürlich eigentlich von den Drehbuchautoren. Hinzu kommt die Leistung der Schauspieler und die Arbeit der Regisseure. Denn ein Film ist bekanntermaßen ein Gemeinschaftsprodukt.

Ich freue mich darüber, heute nach all den Jahren im Internet seitenweise Zitate aus meinen Filmen zu finden. Manche sind sogar zu Redensarten geworden, zum Beispiel: »Hat dir eigentlich schon mal jemand mit 'nem Vorschlaghammer 'nen Scheitel gezogen?!« oder »Nur Puffin schenkt mir die Kraft und Ausdauer, die ich brauche!«

An dieser Stelle folgt deshalb eine kleine Auswahl an Dialogen aus meinen Filmen. Versteht sie als kleine Plauderei, in der man darum wetteifert, Erinnerungen herauszukramen. Ich halte nur die Sprüche fest, die mir als Erstes einfielen oder die ich am häufigsten von Leuten höre. Sie sind das Werk großartiger Drehbuchautoren, mit denen ich das Vergnügen hatte, zusammenzuarbeiten. Und manchmal haben auch Terence und ich unseren Senf dazugegeben, wenn wir am Set einen spontanen Einfall hatten. Mit Sicherheit fehlen viele gute Dialoge, der Leser hat sie wahrscheinlich besser parat als ich. Denn was Kleinlichkeiten betrifft, bin ich der schlechteste Autor meiner eigenen Biografie. Angesichts der Menge von Filmen, die ich im Laufe der Jahrzehnte gedreht habe, bitte ich diesbezüglich um Nachsicht: *Du lieber Gott! Das schafft doch kein Mensch!* Im Grunde ist es unwichtig, wer welche Zeile geschrieben, wer sie sich ausgedacht hat. Denn ab dem Moment, in dem ein Film gesehen und geliebt und erinnert wird, gehören seine fulminantesten und lustigsten Sätze nicht länger ihrem Autor, sondern dem Publikum. Sie gehören euch.

Die rechte und die linke Hand des Teufels

1. Jonathan [Steffen Zacharias] zu Trinity [Hill] über Bambino [Spencer]: »Der hat genauso gestunken wie du, als er hier ankam. Er hat drei Stück Seife gebraucht, um festzustellen, was für 'ne Hautfarbe er hat. Wenn du willst, dass ich dir die Hand gebe, junger Mann, dann musst du erst mal ein Bad nehmen. Ich habe keine Lust, mir die Krätze zu holen!«

—

2. Bambino zu Trinity: »Du bist schlimmer als gelbes Fieber in einer Kolonie von Leprakranken.«

—

3. Bruder Tobias [Dan Sturkie]: »Gott zum Gruß, Brüder!«
Bambino: »Hallo!« (zu Trinity:) »Woher weiß der denn, dass wir Brüder sind?«
Trinity: »Versteh ich auch nicht!«
Bruder Jonathan: »Euch schickt der Herr zu uns!«
Bambino: »Nein, wir kommen zufällig vorbei.«

—

4. Bruder Tobias (mit dem Gebetbuch in der Hand): »Ich möchte dir von ganzem Herzen danken …«
Bambino: »Ja, schon gut …«
Bruder Tobias: »Ich war gerade dabei, dem Allmächtigen zu danken, Sheriff …«
Bambino: »Ach so.«

—

5. Trinity: »Hör zu, um mit dem Major fertig zu werden, hab ich gedacht …«
Bambino: »Moment, du brauchst nicht zu denken. Zum Denken bin ich da!«
Trinity: »Na genau das hab ich doch gedacht!«

Vier Fäuste für ein Halleluja

1. Mönch (zur Begrüßung): »Gott sei mit dir!«
Bambino: »Warum?«
Mönch: »Keine Ahnung. Das weiß nur er.«

—

2. Bambino (bei der Beichte): »Ich warne dich, du komischer Heiliger. Wenn du petzt, hau ich dir die Rübe ab!«
Mönch: »Nein, nein! Außer meiner Wenigkeit wird nur der Herr da oben von deinen Taten erfahren.«
Bambino (schaut zur Decke): »Mir ist egal, wer da oben wohnt aber wenn du dem sagst, was ich dir anvertraue, dann …«

—

3. Bambino: »Wie geht's dem Hosenscheißer und seiner Furzerei?«
Farmer: »Tja, der Doktor sagte, das sei ganz normal: Er schluckt zu viel Luft. Das haben auch Erwachsene.«
Bambino: »Das wär ja grauenvoll!« […]
Trinity: »Der Kleine braucht vielleicht andere Nahrung und äh…« (macht eine bedeutungsschwere Geste)
Bambino (zückt entnervt Geld): »Geben Sie ihm 'n paar Whiskey, dann ist er wieder in Ordnung!«
Farmerin: »Vielen Dank! Allerherzlichsten Dank! Wenn jeder so edelmütig wäre wie Sie, dann würden wir im Paradies leben …«
Bambino: »Und der kleine Hosenscheißer wär Alkoholiker.«

—

4. Trinity: »Jetzt wirst du mal die Beichte ablegen: Warum verdrescht ihr die Peones, die armen Mexikaner?«
Mönch: »Nun, nicht wir sind es, die sie verhauen, es ist Luzifer! Luzifer persönlich verdrischt sie!«
Trinity (zu Bambino): »Kennst du den Typ?«
Bambino: »Nie was von ihm gehört. Klingt wie 'n besoffener Profi aus Schweden.«

Trinity: »Aha, na ja gut. Aber wenn dieser Luzifer oder wie diese Pfeife heißt, auftaucht, dann sag ihm, er soll sich zur Hölle scheren.«
Mönch: »Gern. Möge der Herr mit euch sein!«
Bambino: »Wir wollen keine Begleitung. Wir gehen allein!«

Zwei Himmelhunde auf dem Weg zur Hölle

1. Salud [Spencer] (beim Flugzeugabsturz): »Vater unser, der du bist im Himmel, wenn du einen retten kannst, dann rette mich! Verdammte Scheiße!!«

—

2. Plata [Hill]: »So komm! Gerade oder ungerade?«
Salud: »Wieso denn das?«
Plata: »Na einer von uns beiden muss hierbleiben, sonst kriege ich die Mühle hier nicht hoch. Außerdem kann ich die doppelte Ladung mitbringen, wenn ich allein wieder zurückkomme. Leuchtet ein, ja? So machen wir das jetzt immer: Einen Tag bleibe ich hier, einen Tag bleibst du hier. Also was ist nun?«
Salud: »Aha – wer verliert, bleibt hier!«
Plata: »Los, ich sage ›gerade‹!«
Salud: »Ungerade!« (Sie spielen.)
Plata: »Zwei! Zwei ist gerade!«
Salud: »Nein, das gilt nicht …«
Plata: »Und warum nicht?«
Salud: »Weil, äh – ich war noch nicht so weit …«
Plata: »Bist du jetzt so weit?«
Salud: »Ja: ›gerade‹!« (Sie spielen ein zweites Mal.)
Plata: »Drei! Das ist ungerade!«
Salud: »Du schummelst doch!«

—

3. Plata (zum Zustand eines alten Flugzeugs): »Was meinst du, Salud?«
Salud: »Tja – ich glaube nicht, dass wir das Ding jemals wieder in Gang kriegen; hier ist ja alles im Arsch.«
Plata (zum Verkäufer): »Gut! Also abgemacht!«

—

4. Fluglotse: »Santa Cruz Tower spricht hier. Wer ist der Wahnsinnige, der bei dem Wetter starten will?«
Salud: »Das bin ich. Und ich bin auch schon in der Luft, du Pfeife. Drück dich 'n bisschen gewählter aus, sonst montier ich dir den Kopf ab, wenn ich unten bin.«
Fluglotse: »Tja, das halte ich für absolut unwahrscheinlich.«
Salud: »Was? Dass ich dir 'n paar vors Maul haue?«
Fluglotse: »Nein, aber dass Sie hier ankommen.«

—

5. Plata (über die Bande Halunken, die sie gerade ohnmächtig mit dem Kanu flussabwärts verabschiedet haben): »Jedenfalls haben sie 'n festes Kanu und Lebensmittel für drei Tage. Das reicht!«
Goldsucher: »Zehn Meilen abwärts, da gibt's 'n paar Stromschnellen, die sind nicht von schlechten Eltern.«
Plata: »Stromschnellen?«
Goldsucher: »Müsst ihr euch mal ansehen! Sind wunderschön!«
Plata: »Na ja – mit ein bisschen Glück …«
Salud: »Na ja eben – mit ein bisschen Glück …«
Goldsucher: »Und nach den Stromschnellen kommt 'n kleiner Wasserfall, ist aber nicht sehr hoch.«
Salud: »Ein Wasserfall auch?«
Goldsucher: »Ja, 40 Meter etwa …«
Plata: »Sind wir denn da nicht 'n bisschen zu weit gegangen?«
Salud: »Nee, übertrieben haben wir nicht; ich hab nur drei Löcher reingebohrt …«

Plata: »Ins Boot?«
Salud: »Nur drei!«
Plata: »Nur drei – das geht ja eigentlich …«
Salud: »Ja eben.«

Zwei wie Pech und Schwefel

1. Türsteher: »Was liegt an?«
Ben [Spencer]: »Tür aufmachen liegt an!«
Türsteher: »Muss das sein? Werdet ihr sonst ungemütlich?«
Ben und Kid [Hill]: »Wir werden sogar sehr ungemütlich!«

—

2. Ben (nachdem in einem verwüsteten Lokal die Kasse zu Bruch gegangen ist): »Na und nun? Dann werde ich ihm einen Scheck schicken. Man will ja schließlich sein Würstchen auch bezahlt haben … (zu Kid:) Übrigens: Gibt deine Wurst auch Pfötchen? Ich muss dauernd aufstoßen!«
Kid: »Wer weiß, wo der vorm Wurstmachen hingefasst hat …«

—

3. Bei der Übergabe des unsichtbaren Strandbuggys.
Motorradrowdy (zu Ben): »Zwölf Uhr mittags! Sagt Ihnen das was? Wir sollen hier 'n Strandbuggy abliefern – rot mit gelbem Verdeck!«
Ben: »Und wo ist der?«
Motorradrowdy: »Nicht nur fett, sondern auch blind: Du stehst direkt davor!«
Ben: »Hahaha! Natürlich! Da iss er ja! Hätt ihn beinah übersehen, den Kleinen! Ja – klasse! Ganz große Klasse! Er ist wunderschön und funkelnagelneu.«
Kid (kommt hinzu): »Hast du 'ne Macke?«
Ben: »Blind, was? Diese Lederfetischisten haben uns 'n neues Wägelchen vor die Tür geknallt!«

Kid: »Ja, da fällt's mir wie Puppen von den Augen! Tausendundeinen Dank!«
Ben: »Tausendundzwei Dänker! Da lacht einem das Herz, was?«
Kid: »Feuerrot! Und ein gelbes Häubchen drauf! Wir sind sehr zufrieden!«
Motorradrowdy: »So wolltet ihr ihn doch haben, oder? Wenn ich nicht Feuerstuhlfan wär, würd er mir auch liegen. Das gelbe Verdeck sieht aus wie die Sonne. Ich hoffe, ihr seid jetzt zufrieden mit unserem Boss. Er hat euch doch gut bedient, oder?«
Ben: »Das wär's dann wohl! Wiedersehen! Aber es eilt nicht!«
Motorradrowdy: »Noch nicht! Erst müsst ihr noch 'ne Probewiege drehen!«
Kid: »Versteh schon, ja!«
Ben (zu Kid): »Also – ich weiß nicht, ich weiß nicht: Gefällt er dir eigentlich richtig?«
Kid: »Also ich weiß auch nicht. Im Grunde ist er nicht schlecht.«
Ben: »Ja ja ...«
Kid: »Aber ich hätte ihn gern – ein bisschen mehr – mehr, eben ›mehr‹!«
Ben: »Ja, genau das hat mir auch gefehlt!«
Kid: »Du sagst es!«
Ben: »Nicht wahr – ich sagte es ...«

Zwei Missionare

1. Pater Pedro [Spencer]: »Wenn wir wieder zurück sind, will ich wissen, wie viele Menschen hier leben, das heißt: wie viele Schäfchen ich hier in meiner Herde habe!«
Ex-Sträfling: »Soll ich mich auch dazuzählen, zu der Herde – als Schäfchen?«

Pater Pedro: »Wenn sich's nicht vermeiden lässt ja, aber als letztes – als schwarzes Schäfchen!«
Ex-Sträfling: »Ja, ist gut, Vater!«
Pater Pedro: »Red mich nicht immer mit ›Vater‹ an, ich würde mich schämen, so einen Sohn zu haben, wie du es bist! Mein Sohn und klauen!«
Pater G. [Hill]: »Nimm's nicht persönlich. Er ist nur deshalb so sauer, weil er zum Klauen zu dämlich ist.«

—

2. Englischer Offizier: »Gott schütze die Königin!«
Pater Pedro: »Warum, ist sie krank?«
Englischer Offizier: »Nein, ich hoffe, es geht ihr ausgezeichnet!«
Pater Pedro: »Und warum soll sie Gott dann schützen?«

—

3. Englischer Offizier: »Wäre es möglich, dass ihr zufällig einem Schiff mit zwei katholischen Priestern begegnet seid?«
Pater Pedro: »Ist einer von den beiden so 'n blonder Pfeifenwichs mit großen blauen Augen?«
Pater G.: »Und der andere fett und doof, und mit 'nem Gesicht wie ein Gorilla nach 'nem Verkehrsunfall?«
Pater Pedro: »Also die beiden haben wir nie gesehen!«

—

4. Patient: »Böser Zahn!«
Pater Pedro: »Da brauchen wir 'ne kleine Betäubung! Tja, mittelleichte Anästhesie würde ich sagen! Mittelleicht reicht! So, jetzt zähl mal bis zehn!«
Patient: »Eins …« (Pater Pedro verpasst ihm eine Kopfnuss und er wird ohnmächtig.)
Pater Pedro (holt den verfaulten Zahn raus): »Da ist er …«
Pater G. (zu den Umstehenden): »Schon mal was gehört von den göttlichen Händen? Das sind sie. Spenden Trost, Freude – aber auch Dunkelheit, wenn's sein muss.«

Zwei außer Rand und Band

1. Matt Kirby [Hill]: »Totes Geschäft heute, da könnten wir uns eigentlich noch ein paar gestreifte Kartoffeln reinschaufeln!«
Wilbur Walsh [Spencer]: »Aber mit Quetschfleisch!«
Matt Kirby: »Einverstanden!«

—

2. Matt Kirby: »Und noch was, Kumpelchen: Ab heute werfen wir beide bloß noch einen einzigen Schatten!«
Wilbur Walsh: »Aber einen breiten!«
Matt Kirby: »Mein Papa hat immer gesagt: Wenn du einen Freund hast, dem du trauen kannst, dann trau ihm nicht. Wenn du einem Freund blind vertrauen kannst, dann Vorsicht, ähm, ich meine: Wenn du einen blinden Freund hast: Na ja: is' ja auch egal. Jedenfalls hatte Papa sich das so ausgeknobelt …«

—

3. Matt Kirby: »Nicht durchdrehen, Dicker, ich bin ja bei dir. Wenn das hier auf Nummer sicher ist, machen wir uns 'n paar flotte Wochen in Florida!«
Wilbur Walsh: »Wir sind zwar schon in Florida, aber wenn du meinst …«
Matt Kirby: »Gut, dass ich dich habe, Junge …«
Wilbur Walsh: »Also – du siehst's ein!«

—

4. Captain McBride [David Huddleston]: »Rasieren hab ich doch gesagt, oder?«
Wilbur Walsh: »Noch nicht!«
Captain McBride: »Dann sag ich's jetzt! Hast du gehört?«
Wilbur Walsh: »Ja, Sir!«
Matt Kirby: »Ich habe es auch gehört, also red dich nachher nicht wieder raus.«
Captain McBride: »Danke, Kirby!«

—

5. Wilbur Walsh (bei der harschen Kontrolle des Vizegouverneurs): »Das ist ja ein Riemen: Armeeclub, Tennisclub, Kegelclub, Golfclub …«
Matt Kirby: »Ich hab ja noch gar nicht gewusst, dass du lesen kannst, Jumbo …«
Vizegouverneur: »Das wird Sie teuer zu stehen kommen …«
Staatsanwalt: »Ich werde Sie rauswerfen lassen aus der Polizei! Sie werden sich wundern!«
Wilbur Walsh: »Schnauze!«
Matt Kirby: »Hast du das gehört, Wilbur? (zum Staatsanwalt:) Also wenn du das schaffst, geb ich dir einen aus!«
Wilbur Walsh (zeigt auf einen Ausweis): »Was ist das hier für 'n Verein?«
Vizegouverneur: »Der Pass für den Governeurspalast!«
Wilbur Walsh: »Oy, ist ja allerhand – da leerst du wohl immer die Mülltonnen aus?«
Vizegouverneur: »Nein, ich bin nur der Vizegouverneur!«

Zwei sind nicht zu bremsen

1. Johnny Firpo [Hill]: »Schon der Knabe saß im Garten, spielte mit der Mutter Karten.« / »Am reichen Tisch bedien' dich frisch!« / »Auch der König setzt ein wenig!« / »Ein alter Wermut gibt mehr Mut – und Apfelsaft gibt Pokerkraft!« / »Bei diesem Blatt kann ich frohlocken und möchte ewig weiterzocken!« / »Ein Spiel in enger Freundesrunde soll Freude bringen zu jeder Stunde.«

—

2. Mechaniker: »Ich heiße Lardo, und du?«
Charlie Firpo [Spencer]: »Ich nicht.«

—

3. Johnny Firpo: »Wie ist denn das: Kriege ich auch 'n Eis?«
Charlie Firpo: »Was für eins?«

Johnny Firpo: »Immer nur Pistazie!«
Charlie Firpo: »Pistazie hab ich nicht! Ich habe Vanille, Schokolade, Zitrone, leckere Erdbeere und Mokka.«
Johnny Firpo: »Hmm, auch gut! Dann mach mir 'n gemischtes: und zwar Vanille und Pistazie.«
Charlie Firpo: »Nicht doch! Ich sag doch: Pistazie hab ich nicht! Ich habe Vanille, Schokolade, ich habe Zitrone, leckere Erdbeere und Mokka.«
Johnny Firpo: »Na macht ja nichts – dann nehme ich eben was anderes: Schokolade geht auch, mit Pistazie obendrauf …«
Charlie Firpo: »Was ist los? Hast du 'ne Pizza im Horchlappen? Ich verkünde doch pausenlos, dass ich Pistazie nicht führe!«
Johnny Firpo: »Dumm gelaufen! Deshalb brauchst du mich doch nicht gleich so anzublöken! Unfreundlicher Kerl! Was hast du denn anzubieten?«
Charlie Firpo (zu sich selbst): »Ganz ruhig, Charlie! (zu Johnny:) Ich habe Vanille, Schokolade, ich habe Zitrone, leckere Erdbeere und Mokka.«
Johnny Firpo: »Darüber sprachen wir schon?«
Charlie Firpo: »Den beißen gleich die Schweine!«
Johnny Firpo: »Is 'n Wort! Dann krieg ich ein gemischtes – und zwar: Zitrone, Schokolade, Vanille, leckere Erdbeere und Mokka. (Charlie bereitet das Eis zu.) Charlie: Aber ein klitze Pistazie!«

—

4. Charlie Firpo: »Du wirst wieder sehen können, Papi, das verspreche ich dir! Das bin ich dir schuldig! So ist es und so bleibt es auch. (zu Johnny Firpo:) Ist so 'ne Verpflanzung – wie teuer kostet die denn?«
Johnny Firpo: »Och, das ist nicht so wild – 50 Riesen etwa!«
Charlie Firpo: »Was? 50.000 Dollar? Dafür kann er ja 'n neuen Kopf kriegen!«

—

5. Charlie entdeckt, dass sein Vater entgegen seiner Vermutung gar nicht blind ist.
Vater Firpo: »Charlie! Charlie! Ich sehe dich! Ich kann dich sehen, ja ich sehe dich! Ich kann dich richtig sehen! Charlie, mein Junge! Das ist ja ein Wunder. Ja, ein Wunder ist geschehen. Ein himmlisches Wunder! Charlie!«
Charlie Firpo: »So, ein Wunder ist das? Eine hundsgemeine Verlade, eine Sauerei ist das!«

Zwei bärenstarke Typen

1. Gefängnisdirektor: »Ach, Doug! Wenn Sie wieder mal beim Fischen eine Jacht belästigen sollte – versenken Sie sich nicht gleich!«
Doug O'Riordan [Spencer]: »Ich werd's mir merken, Sir!«

—

2. Im gestohlenen Polizeiauto.
Roscoe Fraker [Hill]: »Keine Angst, die Bullen werden sich bloß wundern, dass unsere Leichen fehlen, aber das geht in den Akten unter.«
Doug O'Riordan: »Wenn du nicht bald die Sirene ausmachst, liegt gleich einer von uns beiden als Leiche auf der Straße …«

—

3. Doug O'Riordan: »Stell dir doch bloß mal eine Welt ohne Zahlen vor! Ein Fußballspiel ohne Ergebnis!«
Roscoe Fraker: »Das geht gar nicht!«
Doug O'Riordan: »Wie soll man denn überhaupt telefonieren? Man kriegt ja gar keinen Anschluss, ohne Zahlen zu wählen. Dann kann ich dich ja nie wieder 'ne Null nennen.«

—

4. Bei der Begutachtung des Bidets im Hotel-Badezimmer:
Roscoe Fraker: »Sieh mal, die haben sogar zwei Toiletten!«

Doug O'Riordan: »Ein komischer Schuppen!«
Roscoe Fraker: »Reiche Leute verrichten ihr Geschäft gemeinsam. Hast du das nicht gewusst?«

Zwei Asse trumpfen auf

1. Charlie [Spencer]: »Hast du mal die Möwen beobachtet? Die fliegen hoch und höher und ganz weit rauf, und dann halten sie plötzlich die Flügel still und segeln langsam wieder runter. Manchmal legen sie genauso viel Entfernung beim Abstieg zurück wie vorher beim Aufstieg. Der Wind spielt dabei auch 'ne Rolle – Luftströmung, Instinkt.«
Alan [Hill:] »Der Wind, Luftströmung, Instinkt – alles sehr schön. Aber wenn es trotzdem nicht reicht? Die Möwen können doch mit den Flügeln schlagen. Aber wie wird das mit dem Schlagen bei uns?«
Charlie: »Wir schlagen auf die Erde auf.«

—

2. Vor der Rückgabe des vermeintlichen Falschgeldes.
Charlie: »Du, sag mal, hast du dir das auch genau überlegt?«
Alan: »Was überlegt?«
Charlie: »Na ja, ich meine: Willst du unsere beiden fetten Sparschweine wirklich abliefern?«
Alan: »Na klar – warum nicht?«
Charlie: »Na ja …«
Alan: »Sind doch Blüten, oder? Hey, mach keinen Ärger, sag ich dir! Nicht, dass du noch mal auf so 'nen genialen Gedanken kommst …«
Charlie: »So! Man wird ja wohl wenigstens noch dran denken dürfen!«

—

3. Alan: »Lass die Kokosnuss liegen! Du bist doch im Grunde ein Gemütsmensch. Das würdest du doch nie tun!«

Charlie: »Du musst einen Gemütsmenschen mal richtig auf die Palme bringen, dann wird dir mal was geboten!«

—

4. Charlie versucht, mit der Beute – zwei Sack voll Geld – zu fliehen.
Alua: »Charlie!«
Charlie: »Alua!«
Alua: »Charlie! Kai luka chica kai uai mai!«
Charlie: »Ich hab nicht ein Wort verstanden.«
Alua: »Du – weit weg?«
Charlie: »Ja – mal muss Schluss sein!«

Plattfuß in Afrika

1. Während eines Bus-Überfalls durch eine Ganovenbande.
Dieb: »Du fährst weiter, sonst schlitz ich dir dein Kreuz auf!«
Kommissar Rizzo [Spencer], undercover getarnt als Busfahrer: »Du! Pass mal auf, du dummes Schwein! Was steht da? Was steht da dran – oder kannst du nicht lesen? ›Das Sprechen mit dem Fahrer während der Fahrt ist verboten!‹ Jetzt wirst du dich persönlich bei jedem Fahrgast entschuldigen!«

Plattfuß am Nil

1. Bei einer Diskussion über die Berufswünsche von Kommissar Rizzos Ziehsohn Bodo.
Kommissar Rizzo: »Du wirst die Schule so lange besuchen, wie ich es für richtig halte. Außerdem musst du was lernen!«
Bodo: »Aber ich will doch Polizist werden – da braucht man doch nichts lernen …«
Kommissar Rizzo: »Ein bisschen schon – für die höhere Laufbahn …«

Sie nannten ihn Mücke

1. Mücke [Spencer]: »Das müsstest du doch wissen, Kleiner: Im Leben gibt's immer einen, der mehr drauf hat als du. Und in mir hast du deinen Meister gefunden!«

—

2. Kellner: »Meister, was darf's sein?«
Mücke: »Kleines Omelette bitte!«
Kellner: »Mit ein oder zwei Eiern?«
Mücke: »Mit zwanzig!«
Kellner: »Zwanzig Eiern?«
Mücke: »Ja, das reicht!«
Kellner: »Soll ich's mit Zwiebeln …«
Mücke: »Nein, die liegen mir zu schwer im Magen!«

Der Große mit seinem außerirdischen Kleinen

1. Beim ersten Aufeinandertreffen fragt Sheriff Craft [Spencer] den kleinen Außerirdischen H7-25 [Carey Guffey] nach seiner Adresse.
Sheriff Craft: »Wo wohnst du denn? Weit von hier?«
H7-25: »Nein!«
Sheriff Craft: »Na wenigstens etwas …«
H7-25: »Ungefähr nur drei Lichtjahre von hier entfernt.«

Vier Fäuste gegen Rio

1. Elliot Vance [Hill]: »Diese Donna Olympia liebt Proust, Baudelaire und Whitman.«
Greg Wonder [Spencer]: »Interesseng!«
Elliot Vance: »… und sie ist vernarrt in Thomas Mann, Beckett und Joyce!«
Greg Wonder: »Na, das ist ein Callgirl – mit so viel Verkehr!«

—

2. Gangsterboss (liest aus der Zeitung vor): »Die beiden Überfallenen wurden von der Polizei aufgefordert, Steckbriefe der bereits einschlägig Vorbestraften anzusehen. Daraufhin sagte Señor Antonio Coimbra wörtlich: ›Ich bin kein Schuft und will keinem eine Lampe bauen!‹ Deshalb sei von ihm keine Singerei zu erwarten.«

—

3. Elliott Vance: »Dann lass mal deine saubere Handschrift auf dem Scheck sehen!«
Antonio Coimbra [Spencer]: »Bitte? Das habe ich nicht verstanden …«
Elliott Vance: »Wir wollen die Schecks haben!«
Antonio Coimbra: »Ja, selbstverständlich gern – aber könntet ihr nicht doch noch für uns arbeiten?«
Greg Wonder: »Erst unterschreiben! Dann reden wir über die volle Hose!«

Eine Faust geht nach Westen

1. Der Doc [Spencer] untersucht seinen ersten Patienten – und hat dabei ordentlich Appetit.
Schwiegertochter: »Immer nach dem Essen geht's ihm so schlecht, Doktor!«
Doc: »Immerhin hat er etwas gegessen!«

EINER GEGEN ALLE!

Ihr könnt euch nicht vorstellen, wie oft ich von Fans, die offenbar eher zur verspielten Sorte gehören, Sätze höre wie: »Bud Spencer ist stärker als dieser oder jener Superheld!« oder »Weißt du, was Bud mit einem einzigen Faustschlag aus dem machen würde?«

Das erinnert mich an die Spiele der Kinder, wenn sie sich in verschiedene legendäre Superhelden verwandeln und gegeneinander kämpfen. Dabei treffen die unterschiedlichsten Welten aufeinander: Zorro gegen Maciste, Spiderman gegen Indiana Jones und so weiter. Doch egal aus welcher Zeit oder Galaxie, Hauptsache, die Fantasie darf sich austoben.

Als mein Enkel Carlo noch klein war, fragte er mich einmal, nachdem er quietschvergnügt meinen Raufereien in einem meiner Filme gefolgt war: »Opa, warst du denn auch stärker als Raiden?«

Ich habe bis heute keine Ahnung, wer Raiden ist (na gut – er ist der Donnergott in dem Computerspiel *Mortal Kombat* … da staunt ihr, was?). Jedenfalls habe ich, da bereits so viele imaginäre Herausforderungen zwischen mir und allen möglichen Helden stattgefunden haben, hier eine kleine Auswahl an Gegenüberstellungen getroffen. Inspiriert wurde ich von der rasenden Fantasie meiner kleinen Bewunderer, die genau wussten, mit wem es der »Gigante Buono« (»Gute Riese«) aufnehmen musste. Allerdings sind die »Kleinen« mittlerweile schon groß geworden und fragen sich wahrscheinlich eher: »Ist Bud auch stärker als die Arthrose?«

Das Schöne am Film ist, dass die Figuren die Grenzen der Leinwand überschreiten können. Dann treten sie in die Sphäre einer populären Mythologie ein, in der sie ein Eigenleben entwickeln. Und in diesem irrealen Universum, das gewissermaßen das Spiegelbild der Realität ist, kann alles passieren!

Bud Spencer vs. Herkules

Nun mal langsam: Herkules ist ein Halbgott, der Sohn von Zeus. Er hat in zwölf für Normalsterbliche unlösbaren Aufgaben seine Stärke unter Beweis gestellt, woraufhin er sogar in den Olymp aufgestiegen ist. Mit einem wie ihm würde ich mich nicht anlegen – es sei denn natürlich, wir würden uns zufällig in einem Saloon begegnen und er würde meine Mutter als »alte Hure« beschimpfen. Allerdings würde ich wahrscheinlich den Kürzeren ziehen. Als Herkules definierte man früher die Kraftprotze, die sich im Zirkus oder auf dem Jahrmarkt zur Schau stellten, sowohl in Griechenland als auch im antiken Rom.

Das einzige Mal, dass ich mit ihm zu tun hatte, war – wie ich bereits im ersten Buch erzählt habe – in einem alten Sandalenfilm mit dem amerikanischen Bodybuilder Steve Reeves. Doch es kam nie zu einem Wettstreit: Ich war dicker als er und machte keine allzu gute Figur neben ihm, daher räumte ich das Feld. Wären wir aneinander geraten, hätte Herkules mich höchstwahrscheinlich hochgehoben, gegen die Tempelmauern und Säulen geschleudert und so alles zum Einstürzen gebracht. Nein, Herkules, da bin ich mir sicher, hätte Kleinholz aus mir gemacht! Einen einzigen Faustschlag auf seinen Kopf hätte ich vielleicht noch hinbekommen. Daraufhin hätte er jedoch, leicht verblödet von dem Schlag, einfach seinen Vater zu Hilfe gerufen: »Daddy, der Typ hat mich außer Gefecht gesetzt. Was soll ich jetzt machen?«

Bud Spencer vs. 007

Abgesehen davon, dass James Bond der Star der langlebigsten Filmserie des Westens ist (im Osten schlägt ihn »Wong Fei-hung«, der Kung-Fu-Meister, über den rund einhundert Film gemacht wurden, übrigens um Längen) bin ich ja der Überzeugung, dass er protegiert wird. Das denke ich, weil es selbst dem naiven Bud auf der Seele brennt, ihn zu fragen: »Entschuldige mal, du bist ein Geheimagent, du hast sogar einen Codenamen aus Zahlen. Warum also nennst du in jedem Film deinen richtigen Namen? Und wiederholst ihn auch noch?! »Mein Name ist Bond, James Bond.« Mich wundert, dass du immer noch nicht aus dem Secret Service geflogen bist. Irgendjemand muss dich decken, du Exhibitionist, du!«

Woraufhin er mich aus 100 Metern Entfernung mit seiner superleisen Pistole umlegen würde – denn er weiß ganz genau, was ihn erwartet, wenn er mir zu nahe kommt: eine ordentliche Abreibung à la Plattfuß. Doch da auch er einer von den Guten ist, der zugegebenermaßen gern viel Blut vergießt, würde ich es vermeiden, ihm allzu sehr zuzusetzen. Andererseits: Würde ich ihn besiegen, wäre mir eine Führungsrolle in der Verbrecherorganisation Spectre mit einem dicken monatlichen Gehalt sicher. Und der Geist von Ian Fleming, dem Schriftsteller, der die Figur 1952 erfand, würde mich Nacht für Nacht besuchen kommen und mir ins Ohr heulen.

Bud Spencer vs. Der Terminator

Ich weiß nicht, ob ich in dem Fall stärker bin, aber schlauer bin ich auf jeden Fall: Wenn man nämlich als Cyborg aus der Zukunft in die Gegenwart kommt, um sie zu verändern, und dann durch die Gegend läuft wie ein Rockstar (schwarze Sonnenbrille, Nietenjacke etc.), muss man sich nicht wundern, wenn man nicht unbemerkt bleibt. Der Terminator kann ganz gut mit Feuerwaffen umgehen, aber mir sind die zuwider – abdrücken kann außerdem jeder Idiot. Und ohne Waffen spielt er sich als Kraftprotz auf, was ich ein bisschen billig finde, weil er ja ein Roboter ist. Ich denke, Bud würde ihm mit einem gezielten Faustschlag die Schädeldecke abnehmen und ihm ein bisschen Pistazieneis einpflanzen, um seinen Charakter etwas zu versüßen.

Mit Bambino hat er lediglich gemeinsam, dass beide nicht viel reden, und wenn, dann geben sie nur einsilbige Antworten. Bambinos Wortkargheit lässt sich dadurch rechtfertigen, dass er ein ungehobelter Kerl aus dem Wilden Westen ist (Wo die Cowboys, wenn überhaupt, mit ihren Pferden plaudern und mit ihnen kann man weiß Gott keine inspirierenden Dialoge führen! Probiert es selbst, wenn ihr mir nicht glaubt.). Für den Terminator hingegen gibt es keine Entschuldigung. Wenn das Ergebnis einer weit fortgeschrittenen Wissenschaft ein Vokabular ist, das aus »I'll be back!« oder »Hasta la vista, baby« besteht, dann war jede meiner Figuren ein Einstein!

Andererseits hat er mir gegenüber einen Vorteil: Er kann durch die Zeit reisen. Somit könnte er in die Zukunft zurückkehren und den Computer, der ihn programmiert hat, bitten: »Wärst du so nett, mir zehn oder elf neue Wörter beizubringen? Im vergangenen Jahrhundert können sie nämlich besser sprechen als wir und ich kann noch nicht einmal eine Pizza Napoli bestellen, wenn mir danach ist.« Aber auch der Cyborg ist nach dem ersten Terminator-Film zu den Guten gewechselt, daher sehe ich keinen Anlass, ihm eine runterzuhauen. Außer natürlich, er würde versuchen, mir beim Essen meinen Topf Bohnen unter der Nase wegzuklauen. Das wäre eine andere Sache …

Bud Spencer vs. Hulk

Hier haben wir es mit einem zu tun, der mit radioaktiven Strahlen verseucht ist. Und wenn er ausrastet, wird er grün und seine Kleider reißen (aber nie die Hosen – auch Hulk hat noch einen Rest Anstand). Und ihr Sadisten wollt allen Ernstes, dass wir zwei uns prügeln? Er würde mich gnadenlos zerquetschen! Ich hätte nur eine Möglichkeit, ihn zu besiegen: Ich würde ihm von meinen Spaghetti abgeben und ein paar K.o.-Tropfen für Grizzlybären beimischen. Und dann, während er schläft, würde ich Terence anrufen: »Und jetzt überleg du dir, was wir mit ihm machen, wenn er aufwacht!

Bud Spencer vs. Conan der Barbar

Der Typ trägt ein Schwert, das manchmal größer ist als er selbst, also langsam! Vielleicht leidet er an einem Phallus-Komplex, wer weiß. Ich spreche von dem Conan aus dem Kinofilm, die Originalerzählungen von Robert E. Howard habe ich nie gelesen. Alles in allem ist es eine weitere Variation des Herkules-Mythos: Conan lebt in der Antike, ist muskulös und roh, kämpft aber grundsätzlich auf der Seite der Schwächeren. Außerdem bringt er es auf ganze sieben bis acht Wörter, wenn er zu Monologen aufgelegt ist – genau wie Bambino! Ich kann mir nicht helfen, er ist mir sympathisch.

Sagen wir so: Mit dem Schwert hätte ich keine Chance, er würde mich in einen Truthahn mit Bart verwandeln. Wenn es Bud jedoch in seinen besten Jahren gelungen wäre, ihm seinen kleinen Zahnstocher abzunehmen, wäre vielleicht eine längere Diskussion daraus geworden, bei der ihm die Argumente ausgegangen wären. Und seine Zähne ebenfalls!

Bud Spencer vs. Godzilla

Seid ihr völlig verrückt geworden? Setzt ihr euch doch mit dieser Rieseneidechse auseinander, ich habe gerade etwas auf dem Herd stehen! Godzilla wurde nach seinem Debüt 1954, in dem das Trauma des Atomanschlags auf Japan verarbeitet wurde, zu einem Kinderhelden. Eine Riesenpuppe, die die Erde vor anderen bösen Monstern und Außerirdischen beschützte. Sein Atem war zwar radioaktiv (Bambinos war übrigens auch nicht der frischste, nachdem er ordentlich Bohnen und Zwiebeln in sich reingeschaufelt hatte!), aber er bleibt ein mächtig sympathisches Kerlchen. Hinzu kommt, dass er, genau wie ich auch, Familienvater ist: sein Sohn ist ein kleiner Riese namens Minilla, wisst ihr noch?

Bud Spencer vs. Arsène Lupin

Der nicht zu fassende Dieb und Gentleman, den sich Maurice Leblanc 1905 ausdachte, hätte in der Unterwelt Neapels keine drei Sekunden überlebt; nicht einmal sein Zylinder wäre verschont worden. Einmal hatte ich es sogar mit ihm zu tun: Er war ein guter Verkleidungskünstler und so kam er einmal als Terence Hill oder besser gesagt als Trinity verkleidet auf mich zu. Doch er machte zwei Fehler: Erstens roch er nach Chanel und zweitens rollte er das R im Rachen! Meine Faust reagierte sofort und sauste auf seine Brust nieder – während der alte Fuchs schon seine Hand in meine Tasche gesteckt hatte. Unter dem Vorwand, mich umarmen zu wollen, hatte er tatsächlich versucht, mir ein paar Dollar aus der Tasche zu ziehen.

Bud Spencer vs. Rambo

Welcher Rambo? Es gibt schließlich vier Filme mit ihm. Also … im ersten kümmert er sich um seine eigenen Angelegenheiten, bis ihn dieser Bulle, gespielt von Brian Dennehy, provoziert. (Dennehy hat übrigens einmal gesagt, dass er gerne einmal einen Film wie Bud Spencer gemacht hätte. Seitdem ist er mir irgendwie sympathisch, keine Ahnung warum!). Im zweiten Film besteht seine Mission darin, Kriegsgefangene aus dem vietnamesischen Dschungel zu bergen. Im dritten ging er nach Afghanistan und kämpfte gegen die Russen. Den vierten habe ich nicht gesehen, aber ich werde das Gefühl nicht los, dass der Typ ein wenig Schwierigkeiten in Sachen Sozialkompetenz hat. Meiner Meinung nach könnte er einen Angeltrip, Entspannung und ein paar vertraute Pläuschchen besser gebrauchen als Schläge von Bud. Unser Gespräch würde nicht viel länger dauern als zwei Minuten, zumal auch er wenig redet und viel grunzt. Aber was soll's: Ich stelle mir vor, ich würde einfach in meiner Hängematte liegen und schlafen, während unser Boot den Fluss entlangschippert. Doch ganz bestimmt würden mich seine Worte so sehr fesseln, dass ich gar nicht zum Schlafen käme.

Bud Spencer vs. Rocky

Mit Boxhandschuhen oder ohne? In meinem Film *Der Bomber* ging es ja ums Boxen. Aber mit Rocky, dem Weltmeister im Schwergewicht, würde ich mich nicht kloppen, dafür habe ich zu großen Respekt vor ihm. Höchstens für einen wohltätigen Zweck hätte ich eventuell eine Ausnahme gemacht, ähnlich wie bei der Begegnung zwischen ihm und Hulk Hogan in *Rocky III*. Er hätte mich ohne Frage windelweich geschlagen, aber vielleicht wäre es mir dennoch gelungen, ihm ohne chirurgischen Eingriff zu volleren Lippen zu verhelfen. Alles in allem tippe ich auf ein solides Unentschieden.

Bud Spencer vs. Great Mazinger

Viel zu dick, mit dem müsst ihr alleine fertig werden! Mein Sohn war als Kind ein Fan von Goldorak und er meint, dass Goldorak besser aussieht als Mazinger – auch wenn Mazinger die erste Figur seines japanischen Autors und Zeichners Go Nagai war. Goldorak soll auch der Poetischere und Nachdenklichere von beiden sein. Außerdem war er der Erste, der ab 1978 in Italien Erfolg hatte. Aber mir ist auch Goldorak zu dick, daher passe ich.

Bud Spencer vs. Spiderman

»Maria, hol mir mal das Insektenspray!«

Bud Spencer vs. Superman

Ihn kann ihn nur bewundern: Trotz unserer Dummheiten wird er nicht müde, die Erdbewohner zu verteidigen. Diese Herausforderung würde er auf jeden Fall gewinnen – es sei denn, wir messen uns im Armdrücken! Doch ich habe den leisen Verdacht, dass Superman Unglück bringt: Seine zwei Schöpfer, Jerry Siegel und Joe Schuster, ließen ihn sich förmlich »entreißen«, da sie einen Vertrag unterschrieben, mit dem sie alle Rechte für eine Handvoll Dollar abtraten. Und nachdem sie festgestellt hatten, wie gut Superman sich vermarkten ließ, verbrachten sie den Rest ihres Lebens mit Klagen und Gegenklagen vor Gericht, um sich das Copyright wiederzuholen.

Aber das ist noch nicht alles. Wie ihr wisst, nahm sich der Darsteller des ersten Superman auf der Leinwand, George Reeves, das Leben. Und das Schicksal des zweiten Schauspielers, Christopher Reeve, war kaum glücklicher. Nein, viel lieber möchte ich ihm die Hand drücken und gleichzeitig einen neapolitanischen Glücksbringer unbemerkt in seiner Tasche verschwinden lassen.

Bud Spencer vs. Bruce Lee

Tut mir leid, aber bei Bruce hört der Spaß auf. (Außerdem: Wenn das meinem Co-Autor zu Ohren käme, der Bruce vergöttert und seinen Sohn Brandon kannte, würde ich mein blaues Wunder erleben.)

Bud Spencer vs. Chuck Norris

Soll das ein Witz sein? Er hat eine Begabung dafür, wie kein anderer innerhalb kürzester Zeit alles dem Erdboden gleichzumachen. Ich habe gehört, dass der Rettungsplan für Griechenland vorsieht, dass Chuck seinen Urlaub zukünftig woanders verbringt. Der Gouverneur von Texas hingegen hat ihn zum Ehrenmitglied der echten Texas Rangers, einer Eliteeinheit der Polizei, ernannt.

Wir beide haben im Grunde nur eines gemeinsam, und das ist der Bart. Er ist ein sympathischer Kerl, aber ich frage mich, ob er nicht vielleicht für den Maya-Kalender Modell gestanden hat. Das würde die Prophezeiung erklären, dass 2012 die Welt untergehe. Spaß beiseite, unser Texas Ranger wurde in den Sechzigerjahren nicht nur ein Mal, sondern gleich sieben Mal Karate-Weltmeister! Und obwohl er mir nur bis zum Bauchnabel reicht, habe ich Respekt vor ihm.

Bud Spencer vs. Predator

Er ist hässlicher als ich, er sieht aus wie ein Krebs mit der Frisur eines Reggae-Musikers. Mir läuft das Wasser im Mund zusammen, wenn ich ihn sehe. Ich denke gar nicht daran, ihn anzugreifen. Aber wenn ihr ihn mir mit ein bisschen Soße angemacht und mit zwei Olivchen garniert serviert …

Bud Spencer vs. Alien

Ganz einfach: Jeder bleibt auf seinem Planeten, dann gibt es keine Probleme. Ansonsten geht es mir mit ihm genauso wie mit Predator: Er erinnert mich an eine saure Gurke, mit Schwanz. Er regt meinen Appetit an.

Bud Spencer vs. Sub-Zero (aus dem Computerspiel *Mortal Kombat*)

»Sub-Zero«? Was soll das sein? Verlangt ihr jetzt etwa auch noch von mir, dass ich gegen eine Kühltruhe kämpfe?

Bud Spencer vs. Joker

Beim Poker habe ich ihn immer auf den Tisch geworfen.

Bud Spencer vs. Tarzan

Gute Frage! Würde er einmal stillhalten, könnte ich gegen ihn gewinnen. Doch sobald er von einer Liane zur nächsten fliegt, habe ich keine Chance mehr. Und wenn ich versuchen würde, mich an einer Liane festzuhalten, würde ich den ganzen Wald niederreißen und wegen radikaler Abholzung vor Gericht kommen. Doch dank meiner Statur würde er mich sehr wahrscheinlich einfach mit einem Gorilla verwechseln und wir würden richtig gute Freunde werden.

Bud Spencer vs. Die Glorreichen Sieben

Einen nach dem anderen oder alle auf einmal? Nein, dafür müsst ihr euch schon einen anderen suchen. Ich würde mich höchstens anbieten, den Achten zu stellen.

Bud Spencer vs. Indiana Jones

Der Hut, den ich in den Western trage, war seiner. Was den Rest angeht, kann ich mich nicht erinnern, wo ich ihn verbuddelt habe. (Ich bin ein ganz schöner Angeber, was?) Aber nein, ich bewundere ihn viel zu sehr. Nicht zuletzt, weil er durch Jungle Jim, die Comicfigur aus den Dreißigerjahren von Alex Raymond, inspiriert wurde. Ich habe die Comics damals verschlungen.

Bud Spencer vs. Dracula

Er verlässt das Haus nur nachts; ich schlafe nachts. Aber sollte er auf die Idee kommen, auch nur einen Fuß in mein Haus zu setzen, werde ich ihm sein Zahnproblem ein für alle Mal vom Hals schaffen! Und zwar ganz ohne zu beißen. Ich habe kürzlich ein Foto von seinem Papa gesehen, dem Schriftsteller Bram Stoker aus Dublin, und wir sehen uns verblüffend ähnlich: Auch er ist groß, dick und hat einen Bart. Vielleicht würde Dracula mich ja für seinen Vater halten und mir gerührt, erschüttert und … niedergestreckt in die Arme fallen!

Bud Spencer vs. Freddy Krueger

Sollte er mich in meinen Träumen besuchen, würde ich ihm die Rasierklingen aus den Fingern reißen und ihm die Fingernägel säubern. Dann kann er mit den Kindern spielen!

Bud Spencer vs. King Kong

Da ist nichts zu machen! Ich bin hundertprozentig auf seiner Seite! Ich würde mir vielmehr die Vollidioten vornehmen, die ihn aus seiner Welt gerissen, in Ketten gelegt und nach Amerika gebracht haben, nur um ihn in einen Käfig zu sperren. *King Kong* von Ernest B. Schoedsack und Merian C. Cooper ist das klassische Märchen von der Schönen und dem Biest. Wie könnte man auch keine Zuneigung für ihn empfinden? King Kong bewegt seine Zuschauer seit seiner Kino-Premiere im Jahr 1933.

Bud Spencer vs. Diabolik

Das geht nicht: Er ist schon so alt und verdient seinen Lebensunterhalt immer noch als Dieb. Kann es denn sein, dass er sich während seiner ganzen langen Karriere kein einziges Mal mit der Frage auseinandergesetzt hat, was er aus seinem Leben machen will? Diabolik ist die geniale Schöpfung der verstorbenen Schwestern Giussani und ein Meilenstein in der Geschichte des italienischen Comics. Seine Abenteuer erschienen als erste Comics im Taschenbuchformat.

Der Legende nach wurde dieses handlichere Format speziell für Zugpassagiere entworfen, die sich den Comic so bequem in die Tasche stecken und während der Reise darin schmökern konnten. Eine geniale und durch und durch italienische Erfindung, die wir den Amerikanern voraushatten. Ätsch!

Bud Spencer vs. Tex Willer

Im Wilden Westen wären wir theoretisch Feinde, da er ein Ranger und Bambino ein Pferdedieb ist. Praktisch aber sind wir Verbündete, denn auch ich würde, so wie er, auf der Seite der Indianer kämpfen. Ich habe großen, ehrfürchtigen Respekt vor diesem Comic, der in Italien ebenfalls Geschichte geschrieben hat. Übrigens kannte ich auch Sergio Bonelli, den Herausgeber des Comics und Sohn des Erfinders der Figur.

Bud Spencer vs. Flash Gordon

Er ist der Papa der amerikanischen Superhelden, mit einem Mythos wie ihm lege ich mich nicht an. Dem Tyrannen Ming würde ich allerdings doch gerne zwei Ohrfeigen verpassen: Das Universum ist so riesig – warum musste er ausgerechnet auf die Erde kommen, um Unfrieden zu stiften?

Bud Spencer vs. Zorro

So ein netter Kerl! Der Beschützer der Erniedrigten und Unterdrückten. Ich könnte mir vorstellen, dass ein Bohnenwettessen mit Sergeant Garcia ein Riesenspaß gewesen wäre. Den Zorro aus dem Fernsehen, jener Disney-Serie, die heute noch ausgestrahlt wird, spielte übrigens ein Schauspieler italienischer Herkunft: Guy Williams hieß in Wirklichkeit Armando Catalano und war ein Landsmann von mir. Wir Italiener sind einfach überall!

Bud Spencer vs. Mandrake

Nein, Mandrake (oder »Mandràche«, wie wir ihn in Italien nannten) ist ein waschechter Magier. Da würde ich mich eher mit seinem wuchtigen nubischen Diener Lothar auf eine Schlägerei einlassen. Andererseits bezeichnete Lee Falk, der Autor, Mandrake lediglich als einen Zauberkünstler. In dem Fall könnte Bambino mit ihm konkurrieren. Oder, besser noch, ich würde ihn davon überzeugen, meinen Bruder Trinity verschwinden und ihn gewaschen und parfümiert wieder auftauchen zu lassen.

Bud Spencer vs. Phantom

Wenn man sich anschaut, wie er seinen Gegnern den Totenkopf auf seinem Ring ins Gesicht stempelt, kann die eigene Rechte schon mal vor Neid erblassen. Er war der erste Held in Strumpfhosen, von demselben Autor wie Mandrake und lebte im Dschungel – in der Totenkopfhöhle (er hatte ein Faible für Totenköpfe!). Da auch er die Bösewichte bekämpft, bin ich ganz klar auf seiner Seite. Obwohl die Eingeborenen davon überzeugt sind, es gäbe nur einen, gehört Phantom in Wirklichkeit einer Dynastie von Maskierten an, die sich nacheinander ablösen. Phantom trug früher einen violetten Umhang, der zwischenzeitlich anscheinend durch einen roten ersetzt wurde. Aber ich finde, Violett macht sich in einem Film einfach nicht gut, schon aus diesem Grund würde ich ihm aus dem Weg gehen.

Bud Spencer vs. Teenage Mutant Ninja Turtles

Heldenhafte Cartoon-Schildkröten kann man unmöglich zur Strecke bringen, sie würden immer wieder auferstehen! Außerdem lieben sie italienische Pizza, genau wie ich. Ich finde die Idee gar nicht schlecht, mich ein wenig herauszuputzen und so wie sie einen Panzer auf dem Rücken und eine Augenbinde zu tragen. Doch ich habe die vage Vermutung, dass ihr mich trotzdem wiedererkennen würdet … woran auch immer!

Bud Spencer vs. Der Wolfsmensch

Dasselbe Problem wie mit Dracula: Er geht nur in Vollmondnächten nach draußen, während Bud in der Zeit schnarcht wie ein Weltmeister. Unter den Bedingungen ist es schwierig, sich über den Weg zu laufen. Sagen wir so: Wenn er nicht so laut heult, dass ich davon wach werde, kann ich davon absehen, ihn in meinem Garten anzuleinen. Im Grunde ist er auch nur ein niedlicher kleiner Welpe.

Bud Spencer vs. Die Mumie

Welche? Die von Tutanchamun? Von Ramses? Die von Imhotep aus dem alten Film von Boris Karloff? Oder meint ihr vielleicht doch die monströse und gewalttätige Mumie aus dem Remake von 1959 mit Christopher Lee? Letztere hätte wenigstens Substanz, was für eine Schlägerei nicht unwesentlich ist. Die andere ist ja schon völlig ausgetrocknet; und mit der aus der neuesten amerikanischen Verfilmung mit Brendan Fraser will ich auch nichts zu tun haben, die ist schließlich nichts als ein Special Effect.

Die Mumie hätte auch einen Vorteil: Sie wäre schon verbunden und müsste sich nach unserer Schlägerei darum jedenfalls nicht mehr kümmern.

Bud Spencer vs. Frankensteins Monster

Er ist schon gebeutelt genug, meint ihr nicht? Außerdem ist er doch alles in allem eine herzerweichende Figur, genau wie King Kong: Ein Außenseiter, der nie darum gebeten hatte, aus Leichenteilen zusammengeflickt zu werden. Und trotz ihrer tragischen Geschichte ist die Kreatur, die Mary Shelley 1818 während eines Urlaubs am Genfer See erschuf, im Vergleich zum Terminator ein Worte speiender Intellektueller. Ein richtiger Gentleman!

Bud Spencer vs. Bud Spencer

Willkommen im Paralleluniversum der künstlichen Klone. Ein zweites Ich zu haben könnte sich als ziemlich bequem erweisen. Ich würde einfach immer den anderen meine Steuern zahlen lassen. Eine Schlägerei zwischen Bud und Bud dagegen würde in einen Mordskampf ausarten: Der eine kennt die Lieblingsschläge des anderen genau und jeder weiß vom anderen, wie viel er einstecken kann. Im Western-Ambiente würden wir innerhalb kürzester Zeit einen Saloon kurz und klein schlagen, vielleicht auch die ganze Stadt. Doch am Ende bliebe es bei einem Unentschieden. Man bräuchte schon einen guten und einen bösen Bud, um diese Begegnung zu entscheiden, doch das ist unmöglich: Ich bin nun mal ein Schäfchen!

BUDOLOGIE: BUDS FILMWÖRTERBUCH

Bohnen: Samen einer Hülsenfrucht aus Südamerika, die wahrscheinlich Christoph Kolumbus in Europa eingeführt hat. Um die nähere Bestimmung scheren sich Bambino und Trinity allerdings kein bisschen, Bohnen sind ganz einfach ihr Hauptnahrungsmittel (das gilt übrigens für 50 Prozent der Cowboys im Italowestern; die anderen 50 Prozent essen aus einem simplen Grund keine Bohnen, nämlich weil sie von den ersten 50 Prozent getötet wurden). Bohnen werden gekocht und mit einer Soße oder nur mit Zwiebeln zubereitet. Am besten schmecken sie, wenn man sie mit dem Kochlöffel, den man wie einen Spaten hält, direkt aus dem Topf isst. Sie produzieren wohlriechende Gase, in meinen Filmen beschränkt sich Bud jedoch auf einige Rülpser (was übrigens im antiken Rom als Ausdruck der Wertschätzung galt). Ihr Anbau hat Bud nie interessiert, für ihn wachsen die Bohnen in der Dose, und damit basta.

Vogel: Begriff aus dem Tierreich, der in meinen Westernkomödien für alles verwendet wird, was Flügel hat und essbar ist. In *Vier Fäuste für ein Halleluja* wird ein besonders großes Exemplar aufgetischt, das halb wie ein Truthahn (der zwar Flügel hat, aber nicht fliegt) und halb wie ein Adler aussieht. Vermutlich handelt es sich eher um Letzteren, denn auf Bambinos Frage: »Das soll ein Truthahn sein?«, antwortet seine Mutter nonchalant: »Ich bin mir nicht sicher, aber rumgeflogen ist er hier gestern vor der Tür.« Wobei ich anmerken möchte, dass diese kleine Familie Achtung vor Tieren hat. Sie töten, weil sie essen müssen, nicht, um sich als Schützenkönige aufzuspielen und die Tiere hinterher auszustopfen.

Travoy: Schlitten aus vier Holzbrettern und einem darüber gespannten Fell. Die Navajo-Indianer spannten ein Pferd davor und transportierten so Gegenstände und Menschen, zum Beispiel ihre

Verwundeten. Daher hatte Trinity die Idee, sich von seinem Pferd ziehen zu lassen, während er hinten auf der Pritsche gemütlich schlief, den Hut tief ins Gesicht gezogen. Die Idee, sich niemals zu waschen, hat er ebenfalls von den Navajos übernommen. Nun ja, das haben Bambino und er gemeinsam. Im Unterschied zu Trinity kann Bambino sich jedoch nicht ziehen lassen, denn dann würde nicht nur der Schlitten, sondern auch das Pferd zusammenbrechen.

Arbeit: Menschliche Tätigkeit, die dem Überleben dient, dem Western-Bud aber vollkommen fremd ist. In anderen Filmen geht er ihr ganz beiläufig nach (während er an seinen Gesangskünsten arbeitet, repariert er nebenbei Motoren; während er Comics liest, steuert er nebenbei Lastwagen und Flugzeuge).

Herde: Im Western allgemein aus Kühen oder Pferden bestehend. Für Bambino besteht sie nur aus Pferden, die möglichst nicht gebrandmarkt sind, damit er sie weiterverkaufen kann, nachdem er sie gestohlen hat – sofern ihm das glücken sollte.

Geld: Dieses Zeug aus Metall, das »Ting!« macht, wenn man es auf den Boden wirft. Bambino und Trinity will es nie gelingen, es auf redliche Art zu erlangen.

Hassliebe: Das, was das Duo Hill/Spencer verbindet. Die beiden können nicht miteinander (vor allem erträgt Bud den Spielverderber Terence nicht), aber auch nicht lange ohne einander – ob als Brüder oder als Freunde.

Poker: Kartenspiel, an dem sich Bud während seiner Abenteuer regelmäßig beteiligt. Erklärtes Ziel des Spiels ist die Bereicherung, doch in Wirklichkeit verfolgt Bud die Absicht, die Spieler, die nicht verlieren können oder bescheißen, mithilfe von Ohrfeigen auf den rechten Weg zu bringen.

Frauen: Die bessere Hälfte, Gebärende des Lebens. In Buds Filmen gilt es sie zu beschützen. (Mit einer Ausnahme: In *Zwei bärenstarke Typen* tritt eine Frau auf, die genauso austeilen kann wie er!) In den Westernkomödien kommen sie in Form von lieblichen Blondinen vor, die insbesondere Trinitys romantischen Exhibitionismus fördern. Sein Bruder Bambino dagegen fühlt sich weniger zu ihnen hingezogen als zu der oben genannten Herde, die er zu stehlen gedenkt.

Kinder: »Kinder werden nicht angerührt!«, ruft Bud in der italienischen Version von *Zwei sind nicht zu bremsen* den beiden Gangstern hinterher, nachdem er sie in den Fluss befördert hat, weil sie vorhatten, das Kind zu entführen. Und damit ist alles gesagt, was es zu dem Thema zu sagen gibt.

Religion: Religionen gibt es viele, aber keine, die es in die geistige Sphäre Bambinos geschafft hätte. Wenn ihn jemand mit den Worten »Gott sei mit dir!« begrüßt, kann es gut sein, dass er mit »Warum?« antwortet. Nicht, dass er Atheist wäre, ihm liegt einfach nur alles fern, was mit Denken und Glauben zu tun hat. In Buds anderen Filmen wird Religion in der Regel respektiert, in *Zwei Missionare* wird die christliche jedoch gründlich unter die Lupe genommen. Bud spielt selbst einen Missionar mit einem natürlichen Hang zum Neuen Testament. Denn wer die falsche Wange hinhält, erntet Ohrfeigen.

Freundschaft: Liebe ohne Sex, sagt Carlo Pedersoli; eine lästige Fliege, sagt sein Alter Ego Bud. Als solche empfindet er jedenfalls Terence Hill in jedem Film, in dem sie als Duo auftreten. Während Carlo und Mario Girotti außerhalb des Sets zusammen Spaghetti essen, hat Bud auf der Leinwand anfangs stets das Bedürfnis, Terence zu verhauen und ihn ins Meer oder aus dem Flugzeug zu werfen. Er ist zu allem bereit, außer ihm aus der Patsche zu helfen, geschweige denn, sich von ihm helfen zu lassen. Wer einen Freund findet, findet einen Schatz (Anspielung auf den Originaltitel von *Zwei Asse trumpfen auf*: *Chi trova un'amico trova un tesoro*)! In Worten würde Bud das niemals ausdrücken. Aber in Taten. Und das ist es letztendlich, was zählt.

Ruhe: Ein utopischer Wunsch, an dem Bud beständig festhält, während sein Freund Terence alles nur Erdenkliche unternimmt, ihn nicht wahr werden zu lassen.

Brüderlichkeit: Konzept universeller Liebe, das Bud in jeder Form lieb und teuer ist, mit Ausnahme von Trinity, den Bambino manchmal sogar hinterrücks erschießen möchte.

Florida: Amerikanischer Bundesstaat, bekannt für seine beliebten Badeorte und als Ruhestandsort für Rentner. Für Terence ist es auch ein Vergnügungsparadies: In dem Film *Zwei außer Rand und Band*, der in Florida spielt, offenbart der Blonde den genialen Plan, sie könnten einen Coup landen und sich »'n paar flotte Wochen in Florida machen«! Wenn sie da nicht schon wären!

Colt: Pistole, die 1835 von Samuel Colt erfunden wurde, um Gleichheit unter den Menschen im Wilden Westen zu schaffen (denn unter der Erde sind sie alle gleich). Bud kann damit umgehen, mag sie aber nicht besonders, schon allein, weil er den weniger blutigen Faustkampf vorzieht. Dennoch eignet sich das lange Rohr hervorragend, um es denjenigen, die sich weigern, auf Bambinos Fragen zu antworten, ins Nasenloch zu stecken. (So wird aus einem »Emiliano ist kein Verräter, Gringo!« schnell ein »Emiliano wird alles sagen, Gringo!«)

Der Tod: Beabsichtigtes oder zufälliges (niemals jedoch schönes) Ereignis natürlichen Ursprungs. Er ist in den ersten, ernsthaften

Western mit Bud Spencer reichlich vorhanden. Da die Schurken ihn sich allerdings verdienen, muss auch niemand um sie weinen. In den Filmen à la Bud Spencer kommt er dagegen kaum vor, außer in natürlicher oder poetischer Form (man denke an Mattos Tod im Flugzeug in *Zwei Himmelhunde auf dem Weg zur Hölle*). In Carlo Pedersoli, der dem Tod die Sympathie für all seine fiktiven Figuren vermachen wird, löst er nichts als unbeschwerte Neugierde aus.

Außerirdische: Mutmaßliche Intelligenzen von einem anderen Stern, die der Erde möglicherweise einen Besuch abstatten wollen. Sollte der Fall tatsächlich eintreten, würde ihre Intelligenz allerdings nicht zum Ausdruck kommen, da der Erdenbewohner bekanntermaßen kriegsbesessen ist: Sobald die Aliens auf der Erde landeten, würden sie vom Militär gejagt. Um sich zu verteidigen, könnten sie auf die guten alten Schläge von Bud zurückgreifen (siehe *Der Große mit seinem außerirdischen Kleinen*).

Die Frage, ob sie existieren oder nicht, interessiert Carlo Pedersoli nicht, es sei denn, sie wären in der Lage, köstliche außerirdische Speisen zuzubereiten. Im Grunde setzen alle irgendeine Hoffnung in die Außerirdischen, die noch stärker ist als die Angst vor ihnen. Im oben genannten Film gibt es eine Szene, in der ein Furcht einflößendes dickes Alien auftritt. Und als dieses sich als Bud im Schutzanzug entpuppt, den er zum Honigsammeln trägt, gehen die Schreckensrufe der Anwesenden in ein enttäuschtes »Oooooh!« über.

Politik: Keine Ahnung!

Macht: Was weiß ich?

Rache: Was soll das sein?

Rassismus: Für Bud existiert nur eine Rasse: die menschliche.

Eigene Kinder: Etwas, was Bud in den Filmen eher selten hat, nur in *Die Troublemaker* hat er so viele, dass er es nicht einmal schafft, sie zu zählen.

Mathematik: Für Bambino die Fähigkeit, auszurechnen, wie viele Pferde er gestohlen hat. Für Buds andere Figuren außerhalb des Western die Fähigkeit, Dollarscheine zu zählen, die, wie sie hoffen, ihren Weg zu ihnen finden werden – in Form eines hypothetischen Coups oder einer hübschen Truhe auf der Schatzinsel. Möglichst ohne sich eines Rechenbretts bedienen zu müssen.

Kultur: Wichtiger Bestandteil des Lebens, auch in Buds Filmen erstrebenswert, allerdings nur für die anderen: Seine Figur fühlt sich pudelwohl in seiner simplen, aber durchaus positiven Unwissenheit.

Erziehung: Geht Bud nicht auf die Nerven, während er seine Bohnen isst, und versucht nicht, ihm seinen Teller wegzunehmen, so wie Terence in *Zwei Asse trumpfen auf*.

Computer: Braucht er nicht.

Militarismus: Weltanschauung, die in *Banana Joe* nicht geteilt wird.

Reisen: Lebenserfahrung, die Carlo und Bud gemeinsam ist. Reisen öffnen Horizonte und tragen einen weit fort von allem, außer vom Schlamassel. Sie können auf unterschiedliche Weise unternommen werden, die häufigsten in den Filmen sind jene im Flugzeug oder per Schiff. Nicht selten werden sie einem durch eine Havarie, schlechte Sicht, kaputte Motoren oder Terence Hill verleidet.

Musik: »Also so völlig ohne Musik zu leben – da würde mir was fehlen!«, sagt Bud in *Der Große mit seinem außerirdischen Kleinen* ebenso wie Carlo im realen Leben.

The End : Ende, das heiter oder traurig sein kann, aber im Film und in der Literatur und somit auch in diesem Buch auf keinen Fall fehlen darf. Ich danke euch, dass ihr mich auf meiner »Reise um die Welt in achtzig Jahren« begleitet habt, die sich schließlich als eine Reise durch das entlegenste und seltsamste Land der Welt entpuppt hat: das Herz eines Menschen, der es liebt zu träumen. Genau wie ihr. Nicht mehr zu träumen heißt, nicht mehr zu leben. Hört also niemals damit auf. Darum bittet euch zum Abschluss

Euer Bud

11. KAPITEL

33 FRAGEN AN BUD SPENCER

Die Fans wurden vom Verlag via Facebook eingeladen, ihre Fragen an Bud Spencer zu stellen. 33 Fragen wurden ausgewählt und werden im nachstehenden Kapitel von Bud beantwortet.

1. Frage – Maria, 32, Holzkirchen: Warst du ein strenger Vater? Und bist du mit deinen Enkeln strenger oder weniger streng, als du es mit deinen Kindern warst?
Ciao Maria! Ich bin weder als Vater noch als Opa wirklich streng gewesen. Ich bin der Meinung, dass junge Menschen ihre eigenen Erfahrungen machen müssen, und deshalb habe ich es vermieden, allzu stark auf sie einzuwirken. Aber ich habe immer versucht, ein gutes Vorbild für meine Kinder und Enkel zu sein. Denn nur so können sie einen auch respektieren.

—

2. Frage – Lars, 33, Wesel am Niederrhein: Hallo Bud, was ist für die Bud-Faust angenehmer? Ein paar Dampfhammer zu verteilen oder in einem Jahr fast 20.000 Bücher zu signieren? Grüße von deinem Fan Lars
Lars, 20.000 sind es noch nicht. Aber ich habe bisher über 10.000 Bücher signiert und damit war ich eineinhalb Monate beschäftigt. Jetzt kann ich jedenfalls mit Sicherheit sagen, dass Dampfhammer zu verteilen die lustigere Art ist, meine Faust zu benutzen – unter den Schlägereien im Film hat die Hand auch um einiges weniger gelitten!

—

3. Frage – Peggy, 25, Hohengöhren: War deine Frau Maria eigentlich eifersüchtig bei Dreharbeiten zu deinen Filmen? Du warst und bist ja ein sehr attraktiver Mann! ;)
Peggy, ich danke dir herzlich für das Kompliment. Deine Frage kann ich eigentlich gar nicht beantworten, das müsstest du meine Frau fragen. Ich kann nur sagen, dass ich zumindest nie das Gefühl hatte, dass sie eifersüchtig war. Ehrlich gesagt, war vielleicht auch eher ich der Eifersüchtige von uns beiden. Ich kann mir nicht helfen, ich fand meine Frau einfach schon immer umwerfend.

4. Frage – Fatih, 28, Stuttgart: Lieber Carlo, du hast so viel erlebt. Gibt es etwas, das du gerne aus deinem Leben streichen würdest?
Wenn du mich so fragst, würde ich am liebsten noch einmal ganz von vorn anfangen und mir bei der Gelegenheit den einen oder anderen Fehler ersparen. Ansonsten bereue ich es ein wenig, dass ich früher nicht intensiv Musik studiert habe. Das würde ich bei einem zweiten Anlauf unbedingt nachholen. Aber streichen würde ich nichts. Mach's gut, Fatih!

—

5. Frage – Lisa, 34, Würzburg: Viele Fans haben sich dein Konterfei tätowieren lassen – wenn du unbedingt ein Tattoo haben wolltest, wen oder was würdest du dir für immer auf die Haut malen lassen?
Hallo Lisa, also unter uns gesagt finde ich ja, dass es eine ziemlich verrückte Idee ist, sich mein Konterfei tätowieren zu lassen. Aber angenommen, ich wollte wirklich unbedingt ein Tattoo haben, dann könnte ich mir vielleicht ein hübsches Piratenschiffchen als Motiv vorstellen. Aber das Problem ist, dass ich Tattoos einfach nicht besonders schön finde.

—

6. Frage – Sebastian, 26, Berlin: Welche 10 Dinge sollte man im Leben gemacht haben und welche 10 besser nicht?
Ciao Sebastian! Das ist eine sehr schwierige Frage. Denn diese Dinge hängen sehr davon ab, wo und unter welchen Bedingungen man lebt. Ich bin immer der Überzeugung gewesen, dass man sich anderen gegenüber so verhalten sollte, wie man auch selbst gern behandelt werden möchte. »Was du nicht willst, dass man dir tu, das füg' auch keinem andern zu« – ich denke, wenn wir uns daran halten würden, könnten wir alle ein bisschen besser leben.

—

7. Frage – Marie-Kristin, 22, Kiel: Wäre es dir manchmal lieber gewesen, du hättest dein komplettes Leben in Italien verbracht und wärest nicht so viel »rumgereist«?
Marie-Kristin, Italien ist immer mein Zuhause geblieben, egal wo auf der Welt ich gerade war. Ich bin im Laufe meiner Schwimmkarriere schon früh sehr viel herumgekommen und später führten mich die Dreharbeiten zu meinen Filmen an die unterschiedlichsten Orte überall auf der Welt. Die Erfahrungen, die ich dabei sammeln durfte, möchte ich auf keinen Fall missen. Reisen ist eine sehr wichtige Erfahrung.

—

8. Frage – Markus, 23, Göppingen: Welche Tipps gibst du jungen Menschen für ein erfolgreiches Leben, zum Beispiel, wie man mit Rückschlägen oder neuen Aufgaben im Leben umgeht?
Ciao Markus! Das Wichtigste ist, dass man an sich selbst glaubt, ganz besonders in den Momenten, in denen scheinbar alles den Bach runtergeht. Das Geheimnis eines glücklichen Lebens besteht für mich darin, die schönen Augenblicke maximal zu genießen und Enttäuschungen möglichst auf ein Minimum zu reduzieren.

—

9. Frage – Sebastian, 22, Rastede: Wie sieht heute ein ganz normaler Tag von dir aus?
Ciao Sebastian!! Meine Tage sehen tatsächlich ganz normal aus. Morgens bevor ich aus dem Haus gehe, nehme ich ein leichtes Frühstück zu mir. Danach begebe ich mich direkt in eines meiner Lieblingscafés, in dem es ganz köstliche Croissants gibt. Und tagsüber gehe ich allen möglichen Beschäftigungen nach, um nicht einzurosten. Momentan spiele ich viel Orgel und schreibe.

—

10. Frage – Sonja, 21, Gießen: Wie sieht ein typisches Weihnachtsfest bei euch aus? Wo feiert ihr? Und wer spielt den Weihnachtsmann, du?
Als meine Kinder noch klein waren, haben sie darauf bestanden, dass ich den Weihnachtsmann spiele. Inzwischen sind sie erwachsen und meistens feiert jeder bei sich zu Hause. Dieses Jahr habe ich Weihnachten bei meiner Tochter Diamante in Los Angeles verbracht. Mach's gut, Sonja!

—

11. Frage – Frank, 37, Oberhausen: Hast du jemals einen deiner deutschen Synchronsprecher persönlich kennengelernt? Welcher der Sprecher gefällt dir selbst am besten?
Ciao Frank! Ich habe sogar alle meine Synchronsprecher persönlich kennengelernt, das ist allerdings schon viele Jahre her. Ich könnte mich wirklich nicht entscheiden, welchen ich am besten finde. Ich weiß nur, dass sie alle für meinen Erfolg auf der ganzen Welt von riesiger Bedeutung waren.

—

12. Frage – Martin, 34, Gummersbach: Hi Bud, seit ich als Kind deine Filme gesehen habe, esse ich nur noch mit meinem Holzlöffel direkt aus der Pfanne. Leider findet meine Frau das gar nicht witzig – vor allem nicht in der Öffentlichkeit. Jetzt würde ich gerne mal wissen, wie du das machst mit den Frauen. Wie machst du ihnen klar, dass ein Mann eben so essen muss wie ein echter Mann? Dein Martin.
Hauptsache, es sind nur die Tischmanieren, die du dir von meinen Filmen abguckst, ansonsten müsste ich mir Sorgen um deine Frau machen! Nein, ich mache nur Spaß. Was soll ich dir raten? Ich habe jedenfalls herausgefunden, dass es im wirklichen Leben manchmal gar nicht schadet, mich ein bisschen besser zu benehmen als in den Filmen! Ich drück' dir die Daumen, Martin!

13. Frage – Carolin, 30, Otterndorf: Wenn dein Leben verfilmt würde, wer sollte dann den jungen Bud Spencer spielen? In welchem Film hättest du selbst gern die Hauptrolle gespielt?
Das ist eine gute Frage, Carolin. Ich habe noch nicht darüber nachgedacht, aber die Rolle des jungen Bud sollte am besten ein Schauspieler spielen, der ebenfalls Sportler ist oder war. Raoul Bova vielleicht; er hat schon eine Schwimmmeisterschaft gewonnen und im Anschluss daran eine Schauspielkarriere begonnen. Da ich eine Vorliebe für klassische Abenteuerfilme habe, fällt mir spontan *Manuel* mit Spencer Tracy ein. Das wäre ein Film, in dem ich gern mitgespielt hätte.

—

14. Frage – Sebastian, 31, Hannover: Wie ist der Dampfhammer entstanden, der Faustschlag von oben auf den Kopf?
Der Dampfhammer ist zufällig entstanden. Eines Tages kam mir am Set spontan die Idee und ich habe den Schlag einfach ausprobiert. Einer der Dell'Acqua-Brüder, Roberto, hat mitgemacht – und schon war der Dampfhammer geboren und wurde zu unserem Klassiker. Mach's gut, Sebastian!

—

15. Frage – Claudia, 32, Dresden: Bud Spencer hat in seinen Filmen viele typische Gesichtsausdrücke und Gesten. Wie hast du die entwickelt, wie bist du darauf gekommen und welche sind deiner Meinung nach die wichtigsten?
Hallo Claudia! Ich habe keine meiner Gesten und Gesichtsausdrücke irgendwo gelernt. Woher sie kommen, kann ich auch nicht genau sagen.

Ich denke, sie sind einfach aus meiner natürlichen Mimik und Gestik entstanden. Jedenfalls kamen sie am Set zustande und das Publikum fand sie offenbar sympathisch. Schauspielunterricht habe ich aber nie genommen.

16. Frage – Marko, 41, Kosilenzien: Wenn nicht Terence Hill dein großer Filmpartner geworden wäre, mit wem hättest du sonst gern dieses Film-Duo gespielt?
Es fällt mir schwer, mir das vorzustellen. Aber angenommen, es hätte Terence nicht gegeben, dann wäre möglicherweise Giuliano Gemma mein Filmpartner geworden. Auch wir beide haben sehr gut zusammengearbeitet und waren gemeinsam erfolgreich. Alles Gute, Marko!

—

17. Frage – Melanie, 28, Blindheim: Gibt es Momente, in denen du es leid bist, die Kunstfigur Bud Spencer zu sein?
Nein, überhaupt nicht. Ich habe Bud Spencer so viel zu verdanken, er hat mir Erfolg und Geld eingebracht. Aber was das Größte und Wichtigste ist: Er hat mir die überwältigende Liebe und Zuneigung meiner Fans beschert, die ich selbst heute noch, mit über achtzig, erleben darf. Das bedeutet mir sehr, sehr viel. Mach's gut, Melanie!

—

18. Frage – Ingo, 36, Wemding: Hallo Bud Spencer, du musstest in den meisten Filmen Bohneneintopf essen. Wurde das Gericht deinetwegen in das Drehbruch geschrieben, da es eines deiner Lieblingsgerichte ist, oder war es schon drin, weil es typisch für einen Western ist?
Der Bohneneintopf ist natürlich charakteristisch für den Western, Cowboys ohne Bohnen sind kaum denkbar. Aber Barboni, der Regisseur der *Trinity*-Filme, hat die Komik des Bohneneintopfessens entdeckt und es für Terence und mich neu erfunden. Bis bald, Ingo.

—

19. Frage – Mathilde, 57, Gotha: Was wolltest du denn als Kind einmal werden?
Ob ihr es glaubt oder nicht, ich wollte Chemiker werden. Ich habe

diese Idee auch eine ganze Weile verfolgt und sogar Chemie an der Universität studiert. Alles Gute, Mathilde.

—

20. Frage – Cathrin, 27, Hannover: Was planst du für die Zukunft? Sehen wir dich bald in einem neuen Film oder hast du ganz andere Pläne?
Ciao Cathrin, momentan bin ich noch damit beschäftigt, mein neues Buch zu Ende zu schreiben. Und dabei habe ich entdeckt, dass mir das Schreiben großen Spaß macht. Hoffen wir, dass auch dieses Buch ein Erfolg wird.

—

21. Frage – Thomas, 21, Sindelfingen: Du bist sehr viel gereist in deinem Leben. Welches Land hat dir am besten gefallen und warum?
Von allen Ländern, die ich gesehen habe, hängt mein Herz am meisten an Brasilien. Dorthin bin ich immer wieder gern zurückgekehrt. Der Reiz Brasiliens liegt für mich vor allem in der Musik, der Lebensfreude und den schönen Frauen. Alles Gute, Thomas!

—

22. Frage – Sascha, 40, Karlsruhe: Dir als Neapolitaner muss ich einfach die Frage stellen. Warst du jemals auf dem Vesuv? Und falls ja, wann war das letzte Mal? Denn meistens kennt man die Dinge am wenigsten, die man quasi vor der Haustür hat.
Ciao Sascha! Ja, ich bin viele, viele Male auf dem Vesuv gewesen. Das war allerdings noch in jungen Jahren. Ich kann einen Ausflug dorthin nur empfehlen, es ist ein atemberaubendes Naturerlebnis.

—

23. Frage – Annika, 25, Rostock: Als Bud Spencer hast du den einen oder anderen Schurken mit deinen Fäusten zur Strecke gebracht. Was würde Carlo Pedersoli tun, wenn er einen Ganoven auf frischer Tat ertappen würde?

Ich kann mir schon vorstellen, was du jetzt gern hören würdest – wie ich ihn mit ein paar gezielten Bud-Spencer-Schlägen außer Gefecht setze. Aber nein, im wirklichen Leben würde ich natürlich die Polizei rufen. Im Alltag habe ich nie das Bedürfnis gehabt, den Helden zu spielen. Mach's gut, Annika!

—

24. Frage – Moritz, 42, Leverkusen: Gibt es einen Film, in dem du lieber eine andere Rolle gespielt hättest als deine eigene? Oder hättest du dich ungern von dir selbst verhauen lassen?
Nein, eine andere Rolle als meine eigene könnte ich mir nicht vorstellen. Eine andere Figur zu spielen hätte ja bedeutet, meine Figur zu verraten! Außerdem war diese Rolle doch die einzige, die ich konnte. In *Zwei Supertypen in Miami* gibt es übrigens eine Episode, in der ich, also Jack Costello, einen Doppelgänger habe. Es kommt zum Kampf zwischen den beiden – und auch gegen ihn gewinne ich! Alles Gute, Moritz!

—

25. Frage – Dominik, 27, Erbach: Du hattest bisher ein sehr bewegtes Leben, würdest du heute sagen, dass du alle wichtigen Entscheidungen wieder so treffen würdest, wie du sie getroffen hast?
Ja, Dominik, absolut. Die wichtigsten Entscheidungen würde ich genau so wieder treffen. Natürlich macht man manchmal Fehler, von denen man im Nachhinein denkt, man hätte sie vermeiden können. Andererseits kann man aber aus Fehlern auch lernen. Ich hatte ein paar Freunde, denen ich vielleicht besser nicht ganz so leichtfertig hätte vertrauen sollen.

—

26. Frage – Marie, 29, Bamberg: Träumst du manchmal von deinen Filmen? Und träumst du dann als Bud oder als Carlo?
Ich träume sehr, sehr viel, aber nie von meinen Filmen. Normaler-

weise träume ich, soweit ich das beurteilen kann, als Carlo! Alles Gute, Marie!

—

27. Frage – Anne, 37, Hamburg: Was wünscht du dir für deine Enkel? Würdest du ihnen raten, in das Filmbusiness einzusteigen?
Ciao, Anne! Ich wünsche mir für meine Enkel, dass sie das tun können, was sie erfüllt. Auf jeden Fall sollten sie erst einmal studieren, das ist mir wichtig. Das Filmbusiness ist ein hartes Geschäft, daher würde ich meinen Enkeln nicht ohne Weiteres dazu raten. In meinem Fall ist es einfach gut gelaufen, ich hatte großes Glück. Doch das ist eher die Ausnahme.

—

28. Frage – Antje, 43, Berlin: Bist du noch mit dem Schriftsteller Luciano de Crescenzo befreundet? Und warum habt ihr nie einen Film zusammen gemacht?
Ja, wir sind noch sehr gut befreundet. In letzter Zeit haben wir uns leider nur selten gesehen, auch weil es Luciano nicht so gut ging. Er hat insgesamt nicht so viele Filme gemacht und es hat sich nie die Gelegenheit geboten, mit ihm am Set zusammen zu arbeiten. Mach's gut, Antje!

—

29. Frage – Karl, 53, Saarbrücken: Was macht deiner Meinung nach einen richtig guten Western aus? Hast du in den letzten Jahren einen guten neuen Western gesehen?
Karl, der letzte gute Western, den ich gesehen habe, war *Erbarmungslos* von Clint Eastwood, auch wenn er sehr brutal war. Ein guter Western, egal ob ernsthaft oder komisch, muss vor allem spektakulär sein. Er braucht jede Menge Action.

—

30. Frage – Frederik, 49, Mannheim: Was schätzt du an Freunden?
Das ist die schwierigste Frage von allen, aber ich will versuchen, sie zu beantworten, Frederik. Ich denke, ein guter Freund zeichnet sich dadurch aus, dass er loyal ist. Dadurch, dass man ihm blind vertrauen kann, und das auch in Situationen, in denen er vielleicht nicht derselben Meinung ist wie man selbst.

—

31. Frage – Nadine, 32, Aachen: Hast du schon mal darüber nachgedacht, auch Geschichten zu schreiben? Wenn ja, was für Geschichten würdest du schreiben?
Oh ja, ich denke sogar jeden Tag darüber nach, Geschichten zu schreiben. Viel weiter bin ich allerdings noch nicht gekommen, weil ich eben, wie ihr inzwischen vielleicht wisst, ein bisschen faul bin. Am liebsten möchte ich Märchen für Kinder und Erwachsene schreiben. Alles Gute, Nadine.

—

32. Frage – Jens, 46, Bremen: Isst du nur gerne oder kochst du auch gerne? Wer kocht bei euch zu Hause?
Doch, ich koche tatsächlich gern, Jens. Nur sieht die Küche hinterher immer aus, als hätte eine Bombe eingeschlagen, weshalb ich nur selten an den Herd gelassen werde. Meine Frau kocht, ehrlich gesagt, auch viel besser als ich.

—

33. Frage – Jonas, 25, Stralsund: Welche ist deine Lieblingsstadt in Deutschland? Könntest du dir vorstellen, in Deutschland zu leben?
Ich bin immer sehr gern nach Deutschland gereist und es gibt viele deutsche Städte, die mir gefallen. Aber zum Leben könnte ich mir München am ehesten vorstellen, auch weil das Klima dort so gut ist. Alles Gute, Jonas.

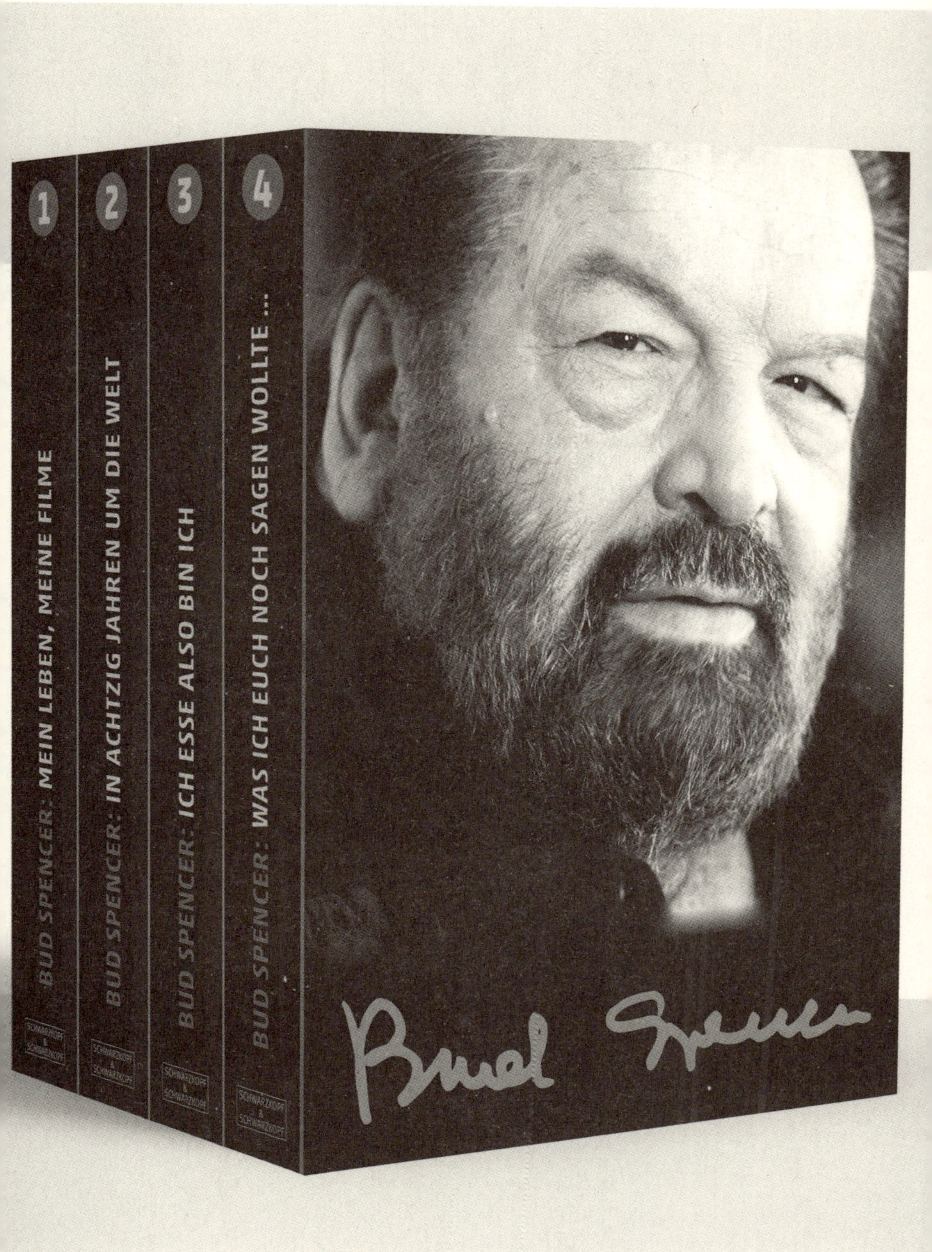

rscheinungsterminen auf *www.bud-spencer.org*

Lorenzo De Luca (geb. 1966) ist Essayist und Drehbuchautor. Er hat mit Bud Spencer unter anderem bei den TV-Serien *Zwei Supertypen in Miami* (1991), *Zwei Engel mit vier Fäusten* (1997) und *I delitti del cuoco* (2010) zusammengearbeitet und ihn bereits beim ersten Teil der Autobiografie *Mein Leben, meine Filme* als Koautor unterstützt.

BUD SPENCER: IN ACHTZIG JAHREN UM DIE WELT
Der zweite Teil meiner Autobiografie
Mit Lorenzo De Luca

ISBN 978-3-942665-22-3

Aus dem Italienischen übersetzt von Marion Oechsler
Fachlektorat: Dr. Christian Heger | Lektorat: Sylvia Gelinek

BILDNACHWEIS
Cover: © Britta Pedersen/picture alliance/dpa | Bildteil I: S. 112–119: Karl May Archiv, Göttingen | S. 120–129: Privatarchiv Bud Spencer | Bildteil II: S. 224–240: Schwarzkopf & Schwarzkopf Verlag

VERLAG
Schwarzkopf & Schwarzkopf Media GmbH
Kastanienallee 32, 10435 Berlin
Telefon: 030 – 44 33 63 00
Fax: 030 – 44 33 63 044

INTERNET | E-MAIL
www.schwarzkopf-schwarzkopf.de
www.facebook.com/schwarzkopfverlag
info@schwarzkopf-schwarzkopf.de